U0139075

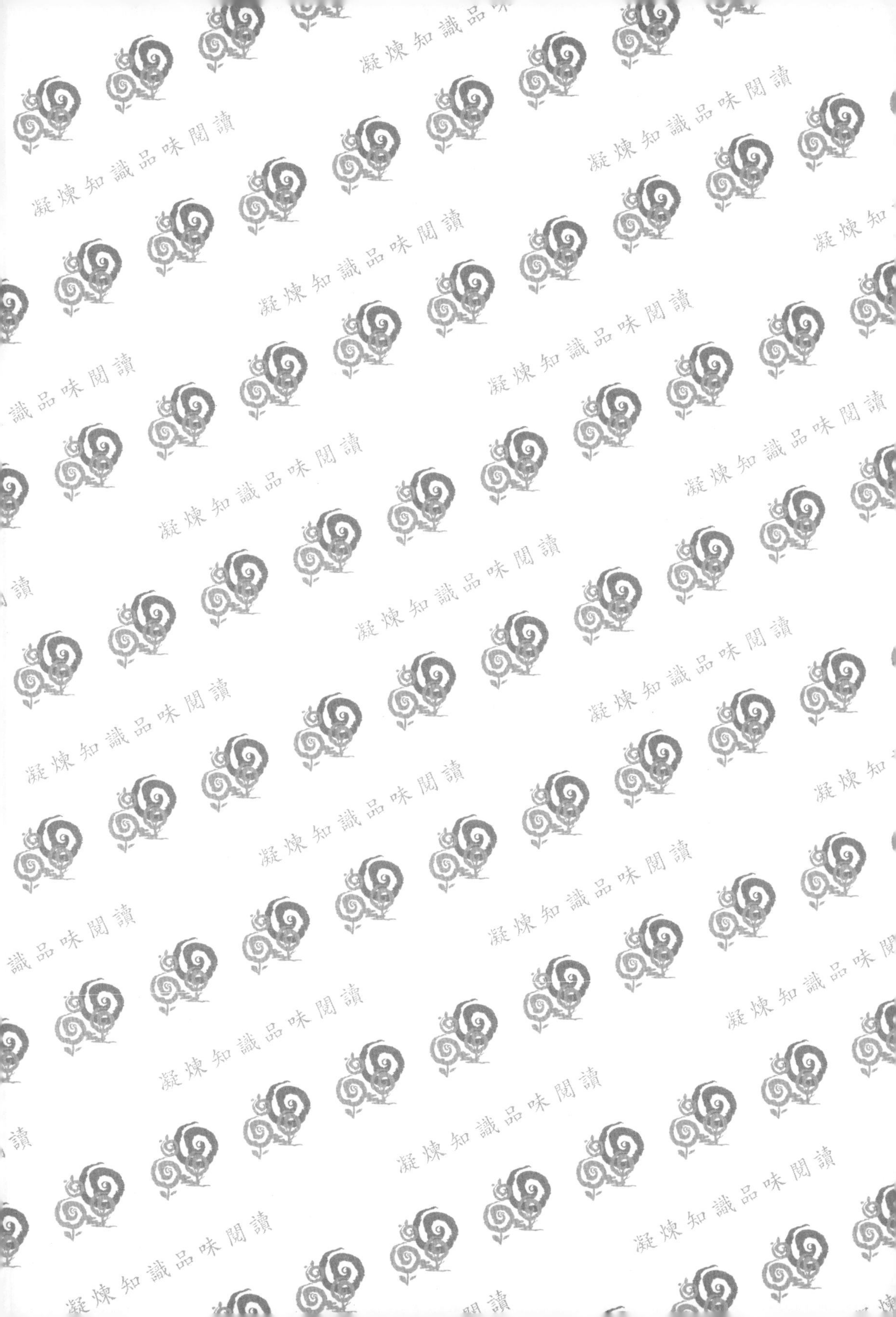
凝煉知識品味閱讀

中華民國憲法精義

2023年最新版

五南圖書出版公司 印行

呂炳寬｜項程華｜楊智傑 著

姚序

憲法在臺灣一直沒有被視為實用的法律，一個可以打官司的法律，一個像民法、刑法或商法一樣，在大學法律系所或司法官、律師考試中被同等重視的法律，一個需要專業，不是任何人隨便翻到條文就能解釋的法律。

憲法本質既然是「法律」，它是由法條組成，則其內涵必須透過科學的法律解釋方法求取，它的固定性及拘束力非但無絲毫遜於一般法律之處，而且基於憲法是「最高法律」的地位，其內涵對於解釋民刑商等一般法律亦具指導性。

更何況，每一個法律或政策是否正當，憲法都必須是最先檢驗的標準，而所有法學最基本原則幾乎盡在憲法條文中，但多數人（包括法律人）仍然忽略所有法律和憲法密切的關聯，好像討論民法上契約的問題可以不理會憲法有關財產權的規定，討論刑法誹謗罪阻卻違法的理由時可以不深入瞭解憲法言論自由的內涵，而行政機關每次強調「依法行政」時只定睛在特別行政法上，而忘記了憲法才是他們首要依的「法」。如果連我國三級法院也都鮮有直接適用憲法條文的判決，那也難怪人民、政府或法律人會把憲法看成懸掛在廳堂的匾額——只有象徵意義，沒有實用價值。

憲法長期被法律學門壟斷又輕視，其主因在於立憲迄今，人治仍多於法治。憲法制度的設計，表面上好像已逐漸運作，但實質上卻離憲政主義精神（konstitutionlismun）相去仍遠。歷屆大法官對憲法條文的解釋，要不顯現其受政治力的影響，要不自我拘限於少數憲法原理原則的範圍內；憲法的權威及其法力（normative kraft）無從建立，民眾、政黨，甚至學術界對被稱為「政治法」的憲法，至今仍誤解為政治面多於法律面，而不給予類似民、刑、商法等傳統法科更高的評價。至於過去國家考試長期將「三民主義與憲法」併為一科，只是更加重人民對憲法的不信任與偏見而已。

其次，目前我國公法學界並沒有一套所謂憲法法學的通說理論（甚至可以說還沒有出現任何一個有系統的學說），因此憲法解釋眾說紛紜，許多憲法爭議的結論南轅北轍，憲法法學的科學性備受質疑。近十幾年來，雖然職司憲法解釋的大法官勵精圖治，尤其在人權條款的落實方面屢有佳作，不過仍難以扭轉社會對憲法的成見。此外，針對許多違憲的立法行為、行政措施或是司法判決，現行體制仍然欠缺完整的設計（例如憲法訴願等）使其可以及時救濟，因而更加深人民對憲法的不信任。

面臨人民，甚至學界憲法意識的不足，嘗試撰寫一本有系統、深入淺出，而且能彰顯憲法實用性的「憲法入門」教課書，並不是一件容易的事。使憲法成為法學，或將憲法條文依法學解釋方法予以說明敘述，是炳寬、程華、智傑三位年輕憲法學者撰述本書的重點。因此在各章各節之間，作者嘗試以案例研究方式闡釋憲法條文實務上的意義及功能。這也許不是國內首次的嘗試，但以「憲法入門」的教科書而言，卻是非常成功的作品。

姚立明
德國畢勒佛大學法學博士
文化大學行政管理系主任

自序

憲法是國家根本大法，我國近年來對憲法的教育甚為重視，各大專院校皆列為必修課程，公務人員任用以及專門職業人員執照考試，中華民國憲法皆是共同必考科目，每年研讀憲法者不在少數，憲法儼然成為新的「顯學」。不過，現實的憲政發展卻令人深感不安與無奈，解嚴後「且戰且走」的漸進式修憲模式，憲法的修改欠缺一個完整的規劃與理性的思辯，2000年的政黨輪替，並未為我國帶來健全的憲政發展，反而陷入「少數政府」的困境，而媒體與言論市場更充斥許多似是而非的憲法觀念。

學校課程與學生的需求，加上實際憲政發展的激發，使得坊間憲法有關的教科書可謂汗牛充棟、琳瑯滿目，但能夠完整介紹憲法的體系，提供正確的觀念，並且輔以我國實際的憲政案例者卻又不多見。本書三位作者忝為教授憲法的一員，深知一本難易適中、體系完整的憲法教科書，可以讓學生習得憲法與憲政的學理，又能理解我國的憲政發展與問題。基此，作者以其豐富教學經驗，於本書中搭配許多圖、表，方便讓讀者能澈底釐清相關概念與爭議，以提供學習者一個清晰的架構，進而開啓一個進入憲法領域的窗口。

本書主要介紹我國憲法重要內容與精神，內含2005年6月第七次修憲內容。本書特色有三：一、架構清楚、條理分明、搭配相關說明圖表，有利初學者快速學習。二、在相關章節精選約150則大法官解釋，以實際問題案例方式，引領讀者瞭解憲法內容。三、就重大憲法問題提出精闢分析，提供讀者進一步深思。對入門者來說，可以透過本書的清晰架構，快速學習憲法的內容；而對憲法有興趣的讀者，也可以透過本書的精闢分析，對憲法有更深入的體會。

呂炳寬　項程華　楊智傑

2006年元月

目錄

PART 2 人　權

PART 1

憲法總論

- 第一章　憲法的基本概念
- 第二章　憲法之變遷與修改
- 第三章　立憲史與修憲史
- 第四章　憲法前言與總綱

第一章　憲法的基本概念

壹、立憲主義的思潮

立憲主義（Constitutionalism）的發展比成文憲法的產生來得早，古代的政治文明即曾發展出憲政體制，但他們並不認為有將行使政治權力之限制明確地予以規範之必要，直到西元1787年美國憲法的產生。以下是憲政發展的簡要歷史[1]：

1. **希伯來人的神權政治**：就憲政的實質意義而言，最先實施憲政的民族是希伯來人所實行的「神權政治」（theocracy）。主張統治者與被統治者均受神權的統治，世俗的權力只是受神的委託或代理，而非賦予絕對的權力。希伯來人最先強調以道德規範來限制世俗權力，聖經上許多篇幅多是用以叮嚀統治者注意公正，不要忘記他們對人民應負的道義責任，否則，代表公共道義代言人的先知們，可起而反抗那些背離法律正軌的統治者。
2. **古希臘人的直接民主**：古希臘的城邦式民主政治，建立了立憲政府最進步的模式──憲政民主。在這個制度下，統治者與被統治者，平等地分配及享有政治權力，但過度民主的結果，導致無法抵抗強敵的侵犯。
3. **羅馬的共和體制**：維持七個世紀的羅馬共和，創造一個複雜制衡方法的政治制度，機構內部與機構間皆有不同的制衡機制，至奧古斯都（Augustus）稱帝後，共和政體逐漸解體，此後西方實施了一千年之久的君主專制。
4. **英國的憲政觀念**：專制君主時代，政府的權力理論上是不受任何限制的，直至1215年英王約翰（John）與貴族簽訂有名的「大憲章」（Magna Carta, 1215）。規定政府向人民徵收租稅須得人民代表之同意，即「無代表不納稅」，首創被統治者以立憲制度約束統治者權力使用之先例。後經由1628年的「權利請願書」、1688年的「權利法典」等不斷

1 Karl Loewenstein, *Political Power & the Governmental process* (Chicago: The University of Chicago Press, 1965), pp. 128-135.

的演變，雖然至今英國仍無一部「成文憲法」，但仍有「憲政母國」的稱號。

5. 成文憲法的起源：「根本法」（fundamental law）的觀念於十六世紀後在法國萌芽、生根，其後傳至其他國家，美國脫離英國殖民統治後，用憲法一詞指稱決定政府組織的成文根本法律，並於1787年制定了世界第一部成文憲法，其後歐亞各國紛紛起而效尤。

當今世界各國大都有一部成文憲法，但並不是所有的憲法都能保障憲政的實施。有憲法但卻不能限制政府的權力來保障民權，就不是實施憲政的國家。因此法國大革命的「人權宣言」第16條即指出：「一個社會裡權利沒受到保障，權力的區分也沒有確定，則這個社會絲毫沒有憲法政體。」

貳、形式意義和實質意義的憲法

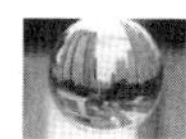

近代憲法之思想基礎，始於「社會契約說」。蓋有社會契約說，而後民主法治之觀念始獲得根據；而有民主法治之觀念，始有近代憲法之產生。憲法一詞具有多義性，從不同面向觀察，即有其不同的意涵[2]。一般對憲法可從兩個層次觀察：一是形式意義的憲法，一是實質意義的憲法[3]。

形式意義的憲法：是指憲法依照立法的形式而制頒的最高位階法規範，而成為成文憲法文書的內容，如「中華民國憲法」、德國「基本法」（Grundgesetz, G.G），就其規範內容而言主要包括三大部分：人權篇、國家組織篇與基本國策[4]。因此，為國家根本大法之憲法，由其內容可知憲法係在規範國家與社會的關係，亦即憲法大體要形塑並且規制國家最高權力、對社會生活作原則性的形成與規整，以及根本性地決定國家與社會間的關係，

2 李惠宗教授將立憲主義的憲法意義分為：歷史意義的憲法、形式意義的憲法、實質意義的憲法、實證意義的憲法、規範邏輯意義的憲法、法社會學意義下之憲法以及民主意義下之憲法，參見李惠宗，《憲法要義》，元照出版社，2004年，頁17-18。

3 參見張嘉尹，〈憲法與國家法〉，《月旦法學》，第89期，2002年10月，頁264。

4 例如孫中山先生認為「憲法者，國家之構成法，亦即人民權利之保障書也。」參見孫文，〈吳宗慈著中華民國憲法史前篇序〉，收錄於中國國民黨中央委員會黨史委員會編，《國父全集第四冊》，黨史委員會，1988年，頁1429。陳新民教授定義憲法為「憲法是國家根本大法，規範國家政府組織、人民基本權利之保障及國家發展之方向」。陳新民，《中華民國憲法釋論》，三民書局，2001年，頁1。類似的定義有林紀東：「憲法者：規定國家之基本組織、人民之權利義務，及基本國策之根本法也。」參見林紀東，《中華民國憲法釋論》，三民書局，1994年，頁1。

簡言之，「憲法要對國家、社會及其彼此的根本關係採取立場」[5]。

實質意義的憲法：此概念較形式意義的憲法為廣，不問其形式為成文或不成文，雖未具憲法法典文書之形式，然其規定之內容，涉及國家的最高機關組織、人權以及作用，而具有根本法之性質者，主要有國家重要法律，如國籍法、憲法訴訟法、地方制度法、國防法、選罷法等；有司法審查之解釋例，如釋字第520號等重要解釋；有憲政慣例，如美國憲法關於總統可否連任並沒有明文規定，但自華盛頓和傑弗遜拒絕第二次連任以後，總統只許連任一次就成為憲法上的習慣，直至二次大戰後始通過憲法增修條文第22條，明文確定僅能連任一次。

參、憲法的地位

一、最高法與根本法

憲法是作為一切法律的基礎，是國內各法律主要的來源及依據，也是社會價值的基本決定者。此處涉及凱爾森（Hans Kelsen）憲法位階理論。凱爾森基於自然法的觀念，將法規範建構出一個有體系的理論，透過該理論的解釋，法規範成為一個如階梯般的上下秩序，彼此各具有特定的位階與特定的內容，而不相衝突：

1. **法規範之間的關係**：如同金字塔，下多上少形成位階，最上層是憲法，中層是法律，最下層是命令（如圖1-1）。

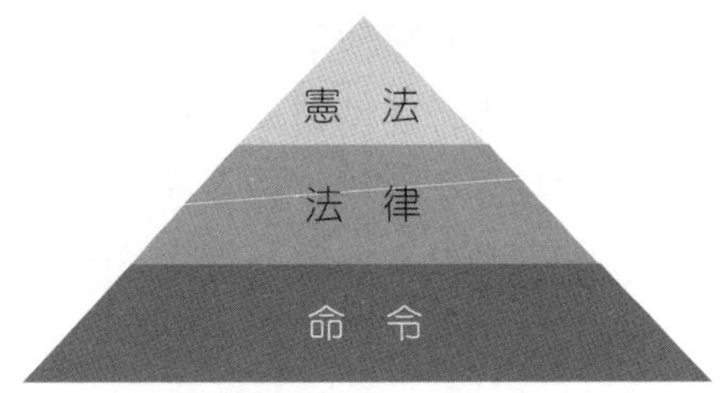

圖1-1　法位階

5 陳愛娥，〈憲法基本原則：第一講導論——憲法、國家、社會與憲法學〉，《月旦法學教室》，第9期，2003年6月，頁47。

2. **法規範之間的效力**：下位規範不得牴觸上位規範，下位規範牴觸上位規範者，下位規範無效。我國憲法即有類似的規定：「法律與憲法牴觸者無效。」（憲法第171條第1項）；「命令與憲法或法律牴觸者無效。」（憲法第172條）。

二、國內公法

憲法以一國為其行使範圍，故為國內法。又憲法為規範國家與人民相互間公權關係，所以憲法亦為公法。此外，憲法規範國家與人民間之權利義務關係，並非規定相關的程序，故為實體法。憲法為國家最高規範，所有人民均須遵守，適用上不能有所選擇，故亦為強行法。

三、政治性

憲法具有高度的妥協性，憲法因具有強烈政治性格，故有「政治法」之稱。憲法與政治關係密切，可分為以下層面說明[6]：

1. **憲法的規範對象**：憲法是以國家政治生活為規範對象，從政治權力的競逐、運作方式、程序，到運作的界限，即整個國家政治意志形成與開展的過程，均受憲法之規範。因此，憲法乃成為政治關注的焦點。
2. **憲法產生的根由**：憲法是純粹政治力的產物，其內含的任何規範及原則無不是特定政治思想、意識形態，乃至政治妥協的表現。每一個憲法制度也都是人類「在歷史洪流中嘗試解決特定政治問題的嘗試」。
3. **憲法與政治的相互影響關係**：兩者呈現矛盾關係，憲法規範係屬於靜態的法秩序，規範限制政治活動，為政治活動設定準則，繩政治於一定的軌道上，甚至設計違憲審查以防其越軌；而政治則是不受限制的自由空間（自由、機動與合目的性的考量）。但有憲法沒有政治，就像有導航員卻沒有海；有政治而沒有憲法，則與有航海而無羅盤無異。如何調和兩者關係？

---

6 許宗力，〈憲法與政治〉，收錄於氏著，《憲法與法治國行政》，元照出版社，1999年，頁3-52。

（1）就憲法方面：憲法雖在規範政治生活，但也須預留政治運作與發展的彈性空間，方能適應人類生活關係的複雜性及不斷變遷之社會生活關係的需求。為此，憲法必須使用較多開放性與抽象性的概念，使釋憲者有足夠寬廣的游移空間，作出合乎時代需求的解釋。

（2）就政治方面：政治力固決定憲法的內容，但決定後即須遵循憲法的軌道運作，不能視憲法為裝飾品。且在修憲時，對修憲界限的尊重，以及配合時代要求釋憲時，不能逾越憲法解釋的界限，未遂行政治目的而顛倒是非、指鹿為馬，恣意扭曲憲法之真意。

4. **憲法之法律化與意識形態化**：唯有可長可久的基本性、原則性、結構性與重要性事項方才適合入憲。枝節性與次要性事項則不適宜入憲，特別是須作彈性反應與受限時客觀條件限制的事項更是不適宜入憲。但是，因各方政治與社會勢力著眼於憲法的最高性與固定性，冀望透過憲法層次上的鎖定，以確保其利益從此豁免於立法者政治之干預。憲法鎖定越多的政策，憲法即越趨肥大，將導致國家政治生活的靈活度趨於弱化，或導致對憲法之不遵循。格林（D. Grimm）所言之「政治的過度憲法化，同時就已埋下人們規避憲法或漠視憲法之因」。另一後遺症是國家權力中樞的位移，因為鎖定過多政策於憲法上，即無異將專業與政策決定問題轉化成法律問題，此種轉化，邏輯上必然是國家的決策中樞由政府與議會移轉到法院。

另外制憲或修憲者將其所信奉之意識形態或宗教信仰做憲法層次的鎖定，其目的在確保該意識形態的「永矢咸尊」，如憲法第1條的「三民主義」（我國第一波除意識形態化的最大努力，制憲時改為：中華民國基於三民主義為民有、民治、民享之民主共和國。第二波除意識形態化：增修條文之違憲政黨禁止制度，將違憲政黨限縮為「危害自由民主之憲政秩序」的政黨）。

四、固定性

憲法位階最高，為「永世不磨的大典」，以示其為國家根本大法。所謂「牽一髮而動全身」，憲法若修改過於頻繁，必危及法之安定性，讓國家社會處於不確定的狀態。因此，成文憲法的國家都提高修憲的門檻，表示憲法之修改不易，維護法之安定。

五、適應性

「人事萬變，法律有限」[7]、「民主憲政是長成功的，而不是造成功的」[8]，如何以不變的條文適應環境的變遷，是制憲者在設計憲法時須考慮的重要變數，也是行憲者在遵行憲法時必須具備的觀念。一般而言，憲法適應之方法有：1. 修改；2. 解釋；3. 慣例。

六、歷史性

憲法制定及其內容，多涉及國家過去的政治制度、文化及風俗習慣在內。例如，我國憲法中的考試權與監察權即是源自歷代的考試制度與御史制度。

肆、憲法的種類

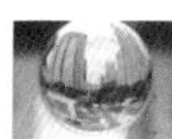

一、成文憲法與不成文憲法

依憲法存在的「形式」分類，可分為「成文憲法」與「不成文憲法」。凡是法律以具體條文法典的方式所制定出來的，即稱為成文法，相反地，若是法律規範，並沒有具體的條文法典，而是以慣例、法院判決所形成的，即稱為不成文法。英國為不成文憲法，但是並非沒有憲法，英國憲法即包括於大憲章、國會法、法院判例、憲政習慣、政治傳統等全部之集合體。而美國雖是不成文法國家，憲法卻為成文憲法，所指即是為憲法本文及增修條文，也是世界上第一部成文憲法。

由於不成文憲法為數甚少，故其區別實益不大，且現在的成文憲法國家

7 王澤鑑，《民法實例研習：民法總則》，作者自印，1996年，頁21。
8 引自荊知仁，〈安定、秩序、妥協、成長〉，收錄於氏著，《憲政論衡》，臺灣商務印書館，1980年，頁36。

都包含有大量的不成文部分（即前述之實質意義的憲法），如美國總統選舉憲法規定是間接選舉（由選舉人團選出），但因總統選舉人由普選產生，且政黨提名總統候選人之初選制度，使總統有直接的民意基礎[9]；英國雖是不成文憲法國家，但是也有許多成文法典（如大憲章）構成其「憲法」的一部分。美國政治學者海伍（Andrew Heywood）即謂：「沒有一部憲法是完全成文的；沒有一部憲法是完全不成文的。」[10]所以僅從「形式」區別憲法，對實際憲政運作的認知，並無實質的意義[11]。

二、剛性憲法與柔性憲法

依憲法「修改難易」分類，可分為「剛性憲法」與「柔性憲法」。此分類由英國憲法學者戴雪（A.V. Dicey）於1885年出版之《英憲精義》一書之分類，後英學者普萊士（J. Bryce）將之發揚[12]。剛性憲法指憲法之修改不依普通之立法程序，如我國憲法。柔性憲法指憲法之修改程序與機關與普通法相同，如英國及義大利1848年憲法。

由於不成文憲法國家已不多見，所以此種分類實益不大；其次，在剛性憲法中修改難易程度有別；再者，剛性憲法不必然是固定難以修改[13]，如我國亦屬於剛性憲法國家，但自1991年5月1日起至2005年卻修憲七次，且每次修憲皆有大幅度的變化，而不是漸進式的修憲[14]。事實上，成文憲法自身的調適以適應社會環境的變遷，除了形式上的修憲外，亦包括憲政習慣與憲法的解釋等方式，在民主憲政成熟的國家中，修憲往往是憲法變遷的最後手段，因此，以修憲程度之難易為區分憲法的方式，已失去其重要性。

---

9 參見荊知仁，《美國憲法與憲政》，三民書局，1984年，頁443-446。其他的重要慣例有：總統不三任、總統的內閣、閣員不列席國會院會等。

10 Andrew Heywood原著Politics（St. Martin's Press, 1997），林文斌、劉兆隆譯，《政治學》下冊，韋伯文化，1998年，頁446。

11 參見涂懷瑩，〈憲法的起源、發展與趨勢（上）〉，《軍法專刊》，第45卷第8期，頁3。

12 陳新民，前揭書，頁16。

13 參閱許志雄，《憲法之基礎理論》，稻禾出版社，1992年，頁25。

14 我國當代憲法學與政治學的大師胡佛教授甚至將我國的憲法稱為「浮動的憲法」。參閱胡佛，〈談當代的臺灣政治及其未來發展〉，《中國時報》，第23版，1999年4月25日。

三、欽定憲法、協定憲法及民定憲法

依「制憲主體」分類，可分為「欽定憲法」、「協定憲法」、「民定憲法」。欽定憲法是由君主以獨斷之權力所制定施行之憲法。如二次大戰以前的日本憲法（明治維新憲法）、清末所頒布之憲法大綱均屬之；協定憲法是由君主與人民共同協議商洽所制定之憲法。如1215年大憲章、法國第二共和憲法（1830年）[15]；民定憲法則是依國民自己的意思所制定施行之憲法，當今的憲法大都標榜「民定」的特徵，但往往憲法所宣稱的制憲主體，實際上未必是主權之所在[16]，且欽定憲法與協定憲法已逐漸成為歷史的遺跡，所以此種分類已不復重要。

四、資本主義憲法與社會主義憲法

依國家經濟社會之體制分類，可分為資本主義與社會主義憲法[17]。資本主義憲法是西方民主國家的產物，對權力採悲觀論，認為政府的權力不能過度集中，否則容易造成濫權，進而侵害到人民的權利，因此在制度的設計上採「權力分立」原則（doctrine of separation of powers）[18]，並且重視人權的保障、肯定多元社會、容許反對政黨的存在等，所以資本主義憲法性質上較接近「規範性憲法」。

社會主義憲法對權力抱持樂觀的態度，因此主張權力集中，倡議民主集中制，認為共產主義是唯一的真理，對反對意見給予無情的打擊，禁止共產黨以外的政黨存在，所以本質上社會主義憲法是在維護統治者的利益，而不是在保障人民的權利，屬於「字義性憲法」。

---

15 謝瀛洲教授認為中華民國憲法草案，是依各黨派組成的政治協商會議所議定的原則而制定，制憲國民大會少有自由討論之餘地，因此認為中華民國憲法應為各黨協商而成之協定憲法。參閱謝瀛洲，《中華民國憲法論》，第11版，臺北：作者自印，1953年，頁15-16。

16 參見許志雄，前揭書，頁26。

17 同前註，頁29-32。另參見許志雄，〈「一國兩制」的憲政病理〉，《月旦法學》，第51期，1999年7月，頁2-3。

18 權力分立重點在於「分權」與「制衡」，即是將政府的權力分屬於中央與地方（垂直的權力分立），再將權力分屬於不同的部門，且使各部門間之權力相互制衡，其目的之一是在防止政府的專權。參見湯德宗，〈「權力分立原則」解釋研析〉，收錄於氏著，《權力分立新論》，自印，1998年，頁131-141。

基本上資本主義憲法與社會主義憲法兩者是無法並存的，所以鄧小平所提出的「一國兩制」有其理論上的矛盾，即符合憲政原理的資本主義憲法，不可能依附在逐漸沒落的社會主義憲法之下[19]。

五、規範性憲法、名義性憲法與字義性憲法

魯文斯坦（Karl Loewenstein）認為憲法應從憲法的實體上作區分（依國家實際權力運作方面所具有的實質意義）分為三種[20]：

1. **規範性憲法**（Normative Constitution）：國家憲法能夠妥善的規範國家權力之運作，並且置此權力於憲法之下，即憲法發揮最高法之拘束力。是「合身的」憲法：合適且適用。
2. **名義性憲法**（Nominal Constitution）：國家憲法因社會與經濟因素，不能適應現實政治之需要，使憲法成為名義上的憲法。期待將來能發揮規範力，為「不合身的」憲法。
3. **字義性的憲法**（Semantic Constitution）：憲法不能全然發揮限制國家權力，保障人民權利之作用，憲法完全缺乏規範力，變成「紙上憲法」，憲法僅是裝飾品。

判別憲法是否為規範的、名義的或是字義的，不能只從憲法的條文來決定，尚須視其對於選舉制度、政黨與利益團體的實際規範來判斷，蓋因憲法是有關權力運作過程的規範，不能任由個人加以操縱，而應成為國民心理的條約（become treatises on national psychology）。有些憲法雖打著規範性憲法的旗號，但實際驗證的結果，卻是名義性或字義性憲法。

以存在論作為憲法的分類，較能掌握憲法與憲政的實際，確實比傳統的分類更具有意義，但是名義性憲法與字義性憲法間的分界似乎不甚明確，是其缺點[21]。

---

19 同前註。另亦參閱李鴻禧，〈李鴻禧憲法教室〉，《月旦法學》，1994年，頁40-41。
20 Karl Loewenstein , *op., cit.*, pp. 147-153.
21 參見許志雄，前揭書，頁28。

六、原創性憲法與移植性憲法

從憲法法源或憲法之繼受而言，憲法內涵是來自於本國之原創或參仿外國憲政體制而區分為下列兩者[22]：

1. **原創性憲法（或稱原生性憲法，**Original Constitution）：憲法對於政治權力過程和國家意志（will of the state）的形成，展現其原創性，產生一部嶄新且創造性的憲法。由於政治人物保守的特性，憲法的制定即很難打破傳統，因此少有創意性的憲法產生。再者，對憲政改革做實驗是很危險的，唯有大規模的社會革命較有可能產生新的憲法模式。如美國獨立運動創造總統制的憲法；1804年的拿破崙憲法經由公民投票通過帝制憲法；1919年威瑪憲法開創經濟憲法的先河；我國憲法中的考試權與監察權獨立而形成五院制等等皆是。
2. **移植性憲法**（Derivative Constitution）：事實上，大部分的憲法或多或少具有移植的意味，它們襲用其他憲政模式的特色，並對之加以剪裁以適應其本國之需要，成為本國憲法的一部分，如二次戰後的菲律賓即完全仿照美國憲法；清末的「憲法大綱」大都仿自日本明治維新憲法；我國第四次修憲仿自法國第五共和憲法，這類的憲法可說皆無創意。

大部分國家之憲法皆兼具原創與移植，一部分具有本土性，由本國的歷史、文化、典章制度演變而成；一部分參酌國外的憲政制度，經選擇後加以採用。以憲法之法源為分類，有助於我們更深入瞭解憲法的來龍去脈，對憲法的認識與解釋有莫大的助益。基本上，原創性憲法因與本土文化有關，實行上較不會有困難，移植的憲法則須視該國是否有此憲政經驗，注意是否會有水土不服的現象。

七、「中華民國憲法」之屬性

根據上述定義，中華民國憲法應該屬於成文憲法、剛性憲法、民定憲法、五權憲法。至於是屬於「規範性憲法」或「名義性憲法」，可能有所爭論。至於是否屬於「原創性憲法」或「移植性憲法」，則兩者兼具。而我國

22 Karl Loewenstein , *op., cit.*, pp. 140-142.

原本應屬於部分的社會主義憲法，但在實質憲法變遷下，我們目前應屬於資本主義憲法。

伍、憲法與其他規範的差別

區別憲法、法律與命令主要目的在於判斷某個法規是屬於何位階之規範，進而可以判別其規範內容有無牴觸上位規範而有違憲，尤其是命令與法律之區別，涉及到基本人權的保障問題，這點可參考大法官釋字第443號解釋的理由書之說明：「憲法所定人民之自由及權利範圍甚廣，凡不妨害社會秩序公共利益者，均受保障。惟並非一切自由及權利均無分軒輊受憲法毫無差別之保障：關於人民身體之自由，憲法第8條規定即較為詳盡，其中內容屬於憲法保留之事項者，縱令立法機關，亦不得制定法律加以限制（參照本院釋字第392號解釋理由書），而憲法第7條、第9條至第18條、第21條及第22條之各種自由及權利，則於符合憲法第23條之條件下，得以法律限制之。至何種事項應以法律直接規範或得委由命令予以規定，與所謂規範密度有關，應視規範對象、內容或法益本身及其所受限制之輕重而容許合理之差異：諸如剝奪人民生命或限制人民身體自由者，必須遵守罪刑法定主義，以制定法律之方式為之；涉及人民其他自由權利之限制者，亦應由法律加以規定，如以法律授權主管機關發布命令為補充規定時，其授權應符合具體明確之原則；若僅屬與執行法律之細節性、技術性次要事項，則得由主管機關發布命令為必要之規範，雖因而對人民產生不便或輕微影響，尚非憲法所不許。又關於給付行政措施，其受法律規範之密度，自較限制人民權益者寬鬆，倘涉及公共利益之重大事項者，應有法律或法律授權之命令為依據之必要，乃屬當然。」

一、名稱的不同

憲法的名稱一般皆稱之為「憲法」，亦有稱為「基本法」（德國）；法律的名稱得定名為「法」、「律」、「條例」或「通則」（中央法規標準法第2條）；命令的名稱，各機關發布得依其性質，稱「規程」、「規則」、

「細則」、「辦法」、「綱要」、「標準」或「準則」（中央法規標準法第3條）。表1-1為法律名稱之實例：

表1-1 法律之名稱與實例

名 稱	實 例
法	大學法、教師法、行政程序法、國家賠償法
律	戰時軍律（已於2002年12月25日廢止）
條 例	道路交通管理處罰條例、人體器官移植條例、勳章條例
通 則	地方稅法通則、監獄組織通則、農田水利會組織通則

二、制定和修改機關不同

三者的制定、修改機關也有不同。

憲法的制定由國民大會制定。憲法的修改則由立法院提案，公民複決（增修條文第1條、第12條）。憲法之修改依據憲法增修條文之規定：「中華民國自由地區選舉人於立法院提出憲法修正案、領土變更案，經公告半年，應於三個月內投票複決，不適用憲法第四條、第一百七十四條之規定。」（第1條第1項）；「憲法之修改，須經立法院立法委員四分之一之提議，四分之三之出席，及出席委員四分之三之決議，提出憲法修正案，並於公告半年後，經中華民國自由地區選舉人投票複決，有效同意票過選舉人總額之半數，即通過之，不適用憲法第一百七十四條之規定。」（第12條）。

法律則依憲法規定：「本憲法所稱之法律，謂經立法院通過，總統公布之法律。」（憲法第170條、中央法規標準法第4條）。法律之制定或修改皆須經立法院之三讀程序，通過後由總統公布。

命令則由各機關依其法定職權或基於法律授權訂定（中央法規標準法第7條）。

因此，就制定和修改之困難性而言，依序為憲法、法律、命令。但因憲法往往授權法律訂定詳細之規範，法律又授權命令，因此，就內容詳略而言，依序為命令、法律、憲法。

三、規範事項不同

在規範事項上，三者也有不同。

憲法乃規範人民基本權利與國家組織的運作。而法律則規範下列事項：

「1.憲法或法律有明文規定，應以法律定之者。

2.關於人民之權利、義務者。

3.關於國家各機關之組織者。

4.其他重要事項應以法律定之者。」（中央法規標準法第5條）

命令規定之事項則無特定，不過，「應以法律規定之事項，不得以命令定之。」（中央法規標準法第6條）。

四、效力強弱不同

依據法位階的理論，效力最強者為憲法，其次為法律，最後為命令，此即為憲法第171條與第172條所規範。其中命令不得牴觸法律，在學理上稱之「法律優位原則」，亦即命令僅須不牴觸法律即已足，若法律未規定事項，行政機關即可制定命令。不過，如果涉及人權的限制問題，即須另外適用憲法第23條之規定，命令須有法律授權方可限制人權，此在學理上稱之「法律保留原則」。兩者合稱為「依法行政」，前者又稱「消極的依法行政原則」，後者又稱「積極的依法行政原則」（如圖1-2）。

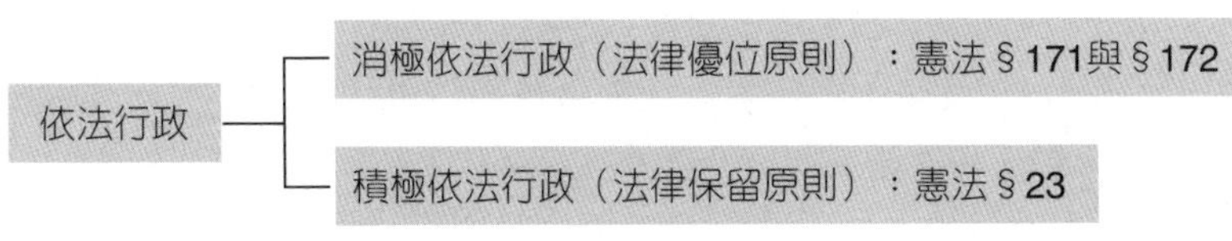

圖1-2　依法行政原則

第二章　憲法之變遷與修改

壹、憲法變遷的原因

憲法制定是根據當時社會力與政治力的反映，但經過時代的移轉，必須要使具有固定性的憲法規範符合當時社會的需要，以維持憲法生命。

近代憲法學上，較早關注兩者關係者當推德國憲法學者Ferdinand Lassalle，他認為當憲政實際（verfassungswirklichkeit）與憲法規範（verfassungsnorm）不一致時即產生憲法變遷[1]，後提出完整理論者為G. Jellinek，他在1906年出版之〈憲法修改與憲法變遷〉論文中，將憲法的修改與憲法的變遷區分，認為憲法修改是透過有意識的行為而形成憲法條文的一種變更；憲法變遷則是指憲法條文在形式上沒有發生變動而繼續保有其原先存在型態，在無意圖、無意識的情況下，因情勢變遷而發生之一種變更，他提出幾種變遷情況：一是基於議會、政府及法院的解釋所造成之變遷；二是根據政治上需求所發生之變遷；三是根據憲政慣例所發生之變遷；四是根據國家權力不行使所發生之變遷；五是為填補憲法漏洞而生的憲法變遷（根本解決漏洞的方法是修憲）；六是因憲法基本精神變動所發生之變遷[2]。

徐道鄰則從實質憲法的角度，修正認為憲法變遷有下列幾種態樣：一是透過形式尚未傷及憲法本文的憲政運作所造成之變遷；二是憲法條文所規定的權限無法行使所造成之變遷；三是透過牴觸憲法的憲政實際運作所造成之變遷；四是透過憲法解釋所造成之憲法變遷[3]。

由上可知，憲法變遷是憲法規範與憲政運作發生衝突的現象，因此傳統的憲法變遷理論可說是所有不觸及憲法本文，但卻實質上改變憲法內涵的過程，此時即發生憲法的成長，憲法變遷是使得固定性的憲法規範能適應時代潮流而維持其生命的方式。晚進主張每個國家憲法變遷皆有其歷史與文化因

1 程明修，〈憲法變遷及其界限〉，《法學講座》，第14期，2003年2月，頁2-3。
2 參見許志雄，〈憲法變遷〉，收錄於氏著，《憲法秩序的變動》，元照出版社，1997年，頁104-106。林紀東，《中華民國憲法釋論》，三民書局，1994年，頁27-30。
3 徐道鄰，轉引自程明修，前揭文，頁2-3。

素，憲法變遷的途徑會因各國的憲政文化、背景而有不同，每個國家均異其內涵，在美國，憲政慣例往往在憲法變遷過程中有更吃重的地位；在我國，則甚難建立憲政慣例，導致大法官解釋立於憲法變遷重要地位，但大法官的解釋對於引起機關間權限爭議的解釋又欠缺明確的說明，修憲乃成為另一個主要變遷的方式。

憲法變遷不得造成憲法原有特質的消失，因此變遷應有其界限：一是憲法變遷不能超越或否定憲法規範的價值體系；二是憲法變遷必須確立「憲法優位」的地位；三是憲法條文之文義應是憲法變遷的界限；四是不能超越憲法的基本價值。

貳、憲法變遷的方式

憲法變遷的方式，主要可分為三種，一是依照憲政慣例慢慢調整；二是透過大法官憲法解釋調整；三則是依照修憲程序進行修憲。

一、憲政慣例

所謂的憲政慣例，就是憲法並沒有寫出的，可能是一個國會通過的法律，或者是政府機關在沒有法律下運作的習慣，這些法律或運作的習慣漸漸形成慣例，所以也就承認其憲法的地位。制定法律補充憲法，如果這個法律用久了，其內容也可算是一種憲政慣例。

憲政慣例應具備下列幾項條件：

1. 相當長時期經人們反覆實行。
2. 內容具有明確的規範性。
3. 現行法並無規範亦與現行法並無牴觸。
4. 具有相當的拘束力。

憲政慣例特別對於憲法具有補充的作用，美國憲法對於總統任期並未規定僅能連任一次而不得連任第二次，但華盛頓總統與傑弗遜總統皆拒絕第二次連任，影響所及以後總統皆只做完兩任即退職不再連任而形成憲法習慣。1951年並配合憲法修正，即強制規定不得連任兩次（1947年提案），使憲政慣例更進一步成為具體成文法的規定（美國憲法增修條文第22條）。

但今天還允許用憲政慣例的方式進行變遷嗎？如果立法院制定了某個法律，也沒有人宣告它違憲，我們就一直用下去，那麼或許用久了，我們也可以說它是一種憲政慣例。不過，如果大法官宣告這種方式違憲，也就是不准立法院自己制定法律來落實憲法，不准立法院形成新的憲政慣例，那麼，憲法變遷的方式，是不是只剩下憲法解釋和修改憲法了呢？這個疑問供大家思索。

二、憲法解釋

透過大法官作憲法解釋，讓抽象的憲法跟隨時代腳步演變，第肆節詳細說明。

三、修　憲

透過正式的修憲程序來進行憲法變遷，第參節詳細說明。

參、修　憲

一、修改原因

修憲是憲法適應環境變遷重要且正式的方式，但若非必要應力求避免。憲法之所以需要修改，依美國的經驗有下列三種情形[4]：

1. 制憲當時認為無關重要或未能預見，於環境變遷後，成為政治上新的需要，且須經修憲方能解決者。
2. 憲法之規定不能適應新環境之需要，須以修憲解決者。
3. 已建立之憲政習慣，遭受破壞，為保留該憲政習慣，以修憲方式加以確保。

我國修憲的原因大致集中在前二者。

---

4 引自荊知仁，〈安定、秩序、妥協、成長〉，收錄於氏著，《憲政論衡》，臺灣商務印書館，1980年，頁36。

二、修憲權行使之型態

修憲權之行使型態各國有其不同之方式，大致可歸納下列幾種[5]：

1. **立法機關之修憲**：大多數國家皆採此種方式。
2. **特別機關之修憲**：修憲權賦予類似「憲法議會」之特別機關行使，如我國即交由「國民大會」行使。
3. **立法與特別機關混合之修憲**：如美國之修憲先經由參眾兩院提出修正案後，再經由各州批准。
4. **公民投票**：有下列三種類型，一是任意公民投票制，指由憲法指定之人或機關，以決定是否交付公民投票，如泰國；二是必要公民投票制，在一定條件下（如憲法修正案未獲絕對多數之通過時）必須交付公民投票，如南斯拉夫；三是強制公民投票，此制度是立法或制憲機關先行提出修憲案，再交由公民票決是否通過，如韓國。
5. **未賦予民意機關**：此類憲法皆為欽定憲法，由國王直接以命令修改憲法，頂多事前諮詢由國王組成的委員會，如尼泊爾。

三、我國修改程序

（一）前六次修憲：國大一機關修憲

憲法本文規定的修憲程序，主要由國民大會修憲，但立法院也有提案權。在2000年以前的第一次到第六次修憲，我國的修憲程序，主要是國民大會一機關負責修憲。而特色在於會先有一個體制外會議主導，在體制外會議經過政黨協商達成共識之後，再召開國民大會進行修憲。

憲法第174條規定：「憲法之修改，應依下列程序之一為之：

一、由國民大會代表總額五分之一之提議，三分之二之出席，及出席代表四分之三之決議，得修改之。

二、由立法院立法委員四分之一之提議，四分之三之出席，及出席委員四分之三之決議，擬定憲法修正案，提請國民大會複決。此項憲法修正案應

5 林銘德，李惠宗，〈修憲程序法理初探〉，《國民大會議事規則研修專案小組委託專題研究報告》，刊於國民大會秘書處編，1998年7月，頁2-5。

於國民大會開會前半年公告之。」如圖2-1、表2-1。

（二）第七次修憲：任務型國大修憲

在第五次修憲國民大會延長自己任期被大法官宣告該次修憲違憲後，國民大會進行第六次修憲，將國民大會「虛級化」，改為「任務型國大」，修憲程序更改如圖2-2。

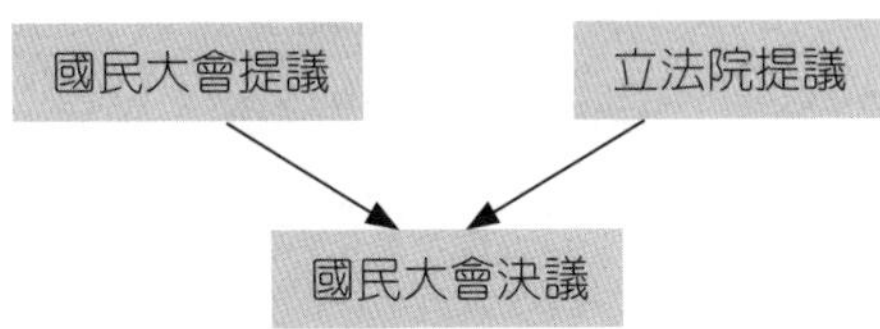

圖2-1　憲法本文所規定的修憲方式

表2-1　憲法本文的修憲方式

提案機關	提案數額	議　決	依　據
國民大會	1/5提議	國民大會2/3出席，出席代表3/4決議	§174①
立法院	1/4提議 3/4出席 3/4決議	國民大會2/3出席，出席代表3/4決議	§174② 國大職權行使法

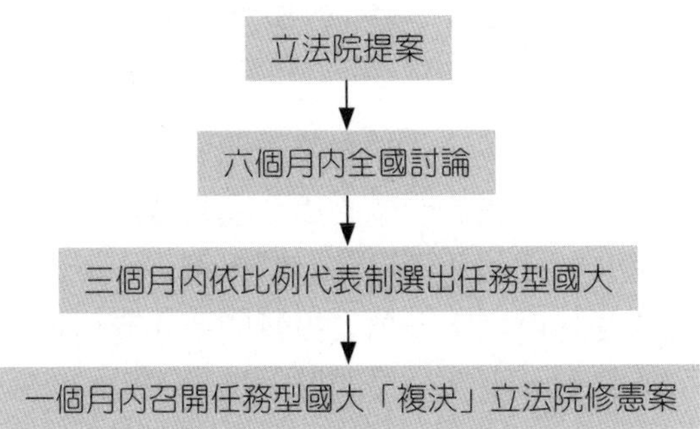

圖2-2　第七次修憲之方式

2005年第七次修憲乃採任務型國大複決立法院修憲案的方式進行。修憲程序乃由兩機關負責，立法院必須取得四分之三的同意方得提案，交由任務型國大複決。

（三）未來修憲：人民公投複決

2005年6月第七次修憲後，完全廢除了「任務型國大」，往後整個修憲程序，改採為立法院四分之三出席、四分之三同意通過修憲案後，直接交由人民「公投複決」。

憲法增修條文第12條（2005年第七次修憲）規定：「憲法之修改，須經立法院立法委員四分之一之提議，四分之三之出席，及出席委員四分之三之決議，提出憲法修正案，並於公告半年後，經中華民國自由地區選舉人投票複決，有效同意票過選舉人總額之半數，即通過之，不適用憲法第一百七十四條之規定。」

將來修憲程序變成如圖2-3：

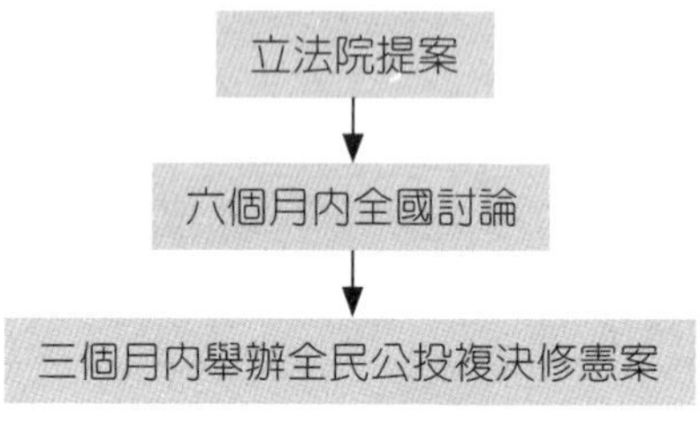

圖2-3　未來修憲之方式

將來修憲的門檻高了很多，必須立法院四分之三的立委通過提案，再交給人民複決，而人民公投複決的門檻必須全國有選舉權人一半以上都投贊成票，才能通過修憲案。若按照我國目前有選舉權人一千九百多萬來看，將來想通過修憲案，必須要九百六十多萬人投贊成票才有可能。所以，許多學者認為未來都不再可能修憲，因為公投門檻太高了。

四、憲法修改文本方式

我國憲法第174條規定修憲提案機關、提案程序以及修憲機關與修憲程序，至於憲法修改的方式並未明文規定。

1. **一般的修憲方式**：直接刪除憲法中某一條文或增加某一條文於憲法中，或是僅修改憲法某一條文之文字。
2. **特別的修憲方式**
   （1）憲法增補：憲法增補係指仍保持被廢棄、替代之憲法條文於法典上，而僅將新增補內容附於憲法法典最後一條條文之後，而非成立之單行法條，如美國聯邦憲法增修之例。
   （2）憲法破棄：形式之憲法破棄係指修憲機關在對憲法條文法典不修改任何一個文字下，依修憲所需特別多數之決議，制定一部與憲法法典有別，而且牴觸憲法法典內憲法條文之特別法律，爾後即由該特別法或永久或暫時或全面或一部取代被牴觸之憲法條文的地位，該憲法條文雖形式上仍存於憲法法典內，其效力卻已不復完整，甚至完全消滅。申言之，特別法雖未直接明白修改憲法，實際上卻暗中加以修改，故形式之憲法破棄亦可稱為實質修憲或直接稱為「不變動憲法法典之憲法修改」或「間接修憲」。如我國「動員戡亂時期臨時條款」。

五、憲法修改之界限

憲法之修改有無限制[6]，即憲法之任何一條條文是否均可隨時修改，各國憲法對此問題規定不一。有未設限制者，例如我國憲法；有明白規定可以隨時修改其一部或全部者，例如瑞士憲法；有規定憲法若干條款不得變更者，如德國基本法有規定某種時期不得修改憲法者。

（一）有界限說

德國學者卡爾．施密特（Carl Schmitt, 1888-1985）認為制憲權係產生於

6 以下關於修憲界限理論上之爭議，參閱周宗憲譯（盧部信喜原著），〈憲法修改之界限〉，《憲政時代》，第17卷第2期，1991年10月，頁51-65。

「力」（政治力），經常處於「自然狀態」不受任何限制，為一切憲法所創設的權力之根源；但修憲權卻是受之於「法」，修憲是屬於憲法所創設之權力，因此不能超越原憲法的基本精神，否則憲法即形同破毀[7]。施密特認為憲法皆有其根本精神存在，其他條文均以此精神為基礎，由此基本精神使憲法全體保持統一性，憲法之基本精神決定於制憲權，亦即產生於力，因此不得修改，此部分的條文稱之為「憲章」（verfassung）。若憲法條文之修改無涉憲法基本精神之改變，不會喪失憲法的統一性，成為得修改的條文，稱之為「憲律」（verfassungsgesetze）[8]。

學者劉慶瑞承續上述見解，認為憲法修改應有限制，因為憲法制定權與憲法修改權性質不同，憲法制定權不是受之於法，而是產生於力，力決定了國體為共和或帝制，力決定了政體為民主或獨裁。這個國體、政體便是憲法的根本精神。反之，憲法修改權不是產生於力，而是受之於法[9]。

至於我國，根據大法官釋字第499號解釋：「憲法條文中，諸如：第1條所樹立之民主共和國原則、第2條國民主權原則、第二章保障人民權利、以及有關權力分立與制衡之原則，具有本質之重要性，亦為憲法整體基本原則之所在。基於前述規定所形成之自由民主憲政秩序，乃現行憲法賴以存立之基礎，凡憲法設置之機關均有遵守之義務。」因此，實務上，大法官承認所謂的修憲界限。

（二）無界限說

學者間亦不乏反對修憲有界限之主張，認為憲法乃根本大法，為何須再區分根本條款或非根本條款？條款間為何須有強弱或高低之別？又現世之社會為何須受制於前人，而不能有所變更？此外，「憲章」部分如何確定，亦屬困擾，我國憲法中亦未明白區隔，美國之「憲章」是否即為其憲法之核心，恐亦有爭議。例如，日本憲法戰後大翻新，形同制憲，但仍以修憲稱之，又有何不可？為何一定「畫地自限」？因此，此派學者認為只要透過憲法所規定的修憲程序，以民主原則為基礎，任何條文皆可修改。主要理由認

7 參見劉慶瑞，《中華民國憲法要義》，作者自印，1979年，頁24-25。
8 薩孟武，《中國憲法新論》，三民書局，1970年，頁25-26。
9 參見劉慶瑞，前揭書，頁23-25。

為：

1. 欠缺民主基礎之法官如何推翻多數民意的結晶？
2. 憲法增修條文之位階等同憲法，大法官所為之司法解釋，係位於憲法，包括增修條文之下，依據憲法及增修條文之所定及其蘊含之精神與理念，檢驗低於憲法之各類下級規範，以保護及貫徹憲法（包括憲法增修條文之要求）。故如何能將已屬最高位階中之憲法條款解釋為牴觸其他條款？實屬匪夷所思之舉。甚至解釋牴觸可能存在之更高位階之不成文規範，例如所謂之民主原則、憲政秩序或憲政精神？頗難自圓其說。

六、修憲與違憲審查

「修憲的程序形式有違失」與「修憲結果實質違憲」，司法機關能否進行違憲審查？前者牽涉在權力分立的原則下，司法能否介入修憲機關的議事程序的問題；後者牽涉到許多邏輯上的矛盾問題。

1. **修憲程序之審查**：成文憲法的國家，大多會在憲法中明文規定修憲的程序，諸如修憲機關、出席與議決人數、公布者與公布時間之限制等，以約束有權修憲者之修憲作為，以達到保護憲法最高性與固定性之目的。所以，如果修憲者明顯違反憲法中所規定的修憲程序，或出現重大瑕疵者，司法審查機關自然得以宣告無效。但有時釋憲機關會尊重議會自律原則而不予過問，如釋字第381號解釋中，解釋國民大會修憲時所進行的一讀會，是否要遵守憲法第174條所規定的出席人數，是屬於議會自律事項，非為釋憲審查之範圍。
2. **修憲實質內容之審查**：此即牽涉修憲的界限問題，主張修憲有界限者，其下一步推論即是由何機關負責審查把關的工作？以及如何審查條文有無違憲？我國於2000年3月24日公布釋字第499號解釋，針對第五次修憲的「國大延任」問題進行審查，大法官首先認為修憲有其界限，超越憲法基本規範的修憲，大法官係有權審查，其憲法依據為憲法第173條[10]，

10 學者認為大法官特地引用第173條而捨棄第78條與第79條，是因為第173條規定於憲法第十四章「憲法之施行與修改」中，所以有權解釋修憲的結果是否「違憲」，但似乎此種推論較難證明大法官有受理審查修憲條文「違憲」之權限。參見許宗力，〈憲法乎違憲乎？評釋字第499號解釋〉，《月旦法學》，第60期，2000年，頁143。

進行審查時認為修憲程序有瑕疵（採無記名投票），且「瑕疵已達明顯重大之程度，違反修憲條文發生效力之基本規範」、「其內容與憲法中具有本質重要性而為規範秩序賴以存立之基礎，產生規範衝突，為自由民主憲政秩序所不許」[11]。

七、釋字第499號解釋

釋字第499號解釋（89/2/24，宣告第五次修憲無效）：「一、憲法為國家根本大法，其修改關係憲政秩序之安定及全國國民之福祉至鉅，應由修憲機關循正當修憲程序為之。又修改憲法乃最直接體現國民主權之行為，應公開透明為之，以滿足理性溝通之條件，方能賦予憲政國家之正當性基礎。國民大會依憲法第25條、第27條第1項第3款及中華民國86年7月21日修正公布之憲法增修條文第1條第3項第4款規定，係代表全國國民行使修改憲法權限之唯一機關。其依修改憲法程序制定或修正憲法增修條文須符合公開透明原則，並應遵守憲法第174條及國民大會議事規則有關之規定，俾副全國國民之合理期待與信賴。是國民大會依83年8月1日修正公布憲法增修條文第1條第9項規定訂定之國民大會議事規則，其第38條第2項關於無記名投票之規定，於通過憲法修改案之讀會時，適用應受限制。而修改憲法亦係憲法上行為之一種，如有重大明顯瑕疵，即不生其應有之效力。所謂明顯，係指事實不待調查即可認定；所謂重大，就議事程序而言則指瑕疵之存在已喪失其程序之正當性，而違反修憲條文成立或效力之基本規範。國民大會於88年9月4日三讀通過修正憲法增修條文，其修正程序牴觸上開公開透明原則，且衡諸當時有效之國民大會議事規則第38條第2項規定，亦屬有違。依其議事錄及速記錄之記載，有不待調查即可發現之明顯瑕疵，國民因而不能知悉國民大會代表如何行使修憲職權，國民大會代表依憲法第133條規定或本院釋字第331號解釋對選區選民或所屬政黨所負政治責任之憲法意旨，亦無從貫徹。此項修憲行為有明顯重大瑕疵，已違反修憲條文發生效力之基本規範。

二、國民大會為憲法所設置之機關，其具有之職權亦為憲法所賦予，基於修憲職權所制定之憲法增修條文與未經修改之憲法條文雖處於同等位階，

11 參見釋字第499號解釋文。

惟憲法中具有本質之重要性而為規範秩序存立之基礎者，如聽任修改條文予以變更，則憲法整體規範秩序將形同破毀，該修改之條文即失其應有之正當性。憲法條文中，諸如：第1條所樹立之民主共和國原則、第2條國民主權原則、第二章保障人民權利，以及有關權力分立與制衡之原則，具有本質之重要性，亦為憲法整體基本原則之所在。基於前述規定所形成之自由民主憲政秩序，乃現行憲法賴以存立之基礎，凡憲法設置之機關均有遵守之義務。

三、第三屆國民大會88年9月4日通過之憲法增修條文第1條，國民大會代表第四屆起依比例代表方式選出，並以立法委員選舉各政黨所推薦及獨立參選之候選人得票之比例分配當選名額，係以性質不同、職掌互異之立法委員選舉計票結果，分配國民大會代表之議席，依此種方式產生之國民大會代表，本身既未經選舉程序，僅屬各黨派按其在立法院席次比例指派之代表，與憲法第25條國民大會代表全國國民行使政權之意旨，兩不相容，明顯構成規範衝突。若此等代表仍得行使憲法增修條文第1條以具有民選代表身分為前提之各項職權，將牴觸民主憲政之基本原則，是增修條文有關修改國民大會代表產生方式之規定，與自由民主之憲政秩序自屬有違。

四、上開增修條文第1條第3項後段規定：『第三屆國民大會代表任期至第四屆立法委員任期屆滿之日止』，復於第4條第3項前段規定：『第四屆立法委員任期至中華民國91年6月30日止』，計分別延長第三屆國民大會代表任期二年又四十二天及第四屆立法委員任期五個月。按國民主權原則，民意代表之權限，應直接源自國民之授權，是以代議民主之正當性，在於民意代表行使選民賦予之職權須遵守與選民約定，任期屆滿，除有不能改選之正當理由外應即改選，乃約定之首要者，否則將失其代表性。本院釋字第261號解釋：『民意代表之定期改選，為反映民意，貫徹民主憲政之途徑』亦係基於此一意旨。所謂不能改選之正當理由，須與本院釋字第31號解釋所指：『國家發生重大變故，事實上不能依法辦理次屆選舉』之情形相當。本件關於國民大會代表及立法委員任期之調整，並無憲政上不能依法改選之正當理由，逕以修改上開增修條文方式延長其任期，與首開原則不符。而國民大會代表之自行延長任期部分，於利益迴避原則亦屬有違，俱與自由民主憲政秩序不合。

五、第三屆國民大會於88年9月4日第四次會議第十八次大會以無記名投票方式表決通過憲法增修條文第1條、第4條、第9條暨第10條之修正，其程序違背公開透明原則及當時適用之國民大會議事規則第38條第2項規定，其瑕疵已達明顯重大之程度，違反修憲條文發生效力之基本規範；其中第1條第1項至第3項、第4條第3項內容並與憲法中具有本質重要性而為規範秩序賴以存立之基礎，產生規範衝突，為自由民主憲政秩序所不許。上開修正之第1條、第4條、第9條暨第10條應自本解釋公布之日起失其效力，86年7月21日修正公布之原增修條文繼續適用。」

1. 司法是否有審查立法（或修憲）機關的結果，與議會自律事項有關，原則上，司法機關應予尊重，如審級程序與相關要件大法官認為是屬於立法自由形成（釋字第393號解釋），因此，公務員懲戒案件之議決未設上訴救濟制度（釋字第396號解釋）、選舉訴訟為二審終結（釋字第442號解釋）、不服交通違規事件向普通法院聲明異議（釋字第418號解釋）等皆不牴觸憲法。
2. 立法機關在程序上如有明顯重大瑕疵，則司法機關得加以審查（釋字第342號解釋、釋字第499號解釋第一段，參照釋字第381號解釋）。
3. 修憲機關之修憲實質上如果超越修憲之界限（即第1條所樹立之民主共和國原則、第2條國民主權原則、第二章保障人民權利，以及有關權力分立與制衡之原則，具有本質之重要性，亦為憲法整體基本原則之所在），亦屬無效（釋字第499號解釋第二段）。

肆、憲法解釋

憲法解釋也是一種憲法變遷的方式。但是憲法為何需要解釋？為何交由大法官作解釋？而解釋方法又有哪些？在我國統一由大法官進行憲法解釋，以下先說明為何憲法需要解釋，進而說明大法官在解釋憲法時所採取的方法。

一、憲法解釋的必要及目的

憲法為何需要解釋？一般認為有下面三個理由：

（一）憲法本身文字太抽象

憲法條文太過抽象，適用於具體狀況時，往往不能確定究竟具體問題是否牴觸憲法，故需要大法官作出解釋。例如，我國憲法規定：監察委員不得兼任其他公職或執行業務（憲法第103條）。但「公職」是否包含公立醫院醫生、公營事業董事監察人，則需要進一步解釋。

（二）因應社會的變遷與需要

社會不斷變動，但憲法修改不易，若能透過大法官解釋，讓抽象的憲法條文符合時代變動，或許也是一個好的方法。例如，我國因為內戰，國民政府移至臺灣，故大法官就必須對第一屆立委、監委任期，因大陸淪陷無法改選，而是否能繼續留任，作出解釋（釋字第31號解釋）。

（三）法律與命令是否有牴觸憲法

法律和命令不得牴觸憲法，故當發生法律牴觸憲法的爭議時，就需要大法官作出解釋。例如大法官對於限制役男出境之行政命令，宣告違反人民遷徙自由而違憲（釋字第443號解釋）。

二、解釋憲法的方法

從大法官八百多號解釋或學界對憲法解釋的陳述，除了一些基本的法學方法論以外，相對於民法刑法或訴訟法而言，憲法的解釋方法在我國可謂毫無規則可言。除了我國真正實施憲政的時間並不太長，主要職司解釋憲法的大法官，或以解釋普通法律的方法解釋憲法，或任意引述繼受的憲法理論套用在我國釋憲案件之上，致使解釋結論前後不一的情形比比皆是。至於，沒有一個所謂憲法法學通說，特別是欠缺憲法的定義、憲法的功能以及憲法的特色等基本理論，恐怕是根本原因。本文也無法提出一個有系統的憲法法學理論，只是嘗試根據憲法的特性，提出一些憲法解釋最重要的基本原則。

最傳統的憲法解釋方法包含文義的解釋、比較的解釋、目的的解釋與歷史的解釋等〔最先由薩維尼（Savigny）提出，福斯多夫（Forsthoff）集大成〕一般法學方法所包含的解釋方法。應用這種方法的前提是，認為憲法就算與其他法律性質大不同，但其為「成文法律」的本質並無二致，因此也應遵循「法律釋義學」的基本方法（如圖2-4）。

圖2-4 憲法解釋方法

（一）文義解釋

指「依照用語之文義及通常使用方式而為解釋，據以確定法律（或憲法）之意義」[12]，亦即依條文之字句，闡明條文之意義，逐句推敲條文之涵義。倘此解釋法能正確運用，為所有解釋法中最簡便及具說服力之解釋法，因而有字義優先性的說法[13]

我國大法官於解釋憲法時，多次運用文義解釋的方法，如釋字第13號解釋：「憲法第81條所稱之法官，係指同法第80條之法官而言，不包含檢察官在內。但實任檢察官之保障，依同法第82條及法院組織法第40條第2項之規

12 參見楊仁壽，《法學方法論》，三民書局，1986年，頁124。
13 參見吳庚，《行政法之理論與實用》，三民書局，增訂7版，2001年，頁147。

定，除轉調外與實任推事同。」釋字第42號解釋：「憲法第18條所稱之公職涵義甚廣，凡各級民意代表中央與地方機關之公務員，及其他依法令從事公務者皆屬之。」又如釋字第210號解釋理由書：「按人民有依法律納稅之義務，為憲法第19條所明定，所謂依法律納稅，兼指納稅及免稅之範圍，均應依法律之明文。」以上皆為文義解釋的適例。

（二）體系解釋

整部憲法原則上應無矛盾，故當解釋任一憲法條文，應參照這個條文在整個憲法體系中之觀點作解釋，即解釋憲法時不能將條文獨立觀察，避免單就文意解釋，造成條文間的相互矛盾，犯了見樹不見林的缺點。所以，體系解釋便是指「從整體觀察，作邏輯體系的解釋。就法條之位置及在整個法律中整體關聯為解釋的出發點」，即憲法解釋須兼顧憲法條文規範之間的體系關係，不宜作單純隔離觀察，特別是要基於功能法的觀點，正確掌握憲法對於國家機關功能的分配規定[14]。此種解釋方法能維護整體憲法體系之一貫與概念用語之一致。

（三）歷史解釋

以制憲者當時制憲的主觀意志，作為憲法解釋的標準，包括立法者之本意、目的及草擬該法案時之構想等[15]。歷史解釋須參考制憲的史料，如我國即須參考制憲時之制憲實錄、參考制憲時各黨派之表示意見的過程。原司法院大法官審理案件法第13條即規定「大法官解釋案件，應參考制憲、修憲及立法資料……」一般而言，與機關爭議有關之案件，歷史解釋應受特別重視[16]。

（四）目的解釋

以制憲者本身表現在憲法文字上，以客觀的意識作為解釋的標準。歷史

14 翁岳生，〈憲法解釋與人民權利的保障〉，收錄於李建良、簡資修主編，《憲法解釋之理論與實務，第二輯》，中央研究院中山人文社會科學研究所，2000年，頁3。

15 同前註，頁4。

16 黃錦堂，〈機關爭議問題之釋憲方法應用〉，司法院大法官90年度學術研討會，地點臺大法學院，90年10月13日，頁10。

解釋（主觀解釋）係以制憲者主觀的認識、理解，作為解釋的標準；目的解釋則是以客觀上所表現出來的條文作為解釋的標準，即認為憲法條文本身就是制憲者被客觀化的意識之表現，條文一經創造即與制憲者失去關係，從已被獨立的條文意識作為解釋的標準。條文一經創造即是有獨立生命的意義，同時解釋時亦須考慮現今的政經社會變遷解釋條文，使其在不同時代背景下，展現其特定的目的。故目的解釋在針對係爭具體法條之目標或目的加以考察[17]。此解釋的優點為可配合時代的要求。

（五）比較解釋

比較解釋則是參考外國法律或判決，而對我國法律作出解釋。由於我國許多法律都是繼受自德國、日本、美國，所以在解釋相關法律時，也可以參考外國的經驗。

（六）合憲解釋

一般有所謂的「合憲解釋」，意思是說，如果法律的兩種解釋方法中，A解釋出來的結果可能違憲，B解釋出來的結果可能合憲，那我們就選擇B的解釋，避免宣告該法律違憲。

釋字第509號解釋吳庚協同意見書：「本件解釋開宗明義揭櫫言論自由對建立民主多元社會有無可替代之功能，憲法應予以最大限度之保障。惟基於諸多因素，大法官盱衡現階段社會發展實際情況，並未採納時論甚囂塵上之誹謗除罪化主張，而對刑法第310條誹謗罪之構成要件該當性作限縮解釋，在此一前提之下，認為上開刑法條文符合憲法第23條之比例原則，與憲法保障言論自由之意旨，尚無違背。是本件係以轉換（umdeutung）同條第3項涵義之手段，實現對言論自由更大程度之維護，同時又不至於宣告相關條文違憲，在解釋方法上屬於典型之符合憲法的法律解釋（verfassungskonforme gesetzesauslegungen）。」

---

17 同上，頁8。

第三章　立憲史與修憲史

壹、立憲史

中華民國從清末革命開始，就屢次嘗試要制定憲法。但民國初年內戰不斷，政權不安，故制憲運作都沒有真正成功。直到1947年才正式制定憲法並實施。

一、清末君主立憲

（一）憲法大綱

中國古代從無憲法之觀念，亦不知憲政為何物，有之自清末始。光緒34年，日俄戰爭後，清朝開始有具體行動，仿照日本憲法，採取君主立憲方式，皇帝擁有三權藉以保障君主地位。全文共十四條。

（二）十九信條

宣統3年，武昌起義之後，清廷召開資政會，採取虛君共和，實施責任內閣制，為我國第一部成文憲法（如表3-1）。

表3-1　孫中山革命與清廷憲改對照

年　代	孫中山革命	清廷憲改
1894	興中會成立	甲午戰爭
1904		日俄戰爭
1905	同盟會成立	派五大臣出國考察
1906	發表「三民主義與中國民族之前途」	設政治考察館，後改名憲政編查館
1908		公布憲法大綱
1911	辛亥革命，通過臨時政府組織大綱	公布憲法十九信條，採內閣制

二、民初立憲

（一）臨時政府組織大綱

1912年（民國元年），辛亥革命成功後，由各省都督府代表集會制定，共二十一條，仿美國採總統制，臨時大總統為間接選舉產生。

（二）臨時約法

1912年3月，袁世凱野心暴露，孫中山先生辭去臨時大總統，革命黨人提出臨時約法，採取內閣制、對議員有言論免責權、法官獨立審判。

（三）天壇憲法

1913年（民國2年）10月，袁世凱繼任臨時大總統，由參眾議會成立憲法委員會起草於天壇祈年殿內議憲，10月31日通過，計十一章一百一十三條，採責任內閣制。是第一部以「中華民國憲法」為名稱之憲法草案。

（四）袁氏約法

1913年二次革命失敗，1914年5月袁氏解散國會，由親袁派人士另組約法會議，制定「中華民國約法」（又稱袁氏約法），採總統制，連選得連任。袁世凱大權獨攬，並於1916年（民國5年）改為洪憲元年稱帝。

（五）曹錕憲法

1923年10月，曹錕當選總統，10月10日公布憲法，採內閣制，地方分省縣二級，省得制定省憲，具聯邦制精神。由於曹錕係以賄選方式當選總統，故這部憲法又稱賄選憲法，又稱曹錕憲法、十二年憲法、雙十憲法。是第一部以「中華民國憲法」為名稱之憲法。

（六）十四年憲草

1925年（民國14年）12月，段祺瑞推翻曹錕，另組國憲起草委員會，採責任內閣，規定罷免、創制、複決權。但國民代表會議未及召開，臨時政府即瓦解，如表3-2。

表3-2　清末民初的立憲運動[1]

	名　稱	公布時間	特　徵
清末	憲法大綱	1908年	仿日本，為欽定憲法
	憲法十九信條	1911年	實施內閣制，清廷權力落入袁世凱
民初	臨時政府組織大綱	1911年	仿美國，採總統制
	臨時約法	1912年	採內閣制，三權分立
	天壇憲草	1913年	第一部以「中華民國憲法」為名稱之憲法草案
軍閥時期	中華民國約法	1914年	又稱袁氏約法、新約法
	六年憲草	1917年	
	八年憲草	1919年	
	省憲運動	1920年	主張聯邦制
	國是會議憲草	1922年	上海召開、主張聯邦制[1]
	十二年憲法	1923年	又稱雙十憲法、曹錕憲法、賄選憲法。為第一部以「中華民國憲法」為名稱之憲法
	十四年憲草	1925年	

三、國民政府時期之憲政措施

（一）訓政時期約法（二十年）

蔣中正北伐成功後，採建國三時期的理論（分為軍政、訓政與憲政時期），未立即制定憲法。1931年5月5日召開國民會議，起草訓政時期約法，6月1日公布，計八章八十九條。首先以法律承認男女之平等，開中國制憲史之先例。並將四權入憲，為民權主義法典化。中央與地方的權限採均權制。另於訓政綱領一章中明定以黨治國。

1　1922年上海召開「國是會議」，委託張君勱草擬憲法草案（稱「國憲草案」），「國憲草案」的憲政體制設計接近威瑪憲法的「二元型內閣制」，總統係間接選舉產生，並得直接任命總理而無須國會之同意，但總理須對國會負責，國會可以三分之二的多數倒閣，總統則可以解散國會，若解散的結果非為總統所願，總統不需辭職，代表國家永續的表徵，成為「總統有權，內閣有責」的制度。張君勱此種理念延續到我國憲法的制定。參見薛化元，〈張君勱議會（責任）內閣制主張之研究（1922-1947）〉，《國立政治大學歷史學報》，第16期，1999年5月，頁128-134。

（二）五五憲草

1933年1月立法院成立憲法草案委員會，專責起草憲法，孫科為委員長。根據立法院所擬之憲法原則，草擬初稿。推定吳經熊為初稿主編人，於同年6月完成「中華民國憲法草案初稿試擬稿」。後以吳私人名義公告，廣徵各方意見。1934年2月通過「中華民國憲法草案初稿」再以立法院名義公告，正式徵求各方意見（計十章一百六十條）。同年10月立法院三讀通過十二章一百七十八條，轉國民政府送中國國民黨審核，1935年10月中常會審核完畢，並通過五項原則，責成立法院修改，同年10月25日立法院修正通過八章一百五十條。後於1936年5月1日立法院三度議決修正，5月5日國民政府公布，史稱「五五憲草」共一百四十八條（後改一百四十七條），採總統制，係現行憲法之前身，孫中山先生的思想自此首次入憲。其特點如下：

1. **國體之特別規定**：中華民國為三民主義共和國。
2. **政權與治權之劃分**
   （1）政權由人民直接行使於地方（縣），間接行使於中央（國民大會）。
   （2）治權由政府五院行使。
   （3）國民大會行使政權：
      ①選舉權：選舉正副總統，立法、監察兩院正副院長及委員。
      ②罷免權：罷免上述人員及司法、考試兩院正副院長。
      ③創制及複決權。
3. **五權分立的中央政府**
   （1）總統為國家元首，有權任免行政院正副院長、政務委員及各部會首長。行政院正副院長、政務委員及各部會首長各自對總統負責。
   （2）總統對國民大會負責，且任命司法、考試兩院正副院長。
4. **均權原則之確立**
5. **民生主義之法典化**——民生主義之國民經濟。

（三）政治協商會議

抗戰期間有國民參政會（組憲政期成會）及憲政實施協進會提出五五憲草修正意見。1946年1月10日於重慶召開政治協商會議，通過憲草修改原則十二項，後再增新協議三點，為避免總統權力過大，將憲政體制轉為傾向「內閣制」的「二元型內閣制」[2]。1946年11月15日制憲國民大會於南京揭幕。

（四）政協憲草

1946年3月國民黨召開第六屆二中全會，提出五項修改原則，以更正政協會議之決議。此五項意見為憲草審議會和政協合組成之聯席會議通過，由張君勱主筆，並於11月19日通過「政協會議對五五憲草修正案草案」（稱「政協憲草」），後經立法院通過，由國民政府向國民大會提出，史稱「政協憲草」（為現行憲法制定時之藍本）。

張君勱草擬之「政協憲草」是綜合孫中山的權能區分、政治協商會議十二項修改原則以及「國憲草案」的基礎，就憲政體制之設計，除了國民黨所堅持的政權機關——國民大會之外，大致上仍維持「二元型內閣制」之設計。原係「內閣制」架構的十二項修改原則，張君勱為不讓國民大會控制五院之體制復活，乃維持行政部門向立法院負責的原始架構，但同時擴張總統職責，再加上為讓總統有更大的用人空間而不規定議員兼任部長之本意，讓「政協憲草」有折衷總統制與內閣制之內涵，但卻留下總統與行政院院長權限劃分不清的問題[3]。

（五）現行憲法之制定

1946年11月15日於南京召開制憲國民大會，在獲得各黨派支持下，以

2　二元型內閣制是指一方面總理要向國會負責，另一方面亦向元首負責。在十九世紀中葉以前的英國，君主擁有相當的實權，內閣一方面須向議會負責，另一方面須向國王負責，是為「古典二元型內閣制」；而當代的民主國家，由於為國家元首的總統係由人民直接選舉產生，具有相當的實權以及民主正當性，總理由總統任命，因此，內閣亦須向總統負責，成為「新型二元型內閣制」，此種制度即為「半總統制」。許志雄，〈從比較憲法觀點論「雙首長制」〉，《月旦法學》，第26期，1997年7月，頁31。

3　薛化元，前揭文，頁140。

「政協憲草」為藍本進行制憲工程，至同年12月25日以二十六天的時間完成三讀[4]，1947年1月1日公布，12月25日實施。綜觀整部憲法，孫中山的思想影響憲法的基本架構、外觀，例如，基於權能區分理論而設置代表全體國民行使政權的國民大會以及五權分立之五院、憲法中央與地方權限之劃分亦表現孫中山的均權主張、基本國策中更充滿孫中山民生主義的理念，但是，張君勱則頗有技巧的在此架構形式下加入許多個人的理念與國外的制度（尤其是威瑪憲法）。

張君勱曾指出「總統制」之總統權力過大，內閣之去留皆由總統一人好惡決定，指出「此種制度移植於吾國，其能否造福，我是絕對懷疑的」[5]，而「內閣制」的責任政府雖為張氏所推崇，但他也注意到民初多黨林立，信任投票制所發生的內閣不穩定現象。因此，一方面總統須成為負擔國家延續的責任，此時須有總統之外負責的政府，於是，他設計副署制度使總統避免政朝的更迭而得以持續在位，以維持政治之穩定。另一方面則設計行政院為責任政治的中心，以責任內閣制為基礎，但為避免倒閣層出不窮，張氏努力尋求憲政體制之「第三條路」[6]，最後採憲法第57條的覆議制度，將倒閣的立法委員人數提升至三分之二。因此，張君勱對自己所設計的憲政體制定位為「修正的內閣制」[7]，如表3-3。

表3-3 國民政府的立憲與現行憲法之通過

	名稱	公布時間	特徵
國民政府	訓政時期約法	1931年	民權主義法典化、以黨治國
	五五憲草	1936年	總統制，總統對國民大會負責。現行憲法之前身
	政治協商會議	1946年	重慶召開對五五憲草修改
	政協憲草	1946年	國民黨議決草擬送制憲國民大會，為制憲之藍本
	現行憲法之制定	1946年	1946年12月25日通過，1947年1月1日公布，1947年12月25日實施

4 制憲國民大會會議進行程序，參見謝政道，《中華民國修憲史》，揚智文化，2001年，頁26-28。

5 參見張君勱，《中華民國民主憲法十講》，臺1版，臺灣商務印書館，1971年，頁62。

6 同前註，頁66。

7 同前註，頁71。

四、動員戡亂時期臨時條款

現行憲法的實施遠比制定更坎坷與崎嶇。1948年3月29日行憲後第一屆國民大會第一次會議在南京召開，張知本等人認為憲法脫離孫中山的理想過遠而提案修憲[8]，因有人認為不宜於憲法未經實施即輕易修改而作罷，後因中共稱兵作亂，致政府須一方面行憲，另一方面要戡亂，乃通過由國大代表莫德惠等1,202位代表向國民大會提議制定之「動員戡亂時期臨時條款」（以下稱「臨時條款」），以利「行憲戡亂，同時並舉」，該條款於1948年5月10日公布施行（共計四項）。

後因政府搬遷來臺，與中共形成對峙狀態，「臨時條款」繼續實施，並做了四次修正，凍結部分憲法條文之實施，直至1991年5月1日宣告廢止。這段期間現行憲法並未被充分的尊重，甚至扭曲了憲法原有的設計[9]。

（一）1948年（民國37年）5月10日通過實施

賦予總統緊急處分權。1948年發布財政經濟緊急處分，發行金圓券。

（二）1960年（民國49年）3月11日修正公布

1960年因為蔣介石連任問題，於3月11日公布第一次修訂「臨時條款」七項，凍結原憲法第47條有關總統連任一次之限制。

（三）1966年（民國55年）3月12日第二次修正公布

1966年3月12日公布第二次修訂之「臨時條款」八項，解除憲法對國民大會行使創制、複決權之限制，並設置憲政研究機構。國民大會行使創制複

---

8 張知本等689位國大代表提請修改憲法第27條及第29條條文。主要是希望將原國民大會集會期間由六年一次改為兩年一次。參見國民大會秘書處，《第一屆國民大會實錄，第一編》，1961年，頁210-211。

9 參見胡佛、呂亞力、朱雲漢，〈當前憲政問題的癥結及其解決之道〉，《律師通訊》，第152期，1992年，頁64-73。葉俊榮，〈九七憲改與臺灣憲法變遷的模式〉，《臺大法學論叢》，第27卷第2期，1998年1月，頁7-47。呂炳寬，〈我國中央政府之類型：修憲前後之比較〉，《空大行政學報》，第4期，1995年11月，頁281-305。對臨時條款法律性質之討論另參見許宗力，〈動員戡亂時期臨時條款之法律問題〉，收錄於氏著，《法與國家權力》，《月旦法學》，1994年，頁401-430。

決兩權，第一次出現「自由地區」一詞。

（四）1966年（民國55年）3月22日第三次修正公布

1966年3月22日公布第三次[10]修正之「臨時條款」十項，授權總統設立動員戡亂機構（依此設置「國家安全會議」）、調整中央政府組織（依此於行政院下設置「人事行政局」）與訂頒辦法增補選中央民代（依此於1969年辦理中央民代增選與補選）[11]。

（五）1972年（民國61年）3月23日第四次修正公布

1972年3月23日公布第四次修正「臨時條款」共計十一項，主要係授權總統制定辦法辦理中央民意代表須定期改選之增額選舉[12]。

（六）1987年（民國76年）7月1日宣布解除戒嚴

1987年11月開放一般民眾赴大陸探親。1990年7月第八任總統李登輝召開國是會議決定修憲。

（七）1991年（民國80年）5月1日廢止動員戡亂時期臨時條款

---

10 國民大會第二次修改「臨時條款」後於1966年2月8日閉會（此次係以臨時會方式為之），隔天隨即再辦理第四次會議報到，又進行第三次修改「臨時條款」。

11 蔣介石於1969年3月27日公布由國家安全會議通過之「動員戡亂時期自由地區中央公職人員增選補選辦法」，依據此辦法於12月舉行補選，選出國大代表十五名、立委十一名、監委二名。參見齊光裕，《中華民國的政治發展》，揚智文化，1996年，頁201。

12 總統於1972年6月29日公布「動員戡亂時期自由地區增加中央民意代表名額選舉辦法」，依此項規定在1972年辦理首次中央民意代表增額選舉，若不包括遴選之海外代表、邊疆代表、職業團體代表以及婦女團體代表而由自由地區人民直接或地方議會議員間接選舉（監委之部分）產生者，監委計10名、立委計27名、國民大會代表計36名，雖有改選但占總額仍相去甚遠。參見謝政道，前揭書，頁197-198。

表3-4　歷任正副總統

任　次	任期（民國）	總　統	副總統	備　註
1	37年5月～43年5月	蔣中正	李宗仁	依臨時條款規定，第1～8任由第一屆國代選出，任期6年，連選得連任
2	43年5月～49年5月	蔣中正	陳誠	
3	49年5月～55年5月	蔣中正	陳誠	
4	55年5月～61年5月	蔣中正	嚴家淦	
5	61年5月～67年5月	蔣中正	嚴家淦	64.4嚴家淦繼任
6	67年5月～73年5月	蔣經國	謝東閔	
7	73年5月～79年5月	蔣經國	李登輝	77.1李登輝繼任
8	79年5月～85年5月	李登輝	李元簇	
9	85年5月～89年5月	李登輝	連戰	依增修條文規定，自第九任起由人民直選，任期4年，連選得連任一次
10	89年5月～93年5月	陳水扁	呂秀蓮	
11	93年5月～97年5月	陳水扁	呂秀蓮	
12	97年5月～101年5月	馬英九	蕭萬長	
13	101年5月～105年5月	馬英九	吳敦義	
14	105年5月～109年5月	蔡英文	陳建仁	
15	109年5月～	蔡英文	賴清德	

貳、憲法增修條文

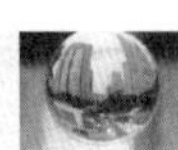

目前我國修憲的方式，乃是以增修條文的方式附在憲法本文後面，而不敢更動憲法本文。這種方式非常特殊，且有其時代背景。在1990年真正開始進行修憲後，我國目前為止一共進行了七次修憲，幾乎每兩、三年就修改一次憲法，對憲法做了很大幅度的修改。不過每次修憲都是在修改、整理增修條文，而憲法本文一直沒有更動。

一、第一次修憲

（一）修憲背景

1990年3月，一批四十年未改選的老國代以及少部分增額國代，選出李登輝為第八任總統，並趁機提案擴權，如自行追加出席費、決議延長任期為九年、並要求行使創制複決權等。當時許多年輕學子深覺應對我國的民主憲政進行改革，乃有「三月學運」的爆發，李登輝以召開「國是會議」回應。七月召開的「國是會議」[13]其代表除了國內各政黨之外，尚有主張臺獨的人士參加，如陳唐山、彭明敏等，這種將各種勢力納入體制內，對日後修憲的正當性具有強化與穩定的作用[14]。這次會議的主題是「憲政改革」與「兩岸關係」，會議並無具體結論，但大致上總統與省長民選、資深中央民意代表退職是國是會議與會者的主要多數意見[15]。

隨後國民黨成立「憲政改革策劃小組」，提出「一機關、兩階段」的修憲方式。「一機關」指的是仍由國民大會負責修憲，「兩階段」指的是第一階段由第一屆資深國大負責程序修憲，作為第二屆中央民代產生的法源，再由具有民意基礎的第二屆國大負責「實質修憲」。

1991年4月22日第一屆國民大會第二次臨時會第六次大會三讀通過「憲法增修條文第1至10條」，5月1日公布，同時廢止動員戡亂時期臨時條款，自此我國的憲政發展呈現出與以往完全不同面貌，也開啟了我國修憲的大門。

（二）修憲要點

本階段的修憲定位在程序性的修憲，其修憲結果的要點有：

1. 使民意機關重獲民主正當性，以進行第二階段之實質修憲

第二屆中央民意代表如何產生，第一次修憲重要的議題，尤其是要解決當時的所謂「法統」問題，最後以「政黨比例代表」（全國不分區與僑居國外國民）代表全國性與我國特有的「單記不可讓渡投票制」（區域與原住民選舉的部分）代表臺灣地區人民直接選舉的正當性。

2. 延續臨時條款的總統權力

（1）總統得發布緊急命令：總統為避免國家或人民遭遇緊急危難或應

13 國是會議的開會過程可參見林國禎，〈我國憲政改革的理論與實際〉，師大公民訓育研究所碩士論文，1995年，頁107-118。

14 參見李國雄，〈我國歷次憲改的內容及其影響〉，《中華民國行憲五十年學術研討會論文暨研討實錄》，國民大會印，1997年4月，頁88。當時的學運、國民黨內的鬥爭、國大擴權所演出的「山中傳奇」，參見李炳南，《第一階段憲政改革之研究》，揚智文化，1997年，頁9-10。

15 參見《中國時報》，第1版，1990年7月5日。

付財政經濟上重大變故，得經行政院會議之決議發布緊急命令，為必要之處置，不受憲法第43條之限制。但須於發布命令後十日內提交立法院追認，如立法院不同意時，該緊急命令立即失效。

（2）設置機構：總統為決定國家安全有關大政方針，得設國家安全會議及所屬國家安全局。行政院得設人事行政局。

3. 要求制定兩岸關係法律

自由地區與大陸地區間人民權利義務關係及其他事務之處理，得以法律為特別之規定。立法院於民國81年7月31日公布實施「臺灣地區與大陸地區人民關係條例」。

4. 揭示「增修條文」的限時性，具有過渡性質

「為因應國家統一前之需要，依憲法第二十七條第一項第三款及第一百七十四條第一款之規定，增修本憲法條文如下：……」

（三）修憲評估

1. 修憲前召開「國是會議」，與制憲前的「政治協商會議」有異曲同工之妙，但畢竟是一種「體制外」的會議，後來這個模式一直採用，例如第四次修憲前召開的「國家發展會議」，以及陳水扁當選總統後迴避「國家統一委員會」之召開，而改以體制外的「兩岸跨黨派小組」為兩岸政策的諮詢機構等。這種決策模式除了帶有民粹的意涵外，也顯示當局對體制的不信任。
2. 本次修憲最大的貢獻在於終止了動員戡亂時期臨時條款，並賦予第二屆中央民意代表法源，順利解決民間擴大政治參與需求的問題，同時也開啟了民主改革的腳步。
3. 本次修憲最大的爭議在於延續了臨時條款總統擴權的規定，除了與本次程序性修憲的性質不符之外，亦使我國眾說紛紜的中央政府體制更加無法釐清[16]。

16 但亦有學者認為這是界定總統職權為「維持國家安全及社會基本秩序的穩定，與行政院長之公共政策決定權明顯區隔，釐清了原本二者之間權限的模糊」。參見許慶復，〈我國民主憲政改革之成果與展望〉，收錄於許慶復主編，《地球村中的臺灣》，正中書局，1996年，頁141。

二、第二次修憲

（一）修憲背景

1. 第一次修憲公布後，國民黨於1991年8月14日再次成立「第二階段憲改策劃小組」，繼續主導修憲的方向。第一屆資深中央民意代表依據釋字第261號解釋必須於1991年年底全部退職，於同年12月21日舉辦第二屆國大代表選舉，結果國民黨大獲全勝，共當選254席，超過修憲所需的四分之三多數之門檻，握有修憲的絕對主導權。
2. 第二屆國民大會於1992年3月22日召開，因為民進黨席次過少，乃採激烈抗爭的手段，杯葛議事的進行，同年4月16日更爆發流血暴力事件，並於5月4日宣布退出國民大會，乃有一黨修憲之說[17]。1992年5月27日完成三讀，5月28日公布增修條文第11至18條。

（二）修憲要點

1. 調整中央政府體制

（1）擴充國民大會職權：包括人事同意權之行使（原由監察院行使）、集會之規定改為一年至少集會一次，且得聽取總統國情報告，並檢討國是，提供建言等。

（2）改變總統之選舉：總統、副總統由中華民國自由地區全體人民選舉之，自中華民國85年第九任總統、副總統選舉實施，任期並改為四年，連選得連任一次。

（3）新增總統人事提名權：監察委員改為總統提名，國民大會同意任命。

（4）司法院設立憲法法庭，審理政黨違憲之解散事項。

（5）考試院部分職權改由行政院人事行政局行使。

（6）監察院成為「準司法機關」。

2. 貫徹地方制度法制化

規定省、縣地方制度，直接以法律定之，不受憲法相關條文之限制[18]。

---

17 參見齊光裕，前揭書，頁121-125。

18 指第108條第1項第1款、第112至115條及第122條之限制。

立法院於1994年7月29日制定「省縣自治法」與「直轄市自治法」，確立省長與直轄市市長民選，並於同年12月選出第一任民選省長與北高兩市市長。

3. 新增基本國策與人民權利

（三）修憲評估

1. 修憲過程中，國民大會不斷試圖藉機擴權，如國大立院互審預算、設置議長副議長等，引爆國大與立法院「垃圾與蟑螂」的對罵，使得國民黨部分修憲配套無法通過，主要是立法委員任期改為四年，以便減少選舉次數。
2. 省市長民選，落實地方自治的基本精神。但卻也因為宋楚瑜的關係，而有第四次修憲的「精省」。
3. 因為國民黨內直選派與委選派相持不下，總統選舉方式暫時擱置，僅確立「由中華民國自由地區全體人民選舉之」，但選舉方式於1995年召開國大臨時會時決定，因此「兩階段修憲」成為分期付款式的「多階段修憲」，也使剛性憲法的我國，成為過動的憲法，對法的安定性與社會的衝擊不可謂不大。
4. 國民大會開始擴權，成為一隻難以駕馭的「憲政怪獸」。

三、第三次修憲

（一）修憲背景

第二次修憲留下總統的選舉方式未定，並訂定日出條款，規定國民大會應於1996年5月20日前召集國民大會臨時會再次修憲。第二屆國大於1994年5月2日召集會議開始進行第三次修憲。民進黨於同年7月28日退出會議，29日凌晨三點三讀通過增修條文第1條至第10條[19]，總統於同年8月1日公布，是為第三次修憲。

---

19 將前第二次修憲的十八條重組，整理後成為十條，但當時國民大會竟「忘了」將原有之十八條議決廢止，形成第二次修憲的十八條條文與第三次修憲的十條條文並存的怪現象。參見齊光裕，前揭書，頁164。

（二）修憲要點

1. 國民大會正式設置議長與副議長，社會對國大的評價負面多於正面[20]。
2. 總統選舉方式之確定：「總統、副總統由中華民國自由地區全體人民直接選舉之，自中華民國八十五年第九任總統、副總統選舉實施。總統、副總統候選人應聯名登記，在選票上同列一組圈選，以得票數最多之一組當選。在國外之中華民國自由地區人民返國行使選舉權，以法律定之。」此種以得票最高的一組為當選的相對多數制，其缺點在於會產生「少數總統」，造成推展其政策上的困難，如陳水扁總統即是以接近40%的選票當選，表示有60%的人是反對他的。而總統改採直接選舉，使得其正當性高過行政院院長，但憲法上卻無實權，形成總統過度擴權的問題[21]。
3. 總統發布依憲法經國民大會或立法院同意任命人員之任免命令，無須行政院院長之副署。這項規定影響最大者為行政院院長之免職命令，無須行政院院長的副署，使得行政院院長喪失制衡總統的力量，最終使行政院院長成為總統的執行長。
4. 本次修憲較令人耳目一新的是「國民大會代表及立法委員之報酬或待遇，應以法律定之。除年度通案調整者外，單獨增加報酬或待遇之規定，應自次屆起實施。」此項限制，有效的阻止立法院不斷的自肥現象。

（三）修憲評估

1. 此次修憲時發生一項程序瑕疵，即修憲的議決人數究竟是指第幾讀會？第一讀會如果未達法定修憲出席人數，是否有效？結果大法官作成釋字第381號解釋，認為這象徵亦屬於議會自律事項，除非有明顯重大瑕疵，否則大法官不介入。
2. 總統之罷免案由公民複決，且須過半數同意方通過，但總統的當選僅須

20 董翔飛認為設置議長與擴權不能劃上等號。參見董翔飛，《中華民國憲法與政府》，修訂37版，作者自印，1999年，頁172。

21 參見楊日青，〈六次修憲及政黨生態變遷對政府體制的影響〉，《政策月刊》，第59期，頁22。

相對多數即可。

3. 總統補選仍由全民補選，但其任期繼任至原任期屆滿止，亦造成動員全國之力量選出之總統，其任期卻過短[22]。

四、第四次修憲

（一）修憲背景

1. 連戰於第三屆立法院組成後由李登輝總統（第八任總統）提名擔任行政院院長，並經立法院同意任命（原行政院院長郝柏村因立法院改選而辭職，李登輝總統改提連戰續任），而第三屆立法院改選後國民黨僅獲得85席（過半數多3席）。其後李登輝與連戰聯合競選第九任總統、副總統，並獲當選。連戰乃向李登輝總統提出辭去行政院院長一職，但因為當時政治情勢，一方面國民黨內有中生代卡位戰，另一方面立法院內國民黨席次僅能維持過半多一席（後又有兩位脫離國民黨），導致李登輝總統未再提出新的行政院院長人選，而批示「著無庸議」，由連戰以副總統身分續任行政院院長，並未再重新提名，引起立法院的抗爭。連戰也因此有一年時間未踏進立法院，爆發嚴重的憲政爭議。後經司法院作成釋字第419號解釋，但因其解釋模糊，仍未能解決爭議。而省長宋楚瑜與總統李登輝漸行漸遠，而有凍省之議。乃於1996年12月23日召開「國家發展會議」，就憲政體制作重大改革。
2. 總統大選同時進行國民大會改選（共334席），民進黨議席超過四分之一（100席），國民黨（185席）若要修憲就必須有民進黨的配合，因此，民進黨取得與國民黨談判的籌碼，以往民進黨退席抗議的場面將成歷史鏡頭，最後兩黨聯手將國家發展會議的結論[23]落實在第四次修憲的條文上，其修改幅度是歷次修憲中最大的，學者甚至宣稱我國已進入

---

22 如果正副總統於其任期尚餘八個月時同時缺位，則由全民補選產生的新任總統任職差不多五個月就要改選（其間行政院院長代行職權三個月）。

23 關於國家發展會議結論的分析，參見蕭全政，〈國家發展會議的定位與意義〉，《理論與政策》，86年春季號，頁3-14；邱垂泰，〈國發會兩黨共同意見法制化初探〉，《立法院院聞》，第289期，1997年5月1日，頁38-47；林水波，〈以理論導向研究途徑評估國家發展會議〉，《法政學報》，第7期，1999年，頁1-18。

「第二共和」[24]。

3. 第三屆國民大會於1997年5月5日集會，在新黨的抗議下，於同年7月18日完成三讀，總統於7月21日公布增修條文第1條至第11條。

（二）修憲要點

1. 總統直接任命行政院院長

2. 總統被動解散立法院

總統於立法院通過對行政院院長之不信任案後十日內，經諮詢立法院院長後，得宣告解散立法院。但總統於戒嚴或緊急命令生效期間，不得解散立法院。立法院解散後，應於六十日內舉行立法委員選舉，並於選舉結果確認後十日內自行集會，其任期重新起算。

3. 取消對重要政策的覆議

僅於行政院對於立法院決議之法律案、預算案、條約案，如認為有窒礙難行時，經總統之核可，於該決議案送達行政院十日內，移請立法院覆議。立法院對於行政院移請覆議案，應於送達十五日內作成決議。如為休會期間，立法院應於七日內自行集會，並於開議十五日內作成決議。覆議案逾期未議決者，原決議失效。覆議時，如經全體立法委員二分之一以上維持原案，行政院院長應即接受該決議。

4. 倒閣制度

立法院得經全體立法委員三分之一以上連署，對行政院院長提出不信任案。不信任案提出七十二小時後，應於四十八小時內以記名投票表決之。如經全體立法委員二分之一以上贊成，行政院院長應於十日內提出辭職，並得同時呈請總統解散立法院；不信任案如未獲通過，一年內不得對同一行政院院長再提不信任案。

5. 行政機關組織權之行政保留

國家機關之職權、設立程序及總員額，得以法律為準則性之規定。各機關之組織、編制及員額，應依前項法律，基於政策或業務需要決定之。

---

24 王業立〈叫它五權憲法太沈重〉，《聯合報》，第11版，1996年12月28日；何旭初，〈五權憲法名存實亡，第二共和即將開始〉，《聯合報》，第2版，1996年12月28日；胡佛，〈乾脆宣布進入第二共和〉，《中國時報》，第4版，1988年8月16日。

6. 立法委員自第四屆起為225人

7. 大法官之任期改為八年且實施任期交叉制，至2003年（民國92年）起實施[25]

此外，司法院所提出之年度司法概算，行政院不得刪減，但得加註意見，編入中央政府總預算案，送立法院審議。

8. 精省

省主席改為官派，省議會改為省諮議會。並於1999年將原「省縣自治法」與「直轄市自治法」廢止，另行制定「地方制度法」。省政府於1998年12月20日走入歷史，成為名存實亡的機構。

（三）修憲評估

1. 中央政府體制較接近法國的雙首長制，法國的左右共治的現象在陳水扁當選總統後發生[26]，但我國並無如法國總統可以直接解散國會之權以解決左右共治的現象。
2. 精省之後許多法制未銜接，導致九二一地震時，出現中央政府與地方政府出現極大的落差，也使救災出現許多行政上的缺失[27]。
3. 行政院院長由總統任命，行政院院長成為總統的執行長，但要對立法院負責，成為有責無權的院長；總統則有權無責，出現權責不明的現象；此外總統與行政院長間的權責分配未如法國般的釐清。
4. 立法委員人數增加，其議事效率必然不彰。

---

25 2003年（民國92年）以前如果遇有司法院正副院長或大法官出缺，總統欲補提名時，應適用第三次修憲（已不存在）的規定，或是第四次修憲之規定（民國92年方實施），或是適用原憲法之規定（由監察院行使同意權）？依釋字第470號解釋認為是「屬修憲之疏失，總統如行使提名權，應適用83年8月1日修正公布之憲法增修條文第4條規定程序為之」。

26 關於左右共治的意義，參見徐正戎，〈左右共治：雙首長制的宿命？〉，《政策月刊》，第59期，2000年6月，頁9。

27 參見呂炳寬、蕭豊椽、陳榮為，〈中央與地方政府在災後重建之角色與爭議〉，詹益郎主編，《臺灣921大地震救災及災後重建問題之研究》，臺中：中臺醫護學院，2000年，頁11-22。

五、第五次與第六次修憲

（一）修憲背景

1. 第五次修憲是因為國民大會欲進行所謂的國會改革，1999年9月15日總統公布增修條文第1條至第11條，結果卻演變成為國大延任案，通過第三屆國民大會延長任期至2002年6月30日止，引起民意的反彈，並聲請大法官解釋是否違憲。
2. 大法官作成釋字第499號解釋，認為第五次修憲無效，於是第三屆國民大會立即進行第六次修憲，並於2000年4月25日公布增修條文第1條至第11條，將國民大會改為「任務型國大」。

（二）修憲要點

1. 第五次修憲將第三屆國大代表並延長任期至2002年6月30日（原任期至2000年5月19日止）。立法院立法委員之任期改為四年，第四屆立委並延長任期至2002年6月30日（原任期至2002年1月31日止），為釋字第499號解釋宣告無效。
2. 國民大會於第六次修憲改為任務型國大，於立法院提出總統彈劾案、修憲案、領土變更案時，於三個月內選出國大代表300名，開會一個月議決或複決之。

（三）修憲評估

1. 國民大會相關法制未建立，形成憲政空窗期。
2. 修憲更加困難，有待大法官解釋與建立憲政慣例解決憲政困境。

六、第七次修憲

（一）修憲背景

我國於政黨輪替之後，陳水扁總統選擇「少數政府」運作，在「朝小野大」的政治現實下，運作模式出現諸多困境，也引發朝野政黨間的「惡鬥」。在平常，立法院的議事過程成為雙方攻防的焦點，朝野立委在政黨對立的氛圍以及特殊的選舉制度影響[28]，常常有激情演出，於是，立法委員表現良窳，也成為媒體、民眾關切的焦點[29]；在選舉期間，「朝小野大」的憲政問題成為責怪對手的重要議題，而憲法規範上的缺失，自然就成為候選人的箭靶，更是憲政運作問題的代罪羔羊。於是，再次修憲便成為2004年總統大選的主要議題，其主要訴求便是：立委減半。第五屆立法院在輿論壓力與朝野政黨有高度共識下，2004年8月23日通過「中華民國憲法增修條文」修正案共計七條（以下稱第七次修憲），主要內容有：廢止國民大會（第1條、第8條）、總統之彈劾案改由憲法法庭判決（第2條、第5條）、立法委員人數改為113席並採用單一選區與政黨比例代表制之選舉制度，且立法委員任期改為四年（第4條），以及修憲程序改為由立法院提案、人民複決（第12條）。前述修正案須公告半年並選出300名國民大會代表組成「任務型國民大會」，本次修憲提案，2005年6月由任務型國大複決已生效力。

（二）修憲要點

1. 廢除國民大會。
2. 總統彈劾改為立法院提出，憲法法庭審理。
3. 立法委員人數減為113席，選舉制度改採單一選區制與政黨比例代表制並存之混合制。
4. 修憲改為立法院提修憲案，並由全體人民複決，稱「修憲公投」。

立委選舉採單一選區兩票並立制及所設政黨比例席次與5%政黨門檻之規定是否違憲？

▶釋字第721號（103/6/6）

憲法增修條文第4條第1項及第2項關於單一選區兩票制之並立制、政黨比例代表席次及政黨門檻規定部分，並未違反現行憲法賴以存立之

28 即我國目前立法委員選舉所實施的「單一不可讓渡投票制」（SNTV）所造成的一些問題，如容易產生一些言行極端的立委。

29 尤其立法院的議事品質更令人擔憂，參見〈立法院修憲委員會公聽會第一場會議紀錄〉徐正戎等位教授之發言。收錄於《立法院公報》，第93卷第36期（3370），2004年8月23日，頁73-113。

自由民主憲政秩序。公職人員選舉罷免法第67條第2項關於並立制及政黨門檻規定部分，與上開增修條文規定內容相同，亦不生牴觸憲法之疑義。

七、總　評

就整體修憲觀之，可發現下列兩點：

1. 國民主權之宣示

前三次與後三次修憲比較，發現兩者的共通點皆是對國民主權的再確認，但前三次修憲是以本土當家作主的國內主權，所以以省長與總統直選為主要修憲重點，第四次以後則強調在國際上宣示國民主權，在凍結省長選舉之後，總統是唯一的主權代表者，第六次修憲時甚至差點讓兩國論入憲。

2. 無目標式的修憲、且戰且打的修憲

每次修憲在國內皆引起甚大的衝突，無法形成共識，最主要的因素在於人民並沒有參與的機會。新的修憲方式採「二機關二階段」式的修憲，消除了以往國民大會球員兼裁判的弊端，但人民仍沒有參與的機會，從而減低了修憲的正當性，直到第七次修憲方將人民複決修憲入憲，但其門檻卻相當高。

表3-5　國民大會第一至七次修憲內容表

	屆　次（民國）	時間（民國）與條文	內　容	備　註
第一次	第一屆（37～80年）	80年5月1日；增修條文1～10條	1.國大立委由自由地區選舉 2.限制總統緊急應變權 3.動員戡亂時期法律延長適用 4.國家安全會議、人事行政局延長期限 5.兩岸關係條例	1.事前召開「國是會議」凝聚修憲共識 2.廢除臨時條款 3.資深民代於民國80年12月31日全部退職（釋字第261號解釋） 4.程序修憲 5.賦予第二屆中央民代產生之法源

表3-5　國民大會第一至七次修憲內容表（續）

	屆次（民國）	時間（民國）與條文	內容	備註
第二次	第二屆（含增額國大，81～84年）	81年5月28日；增修條文11～18條	1.監察院改制 2.規定國大對司法院、考試院、監察院之人事同意權 3.增設憲法法庭 4.省市地方自治程序 5.總統直選原則	1.實質修憲 2.地方自治法治化（民國83年省長民選） 3.民國83年7月29日公布省縣自治法及直轄市自治法（88年廢止）
第三次		83年8月1日；增修條文1～11條	1.國大設置議長 2.確立總統公民直選 3.縮小閣揆副署權 4.國大立委支給條例	1.將山胞正名為原住民 2.民國85年5月20日第1任（行憲以來第9任）民選總統就職
第四次	第三屆（85～89年）	86年7月21日；增修條文1～11條	1.立法院的閣揆同意權取消 2.立法院擁有倒閣權，但是一年之內對於同一行政院長只能提一次 3.總統可解散立法院 4.立法院可彈劾總統副總統 5.立法院對於行政院所提覆議案未於十五日內作成決議，原決議失效 6.立法委員不逮捕特權範圍縮小，僅限任期中 7.立法委員人數增加（161～225人） 8.司法院大法官預算獨立、任期縮短 9.省去自治化 10.教科文預算不受最低規定的保障	1.事前召開「國發會議」凝聚修憲共識 2.凍省（省長恢復官派）：民國88年制定地方制度法 3.採半總統制（雙首長制）
第五次		88年9月15日；增修條文1～11條	1.國大人數遞減、採取比例代表制 2.立委任期延長至四年 3.第三屆國大與第四屆國大同時改選（民國91年6月30日） 4.臺灣省政府以特別立法組成 5.社會福利支出應予保障 6.原住民與金門馬祖澎湖居民之保障 7.退伍軍人福利	本次修憲被釋字第499號宣告無效

表3-5 國民大會第一至七次修憲內容表（續）

	屆次（民國）	時間（民國）與條文	內容	備註
第六次	第三屆（85～89年）	89年4月25日；增修條文1～11條	1.國大人數300人、由立法院以法律採取比例代表制、集會期間為一個月、任期與集會時間相同、集會時之待遇以法律定之、職權為議決立法院提出之總統副總統彈劾案、複決立法院所提憲法修正案及領土變更案 2.立法院所增加職權為司法考試監察三院人事同意權、對總統副總統彈劾案不限內亂外患罪、領土變更提案權、罷免總統副總統提案權、聽取總統國情報告、補選副總統 3.司法院大法官終身職待遇規定停止適用 4.臺灣省政府以特別立法組成 5.社會福利支出應予保障 6.原住民與金門馬祖澎湖居民之保障 7.退伍軍人福利	因應釋字第499號，故將國民大會改為任務型國大
第七次	任務型國大（94年）	94年6月10日；增修條文1～12條	1.廢除國民大會 2.立法院對總統副總統彈劾案，移送司法院大法官「憲法法庭」審理 3.立法委員任期四年，席次減半113席 4.立法委員選舉改為單一選區兩票制 5.領土變更、修憲案，改由自由地區人民複決	少數政府運作，立法院杯葛行政院，使立法院成為被改革的對象

第四章　憲法前言與總綱

壹、前　言

一、前言的意義

在憲法本文之前，說明憲法制定的由來、目的及根本精神。最早有憲法前言的國家就是美國憲法。

二、中華民國憲法前言

「中華民國國民大會受全體國民之託付，依據孫中山先生創立中華民國之遺教，為鞏固國權，保障民權，奠定社會安寧，增進人民福利，制定本憲法，頒行全國，永矢咸遵。」

表4-1　憲法前言之內容

憲法之制定機關	國民大會
憲法之制憲權源	全體國民
憲法之依據原則	孫中山先生創立中華民國之遺教
憲法之制憲目的	鞏固國權、保障民權、奠定社會安寧、增進人民福利

三、「憲法增修條文」前言

「為因應國家統一前之需要，依照憲法第二十七條第一項第三款及第一百七十四條第一款之規定，增修本憲法條文如下：」

1. 說明了憲法增修條文之目的與機關及程序[1]。憲法增修條文之內容若與憲法本文相牴觸，適用時以憲法增修條文為優先。

1 參見李惠宗，《憲法要義》，元照出版社，2004年，頁52。

2. 增修條文與「特殊的國與國關係」：增修條文之制定，係因應「國家統一前之需要」，換言之，已明文承認分裂國家的法律狀態。顯示憲法本身不再執迷於法理上的大一統，正視原有國土的分裂狀態，否則不會有「國家統一前」之字眼出現[2]。

四、憲法前言的效力

（一）憲法前言有無效力？

憲法前言是否具有規範性的效力（法的拘束力）或是單純具有政治的作用[3]，端視其在內容上有無類似「規範條款」而定。若有規範之前言，其可產生拘束國家公權力的作用，其可能性有三：1.作為釋憲的依據：如德國聯邦憲法法院對兩個涉及國家統一所作成之制裁；2.作為界定修憲的底線：類似釋憲的標準，但將重心置於拘束立法機關所為修憲法律的合憲標準；3.作為直接的法規範：例如基本人權的規定可以直接為法院所援用，具有司法救濟的能力。

（二）國內學者見解

林紀東認為[4]，前言之規定均甚抽象，故前言不直接具有裁判規範之效力，僅為憲法本文各條解釋之指針。故不能僅以違反前言規定為理由，而指法令違憲。陳新民則認為憲法前言並無法律之意義，僅具政治意義[5]。

（三）釋憲實務

釋字第3號解釋曾明白援引憲法前言之國父遺教，作為理論依據，而非

2 參見許宗力，〈兩岸關係法律百年來的演變與最新發展：臺灣角度出發〉，收錄於黃昭元主編，《兩國論與臺灣國家定位》，新學林出版社，2000年，頁131。

3 憲法前言表徵的「制憲意志」，大都是表達制憲的時機、過程，強調代表性與合法性，以及將來實行憲政之期待，這種前言僅具政治意義。如果憲法前言以規範文字撰述，則前言是代表制憲者的「規範意志」，此時前言就具有法律意義。陳新民，《中華民國憲法釋論》，三民書局，2001年，頁51。

4 林紀東，《中華民國憲法逐條釋義，第一冊》，修訂7版，三民書局，1993年，頁24-25。

5 陳新民，前揭書，頁56。

由國父遺教中獲得規範力的法源。釋字第485號解釋：「促進民生福祉乃憲法基本原則之一，此觀憲法前言、第1條、基本國策及憲法增修條文第10條之規定自明。」不過實際上大法官在釋憲實務上，根本不重視憲法前言。

憲法前言提到國父遺教，憲法第1條則提到：「中華民國基於三民主義，為民有民治民享之民主共和國。」所以中華民國憲法，必須遵守國父遺教和三民主義的精神。不過實際上憲法學者幾乎都不重視三民主義。有人認為目前憲法經過張君勱往內閣制修正後，並未完全遵照孫中山的民權主義。甚至有認為三民主義五權憲法是一種幼稚、亂七八糟拼湊而成、問題百出的憲法[6]。

而大法官在釋憲實務中也不重視三民主義，大法官在釋字第499號解釋中，曾經講過修憲界限。這個界限包括憲法第2條國民主權原則，第二章基本人權和第三章權力分立。講了這麼多，獨獨少了憲法前言和第1條的三民主義。我們無從得知為什麼大法官心目中的修憲界限沒有三民主義，但從這一點就可以知道大法官非常不看重三民主義。

（四）反　省

若參考美國，美國的大法官和學者非常重視獨立宣言、憲法前言和聯邦黨人文集的角色。例如美國學者馬克．圖什內特（Mark Tushnet），更認為獨立宣言和憲法前言才是真正憲法的精神所在，是所謂的「薄的憲法」，而憲法條文和大法官解釋都只是「厚的憲法」，他積極地提倡要採取尊重薄的憲法[7]。相對於美國對憲法前言、獨立宣言乃至於憲法基本精神的聯邦黨人文集的重視，臺灣對於國父遺教和三民主義的漠視，會不會太過不正常呢？

貳、總　綱

憲法總綱規定了一些重要的規定，包括國體與政體、主權、國民、領

6 李鴻禧，〈中華民國立憲政治的病理分析：以孫文的五權憲法為中心〉，《臺灣憲法之縱剖橫切》，元照出版社，2002年12月，頁13。
7 馬克．圖什內特著，楊智傑譯，《把憲法踹出法院》，正典出版社，2005年8月。

土、民族平等、國旗等。雖然這些規定看似簡單，但對瞭解憲法精神，這些規定卻有非常重要的地位，尤其憲法第1條的民主共和國原則和第2條的國民主權原則。以下一一介紹各條規定。

參、國體與政體

一、國　體

國體（form of state）指的是國家的形式，以「國家元首產生方式」來做區分，可分為：1.君主國：以世襲君主為國家元首，如英國、日本；2.共和國：國民選舉總統擔任國家元首，如我國、美國。如表4-2。

二、政　體

政體（form of government）指的是政治運作的方式，以「人民參與」的方式來做區分可分為下列幾種：1.獨裁政體：凡權力行使不受法律限制，由一人決定，不受民意約束；2.民主政體：凡權力行使須受法律拘束，而由全民為最終決定者。如表4-3。

表4-2　國體之類型

國　體	國家元首	舉　例
君主國	世襲君主	英、日
共和國	民選元首	我國、美國

表4-3　政體之類型

政　體	國家主權行使	實　例
獨裁政體	由一人決定	中共
民主政體	由全民行使	我國

依前述分類，可以進一步將民主國家的憲政體制作一區分，如下：

1. **民主君主國**：元首為世襲的國家要稱為民主，必須其憲政體制為內閣制方有可能，亦即元首虛位（元首為女王、國王或天皇），如英國、日本等。
2. **民主共和國**：此種類型國家表現出多樣的憲政體制，有總統制，如美國、中南美洲國家、菲律賓等；有內閣制（元首為總統但虛位），如印度、德國；有半總統制，如我國、法國等；另有特殊的委員制，如瑞士。

三、我　國

憲法第1條規定：「中華民國基於三民主義，為民有民治民享之民主共和國。」故我國憲法就國體而言屬於共和國，而就政體而言屬於民主政體。

四、民主共和國可演繹出之原則[8]

（一）權力分立原則

我國憲法中央採平行的五權分立相互制衡，中央與地方採垂直的地方分權，以憲法保障地方制度。

（二）法治國家原則

法治國最深層的意義是「所有國家公權力的作用，皆須納入一定的公權力規範」，即國家權力應受憲法與法律之限制，而非可恣意為之。所以國家制定嚴法，非法治；未依一定程序強徵人民財產，不予補償，非法治（參照釋字第400號與第440號）；行政機關不顧法律之要求，以其法規命令限制或剝奪人民基本權利[9]，亦非法治。法治國原則之具體化則為依法行政原則，依法行政原則分為「法律優位原則」與「法律保留原則」[10]。

---

8 李惠宗，前揭書，頁53-61。

9 參照釋字第522號解釋：「對證券負責人及業務人員違反其業務上禁止、停止或限制命令之行為科處刑罰，涉及人民權利之限制，其刑罰之構成要件，應由法律定之；若法律就其構成要件，授權以命令為補充規定者，其授權之目的、內容及範圍應具體明確，而自授權之法律規定中得預見其行為之可罰，方符刑罰明確性原則。」

10 兩者參見呂炳寬，《行政法》，康德文化，2005年，頁163-175，以及本書關於基本權理論之說明。

（三）基本權之保障

自由法治國家以保障人民之自由基本權為最大職志，故警察國家以人民權利係法律所賦予之思想，已被揚棄，人民之基本權利是受憲法之直接保障，係先於法律而存在之權利，我國憲法第22條即係採「憲法直接保障主義」。

進入二十世紀後，社會法治國除保障人民之基本權外，更重視生存權或其他社會基本權，如對婦女勞工之保障、最低基本工資的限制等。社會法治國之思想在我國亦可稱為民生法治國思想。

（四）司法國家原理：憲法優位原則

自「司法違憲審查」制度確立以來，行政與立法雖仍係最初的國家主動權力，但司法權是法律秩序的最後確認者，進入司法國家。

司法權在我國亦有審查違憲之權限，意即司法權係國家法律秩序具有最後確定權之國家權力。

肆、主　權

一、主權的意義

最早提出主權理論者為布丹（Jean Bodin, 1530-1596）的君主主權論。主權之意義有兩個層面，一是指國家權力本身，亦即行政、立法、司法的統治權；一是指國家權力的特性。因此主權可以有以下兩個意義：

1. **對內之意義**：國家對內具有唯一且最高的支配權。
2. **對外之意義**：國家對外具有獨立性，除國際法之外，不受別國干涉。

二、主權的特性

1. **永久性**：主權隨國家存在而存在。
2. **最高性**：即國家權力比國內任何權力皆居於優越地位——主權之對內意義。

3. **完整性**：主權之不可分割（統一性）。
4. **獨立性**：本國主權不受他國侵犯：主權之對外（排他性）。但今日的國際社會仍承認主權可以部分讓渡，以加入國際組織，例如歐洲各國所組成的歐洲聯盟（EU）即是。

三、主權的種類

1. **君主主權**：以君主獨享國家絕對、永久、至高無上的權力。
2. **國家主權**：以國家法人論為前提，視國家為法律上的權利主體而超越公民之上，因此，主權為國家所有，人民屬於國家之下被統治者，並無主權，須絕對效忠國家，為黑格爾（G. W. Friedrich Hegel, 1770-1831）所提出。
3. **議會主權**：此說盛行於十九世紀的英國，為英國學者奧斯丁（J. Austin, 1790-1859）所倡。指出議會有最高立法權，故主權屬於議會。
4. **國民主權**：國民主權說源自於基本人權萌芽的十七、十八世紀，尤其是盧梭的主權在民思想，美國與法國大革命均受此理論啟發。主張主權分屬於人民所享有，每個公民所享有的主權係平等存在。中華民國憲法第2條規定：「中華民國之主權屬於國民全體。」就主權的種類而言，屬於國民主權。

伍、國　民

一、國民之意義

1. **人民**：為國家統治之客體（對象），國家構成要素之一。包括國民與非國民，所以居住在一國領域內，如未取得該國國籍者，僅能為該國的人民而非該國的國民，從而不能享受該國的權利[11]。
2. **國民**：法律所規範之對象，即受國家統治權之支配者。人民而無國民之身分，則國家雖有法律而無人服從。

11 參見謝瑞智，《憲法新論》，文笙書局，1999年，頁110-111。

3. 公民：具一定資格之國民，須負法律之義務及享法律之權利。人民只有國民而無公民，則只是被統治者而毫無發言機會。

中華民國憲法第3條規定：「具中華民國國籍者為中華民國國民。」因此可知具有國籍者為國民，受國家統治權支配。

二、國籍之取得

（一）固有國籍

依出生所由的血緣關係或所在地之國家而取得國籍。包括以下數種情況：

1. 屬人主義（血統主義）：「出生時父或母為中華民國國民。出生於父或母死亡後，其父或母死亡時為中華民國國民」（國籍法第2條第1項第1、2款）。

2. 屬地主義（出生地主義）：「出生於中華民國領域內，父母均無可考，或均無國籍者」（國籍法第2條第1項第3款）。

3. 折衷主義（屬人兼屬地主義）：美國採行。

我國之規定，乃以屬人主義為原則，屬地主義為例外。

（二）取得國籍

取得國籍的意思，就是由出生（血緣及地緣）以外之其他原因取得之國籍。包括下列三種：

1. 婚姻：為中華民國國民之配偶者（須每年合計有183日以上合法居留之事實繼續3年以上）。

2. 收養：為中華民國國民人之養子女者（須每年合計有183日以上合法居留之事實繼續3年以上）。

3. 歸化：外國人或無國籍人，經「內政部」許可而歸化者。其要件依據國籍法第3條第1項規定：「外國人或無國籍人，現於中華民國領域內有住所，並具備下列各款要件者，得申請歸化：一、於中華民國領域內，每年合計有一百八十三日以上合法居留之事實繼續五年以上。二、依中華民國法律及其本國法均有行為能力。三、無不良素行，且無警察刑事紀

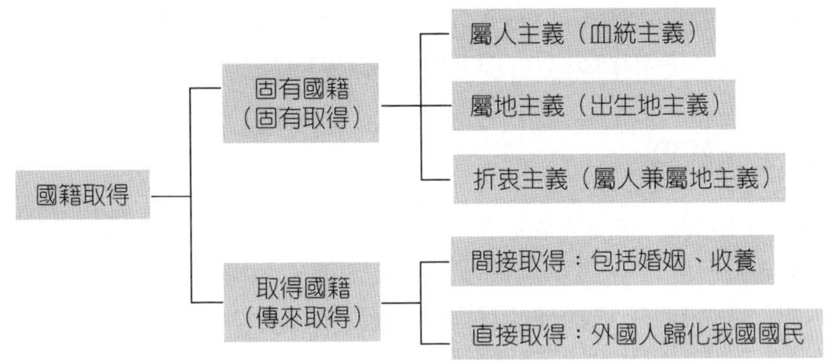

圖4-1　國籍取得方式

錄證明之刑事案件紀錄。四、有相當之財產或專業技能，足以自立，或生活保障無虞。五、具備我國基本語言能力及國民權利義務基本常識。」

（三）國籍之喪失與回復

國籍之喪失，根據國籍法第11條第1項：「中華民國國民有下列各款情形之一者，經內政部許可，喪失中華民國國籍：一、由外國籍父、母、養父或養母行使負擔權利義務或監護之無行為能力人或限制行為能力人，為取得同一國籍且隨同至中華民國領域外生活。二、為外國人之配偶。三、依中華民國法律有行為能力，自願取得外國國籍。但受輔助宣告者，應得其輔助人之同意。」至於國籍之回復，則以婚姻及歸化者為限。

陸、領　土

一、領土之意義

國家統治權所行使範圍之土地，即在一定範圍空間內，國家可以行使其統治權，以象徵主權的存在。領土在法律方面，表示兩種意義：一是消極意義，非得到該國同意，別國不得行使統治權；二是積極意義，凡居住於領土上之人民，不問是本國人或外國人，均須服從該國的統治[12]。前者是消極的排除外國干涉，後者是積極在此範圍內實行國家的公權力。

二、領土之範圍

1. **領海**：指距離一國海岸線以外一定範圍內之水域，自1958年召開國際海洋會議起，世界各國多主張領海為十二浬。我國國家安全會議於1979年議決通過，並由總統宣布我國領海為十二浬[13]。我國並於1998年1月21日公布「中華民國領海及鄰接區法」，第3條規定：「中華民國領海為自基線起至其外側十二浬間之海域。」第14條規定：「……鄰接區為二十四浬。」此外並同時公布「中華民國專屬經濟海域及大陸礁層法」，第2條第1項規定：「中華民國之專屬經濟海域為鄰接領海外側至距離領海基線二百浬間之海域。」二百浬即為我國的經濟海域，亦稱「資源領海」。
2. **領陸**：指由土地而成立之國家領土。
3. **領空**：指領陸與領海的上空。
4. **浮動領土**：指本國籍航空器、船舶航行在公海上，其管轄權歸本國所有。

三、領土之規定

1. **列舉式**：將構成國家領土之每一個地區構成單位名稱一一規定於憲法中，如瑞士、比利時、德國，以及我國五五憲草等。
2. **概括式**：僅概括規定領土的範圍，如韓國、巴西及我國現行憲法皆屬之。我國憲法第4條規定：「中華民國領土，依其固有之疆域……。」但是，外蒙古及西藏究竟是否屬於我國之領土，目前是我國面對的爭議性問題。大法官亦不願意解釋該問題，形成憲法解釋上有名的「政治問題」。

---

12 薩孟武，《中國憲法新論》，三民書局，1980年，頁52。

13 該決議由行政院於民國68年9月6日第1647次院會議通過。參見謝瑞智，前揭書，頁119-120。陳新民認為憲法第4條應增訂但書，將領海與經濟海域變更之權限，移置於立法院。參見陳新民，前揭書，頁105。

3. **固有疆界到底多大？釋字第328號解釋**：「中華民國領土，憲法第4條不採列舉方式，而為『依其固有之疆域』之概括規定，並設領土變更之程序，以為限制，有其政治上及歷史上之理由。其所稱固有疆域範圍之界定，為重大之政治問題，不應由行使司法權之釋憲機關予以解釋。」解釋理由書：「國家領土之範圍如何界定，純屬政治問題；其界定之行為，學理上稱之為統治行為，依權力分立之憲政原則，不受司法審查。我國憲法第4條規定，『中華民國領土，依其固有之疆域，非經國民大會之決議，不得變更之』，對於領土之範圍，不採列舉方式而為概括規定，並設領土變更之程序，以為限制，有其政治上及歷史上之理由。其所稱『固有之疆域』究何所指，若予解釋，必涉及領土範圍之界定，為重大之政治問題。本件聲請，揆諸上開說明，應不予解釋。」

四、領土變更程序

1. **憲法限制主義**：依憲法規定之程序始得變更。依第七次修憲規定，領土變更必須由立法院提議，由公民複決。「中華民國自由地區選舉人於立法院提出憲法修正案、領土變更案，經公告半年，應於三個月內投票複決，不適用憲法第四條、第一百七十四條之規定。」（增修條文第1條）。
2. **法律限制主義**：由立法機關依法定程序決議，如比利時。

柒、民族平等

一、各民族一律平等

1. **意義**：由血統、生活、語言、宗教、風俗、習慣等自然力所形成的人群。
2. **民族平等**：憲法第5條規定：「中華民國各民族一律平等。」其他規定，見第119、120、168、169條。

二、第5條與第7條的關係

憲法第5條是否為憲法第7條平等權所吸收？陳新民認為，我國憲法之所以區分為民族平等權與個人平等權，有其特殊考量，其差別如下[14]：

1. 民族平等權強調政治意義，確認各民族共同組成中華民族的「盟約性質」，憲法第7條的人民種族平等權強調法律的意義。
2. 在保障的法益對象而言，民族平等權所確保的是國家的法益，即國家是由各民族所組成的政治實體，如果修憲有界限，修憲時若許可排除某一民族於中華民國組成之外，即可認定為違憲而不得許可；個人種族平等權所保障的法益對象，乃個別人民遭受種族不平等的法令或公權力侵犯時，所可以據以向國家主張之基本權，故屬於個人法益之保障範圍。
3. 民族平等權是一種「制度性保障」，所以立法者若制定違反民族平等的法律即屬違憲。此外，本條文亦為「憲法委託」，國家必須透過立法者形成民族政策，如增修條文第10條關於原住民之保障。而個人種族平等權的保障是一種「個別性保障」，人民由憲法第7條之規定，直接得到一項積極的請求權，藉以排除公權力的種族歧視，所以保障個人免於遭受種族不平等之法源及人民獲得排除此侵犯之權限，係來自憲法第7條，而非憲法第5條。

捌、國　旗

1. **意義**：國家的象徵、立國精神的標誌。
2. **我國國旗**：憲法第6條規定：「中華民國國旗定為紅地、左上角青天白日。」
3. **總綱未規定事項**：總綱中對國旗有特別規定，故若要改國旗則必須修憲。但對國歌、國花、國都等，都沒有規定。

14 陳新民，前揭書，頁108-110。

PART 2

人　權

- 第五章　人權基本理論
- 第六章　人民之權利與義務
- 第七章　選舉、罷免、創制、複決
- 第八章　基本國策

第五章　人權基本理論

壹、人權簡介

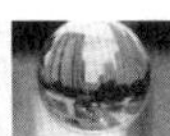

一、權利清單

我國對於人權的保障，原則上在憲法中直接保障，此可稱為「憲法保障主義」，而非間接透過法律保障。

而憲法對於人權的保障，乃採所謂的列舉與概括並存的規定方式。除了憲法列舉諸條權利之外，還有第22條的概括性條款。

1. **列舉性權利**：第7至18條及第21條。
2. **概括式權利**：「凡人民之其他自由及權利，不妨害社會秩序、公共利益者，均受憲法之保障。」（憲法第22條）

大法官目前從憲法第22條發展出來的人權[1]，種類很多，如圖5-1所列：

圖5-1　概括人權

1 憲法第22條的理論說明，請參見李震山，《多元、寬容與人權保障：以憲法未列舉權之保障為中心》，元照出版社，2005年。

二、人權分類

（一）防禦權（自由權）：第一代人權

所謂的第一代人權，乃是最早的人權，包括自由權、平等權（形式平等）、參政權、救濟權等。其中，自由權和平等權是最重要的，前者是消極地、防禦性地要求國家不要剝奪人權的角色；後者是追求社會上的形式平等（如男女應有相同的投票權）。我國憲法第二章的權利，大多都是第一代人權，至於救濟權則為受益權。

（二）受益權：第二代人權

第二代人權，則是除了消極地要求國家不要剝奪人權外，開始要求國家積極地提供保護，也就是一般所謂的「受益權」，或者「社會權」。社會權表現在國家行政上，係屬於給付行政，此種給付行政遵守憲法上的平等原則，此時的平等原則即為一種實質的平等（參見釋字第542號與第571號解釋）。

一般學者大多把憲法第15條的「生存權、工作權、財產權」當成「受益權」，不過若依照大法官的解釋，實際上憲法第15條仍然比較多是防禦權的色彩。

真正在憲法中帶有「受益權」、「社會權」色彩的，除了一般講的訴訟權（第16條）和國民義務教育的受教權（第21條）之外，其實是憲法第十三章的「基本國策」的諸多規定。基本國策規定了很多國家該如何促進勞工工作權益、如何維護國民健康等等國家應主動提供的服務。尤其第十三章第三節國民經濟、第四節社會安全、第五節教育文化，這三節都規定了很多國家應該提供的制度、政策目標，其分別保障我們的工作、生存和教育權。如圖5-2。

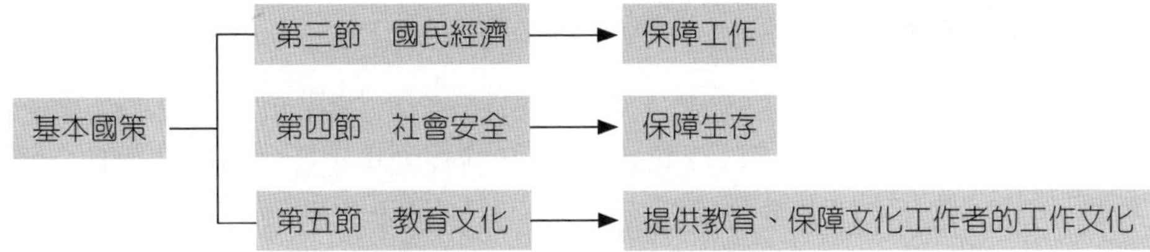

圖5-2　基本國策之社會權

（三）集體權：第三代人權

近來第三代人權的討論很熱烈。簡單地說，第一代人權是個人的防禦權，第二代人權是受益權（社會給付權），第三代人權則是一種集體性的人權[2]，其包括「族群權」、「語言權」、「環境權」等等。第三代人權這種用法乃是國際法上的習慣用語。

之所以要強調第三代人權（集體性權利），某程度是為了對抗平等權或自由權的過度強調。例如，由於太強調平等權，反而不能對少數族群進行優惠保障（affirmative action）。而現在提倡第三代人權中的語言權、族群權、文化權，可以說是用來封阻平等權的挑戰。

表5-1　三代人權的性質、內涵

	第一代人權	第二代人權	第三代人權
性　質	公民與政治權利 防禦權	經濟、社會與文化權利 受益權	集體權利 連帶權（集體權）
背　景	17、18世紀自由主義	19、20世紀社會主義	20世紀末反帝國主義與環境保護
主要內容	追求個人自由免於國家之侵害：包括參政權、表現自由、集會結社自由、言論自由、人身自由、宗教自由、居住遷徙自由、秘密通訊自由以及形式平等	社會經濟文化福利之提供：包括工作權、休閒權、醫療權、健康權、兒童權、婦女老年權、社會保險權以及實質平等	對抗國際強權以及人類共同合作：發展權、民族自決權、環境權、人類共同遺產權、和平權以及文化、種族上的實質平等

2　集體性此一用語或許會造成誤會，請參考林超駿，〈初論多元文化主義做為我國原住民權益保障之理論基礎〉，《法治與現代行政法學》，元照出版社，2003年，頁316。

三、地位理論

德國公法學者耶林內克（G. Jellinek）提出的「地位理論」（Statustheorie），或稱「身分理論」，其乃於1892年出版之《公法權利之體系》一書中提出。其大概是用四種概念，分別表示出四種人民與國家的關係：

1. **消極地位（又稱自由地位，Negativer Status）**：人民享有不受國家權力干涉之權，具有排除國家非法干涉之防衛權色彩。自由權多半具有排除國家非法干涉之防衛權之色彩。
2. **積極地位（又稱國民地位，Positiver Status）**：是國家給予其國民法律上某種資格，可以請求國家實現該資格，且必要時可以透過法律之救濟途徑保障之。因此產生所謂的「受益權」或是在具體個案中直接向國家請求之權利。積極向國家請求給付，又稱請求給付權。
3. **主動地位（Aktiver Status）**：指人民具有主動參與國家意見形成的機會，因此產生人民的「參政權」。
4. **被動地位（或稱服從地位，Passiver Status）**：人民單純地處於服從國家之地位，即義務關係。

表5-2　地位理論

消極地位	積極地位	主動地位	被動地位
防禦權	受益權 （請求給付權）	參政權	義務

根據地位理論的分類，可以將憲法第二章的權利義務，簡單整理如圖5-3：

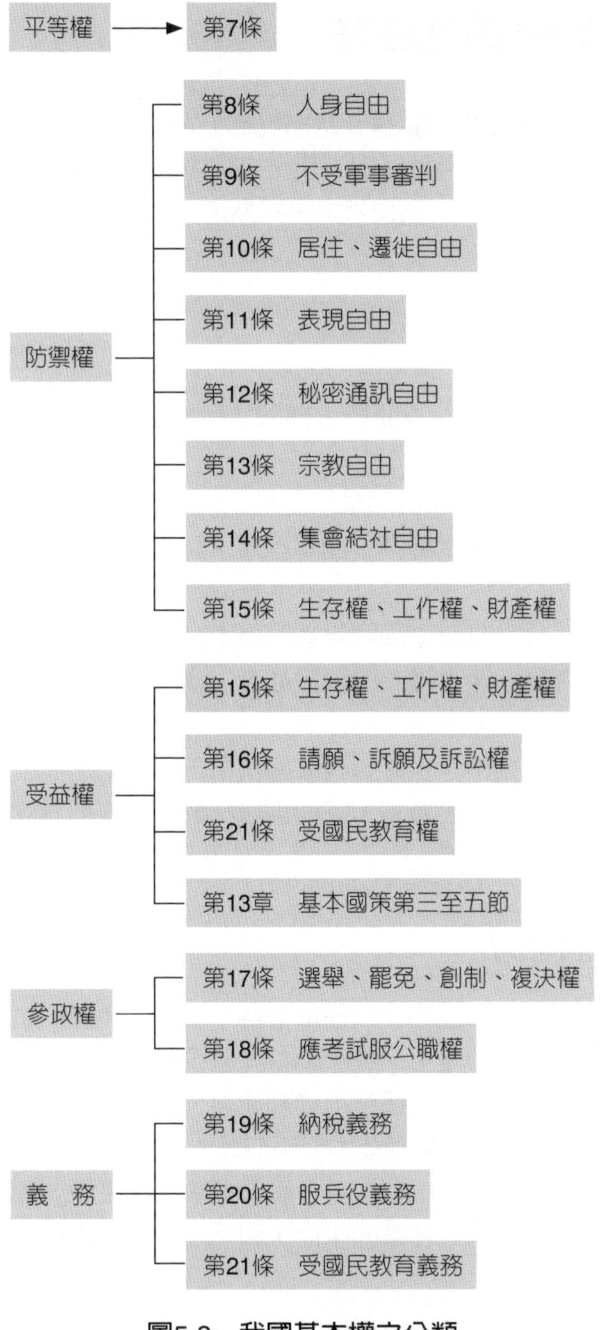

圖5-3　我國基本權之分類

貳、受基本權保護的主體

我國憲法「人民之權利義務」章中規範了人民之基本權利，其主體於憲法第7至21條中，或稱為中華民國人民，或稱為人民，其意義值得進一步探究。法律上具有人格者，一為自然人，一為法人，以下即依此分別探討基本權利之主體[3]。

一、自然人

憲法中之基本權利，究竟哪些人得以享有，可以區分為人類權、國民權以及公民權三種。

1. **人類權**：人類權乃一種自然權，基於人性尊嚴之要求，只要身為一個人，即可享有此種基本權利，如訴訟權、財產權等等，本國人、外國人兼之。
2. **國民權**：國民權乃具有本國國籍者方得享有之基本權利，外國人不得享有之。如生存權、工作權、受國民教育之權等等，僅本國人得享有，外國人不得依據憲法主張之。
3. **公民權**：公民權要求之主體資格較國民權更加嚴格，除了必須具備本國國籍外，尚須具備公民資格，一般均以年齡作為積極要件。如選舉權、應考試服公職之權等等。

二、基本權利能力

1. 基本權利之權利能力指的是一種取得基本權利主體地位之能力，其與民法上所稱之權利能力是否一致，為首先必須關心的問題。如上所述，不具公民資格之人雖然具有民法上權利能力，但不具備公民權之基本權利能力，由此觀之，基本權利能力似乎較民法上權利能力之範圍為窄。
2. 但是在某些方面，基本權利能力之範圍似乎又較民法上權利能力寬，如胎兒與死者。胎兒為成長中的生命，固然無法成為言論自由、集會自由

3 本節以下參見法治斌、董保城，《憲法新論》，元照出版社，2004年，頁148-161。

之權利主體，但是關於生存權與身體不受侵害之基本權利，應承認其具有基本權利能力。

3. 已死亡之人亦然，雖然無法享有遷徙自由、講學自由之基本權利，但是關於人性尊嚴之保障，則承認其具有基本權利能力，若未經同意即將其遺體供醫學上實驗，即有將死者貶於物之地位，而違反了憲法中對人性尊嚴之保障。

三、法　人

法人可以依據其所在地被區分為本國法人與外國法人，然後依據法律形式區分為私法人與公法人。此處探討基本權利之主體即區分為私法人和公法人討論之。

（一）私法人

1. 私法人為法律上擬制之人，應享有基本權利，惟只依基本權利之本質可適用於本國法人者適用之。
2. 是否基本權利「依其性質」是可以適用於法人的，必須取決於個別基本權利之特別內容。如果基本權利的特定內容與自然人之關係就像血肉般不可分，那麼此種基本權利就不適用於法人，亦即表現人性特質之基本權利不適用於法人，如人性尊嚴基本權利、男女平等權、母性之保護等等。相反地，性質上適用於法人之基本權利，如人格自由發展基本權利、出版自由與報導自由、結社自由、職業自由、財產權之保障以及法律上聽審權等等，並非與人體血肉不可分離。

（二）公法人

1. 公法人區分為公法社團、公營造物及公法財團。公法社團是由全體成員組織的協會，區分為地域性社團及人合性社團；公營造物是結合人與物之手段而存立，營造物之利用人在利用規則下支配使用之；而公法財團是透過公權力行為達成並使用於特定目的之財產集合。
2. 公法人是否享有基本權利能力，一般採取否定之見解，其認為只要公法人必須履行其公法義務，基本權利即不能對公法人適用。理由有：

（1）基本權利的價值體系是以自然人個人之尊嚴與自由為出發點，公法人無此特性；（2）如果公權力享有基本權利，則國家同時成為基本權利之權利人與義務人，此即是不相容的；（3）一個主權者在作用上侵犯到另一個主權者，此為廣義的「權限爭議」，並非基本權利之標的；（4）雖然基本權利之作用包括客觀價值秩序，但是也不能因此導出公法人享有基本權利；（5）如果承認公法人基本權利能力，國家義務履行之制度與適應經濟、社會與文化發展下多變的需求之國家組織將被妨礙。

3. 但通說仍承認下列情況下，公法人得享有基本權利：（1）只當公法人在履行其公法義務時，才否定此公法人基本權利之適用，也就是說。當公法人立於準私人之地位從事私法行為時，仍有基本權利之適用；（2）應肯定負有公法義務之公法人可以享有程序性基本權利，尤其是訴訟基本權利；（3）當公法人直接被列入透過基本權被保障之生活領域之時，該公法人即享有基本權利能力。
4. 地方自治團體得否主張為基本權之主體[4]？例如地方政府可否主張「工作權」而要求不經中央政府許可發行彩票，以經營類似「大家樂」的事業？此應為中央與地方分權的問題，不涉及權利主體的問題，且地方自治團體亦為人民主張基本權的對象，自非基本權的主體。

釋字第486號解釋：「憲法上所保障之權利或法律上之利益受侵害者，其主體均得依法請求救濟。中華民國78年5月26日修正公布之商標法第37條第1項第11款（現行法為第37條第11款）前段所稱『其他團體』，係指自然人及法人以外其他無權利能力之團體而言，其立法目的係在一定限度內保護該團體之人格權及財產上利益。自然人及法人為權利義務之主體，固均為憲法保護之對象；惟為貫徹憲法對人格權及財產權之保障，非具有權利能力之『團體』，如有一定之名稱、組織而有自主意思，以其團體名稱對外為一定商業行為或從事事務有年，已有相當之知名度，為一般人所知悉或熟識，且有受保護之利益者，不論其是否從事公益，均為商標法保護之對象，而受憲法之保障。商標法上開規定，商標圖樣，有其他團體之名稱，未得其承諾者，不得申請註冊，目的在於保護各該團體之名稱不受侵害，並兼有保護消

4 參見李惠宗，《憲法要義》，元照出版社，2004年，頁92。

費者之作用，與憲法第22條規定之意旨尚無牴觸。」

四、外國人

外國人受不受到憲法保護呢？原則上憲法只保護本國人，外國人只在法律規定範圍內，受法律保護，故不受到憲法保護。不過臺灣是一個移民國家，目前在臺灣也有很多外國工作者，對外國人的人權保障，已經成為一個熱門議題。

參、基本權利之作用（功能）

一、背　景

我國憲法學界受到德國、美國憲法學界的影響，因而，在憲法解釋上，多採用德國的分類。例如「德國基本法」中沒有第二代人權，只有一個「社會國原則」[5]。由於其沒有第二代人權可以用，故該國憲法學說發展出所謂的「給付作用」，甚至發展出「客觀法制度」的體系，透過客觀法的要求：保護義務、第三人效力、制度性保障、程序與組織保障、客觀價值秩序等，間接來實現社會權。故在德國體系中比較不使用「幾代人權」的說法。

在臺灣也有學者不認同這樣的體系，畢竟臺灣的憲法架構和德國的架構不同。前面提及，我們的基本國策中，有許多已經規定了社會權（受益權），為何還需要用德國的體系[6]。也有留德的學者認為，客觀法作用應該都可以用主觀作用的「受益權」來推出[7]。本書則傾向不採用德國客觀法作

---

5 不過在1994年時，德國基本法修正增加了稀少的幾條第二代人權和第三代人權的條文，請參見林明昕，〈原住民地位之保障作為「基本權利」或「基本國策」〉，《憲政時代》，第29卷第3期，頁340-342。不過德國學者用何種概念來看待這些條文的定性，則不清楚。

6 但蘇永欽於〈部門憲法〉一文中，有稍微提及德國客觀法效力之說在其德國憲法上的來源，但其所述理由與筆者此處所述略有不同。請參考蘇永欽，〈部門憲法〉，《走入新世紀的憲政主義》，元照出版社，2002年，頁426-427。

7 李建良，〈基本權的理念變遷與功能體系——從耶林內克「身分理論」談起（下）〉，《憲政時代》，第29卷第2期，2003年，頁163。

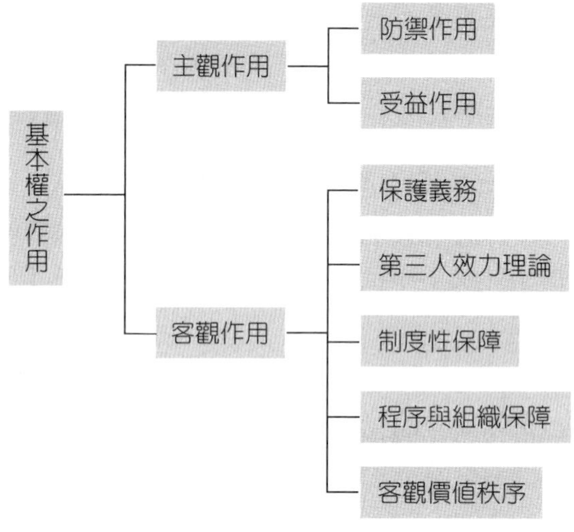

圖5-4　基本權之作用（功能）

用的觀念[8]，而認為應該重新重視尊重憲法中基本國策的相關規定。

二、主觀作用與客觀作用

傳統上憲法著重於人民個人所行使基本權利之「主觀權利」性質；直至二十世紀初，德國憲法學界發展出基本權利在法秩序之客觀作用，認為憲法所保障之基本權利規範應從整體加以觀察，將權利視為「價值體系」或「價值標準」，成為國家公權力以至於全體人類應共同追求之目標。如圖5-4。

（一）主觀作用

主觀作用乃是指人民可以主張的，包括「防禦作用」和「給付作用」。之所以稱為「主觀」，乃是針對「人」。防禦作用就是主張國家不要侵害人權，受益作用則是要求國家提供給付物質。

須注意的是，這裡講的「給付作用」和「受益權」不同。這裡乃是指「防禦權的給付作用」，我們已經說過，這是因為德國基本法連第二代的受益權都沒有，所以只好從防禦權中推出受益作用。

8 楊智傑，〈制度性保障說理模式對社會改革的阻礙〉，《台灣本土法學雜誌》，第60、61期，2004年7、8月。

絕大多數的憲法所規定之基本權利均被描述為防禦權性質，如何從基本權利之防禦權作用延伸出基本權利之給付作用，著實是一大挑戰，贊成與反對意見均有。通說對於「衍生性給付請求權」，也就是在已存在之給付體系內之「平等分享權」，已經有統一肯定之見解。

至於本於基本權利是否產生「原始的給付請求權」，通說則採取否定的態度。換言之，通說肯定「衍生性給付請求權」的存在，卻否定人民享有「原始的給付請求權」，因為此涉及國家財政能力、國家資源運用以及社會利益之調整。惟此並不代表國家完全不負有提供原始給付之義務，若是關於人民「最低限度生存保障」之給付，也就是國家之給付關係人民之生存以及人性尊嚴之維持，人民為了維持其生存以及發展其人格，以作為一個獨立之人，仍有向國家請求原始給付之請求權。

（二）客觀作用

所謂的客觀作用，就是指國家應該設置某些法律制度，來保障人權。其之所以稱為「客觀」，乃是相對於「主觀」。主觀乃是對「人」，客觀乃是對「法律制度」，國家應該提供某些法律制度。根據留德學者的說法，基本權客觀功能包括基本權的第三人效力、基本權保護義務、基本權的程序與組織功能、客觀價值秩序和制度性保障等[9]。以下分別說明。

三、保護義務

由於國家要落實人民基本權，就應該立法對基本權進行保障。大法官首次用到所謂的保護義務，是在釋字第445號解釋：「國家為保障人民之集會自由，應提供適當集會場所，並保護集會、遊行之安全，使其得以順利進行。」因而要求國家制定相關法律提供集會權的落實。

四、「制度性保障」和「程序與組織保障」

1. 制度性保障：指的是憲法規範下某些具有一定範疇、任務與目的之制

9 請參考李建良，〈基本權的理念變遷與功能體系——從耶林內克「身分理論」談起（上）、（下）〉，《憲政時代》，第29卷第1、2期，2003年7、10月。

度，應為國家所承認，並受憲法之特別保障，立法者不能將之廢除。德國人怕立法者會侵害某些重要社會法律制度，若破壞了這些法律制度，則這些法律制度所想保護的基本權，也會一併受到威脅，所以將這些法律制度也納入憲法保障[10]。

後來制度性保障的功能，不僅限制立法者不可破壞某些重要的法律制度，甚至認為若要保障基本權，立法者就應該有義務建立某些制度來保障基本權[11]。

2. **程序與組織保障**：乃是指國家為了實現基本權，應該設立某些法律制度，設計一些程序和組織的法律，來實現人權。

根據大部分學者的分析，我國大法官對於制度性保障此一概念的使用，涵蓋了德國的「制度性保障」和「程序與組織保障」兩者[12]。我國大法官曾於多次的解釋提及制度性保障，如下：

1. **財產權**：釋字第386號解釋首度論及財產權之制度性保障，其理由書中指出：「法律為保護無記名證券持有人，於證券遺失、被盜或滅失時，不使其受不當之損失，民法第720條第1項但書、第725條及第727條本設有各種保護之規定及救濟之程序，以維持公平，不致影響善意第三人之權益，亦未增加發行人之負擔，此為對無記名證券久已建立之制度性保障。」

2. **訴訟權**：釋字第368號解釋之協同意見書主張：「國家應就憲法第16條的訴訟權之性質，依照社會生活之現實及國家整體發展之狀況，提供適當之制度的保障。」釋字第396號解釋理由書：「憲法第16條所定人民之訴訟權，乃人民於其權利遭受侵害時，得訴請救濟之制度性保障，其具體內容，應由立法機關制定法院組織與訴訟程序有關之法律，始得實現。惟人民之訴訟權有其受憲法保障之核心領域，為訴訟權必備之基本內容，對其若有欠缺，即與憲法第16條保障人民訴訟權之意旨不符。」釋字第737號解釋理由書：「人身自由乃人民行使其憲法上各項自由權

10 李建良，前揭文，頁273-276頁；劭曼璠，〈論憲法上之制度性保障——以財產權保障為例〉，中興大學法研所碩士論文，1998年1月，頁54。
11 劭曼璠，前揭文，頁56。
12 陳愛娥，前揭文，頁252-257。許宗力，〈基本權的功能與司法審查〉，《憲法與法治國行政》，元照出版社，1999年3月，頁155-178。

利所不可或缺之前提，為重要之基本人權，應受充分之保障。剝奪或限制人身自由之處置，除須有法律之依據外，更須踐行必要之正當法律程序，始得為之，憲法第8條規定甚明（本院釋字第384號、第436號、第567號、第588號解釋參照）。另憲法第16條所明定人民有訴訟權，係以人民於其權利遭受侵害時，得依正當法律程序請求法院救濟為其核心內容，國家應提供有效之制度性保障，以謀其具體實現（本院釋字第574號解釋參照）。」

其後在釋字第393號、第436號、第442號等解釋的不同意見書或協同意見書中均指出訴訟權的制度性保障。

3. **學術自由**：依釋字第380號解釋：「憲法第11條關於講學自由之規定，係對學術自由之制度性保障；就大學教育而言，應包含研究自由、教學自由及學習自由等事項。」（另參見釋字第450號解釋）。
4. **言論自由**：依釋字第407號解釋的協同意見指出：「憲法上表現自由既屬於個人權利保障，亦屬於制度的保障。」「至於提供必要之設施，使言論、出版及著作等自由，得以充分發揮功能，並經由制度的保障俾國民有接近使用媒體之權利（見釋字第364號解釋）及接受資訊之權利，復為國家無所旁貸之責任。」
5. **地方自治**：大法官於釋字第419號解釋（理由書）與第467號解釋（不同意見書）中分別提及地方自治之制度性保障。釋字第550號解釋：「地方自治團體受憲法制度保障，其施政所需之經費負擔乃涉及財政自主權之事項，固有法律保留原則之適用，但於不侵害其自主權核心領域之限度內，基於國家整體施政之需要，對地方負有協力義務之全民健康保險事項，中央依據法律使地方分擔保險費之補助，尚非憲法所不許。」
6. **人身自由保障之正當法律程序**：釋字第384號解釋理由書中指出：「憲法第8條之『依法定程序』係指凡限制人民身體自由之處置，在一定限度內為憲法保留之範圍，不問是否屬於刑事被告身分，均受上開規定之保障。除現行犯之逮捕，由法律另定外，其他事項所定之程序，亦須以法律定之，且立法機關於制定法律時，其內容更須合於實質正當，並應符合憲法第23條所定之條件，此乃屬人身自由之制度性保障。舉凡憲法施行以來已存在之保障人身自由之各種建制及現代法治國家對於人身自由所普遍賦予之權利與保護，均包括在內，否則人身自由之保障，勢將徒託空言，而首開憲法規定，亦必無從貫徹。」

7. **婚姻與家庭**：釋字第554號解釋：「婚姻與家庭為社會形成與發展之基礎，受憲法制度性保障。婚姻制度植基於人格自由，具有維護人倫秩序、男女平等、養育子女等社會性功能，國家為確保婚姻制度之存續與圓滿，自得制定相關規範，約束夫妻雙方互負忠誠義務。性行為自由與個人之人格有不可分離之關係，固得自主決定是否及與何人發生性行為，惟依憲法第22條規定，於不妨害社會秩序公共利益之前提下，始受保障。是性行為之自由，自應受婚姻與家庭制度之制約。」釋字第696號解釋理由書：「按婚姻與家庭植基於人格自由，為社會形成與發展之基礎，受憲法制度性保障（本院釋字第554號解釋參照）。如因婚姻關係之有無而為稅捐負擔之差別待遇，致加重夫妻之經濟負擔，則形同對婚姻之懲罰，而有違憲法保障婚姻與家庭制度之本旨，故系爭規定所形成之差別待遇是否違反平等原則，應受較為嚴格之審查，除其目的須係合憲外，所採差別待遇與目的之達成間亦須有實質關聯，始合於平等原則。」釋字第712號解釋理由書：「基於人性尊嚴之理念，個人主體性及人格之自由發展，應受憲法保障（本院釋字第689號解釋參照）。婚姻與家庭為社會形成與發展之基礎，受憲法制度性保障（本院釋字第362號、第552號、第554號及第696號解釋參照）。家庭制度植基於人格自由，具有繁衍、教育、經濟、文化等多重功能，乃提供個人於社會生活之必要支持，並為社會形成與發展之基礎。而收養為我國家庭制度之一環，係以創設親子關係為目的之身分行為，藉此形成收養人與被收養人間教養、撫育、扶持、認同、家業傳承之人倫關係，對於收養人及被收養人之身心發展與人格之形塑具有重要功能。是人民收養子女之自由，攸關收養人及被收養人之人格自由發展，應受憲法第22條所保障。」

8. **服公職所生之權利**：釋字第483號解釋：「公務人員依法銓敘取得之官等俸級，非經公務員懲戒機關依法定程序之審議決定，不得降級或減俸，此乃憲法上服公職權利所受之制度性保障，亦為公務員懲戒法第1條、公務人員保障法第16條及公務人員俸給法第16條之所由設。」釋字第605號解釋：「憲法第18條規定人民有服公職之權利，旨在保障人民有依法令從事於公務，暨由此衍生享有之身分保障、俸給與退休金等權利。公務人員依法銓敘取得之官等俸級，基於憲法上服公職之權利，受制度性保障（本院釋字第575號、第483號解釋參照），惟其俸給銓敘權利之取得，係以取得公務人員任用法上之公務人員資格為前提。」釋字第605號解釋：「憲法第18條規定人民有服公職之權利，旨在保障人民有依法令從事於公務，暨由此衍生享有之身分保障、俸給與退休金等權利。公務人員依法銓敘取得之官等俸級，基於憲法上服公職之權利，受制度性保障。」

五、客觀價值秩序

從基本權利保障之理念，就憲法所保障基本權利規範整體加以觀察，抽繹出憲法所蘊含之「客觀價值決定」，而該價值決定中基本權利具有一種「客觀價值秩序」。此種基本權利之客觀價值決定，從基本權利保障體系中放射至所有法律領域。

目前為止，所謂的客觀價值秩序到底是什麼？大法官也說不清楚。偶爾在相關的解釋中，大法官會略微提到「價值體系」，不過到底什麼是價值體系，實在難以捉摸。

肆、基本權的效力範圍

憲法所規範之基本權利，其效力範圍（作用範圍）傳統上為人民對抗國家之垂直對抗方向，基本權利理論發展至今，其效力範圍似乎不限於此，人民與人民之間是否可以主張基本權利？人民是否可以對國家之國庫行為主張基本權利？均為基本權利效力範圍之討論重點[13]。

13 以下主要參見法治斌、董保城，前揭書，頁161-166。李惠宗稱之「基本權拘束之對象」，包括公權力主體、基本權第三人效力、國庫、政黨，參見李惠宗，前揭書，頁93-96。

一、第三人效力理論

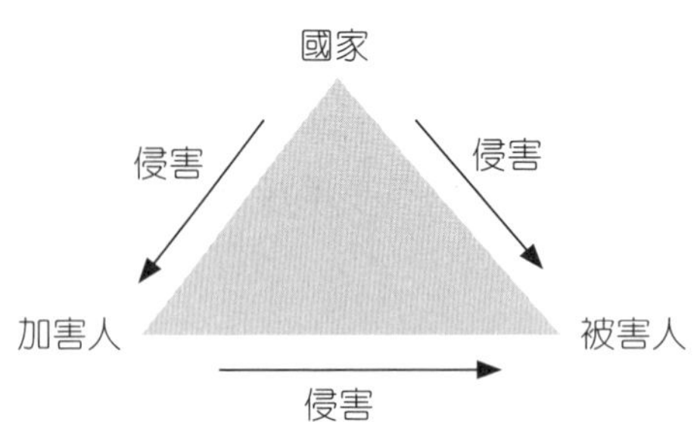

圖5-5　基本權第三人效力理論

傳統的基本權應該是個人用來防禦對國家的侵害。至於私人對私人的侵害，照理講應該是不能主張什麼憲法權利的。但基於基本權利之客觀作用，將基本權利保障規範視為一價值決定，適用於所有法律領域，特別是私法領域。此種將基本權利帶入規範私人間法律關係之私法領域，德國學界將其稱為「基本權利之對第三人效力」，以有別於「基本權利之對國家效力」。其主要認為，法院在處理私人糾紛時，應該直接援用基本權的理念，當做一種法則，來解決私人糾紛，甚至，其也衍生出私人對私人的權利。

關於私法交易中之人民可否相互主張適用基本權利的問題，有下列三種見解：

1. **無第三人效力說（基本權利完全不適用於私法關係）**：基本權利之發展歷史是十分明確的，基本權利產生作為人民之防禦權以對抗國家，因此基本權利不適用於人民間的關係。此種論述顯然拘泥於傳統基本權利之主觀面向，似不足採。
2. **直接第三人效力說（基本權利可直接適用於私法關係）**：直接第三人效力理論認為，憲法上重要基本權利不只保障自由權對抗國家權力，大多數的制度上基本原則是保護社會生活的，從基本權利發展的範圍內，也直接涉及於人民相互間私法交易。
3. **間接第三人效力說（基本權利只間接適用於私法關係）**：在私法中藉著價值補充之概念，以及藉著私法中之概括條款作為登陸點，基本權利在私法中可以被實現。依據間接第三人效力理論，雖然私權的「擴散效力」是由於基本權利作為客觀價值秩序而來，此私權因此也是在「基本權利的光芒之下」，但基本權利總是需要民法規定作為鑰匙，來開啟私法權利關係的入口。例如我們可用民法中的「公序良俗條款」，來判定私人契約因為侵害基本權而無效。間接第三人效力學說是當今之通說。

例如，過去銀行聘僱職員時，在聘約中約定，女性職員若懷孕必須自動辭職，此乃私人契約，不受憲法約束。但因聘約內容牴觸憲法保障男女平等原則，故根據間接第三人效力說，透過民法第72條：「法律行為，有背於公共秩序或善良風俗者，無效。」認為違反憲法人權價值之私人間法律行為，即屬於違反公序良俗而無效。

二、基本權利對國庫行為之效力

（一）國庫概念之演變

所謂基本權利對國庫行為效力，指的是人民是否可以對國家的國庫行為主張基本權利。首先吾人必須瞭解國庫行為之概念，國庫的概念隨著時間的經過一再改變，可以粗略的以三個階段來作描述：

1. **專制時期**：國庫被認為是一個不同於為高權行為的國家之獨立法人，人民受到國家高權行為侵害，雖然不能阻止，但是可以向法院請求國庫賠償。
2. **十九世紀初**：國庫被認為是國家作為財產權主體的一種性格，當時所有的財產權都由私法所規制，法院也只對私法爭議提供權利保障。
3. **現代**：現在所理解的國庫是國家或其他公法人，以自己性格作為私法主體，也就是作為私法交易當事人。國家或其他公法人可以以三種方式作為私法交易的當事人，吾人要討論基本權利是否對國庫行為適用之，亦應區分此三種型態討論之。

（二）國庫行為之態樣

1. **行政營利**：即公權力主體參與獲取利益的私經濟事業，換言之，就是純粹獲取經濟利益之活動。通說否定基本權利適用於公權力主體之行政營利，理由在於，如果公權力主體在獲取經濟利益活動時，不同於純粹的私經濟競爭，反受基本權利拘束，將會損害公權力主體的競爭能力。

2. **行政輔助**：為了履行國家任務所必須執行的事務，稱為行政輔助行為。此事務的範圍從財政部購買鉛筆與檔案櫃，到國防部購買坦克車都屬之。通說從前也否定基本權利適用於公權力主體之行政輔助行為，但近來則漸漸強調應緊密的連結行政輔助行為與公權力行政，換言之，基本權利於行政輔助行為應具有間接的適用性，也就是說，行政輔助行為必須受到平等原則之間接拘束，具體言之，即受民法與公平交易法概括條款之拘束。

3. **行政私法**：以私法形式履行公法義務，既不是純粹取得經濟利益的活動，也不是行政輔助行為，而是履行一個本質為公法性質的義務，但是卻以私法法律行為的方式來推展。以私法形式履行公法義務的例子如：透過出租國有土地給難民，達成收容難民之目的；以締結私法運送契約的方式，提供公共交通工具給使用者。通說肯定基本權利適用於公權力主體以私法形式履行公法義務，理由是：憲法不允許國家以及其他公法人「避難至私法」，而擺脫基本權利之拘束。因此，行政私法行為直接受到基本權利之拘束，人民可以依據憲法所規範之基本權利直接對國家主張之。釋字第457號解釋：「中華民國人民，無分男女，在法律上一律平等；國家應促進兩性地位之實質平等，憲法第7條暨憲法增修條文第10條第6項定有明文。國家機關為達成公行政任務，以私法形式所為之行為，亦應遵循上開憲法之規定……。」釋字第448號：「……行政機關代表國庫出售或出租公有財產，並非行使公權力對外發生法律上效果之單方行政行為，即非行政處分，而屬私法上契約行為，當事人若對之爭執，自應循民事訴訟程序解決。」

伍、平等權的限制

一、平等權

平等（equality）長期以來皆為多數學者所探討，最早甚至可溯及至古希臘時代[14]，在1776年美國「獨立宣言」中明白指出「所有人生而平等」（all men are created equal）。其後1789年法國大革命的「人權宣言」中指出「在權利方面，人生本是而且始終是平等的」、「法律之前，人人平等」。二次戰後的「世界人權宣言」（1948年12月10日）更指出「所有人的權利與尊嚴生而平等」（all are equal in their rights and dignity）[15]。

在保障人權的浪潮之下，民主國家的憲法均將人民的平等權入憲，其中規定最早且最為完整者為1919年的德國威瑪憲法，威瑪憲法除了對平等原則的宣示外，尚進一步對弱勢團體給予特別保護[16]。其後各國憲法紛紛仿效，我國憲法第7條有平等的一般性規定，第5條有民族平等之規定，第159條有教育機會平等之規定。

在今日，平等權可謂是人民各種基本權利的前提，沒有平等權，其他的人權就顯得無意義，因此，平等權規定在我國憲法第二章「人民之權利義務」第1條中。

二、平等權的種類

我國憲法第7條規定：「中華民國人民，無分男女、宗教、種族、階級、黨派，在法律上一律平等。」共計五種平等權。

憲法第7條是列舉或例示？應該是例示規定，因為與平等有關的判斷要件不可能僅止於此五者。故除了這五類之外，其他議題也都必須符合平等原則。

但為何制憲者要特別明定此五者？是否表示憲法第7條明文規定者乃受到特別的保障，立法者與行政者碰到與此五項要件相關之立法或行政行為時，必須受到司法審查者較嚴密的審查？我們可以將議題分為下列兩項，憲

---

14 參見陳志全，〈平等原則之合理差別基準：兼論釋字211號解釋與釋字224號解釋〉，《法律評論》，第61卷第9、10期合刊，1995年10月，頁19。

15 關於平等的文獻說明請參見P. G. Polyviou, *The Equal Protection of The Laws* (London : Gerald Duckworth & Co., Ltd., 1980) p. 6；另亦請參見孫哲，《新人權論》，五南圖書，1995年，頁21-28；另參見李鴻禧，〈論國際法上之人權保障問題〉，收錄於氏著，《憲法與人權》，臺大法學叢書，1995年，頁300-304。

16 參見許焜耀，〈從平等權與受益權之釋憲案論司法院大法官之釋憲功能〉，政治大學政治研究所碩士論文，1992年，頁30-31。

法特別例示的，就必須特別保障，為特別平等；而為例示的其他議題，則為一般性的平等。

1. **特別平等**：憲法第7條明文規定的要件，即男女、宗教、種族、階級、黨派。
2. **一般平等**：憲法第7條以外的平等考量基準，由於並無憲法之明文故稱之。

若依據目前大法官所為解釋加以觀察，和此五項要件有關的解釋唯有男女與黨派：和性別有關的解釋，釋字第365、410、452、457號均被宣告違憲，似乎採取相當嚴格的審查標準；但再觀察與黨派有關之解釋，釋字第340號以為依政黨之有無而異其保證金之繳交額度有違憲法第7條，但釋字第468號解釋則以為因政黨之參加否，而為差別待遇並不違憲。兩號解釋雖均與政黨有關，卻得到迥不相同的結果，大法官似乎並未因為黨派為憲法第7條所明定較嚴格的審查基準。因此，區分特別平等與一般平等只有理論上的意義，目前於我國大法官的實踐尚未有特殊意涵。

三、平等權的內涵

所謂的平等，並非齊頭式的「形式平等」，而強調的是「實質平等」。其也不強調「結果平等」而要求「機會平等」。釋字第211號解釋：「憲法第7條所定之平等權，係為保障人民在法律上地位之實質平等，並不限制法律授權主管機關，斟酌具體案件事實上之差異及立法之目的，而為合理之不同處置。」

四、平等權的審查

在平等權的審查上，與一般的自由權不同。平等原則運作之基本規則是相同事件，相同處理，不同事件依其特性之不同，而做不同處理，即等則等之，不等則不等之。國家不得對於本質相同的事件，任意地不相同處理，或者本質不相同的事件，任意地做相同處理。平等權的審查不是採用比例原則，而是要審查政府所為的差別待遇，是否有合理依據。如果有合理依據，就可以為差別待遇。

若從平等角度來看，國家不僅不得欺壓某一族群，也不可以特別優惠某一族群。在美國，優惠某一族群的施政，稱為「優惠性差別待遇」（affirmative action）。在平等權的審查下，即使是要彌補以前對弱勢的欺壓，也可能受到平等權的挑戰。

但是，到底怎樣的差別待遇才是合理的呢？可能就只好交給大法官判斷了。

大法官之平等權審查，在歷次大法官解釋中建立一個基本的審查原則。依據釋字第593號解釋（94/4/8）理由書：「按等者等之，不等者不等之，為憲法平等原則之基本意涵。是如對相同事物為差別待遇而無正當理由，或對於不同事物未為合理之差別待遇，均屬違反平等原則。法規範是否符合平等原則之要求，其判斷應取決於該法規範所以為差別待遇之目的是否合憲，其所採取之分類與規範目的之達成之間，是否存有一定程度的關聯性，以及該關聯性應及於何種程度而定。……」釋字第722號解釋理由書：「憲法第7條規定人民之平等權應予保障。法規範是否符合平等權保障之要求，其判斷應取決於該法規範所以為差別待遇之目的是否合憲，其所採取之分類與規範目的之達成之間，是否存有一定程度之關聯性而定（本院釋字第682號、第694號、第701號解釋參照）。」

陸、防禦權（自由權）的限制

防禦權就是自由權，在我國，除了憲法列舉的一些防禦權之外，還有憲法第22條的概括規定，也算是防禦權的內涵。但並不是寫在憲法中的防禦權，國家就絕對不能干涉，在符合一定條件下，國家仍然可以限制之。

一、防禦權的限制

憲法第23條規定，「必要時」得以「法律」限制權利之原因有四項：

1. 為防止妨礙他人自由。
2. 為避免緊急危難。
3. 為維持社會秩序。
4. 為增進公共利益。

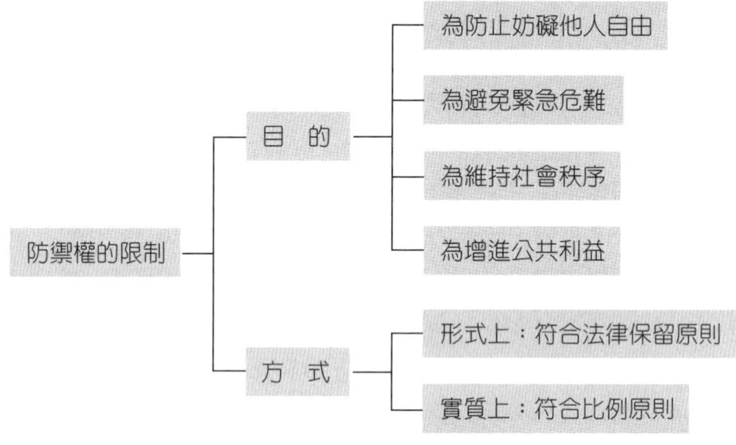

圖5-6 憲法第23條

這一條的意思，可以分為三個層面：

1. **公益條款**：防止妨礙他人自由、避免緊急危難、維持社會秩序、增進公共利益，此被稱為四大公益條款。限制基本權利之目的必須符合上述四大公益條款，方具有正當性與合憲性。

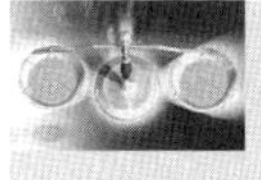

法律要求機車騎士戴安全帽，是基於上述哪種公共利益？

如果說只有前述四種公益才能限制人權，這四種目的中，並不包括「為了保護你個人的安全」，而限制你的自由，試問：國家是基於什麼理由立法強迫人民戴安全帽呢？

2. **比例原則**：即憲法第23條條文中所述之「必要時」。以前述四大公益條款為目的之限制人民基本權利，其手段與目的間必須符合比例原則，亦即手段必須能達成目的（適宜性），選擇損害最小之手段（必要性）以及手段與目的必須相稱（狹義比例性）。
3. **法律保留原則**：依據法治國原則，法律保留原則為確保依法行政所必須遵守者。所謂法律保留原則，指的是國家行為必須有法律之依據，也就是說，當國家欲限制基本權利時，必須以法律為之。

二、形式上：法律保留原則

限制人民之自由權利，必須有法律規定，或者要有法律明確授權才能制定行政命令。而所謂明確授權，就是其目的、內容、範圍都要具體明確。

因而，法律保留原則在限制防禦權的審查上，具體有兩個原則：一個是法律明確性原則，一個則是授權明確性原則。

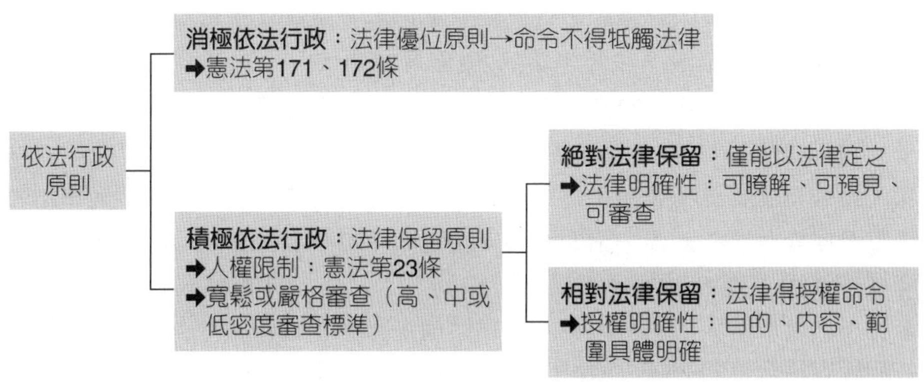

圖5-7　依法行政原則與法律保留原則

（一）法律明確性原則

根據釋字第432號，解釋法律明確性原則應具備之要素有：

1. **可瞭解性**：法律之構成要件及法律效果，授權命令之目的、內容、範圍及行政行為之方式內容，必須使人民或行政機關能瞭解其意義，如此人民才能知悉國家行為之內涵，行政機關才能理解其得為與不得為之措施。
2. **可預見性**：法律之構成要件及法律效果，授權命令之目的、內容、範圍及行政行為之方式，內容如果具體明確，則行政機關會採取何種措施，人民即得以預見，且得以預見其行為之後果，而對自己之行為負責。

3. **可審查性**：具體明確之要求，必須有從事司法審查之可能，如此才能對人民權益加以保障。

（二）層級化保留體系

大法官在釋字第443號解釋理由書中所建構出來的層級化的保留體系[17]。

釋字第443號解釋理由書（86/12/26）：「憲法所定人民之自由及權利範圍甚廣，凡不妨害社會秩序公共利益者，均受保障。惟並非一切自由及權利均無分軒輊受憲法毫無差別之保障：關於人民身體之自由，憲法第8條規定即較為詳盡，其中內容屬於憲法保留之事項者，縱令立法機關，亦不得制定法律加以限制（參照本院釋字第392號解釋理由書），而憲法第7條、第9條至第18條、第21條及第22條之各種自由及權利，則於符合憲法第23條之條件下，得以法律限制之。至何種事項應以法律直接規範或得委由命令予以規定，與所謂規範密度有關，應視規範對象、內容或法益本身及其所受限制之輕重而容許合理之差異：諸如剝奪人民生命或限制人民身體自由者，必須遵守罪刑法定主義，以制定法律之方式為之；涉及人民其他自由權利之限制者，亦應由法律加以規定，如以法律授權主管機關發布命令為補充規定時，其授權應符合具體明確之原則；若僅屬與執行法律之細節性、技術性次要事項，則得由主管機關發布命令為必要之規範，雖因而對人民產生不便或輕微影響，尚非憲法所不許。又關於給付行政措施，其受法律規範之密度，自較限制人民權益者寬鬆，倘涉及公共利益之重大事項者，應有法律或法律授權之命令為依據之必要，乃屬當然。」

理由書中這段，就是所謂的層級化保留體系。可以分為四種：

1. **憲法保留**：憲法第8條有關限制人身自由之事項。亦即憲法本身明文規定的事。
2. **絕對法律保留**：諸如剝奪人民生命身體自由之可罰條件、各種時效制度等，必須以法律規定，不得委由行政命令補充，故又稱國會保留。例如罪刑法定主義就是最明顯的一例。
3. **相對法律保留**：有關其他人民自由權利限制之重要事項，得以法律或具

---

17 吳庚，《憲法的解釋與適用》，自印，2005年，頁58-60。

體明確之法律授權之法律授權條款，委由命令規定，此命令即為行政程序法第150條的法規命令。

釋字第313號解釋（82/2/12）：「對人民違反行政法上義務之行為科處罰鍰，涉及人民權利之限制，其處罰之構成要件及數額，應由法律定之。若法律就其構成要件，授權以命令為補充規定者，授權之內容及範圍應具體明確，然後據以發布命令，始符憲法第23條以法律限制人民權利之意旨。民用航空運輸業管理規則雖係依據民用航空法第92條而訂定，惟其中因違反該規則第29條第1項規定，而依同規則第46條適用民用航空法第87條第7款規定處罰部分，法律授權之依據，有欠明確，與前述意旨不符，應自本解釋公布日起，至遲於屆滿一年時，失其效力。」

4. **非屬法律保留事項**：執行法律之技術性、細節性及對人民影響輕微之事項，此時行政機關所制定的命令為行政程序法第159條的行政規則。

三、實質上：比例原則

根據憲法第23條，政府只有在保護公共利益所必要的範圍內，人民的自由權利始得受國家公權力的限制，而此研究目的與手段的關聯性理論稱為「比例原則」，其內容分為以下三項說明：

1. **適宜性（目的妥當性）**：政府施政的措施是否具有一妥當的合理目的，或其造成之損害與其達到的目的具有合理之關聯。
2. **必要性（手段最小侵害原則）**：在諸多達到目的的手段之中，應採取對於人民權利侵害最小的手段。
3. **比例性（利益損害成比例）**：政府施政所獲得的利益必須大於所受的損害。
4. **比例原則實際上的作用**：比例原則的作用，在於判斷一個法律是否過度侵害人權時，若認為其不符合比例原則，則可以宣告其違憲。一般皆認為在判斷法律是否侵害人權時，乃是直接操作「比例原則」。

不過就大法官釋憲實務來看，有的時候並不會用到比例原則，而是參考外國相關制度，認為某一外國的判準不錯，大法官就直接下達指示採取該標準。例如言論自由中的「明顯而立即的危險」、「判斷猥褻的標準」等等，這些並非比例原則的操作。因為，如果操作比例原則，我們只能說哪個法律制度侵害人權，而宣告其違憲，但不應該得出什麼具體的規則。

憲法第23條所建構之違憲審查基準，可以圖5-8表示：

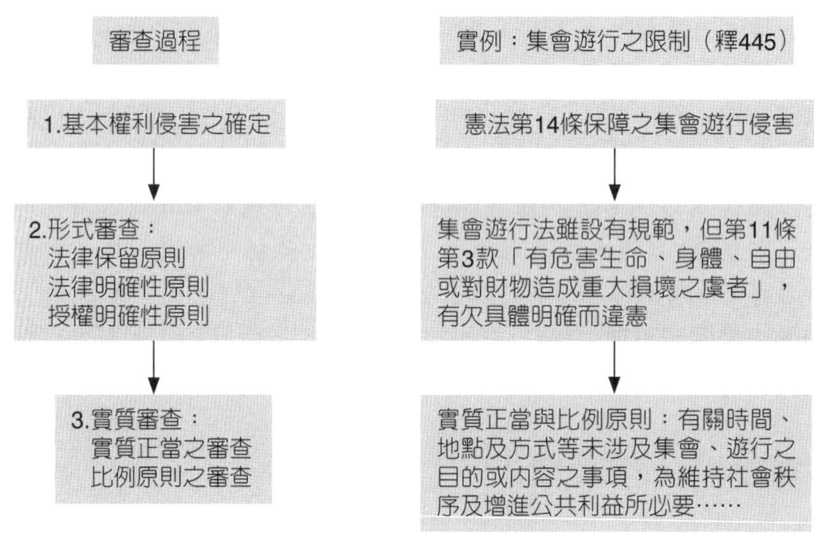
審查過程
實例：集會遊行之限制（釋445）
1.基本權利侵害之確定
憲法第14條保障之集會遊行侵害
2.形式審查：
法律保留原則
法律明確性原則
授權明確性原則
集會遊行法雖設有規範，但第11條第3款「有危害生命、身體、自由或對財物造成重大損壞之虞者」，有欠具體明確而違憲
3.實質審查：
實質正當之審查
比例原則之審查
實質正當與比例原則：有關時間、地點及方式等未涉及集會、遊行之目的或內容之事項，為維持社會秩序及增進公共利益所必要……

圖5-8　基本權利之審查基準

柒、受益權的限制

受益權的限制和防禦權的限制不同。受益權不怕國家做得太多，就怕國家做得不夠。其也受到某些限制。

一、平等原則

政府主動提供保護，但得注意是否符合平等原則。釋字第485號解釋：「惟鑑於國家資源有限，有關社會政策之立法，必須考量國家之經濟及財政狀況，依資源有效利用之原則，注意與一般國民間之平等關係，就福利資源為妥善之分配，並應斟酌受益人之財力、收入、家計負擔及須照顧之必要性妥為規定，不得僅以受益人之特定職位或身分作為區別對待之唯一依據；關於給付方式及額度之規定，亦應力求與受益人之基本生活需求相當，不得超過達成目的所需必要限度而給予明顯過度之照顧。」

二、法律保留原則

政府提供保護，也應該有法律依據。釋字第524號解釋：「全民健康保險為強制性之社會保險，攸關全體國民之福祉至鉅，故對於因保險所生之權利義務應有明確之規範，並有法律保留原則之適用。若法律就保險關係之內容授權以命令為補充規定者，其授權應具體明確，且須為被保險人所能預見。又法律授權主管機關依一定程序訂定法規命令以補充法律規定不足者，該機關即應予以遵守，不得捨法規命令不用，而發布規範行政體系內部事項之行政規則為之替代。倘法律並無轉委任之授權，該機關即不得委由其所屬機關逕行發布相關規章。」

以往給付行政認為不需要有法律保留的適用，但根據釋字第443號解釋，則給付行政「倘涉及公共利益之重大事項者，應有法律或法律授權之命令為依據之必要」，所以給付行政若很重要，也需要符合法律保留。大法官在釋字第524號解釋認為健保給付屬涉及公共利益之重大事項，所以要法律保留。

三、不足禁止（最大可能性原則）

既然是受益權，國家提供的給付越多越好，就怕國家提供得不夠。大法官在受益權方面，尤其是訴訟權，往往會認為國家提供的訴訟救濟不夠多，而宣告其違憲。例如，釋字第466號解釋，認為國家必須提供訴訟種類來滿足人民的訴訟權：「按公務人員保險為社會保險之一種，具公法性質，關於公務人員保險給付之爭議，自應循行政爭訟程序解決。惟現行法制下，行政訴訟除附帶損害賠償之訴外，並無其他給付類型訴訟，致公務人員保險給付爭議縱經行政救濟確定，該當事人亦非必然即可獲得保險給付。有關機關應儘速完成行政訴訟制度之全盤修正，於相關法制尚未完備以前，為提供人民確實有效之司法救濟途徑，有關給付之部分，經行政救濟程序之結果不能獲得實現時，應許向普通法院提起訴訟謀求救濟，以符首開憲法規定之意旨。」

捌、事後保障：國家賠償

憲法保障基本權利，除了防止國家行為侵害基本權利之外，尚須於侵害之後提供完善的權利救濟制度，此即為基本權利之事後保障。當國家侵害人民權利時，國家必須負責，已經成為今日法治國家之基本觀念，不論國家為何種行為，只要侵害人民權利，人民可以請求救濟，要求國家停止侵害、回復原狀或損害賠償。我國憲法第24條即為基本權利事後保障之憲法規範。

憲法第24條規定：「凡公務員違法侵害人民之自由或權利者，除依法律受懲戒外，應負刑事及民事責任。被害人民就其所受損害，並得依法律向國家請求賠償。」

一、公務員之責任

1. **懲戒責任**：依據公務員懲戒法（109/6/10修正）第2條規定：「公務員有下列各款情事之一，有懲戒之必要者，應受懲戒：一、違法執行職務、怠於執行職務或其他失職行為。二、非執行職務之違法行為，致嚴重損害政府之信譽。」懲戒包括以下九種（公務員懲戒法第9到19條）：
   (1) **免除職務**：免其現職，並不得再任用為公務員。
   (2) **撤職**：撤其現職，並於一定期間停止任用；其期間為一年以上、五年以下。撤職人員，於停止任用期間屆滿，再任公務員者，自再任之日起，二年內不得晉敘、陞任或遷調主管職務。
   (3) **剝奪、減少退休（職、伍）金**：剝奪受懲戒人離職前所有任職年資所計給之退休（職、伍）或其他離職給與；其已支領者，並應追回之。減少退休（職、伍）金，指減少受懲戒人離職前所有任職年資所計給之退休（職、伍）或其他離職給與百分之十至百分之二十；其已支領者，並應追回之〔以退休（職、伍）或其他原因離職之公務員為限〕。
   (4) **休職**：休其現職，停發俸（薪）給，並不得申請退休、退伍或在其他機關任職；其期間為六個月以上、三年以下。休職期滿，許其回復原職務或相當之其他職務。自復職之日起，二年內不得晉敘、陞任或遷調主管職務。復職，得於休職期滿前三十日內提出申請，並準用公務人員保障法之復職規定辦理。

(5) **降級**：降級，依受懲戒人現職之俸（薪）級降一級或二級改敘；自改敘之日起，二年內不得晉敘、陞任或遷調主管職務。受降級處分而無級可降者，按每級差額，減其月俸（薪）；其期間為二年。

(6) **減俸**：減俸，依受懲戒人現職之月俸（薪）減百分之十至百分之二十支給；其期間為六個月以上、三年以下。自減俸之日起，一年內不得晉敘、陞任或遷調主管職務。

(7) **罰款**：罰款，其金額為新臺幣1萬元以上、100萬元以下（得與(3)、(6)以外之其餘各款併為處分）。

(8) **記過**：記過，自記過之日起一年內，不得晉敘、陞任或遷調主管職務。一年內記過三次者，依其現職之俸（薪）級降一級改敘；無級可降者，準用第15條第2項之規定。

(9) **申誡**：申誡，以書面為之。第(4)、第(5)及第(8)之處分於政務人員不適用之。

2. **刑事責任**：公務員違法失職行為，若構成犯罪行為，也要負刑事責任。刑法上的瀆職罪就是特別針對公務員設定的犯罪類型，包括賄賂罪、凌虐人犯罪、委棄守地罪、枉法裁判罪、濫用職權追訴處罰罪、違法行刑罪、越權受理訴訟罪、違法徵收罪、廢弛職務釀成災害罪、圖利罪、洩漏或交付秘密罪、妨害郵電秘密罪等等。

3. **民事責任**：民法第186條第1項規定：「公務員因故意違背對於第三人應執行之職務，致第三人受損害者，負賠償責任。其因過失者，以被害人不能依他項方法受賠償時為限，負其責任。」

二、國家之賠償責任

國家賠償法於民國69年7月2日公布，70年7月1日實施，共計十七條，主要內容有：

1. **賠償事由**：（1）公務員於執行職務行使公權力時，因故意或過失不法侵害人民自由或權利者。公務員怠於執行職務，致人民自由或權利遭受損害者（採過失責任）；（2）公共設施因設置或管理有欠缺，致人民生命、身體、人身自由或財產受損害者（無過失責任）；（3）受委託行使公權力之團體或個人，其執行職務之人於行使公權力時，視同委託機關之公務員。如(73)台上字第39938號：「上訴人（臺南市政府）管理之路段既留有坑洞未能及時修補，又未設置警告標誌，足以影響行車之安全，已不具備通常應有之狀態及功能，即係公共設施管理之欠缺。」

2. **賠償主體及賠償義務機關**：以國家為賠償主體，該公務員或該公共設施或管理所屬機關為賠償義務機關。該機關裁撤或改組時，以其上級機關為賠償義務機關。
3. **賠償方法**：以金錢為原則，恢復原狀為例外。
4. **賠償程序**：先以書面向賠償義務機關請求，協議之。協議不成立，始得向法院提出損害賠償之訴，該協議書得為執行名義。
5. **國家之求償權**：對公務員或其他應負責任之人之求償權（採重大過失責任）。
6. **以民法為補充法**：民事訴訟法。
7. **時效期間**：賠償請求權，自請求權人知有損害時起，因二年間不行使而消滅；自損害發生時起，逾五年者亦同。
8. **互惠原則**：外國人為被害人時，以依條約或其本國法令或慣例，中華民國人得在該國與該國人享受同等權利者為限。
9. **聲請假處分**：依國家賠償法請求損害賠償時，法院得依聲請為假處分，命賠償義務機關暫先支付醫藥費或喪葬費。
10. **特別法**：國家賠償法的特別法有刑事補償法（向刑事庭聲請）、行政訴訟法、土地法、警械使用條例、鐵路法、民用航空法、國家總動員法、核子損害賠償法等。
11. **預算之編列**：由各級政府編列預算支應。

三、冤獄賠償

依據刑事補償法第1條（原名冤獄賠償法，民國100年改名刑事補償法）規定：「依刑事訴訟法、軍事審判法或少年事件處理法受理之案件，具有下列情形之一者，受害人得依本法請求國家補償：一、因行為不罰或犯罪嫌疑不足而經不起訴處分或撤回起訴、受駁回起訴裁定或無罪之判決確定前，曾受羈押、鑑定留置或收容。二、依再審、非常上訴或重新審理程序裁判無罪、撤銷保安處分或駁回保安處分聲請確定前，曾受羈押、鑑定留置、收容、刑罰或拘束人身自由保安處分之執行。三、因無付保護處分之原因而經不付審理或不付保護處分之裁定確定前，曾受鑑定留置或收容。四、因無付保護處分之原因而依重新審理程序裁定不付保護處分確定前，曾受鑑定留置、收容或感化教育之執行。五、羈押、鑑定留置或收容期間，或刑罰之執行逾有罪確定裁判所定之刑。六、羈押、鑑定留置或收容期間、刑罰或拘束人身自由保安處分之執行逾依再審或非常上訴程序確定判決所定之刑罰或保安處分期間。七、非依法律受羈押、鑑定留置、收容、刑罰或拘束人身自由保安處分之執行。」

何種情形可請求冤獄賠償？

▶釋字第670號（99/1/29）

理由書：

人民受憲法第8條保障身體之自由，乃行使其憲法上所保障其他自由權利之前提，為重要基本人權，尤其應受特別保護，亦迭經本院解釋在案（本院釋字第384號、第588號解釋參照）。是特定人民身體之自由，因公共利益受公權力之合法限制，諸如羈押、收容或留置等，而有特別情形致超越人民一般情況下所應容忍之程度，構成其個人之特別犧牲者，自應有依法向國家請求合理補償之權利，以符合憲法保障人民身體自由及平等權之意旨。

冤獄賠償法第1條第1項規定：「依刑事訴訟法、軍事審判法、少年事件處理法或檢肅流氓條例受理之案件，具有下列情形之一者，受害人得依本法請求國家賠償：一、不起訴處分或無罪、不受理之判決確定前，曾受羈押或收容。二、依再審或非常上訴程序判決無罪、不受理或撤銷強制工作處分確定前，曾受羈押、收容、刑之執行或強制工作。三、不付審理或不付保護處分之裁定確定前，曾受收容。四、依重新審理程序裁定不付保護處分確定前，曾受收容或感化教育之執行。五、不付感訓處分之裁定確定前，曾受留置。六、依重新審理程序裁定不付感訓處分確定前，曾受留置或感訓處分之執行。」本條項規定之國家賠償，並非以行使公權力執行職務之公務員有故意或過失之不法侵害行為為要件。是冤獄賠償法於形式上為國家賠償法之特別法，然本條項所規定之國家賠償，實係國家因實現刑罰權或為實施教化、矯治之公共利益，對特定人民為羈押、收容、留置、刑或保安處分之執行，致其憲法保障之自由權利，受有超越一般應容忍程度之限制，構成其個人之特別犧牲時，依法律之規定，以金錢予以填補之刑事補償（以下稱本條項之賠償為補償）。

人民之自由權利因公共利益受有超越一般應容忍程度之特別犧牲，法律規定給予補償時，為避免補償失當或浮濫等情事，受害人對損失之發生或擴大，如有可歸責之事由，固得審酌不同情狀而排除或減少其補償請求權，惟仍須為達成該目的所必要，始無違憲法第23條之比例原則。冤獄賠償法第2條第3款規定，因故意或重大過失行為致受羈押者，不得請求補償部分（以下稱系爭規定），就刑事訴訟法第101條第1項及軍事審判法第102條第1項所規定之羈押而言，並未斟酌受害人致受羈押之行為，係涉嫌實現犯罪構成要件，或係妨礙、誤導偵查審判（例如逃亡、串供、湮滅證據或虛偽自白等），亦無論受害人致受羈押行為可歸責程度之輕重及其因羈押所受損失之大小，皆一律排除全部之補償請求，並非避免補償失當或浮濫等情事所必要，不符冤獄賠償法對特定人民身體之自由，因實現刑罰權之公共利益受有干涉，構成超越一般應容忍程度之特別犧牲時，給予所規範之補償，以實現憲法保障人民身體自由及平等權之立法意旨，而與憲法第23條之比例原則有違。

白色恐怖的冤獄賠償？

▶釋字第477號（88/2/12）

臺灣地區在戒嚴時期刑事案件之審判權由軍事審判機關行使者，其適用之程序與一般刑事案件有別，救濟功能亦有所不足，立法機關乃制定戒嚴時期人民受損權利回復條例，對犯內亂罪及外患罪，符合該條例所定要件之人民，回復其權利或給予相當賠償，而明定限於犯外患罪、內亂罪之案件，係基於此類犯罪涉及政治因素之考量，在國家處於非常狀態，實施戒嚴之情況下，軍事審判機關所為認事用法容有不當之處。至於其他刑事案件不在上開權利回復條例適用之列，要屬立法裁量範圍，與憲法尚無牴觸。

戒嚴時期人民受損權利回復條例第6條適用對象，以「受無罪之判決確定前曾受羈押或刑之執行者」為限，未能包括不起訴處分確定前或後、經治安機關逮捕以罪嫌不足逕行釋放前、無罪判決確定後、有罪判決（包括感化、感訓處分）執行完畢後，受羈押或未經依法釋放之人民，係對權利遭受同等損害，應享有回復利益者，漏未規定，顯屬立法上之重大瑕疵，若仍適用該條例上開規定，僅對受無罪判決確定前喪失人身自由者予以賠償，反足以形成人民在法律上之不平等，就此而言，自與憲法第7條有所牴觸。是凡屬上開漏未規定之情形，均得於本解釋公布之日起二年內，依該條例第6條規定請求國家賠償。

軍事審判的冤獄，可以不用賠償？

▶釋字第624號（96/4/27）

憲法第7條規定，人民在法律上一律平等。立法機關制定冤獄賠償法，對於人民犯罪案件，經國家實施刑事程序，符合該法第1條所定要件者，賦予身體自由、生命或財產權受損害之人民，向國家請求賠償之權利。凡自由、權利遭受同等損害者，應受平等之保障，始符憲法第7條規定之意旨。

冤獄賠償法第1條規定，就國家對犯罪案件實施刑事程序致人民身體自由、生命或財產權遭受損害而得請求國家賠償者，依立法者明示之適用範圍及立法計畫，僅限於司法機關依刑事訴訟法令受理案件所致上開自由、權利受損害之人民，未包括軍事機關依軍事審判法令受理案件所致該等自由、權利受同等損害之人民，係對上開自由、權利遭受同等損害，應享有冤獄賠償請求權之人民，未具正當理由而為差別待遇，若仍令依軍事審判法令受理案件遭受上開冤獄之受害人，不能依冤獄賠償法行使賠償請求權，足以延續該等人民在法律上之不平等，自與憲法第7條之本旨有所牴觸。司法院與行政院會同訂定發布之辦理冤獄賠償事件應行注意事項（下稱注意事項）第2點規定，雖符合冤獄賠償法第1條之意旨，但依其規定內容，使依軍事審判法令受理案件遭受冤獄之人民不能依冤獄賠償法行使賠償請求權，同屬不符平等原則之要求。為符首揭憲法規定之本旨，在冤獄賠償法第1條修正施行前，或規範軍事審判所致冤獄賠償事項之法律制定施行前，凡自中華民國48年9月1日冤獄賠償法施行後，軍事機關依軍事審判法令受理之案件，合於冤獄賠償法第1條之規定者，均得於本解釋公布之日起二年內，依該法規定請求國家賠償。

第六章　人民之權利與義務

壹、平等權

我國憲法第7條規定：「中華民國人民，無分男女、宗教、種族、階級、黨派，在法律上一律平等。」共計五種平等權。這五種平等權是「列舉式」規定或是「例示性」規定？就憲法整體解釋，我們是採取例示性規定，亦即僅是將重要的平等權舉例說明，並不代表其他平等權不重要。這五種之所以被例示出來，是因為歷史上這五種發生過慘烈的歧視、迫害行為，所以特別重要，加以列舉。但其他未列舉的，我們仍然應該注重平等。

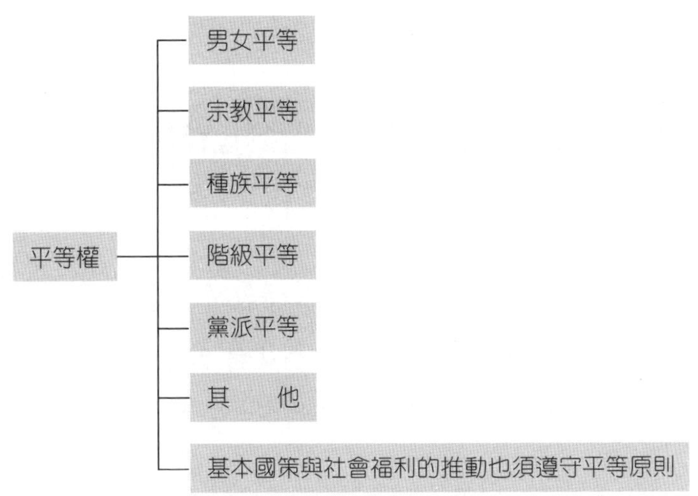

圖6-1　平等權之種類

另外，平等乃實質平等而非形式平等。釋字第211號解釋：「憲法第7條所定之平等權，係為保障人民在法律上地位之實質平等，並不限制法律授權主管機關，斟酌具體案件事實上之差異及立法之目的，而為合理之不同處置。」

平等權的審查，乃是審查差別待遇是否合理。相關討論，請見上一章關於平等權的說明。

一、男女平等

憲法雖然規定男女平等，但在憲法本文中，也有一些促進婦女地位的條文。憲法第134條規定：「各種選舉，應規定婦女當選名額，其辦法以法律定之。」而立法委員選舉中，不分區立委也保護婦女二分之一當選席次。另外，憲法增修條文第10條第6項規定：「國家應維護婦女之人格尊嚴，保障婦女之人身安全，消除性別歧視，促進兩性地位之實質平等。」

大法官在幾號關於男女平等的解釋理由書中，說男女因為「生理上的不同，因而造成之社會功能角色的不同」，故可以給予差別待遇。可見大法官對於男女平等的審查，比較重視社會整體男女平等的發展，而跟隨時代進步。

小孩念哪所大學是否一定要聽爸爸的？

▶釋字第365號（83/9/23）

民法第1089條，關於父母對於未成年子女權利之行使意思不一致時，由父行使之規定部分，**與憲法第7條人民無分男女在法律上一律平等，及憲法增修條文第9條第5項消除性別歧視之意旨不符**，應予檢討修正，並應自本解釋公布之日起，至遲於屆滿二年時，失其效力。

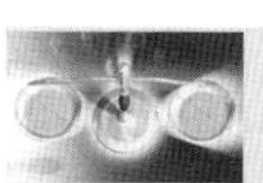

老婆是否一定要跟老公住？

▶釋字第452號（87/4/10）

民法第1002條規定，妻以夫之住所為住所，贅夫以妻之住所為住所。但約定夫以妻之住所為住所，或妻以贅夫之住所為住所者，從其約定。本條但書規定，雖賦予夫妻雙方約定住所之機會，惟如夫或贅夫之妻拒絕為約定或雙方協議不成時，即須以其一方設定之住所為住所。上開法律未能兼顧他方選擇住所及具體個案之特殊情況，**與憲法上平等及比例原則尚有未符**，應自本解釋公布之日起，至遲於屆滿一年時失其效力。又夫妻住所之設定與夫妻應履行同居之義務尚有不同，住所乃決定各項法律效力之中心地，非民法所定履行同居義務之唯一處所。夫妻縱未設定住所，仍應以永久共同生活為目的，而互負履行同居之義務，要屬當然。

罰娼不罰嫖？

▶釋字第666號（98/11/6）

理由書：

社會秩序維護法第80條第1項第1款規定（下稱系爭規定），意圖得利與人姦、宿者，處三日以下拘留或新臺幣3萬元以下罰鍰，其立法目的，旨在維護國民健康與善良風俗（立法院公報第80卷第22期第107頁參照）。依其規定，對於從事性交易之行為人，僅以意圖得利之一方為處罰對象，而不處罰支付對價之相對人。

按性交易行為如何管制及應否處罰，固屬立法裁量之範圍，社會秩序維護法係以處行政罰之方式為管制手段，而系爭規定明文禁止性交易行為，則其對於從事性交易之行為人，僅處罰意圖得利之一方，而不處罰支付對價之相對人，並以主觀上有無意圖得利作為是否處罰之標準，法律上已形成差別待遇，系爭規定之**立法目的既在維護國民健康與善良風俗**，且性交易乃由意圖得利之一方與支付對價之相對人共同完成，雖意圖得利而為性交易之一方可能連續為之，致其性行為對象與範圍廣泛且不確定，固與支付對價之相對人有別，然此等事實及經驗上之差異並不影響其共同完成性交易行為之本質，自不足以作為是否處罰之差別待遇之正當理由，其雙方在法律上之評價應屬一致。再者，系爭規定既不認性交易中支付對價之一方有可非難，卻處罰性交易圖利之一方，鑑諸性交易圖利之一方多為女性之現況，此無異幾僅針對參與性交易之女性而為管制處罰，尤以部分迫於社會經濟弱勢而從事性交易之女性，往往因系爭規定受處罰，致其業已窘困之處境更為不利。系爭規定**以主觀上**

有無意圖得利，作為是否處罰之差別待遇標準，與上述立法目的間顯然欠缺實質關聯，自與憲法第7條之平等原則有違。

二、婚姻制度與性傾向

無婚姻關係的異性伴侶是否沒有保障？

▶釋字第647號（97/10/9）

遺產及贈與稅法第20條第1項第6款規定，配偶相互贈與之財產不計入贈與總額，乃係對有法律上婚姻關係之配偶間相互贈與，免徵贈與稅之規定。至因欠缺婚姻之法定要件，而未成立法律上婚姻關係之異性伴侶未能享有相同之待遇，係因首揭規定為維護法律上婚姻關係之考量，目的正當，手段並有助於婚姻制度之維護，自難認與憲法第7條之平等原則有違。

以性傾向禁止同性戀結婚違反平等原則？同性戀者有結婚自由？

▶釋字第748號（106/5/24）

理由書：

適婚人民而無配偶者，本有結婚自由，包含「是否結婚」暨「與何人結婚」之自由（本院釋字第362號解釋參照）。該項自主決定攸關人格健全發展與人性尊嚴之維護，為重要之基本權（a fundamental right），應受憲法第22條之保障。**按相同性別二人為經營共同生活之目的，成立具有親密性及排他性之永久結合關係，既不影響不同性別二人適用婚姻章第一節至第五節有關訂婚、結婚、婚姻普通效力、財產制及離婚等規定，亦未改變既有異性婚姻所建構之社會秩序；且相同性別二人之婚姻自由，經法律正式承認後，更可與異性婚姻共同成為穩定社會之磐石。復鑑於婚姻自由，攸關人格健全發展與人性尊嚴之維護，就成立上述親密、排他之永久結合之需求、能力、意願、渴望等生理與心理**

因素而言，其不可或缺性，於同性性傾向者與異性性傾向者間並無二致，均應受憲法第22條婚姻自由之保障。現行婚姻章規定，未使相同性別二人，得為經營共同生活之目的，成立具有親密性及排他性之永久結合關係，顯屬立法上之重大瑕疵。於此範圍內，與憲法第22條保障人民婚姻自由之意旨有違。

現行婚姻章僅規定一男一女之永久結合關係，而未使相同性別二人亦得成立相同之永久結合關係，係以性傾向為分類標準，而使同性性傾向者之婚姻自由受有相對不利之差別待遇。按憲法第22條保障之婚姻自由與人格自由、人性尊嚴密切相關，屬重要之基本權。且性傾向屬難以改變之個人特徵（immutable characteristics），其成因可能包括生理與心理因素、生活經驗及社會環境等……。在我國，同性性傾向者過去因未能見容於社會傳統及習俗，致長期受禁錮於暗櫃內，受有各種事實上或法律上之排斥或歧視；又同性性傾向者因人口結構因素，為社會上孤立隔絕之少數，並因受刻板印象之影響，久為政治上之弱勢，難期經由一般民主程序扭轉其法律上劣勢地位。**是以性傾向作為分類標準所為之差別待遇，應適用較為嚴格之審查標準，以判斷其合憲性，除其目的須為追求重要公共利益外，其手段與目的之達成間並須具有實質關聯，始符合憲法第7條保障平等權之意旨**。

究國家立法規範異性婚姻之事實，而形成婚姻制度，其考量因素或有多端。如認婚姻係以保障繁衍後代之功能為考量，其著眼固非無據。然查婚姻章並未規定異性二人結婚須以具有生育能力為要件；亦未規定結婚後不能生育或未生育為婚姻無效、得撤銷或裁判離婚之事由，是繁衍後代顯非婚姻不可或缺之要素。相同性別二人間不能自然生育子女之事實，與不同性別二人間客觀上不能生育或主觀上不為生育之結果相同。故以不能繁衍後代為由，未使相同性別二人得以結婚，顯非合理之差別待遇。倘以婚姻係為維護基本倫理秩序，如結婚年齡、單一配偶、近親禁婚、忠貞義務及扶養義務等為考量，其計慮固屬正當。惟若容許相同性別二人得依婚姻章實質與形式要件規定，成立法律上婚姻關係，且要求其亦應遵守婚姻關係存續中及終止後之雙方權利義務規定，並不影響現行異性婚姻制度所建構之基本倫理秩序。是以維護基本倫理秩序為由，未使相同性別二人得以結婚，顯亦非合理之差別待遇。凡此均與憲法第7條保障平等權之意旨不符。

三、宗教平等

宗教平等，乃指不問何種宗教在法律上一律受同等保障。同時，對有信仰宗教和無信仰宗教的人，在憲法上也受平等待遇，並不會因為有信仰宗教，就受到較好的對待。

神壇可以不用課稅嗎？

▶釋字第460號（87/7/10）
理由書：

土地稅法第6條規定宗教用地之土地稅得予減免，只須符合同條授權訂定之土地稅減免規則第8條第1項第9款所定之減免標準均得適用，並未區分不同宗教信仰而有差別。神壇未辦妥財團法人或寺廟登記者，尚無適用該款所定宗教團體減免土地稅之餘地，與信仰宗教之自由無關。又「神壇」既係由一般信奉人士自由設壇祭祀神祇，供信眾膜拜之場所，與前述具有私密性之住宅性質有異。**上揭財政部函釋示供「神壇」使用之建物非土地稅法第9條所稱之住宅，並非就人民之宗教信仰課予賦稅上之差別待遇，亦與憲法第7條、第13條規定意旨無違。**

四、種族平等

憲法規定種族平等，且在第5條也規定「中華民國各民族一律平等」。但為了保護少數族群與肯定多元文化，在憲法本文又有例外規定。憲法增修條文第10條第11項規定：「國家肯定多元文化，並積極維護發展原住民族語言及文化。」同條第12項規定：「國家應依民族意願，保障原住民族之地位及政治參與，並對其教育文化、交通水利、衛生醫療、經濟土地及社會福利事業予以保障扶助並促其發展，其辦法另以法律定之。對於澎湖、金門及馬祖地區人民亦同。」這是因為少數族群天生資源有限，在多數人的文化侵入下難以生存，故憲法中特別規定可以給予優惠性差別待遇。

五、階級平等

人民無論貴賤、貧富、勞資等階級之差異，在法律上一律平等。

六、黨派平等

憲法規定黨派平等。另外，憲法關於黨派之規定甚多，尤其是「超出黨派」之規定，可由下列條文中看出憲法對於黨派之重視：

1. 「法官須超出黨派以外，依據法律獨立審判，不受任何干涉。」（憲法第80條）
2. 「考試委員須超出黨派以外，依據法律獨立行使職權。」（憲法第88條）
3. 「監察委員須超出黨派以外，依據法律獨立行使職權。」（增修條文第7條第5項）
4. 「全國陸海空軍，須超出個人、地域及黨派關係以外，效忠國家，愛護人民。」（憲法第138條）
5. 「任何黨派及個人不得以武裝力量為政爭之工具。」（憲法第139條）

政黨推薦和無政黨推薦有差別嗎？

▶釋字第340號（83/2/25）

公職人員選舉罷免法第38條第2項規定：「政黨推薦之區域、山胞候選人，其保證金減半繳納。但政黨撤回推薦者，應全額繳納」，無異使無政黨推薦之候選人，須繳納較高額之保證金，**形成不合理之差別待遇，與憲法第7條之意旨有違，應不再適用。**

七、社會福利政策

國家在推動受益權時，也就是國家對人民提供福利政策時，也必須重視平等原則。在憲法中基本國策就是推動福利政策的最重要規定，但在基本國策的條文以外，國家也會推動其他福利政策。不論是基本國策中規定的福利政策，或是憲法中沒有規定的福利政策，都需要受到平等原則的拘束。不過，由於國家財政資源有限，故在推動上，仍然可以有差別待遇。

政府的福利政策一定得平等嗎？

▶釋字第485號（88/5/28）

憲法第7條平等原則並非指絕對、機械之形式上平等，而係保障人民在法律上地位之實質平等，立法機關基於憲法之價值體系及立法目的，自得斟酌規範事物性質之差異而為合理之區別對待。**促進民生福祉乃憲法基本原則之一，此觀憲法前言、第1條、基本國策及憲法增修條文第10條之規定自明。立法者基於社會政策考量，尚非不得制定法律，將福利資源為限定性之分配。**國軍老舊眷村改建條例及其施行細則分別規定，原眷戶享有承購依同條例興建之住宅及領取由政府給與輔助購宅款之優惠，就自備款部分得辦理優惠利率貸款，對有照顧必要之原眷戶提供適當之扶助，其立法意旨與憲法第7條平等原則尚無牴觸。

惟鑑於國家資源有限，有關社會政策之立法，**必須考量國家之經濟及財政狀況，依資源有效利用之原則，注意與一般國民間之平等關係，就福利資源為妥善之分配**，並應斟酌受益人之財力、收入、家計負擔及須照顧之必要性妥為規定，**不得僅以受益人之特定職位或身分作為區別對待之唯一依據**；關於給付方式及額度之規定，亦應力求與受益人之基本生活需求相當，不得超過達成目的所需必要限度而給予明顯過度之照顧。立法機關就上開條例與本解釋意旨未盡相符之部分，應通盤檢討改進（另參考釋字第542號與第571號解釋）。

貳、防禦權（自由權）

防禦權也就是自由權，意指人民於一定範圍之內，不受國家統治權干涉的權利。憲法中的防禦權，包括第8條至第15條。此外，憲法第22條則為概括規定，前面未規定的防禦權，也可以用第22條作為依據。關於防禦權的審查，詳見第五章的說明。

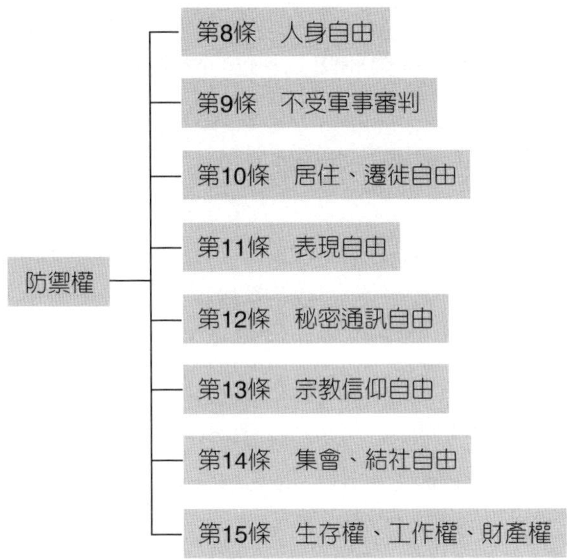

圖6-2　憲法防禦權的內容

一、人身自由

人民的身體自由，不受國家非法侵犯之權利。包含下列四項制度：

1. **罪刑法定主義**：刑法第1條規定：「行為之處罰，以行為時之法律有明文規定者為限。」為典型的罪刑法定主義的條文包含以下具體內容：
   （1）刑法不得溯及既往。
   （2）刑法應以成文法為法源。
   （3）刑法禁止類推解釋。
   （4）刑法禁止絕對不定期刑。
2. **法院才有權羈押、審判**：人民之犯罪，關於審問、處罰之權屬於法院，不得由其他機關為之。憲法第8條第1項規定：「人民身體之自由應予保障。除現行犯之逮捕由法律另定外，非經司法或警察機關依法定程序，不得逮捕拘禁。非由法院依法定程序，不得審問處罰。非依法定程序之逮捕、拘禁、審問、處罰，得拒絕之。」警察機關、司法機關兩者皆可依法逮捕。但審判僅可由司法機關（普通法院）開庭審判，而有專屬管轄權。但例外則是，現行犯（犯罪正在實施中或實施後即時被發覺者）或準現行犯（刑事訴訟法第88條），任何人均可逮捕。

警察可以任意把人拘留？

▶釋字第166號（69/11/7）

違警罰法規定，由警察官署裁決之拘留、罰役，係關於人民身體自由所為之處罰，應迅速改由法院依法定程序為之，以符合憲法第8條第1項之本旨。

▶釋字第251號（79/1/19）

依違警罰法第28條規定所為「送交相當處所，施以矯正或令其學習生活技能」之處分，同屬限制人民之身體自由，其裁決由警察官署為之，**亦與憲法第8條第1項之本旨不符**。

3. **提審制度**：人民因犯罪嫌疑被逮捕之後，請求司法機關於一定期間由逮捕機關將其送交法院審理。

憲法第8條第2項、第3項規定：「人民因犯罪嫌疑被逮捕拘禁時，其逮捕拘禁機關應將逮捕拘禁原因，以書面告知本人及其本人指定之親友，並至遲於二十四小時內移送該管法院審問。本人或他人亦得聲請該管法院，於二十四小時內向逮捕之機關提審。」「法院對於前項聲請，不得拒絕，並不得先令逮捕拘禁之機關查覆。逮捕拘禁之機關，對於法院之提審，不得拒絕或遲延。」

檢察官有權羈押嫌犯？

▶釋字第392號（84/12/22）

司法權之一之刑事訴訟，即刑事司法之裁判，係以實現國家刑罰權為目的之司法程序，其審判乃以追訴而開始，追訴必須實施偵查，迨判決確定，尚須執行始能實現裁判之內容。是以此等程序悉與審判、處罰具有不可分離之關係，亦即偵查、訴追、審判、刑之執行均屬刑事司法之過程，**其間代表國家從事「偵查」、「訴追」、「執行」之檢察機關，其所行使之職權**，目的既亦在達成刑事司法之任務，則在此一範圍內之國家作用，當應屬廣義司法之一。憲法第8條第1項所規定之「司法機關」，自非僅指同法第77條規定之司法機關而言，而係包括檢察機關在內之廣義司法機關。

憲法第8條第1項、第2項所規定之「審問」，係指法院審理之訊問，其無審判權者既不得為之，**則此兩項所稱之「法院」，當指有審判權之法官所構成之獨任或合議之法院之謂。法院以外之逮捕拘禁機關**，依上開憲法第8條第2項規定，應至遲於二十四小時內，將因犯罪嫌疑被逮捕拘禁之人民移送該管法院審問，是現行刑事訴訟法……賦予檢察官羈押被告之權……檢察官核准押所長官命令之權……賦予檢察官撤銷羈押、停止羈押、再執行羈押、繼續羈押暨其他有關羈押被告各項處分之權，與前述憲法第8條第2項規定之意旨均有不符。

憲法第8條第2項僅規定：「人民因犯罪嫌疑被逮捕拘禁時，其逮捕拘禁機關應將逮捕拘禁原因，以書面告知本人及其本人指定之親友，並至遲於二十四小時內移送該管法院審問。本人或他人亦得聲請該管法院，於二十四小時內向逮捕之機關提審。」並未以「非法逮捕拘禁」為聲請提審之前提要件，乃提審法第1條規定：「人民被法院以外之任何機關非法逮捕拘禁時，其本人或他人得向逮捕拘禁地之地方法院或其所隸屬之高等法院聲請提審。」以「非法逮捕拘禁」為聲請提審之要件，與憲法前開之規定有所違背。

至於憲法第8條第2項所謂「至遲於二十四小時內移送」之二十四小時，係指其客觀上確得為偵查之進行而言……。

本號解釋說明：

1.檢察機關係隸屬於行政院法務部，與法院隸屬於司法院不同，稱之「審檢分隸」。且檢察機關為憲法第8條第1項之司法機關[1]，因此，檢察官可以逮捕拘禁人民。

---

1 本條之司法機關與第77條之司法機關涵義不同，前者為廣義的司法機關，後者為狹義的司法機關。

2.檢察官或警察因為不是法院的法官，所以他們逮捕拘禁人民時必須將犯罪嫌疑人於二十四小時之內移送法院，因此，檢察官以前在偵查中得羈押被告之權違憲。

3.檢察官與警察機關須共有二十四小時，實務上警察使用十六小時，檢察官使用八小時。

被起訴重罪就一定可以羈押嫌犯？

▶釋字第665號（98/10/16）

理由書：

憲法第8條第1項前段規定：「人民身體之自由應予保障。」羈押作為刑事保全程序時，旨在確保刑事訴訟程序順利進行，使國家刑罰權得以實現。惟羈押係拘束刑事被告身體自由，並將之收押於一定處所，乃干預身體自由最大之強制處分，使刑事被告與家庭、社會及職業生活隔離，非特予其心理上造成嚴重打擊，對其名譽、信用等人格權之影響甚為重大，自僅能以之為保全程序之最後手段，允宜慎重從事（本院釋字第392號、第653號、第654號解釋參照）。是法律規定羈押刑事被告之要件，須基於維持刑事司法權之有效行使之重大公益要求，並符合比例原則，方得為之。

刑事訴訟法第101條第1項規定：「被告經法官訊問後，認為犯罪嫌疑重大，而有左列情形之一，非予羈押，顯難進行追訴、審判或執行者，得羈押之：一、逃亡或有事實足認為有逃亡之虞者。二、有事實足認為有湮滅、偽造、變造證據或勾串共犯或證人之虞者。三、所犯為死刑、無期徒刑或最輕本刑為五年以上有期徒刑之罪者。」該項規定羈押之目的應以保全刑事追訴、審判或執行程序為限。故被告所犯縱為該項第3款之重罪，如無逃亡或滅證導致顯難進行追訴、審判或執行之危險，尚欠缺羈押之必要要件。亦即單以犯重罪作為羈押之要件，可能背離羈押作為保全程序的性質，其對刑事被告武器平等與充分防禦權行使上之限制，即可能違背比例原則。再者，無罪推定原則不僅禁止對未經判決有罪確定之被告執行刑罰，亦禁止僅憑犯罪嫌疑就施予被告類似刑罰之措施，倘以重大犯罪之嫌疑作為羈押之唯一要件，作為刑罰之預先執行，亦可能違背無罪推定原則。是刑事訴訟法第101條第1項第3款如僅以「所犯為死刑、無期徒刑或最輕本刑為五年以上有期徒刑之罪」，作為許可羈押之唯一要件，而**不論是否犯罪嫌疑重大，亦不考量有無逃亡或滅證之虞而有羈押之必要，或有無不得羈押之情形，則該款規定即有牴觸無罪推定原則、武器平等原則或過度限制刑事被告之充分防禦權而違反比例原則之虞**。

刑事訴訟法第101條第1項第3款規定之羈押，係因被告所犯為死刑、無期徒刑或最輕本刑為五年以上有期徒刑之罪者，其可預期判決之刑度既重，該被告為規避刑罰之執行而妨礙追訴、審判程序進行之可能性增加，國家刑罰權有難以實現之危險，該規定旨在確保訴訟程序順利進行，使國家刑罰權得以實現，以維持重大之社會秩序及增進重大之公共利益，其目的洵屬正當。又基於憲法保障人民身體自由之意旨，被告犯上開條款之罪嫌疑重大者，仍應有相當理由認為其有逃亡、湮滅、偽造、變造證據或勾串共犯或證人等之虞，法院斟酌命該被告具保、責付或限制住居等侵害較小之手段，均不足以確保追訴、審判或執行程序之順利進行，始符合該條款規定，**非予羈押，顯難進行追訴、審判或執行之要件，此際羈押乃為維持刑事司法權有效行使之最後必要手段，於此範圍內，尚未逾越憲法第23條規定之比例原則**，符合本院釋字第392號、第653號、第654號解釋意旨，與憲法第8條保障人民身體自由及第16條保障人民訴訟權之意旨，尚無違背。

4. **正當法律程序**[2]：源於英國大憲章第39條有關「陪審制」及「人身保護」令之規定，其後更由自然法發展出「自然正義」原則。受英國法之影響，美國於1791年憲法增修條文第5條採用「正當法律程序」（due

2　關於司法上的正當程序，另參見釋字第396、418、436、477、523號解釋等。大法官亦發展出行政上的正當程序，參見釋字第488號（合併金融機構）、第491號（公務員被免職）、第535號（警察臨檢）、第563號（學生被退學）解釋等。

process of law），適用於聯邦，明定任何人非依正當法律程序，聯邦不得剝奪其生命、自由及財產。1867年，美國經由憲法增修條文第14條亦規定：「無論何州，不得未經正當法律程序，即剝奪任何人之生命、自由或財產。」兩項條文合稱為「正當程序條款」。

臺灣憲法並沒有明文提到正當法律程序，但一般學者多用憲法第8條來導引出正當法律程序。另外，也有學者從第16條的訴訟權中導引出訴訟制度上的正當法律程序。

可以隨便叫流氓到警察局嗎？

▶釋字第384號（84/7/28）

憲法第8條第1項規定：「人民身體之自由應予保障。除現行犯之逮捕由法律另定外，非經司法或警察機關依法定程序，不得逮捕拘禁。非由法院依法定程序，不得審問處罰。非依法定程序之逮捕、拘禁、審問、處罰，得拒絕之。」其所稱「依法定程序」，**係指凡限制人民身體自由之處置，不問其是否屬於刑事被告之身分，國家機關所依據之程序，須以法律規定，其內容更須實質正當，並符合憲法第23條所定相關之條件。檢肅流氓條例第6條及第7條授權警察機關得逕行強制人民到案，無須踐行必要之司法程序**；第12條關於秘密證人制度，剝奪被移送裁定人與證人對質詰問之權利，並妨礙法院發見真實；第21條規定使受刑人之宣告及執行者，無論有無特別預防之必要，有再受感訓處分而喪失身體自由之虞，**均逾越必要程度，欠缺實質正當**，與首開憲法意旨不符。又同條例第5條關於警察機關認定為流氓並予告誡之處分，人民除向內政部警政署聲明異議外，不得提起訴願及行政訴訟，亦與憲法第16條規定意旨相違。均應自本解釋公布之日起，至遲於中華民國85年12月31日失其效力。

可以限制流氓的對質、詰問、閱卷權嗎？

▶釋字第636號（97/2/1）

檢肅流氓條例（以下簡稱本條例）第2條第3款關於敲詐勒索、強迫買賣及其幕後操縱行為之規定，同條第4款關於經營、操縱職業性賭場，私設娼館，引誘或強逼良家婦女為娼，為賭場、娼館之保鏢或恃強為人逼討債務行為之規定，第6條第1項關於情節重大之規定，皆與法律明確性原則無違。第2條第3款關於霸占地盤、白吃白喝與要挾滋事行為之規定，雖非受規範者難以理解，惟其適用範圍，仍有未盡明確之處，相關機關應斟酌社會生活型態之變遷等因素檢討修正之。第2條第3款關於欺壓善良之規定，以及第5款關於品行惡劣、遊蕩無賴之規定，與法律明確性原則不符。

本條例第2條關於流氓之認定，依據正當法律程序原則，於審查程序中，被提報人應享有到場陳述意見之權利；經認定為流氓，於主管之警察機關合法通知而自行到案者，如無意願隨案移送於法院，不得將其強制移送。

本條例第12條第1項規定，未依個案情形考量採取其他限制較輕微之手段，是否仍然不足以保護證人之安全或擔保證人出於自由意志陳述意見，即得限制被移送人對證人之對質、詰問權與閱卷權之規定，顯已對於被移送人訴訟上之防禦權，造成過度之限制，與憲法第23條比例原則之意旨不符，有違憲法第8條正當法律程序原則及憲法第16條訴訟權之保障。

本條例第21條第1項相互折抵之規定，與憲法第23條比例原則並無不符。同條例第13條第2項但書關於法院毋庸諭知感訓期間之規定，有導致受感訓處分人身體自由遭受過度剝奪之虞，相關機關應予以檢討修正之。

本條例第2條第3款關於欺壓善良，第5款關於品行惡劣、遊蕩無賴之規定，及第12條第1項關於過度限制被移送人對證人之對質、詰問權與閱卷權之規定，與憲法意旨不符部分，應至遲於本解釋公布之日起一年內失其效力。

5. 警察臨檢權力

警察能否任意臨檢？

▶釋字第535號（90/12/14）

警察勤務條例規定警察機關執行勤務之編組及分工，並對執行勤務得採取之方式加以列舉，已非單純之組織法，實兼有行為法之性質。依該條例第11條第3款，臨檢自屬警察執行勤務方式之一種。臨檢實施之手段：檢查、路檢、取締或盤查等不問其名稱為何，**均屬對人或物之查驗、干預，影響人民行動自由、財產權及隱私權等甚鉅**，應恪遵法治國家警察執勤之原則。實施臨檢之要件、程序及對違法臨檢行為之救濟，均應有法律之明確規範，方符憲法保障人民自由權利之意旨。

上開條例有關臨檢之規定，並無授權警察人員得不顧時間、地點及對象任意臨檢、取締或隨機檢查、盤查之立法本意。除法律另有規定外，**警察人員執行場所之臨檢勤務，應限於已發生危害或依客觀、合理判斷易生危害之處所、交通工具或公共場所為之**，其中處所為私人居住之空間者，並應受住宅相同之保障；**對人實施之臨檢則須以有相當理由足認其行為已構成或即將發生危害者為限，且均應遵守比例原則，不得逾越必要程度。臨檢進行前應對在場者告以實施之事由，並出示證件表明其為執行人員之身分**。臨檢應於現場實施，非經受臨檢人同意或無從確定其身分或現場為之對該受臨檢人將有不利影響或妨礙交通、安寧者，不得要求其同行至警察局、所進行盤查。其因發現違法事實，應依法定程序處理者外，身分一經查明，即應任其離去，不得稽延。前述條例第11條第3款之規定，於符合上開解釋意旨範圍內，予以適用，始無悖於維護人權之憲法意旨。現行警察執行職務法規有欠完備，有關機關應於本解釋公布之日起二年內依解釋意旨，且參酌社會實際狀況，賦予警察人員執行勤務時應付突發事故之權限，俾對人民自由與警察自身安全之維護兼籌並顧，通盤檢討訂定，併此指明。

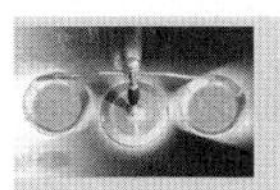

肇事駕駛人受強制抽血檢測酒精濃度？

▶111年憲判字第1號（111/2/25）

一、中華民國102年1月30日修正公布之道路交通管理處罰條例第35條第5項規定：「汽車駕駛人肇事拒絕接受或肇事無法實施第1項測試之檢定者，應由交通勤務警察或依法令執行交通稽查任務人員，將其強制移由受委託醫療或檢驗機構對其實施血液或其他檢體之採樣及測試檢定。」（108年4月17日修正，僅微調文字，規範內容相同，並移列為同條第6項；111年1月28日修正同條規定，本項未修正）牴觸憲法第8條保障人身自由、第22條保障身體權及資訊隱私權之意旨，應自本判決公告之日起，至遲於屆滿2年時失其效力。又本判決公告前，已依上開規定實施相關採證程序而尚未終結之各種案件，仍依現行規定辦理。

二、相關機關應自本判決公告之日起2年內，依本判決意旨妥適修法。自本判決公告之日起2年期間屆滿前或完成修法前之過渡階段，交通勤務警察就駕駛人肇事拒絕接受或肇事無法實施吐氣酒測，認有對其實施血液酒精濃度測試，以檢定其體內酒精濃度值之合理性與必要性時，其強制取證程序之實施，應報請檢察官核發鑑定許可書始得為之。情況急迫時，交通勤務警察得將其先行移由醫療機構實施血液檢測，並應於實施後24小時內陳報該管檢察官許可，檢察官認為不應准許者，應於3日內撤銷之；受測試檢定者，得於受檢測後10日內，聲請該管法院撤銷之。

6. **非刑事案件人身自由**：在某些領域，例如傳染病、移民等領域，政府也可能限制或剝奪人民人身自由。大法官在近期的解釋中，認為對非刑事案件人身自由，也要保障其即時救濟的權利。

91.1.30傳染病防治法第37條第1項所定「必要之處置」包含強制隔離在內，違憲？

▶釋字第690號（100/9/3）

中華民國91年1月30日修正公布之傳染病防治法第37條第1項規定：「曾與傳染病病人接觸或疑似被傳染者，得由該管主管機關予以留驗；必要時，得令遷入指定之處所檢查，或施行預防接種等必要之處置。」關於必要之處置應包含強制隔離在內之部分，對人身自由之限制，尚不違反法律明確性原則，亦未牴觸憲法第23條之比例原則，與憲法第8條依正當法律程序之意旨尚無違背。

曾與傳染病病人接觸或疑似被傳染者，於受強制隔離處置時，人身自由即遭受剝奪，為使其受隔離之期間能合理而不過長，仍宜明確規範強制隔離應有合理之最長期限，及決定施行強制隔離處置相關之組織、程序等辦法以資依循，並建立受隔離者或其親屬不服得及時請求法院救濟，暨對前述受強制隔離者予以合理補償之機制，相關機關宜儘速通盤檢討傳染病防治法制。

外國人受驅逐前由移民署為暫時收容，未有即時司法救濟；又逾越暫時收容期間之收容，非由法院審查決定，均違憲？

▶釋字第708號（102/2/6）

中華民國96年12月26日修正公布之入出國及移民法第38條第1項：「外國人有下列情形之一者，入出國及移民署得暫予收容……」（即100年11月23日修正公布同條項：「外國人有下列情形之一，……入出國及移民署得暫予收容……」）之規定，其因遣送所需合理作業期間之暫時收容部分，未賦予受暫時收容人即時之司法救濟；又逾越上開暫時收容期間之收容部分，非由法院審查決定，均有違憲法第8條第1項保障人民身體自由之意旨，應自本解釋公布之日起，至遲於屆滿二年時，失其效力。

兩岸條例就強制大陸地區人民出境，未予申辯機會；又就暫予收容，未明定事由及期限，均違憲？

▶釋字第710號（102/7/5）

本號解釋說明：

1.除因危害國家安全或社會秩序而須為急速處分之情形外，對於經許可合法入境之大陸地區人民，未予申辯之機會，即得逕行強制出境部分，有違憲法正當法律程序原則，不符憲法第10條保障遷徙自由之意旨。

2.關於暫予收容之規定，未能顯示應限於非暫予收容顯難強制出境者，始得暫予收容之意旨，亦未明定暫予收容之事由，有違法律明確性原則；於因執行遣送所需合理作業期間內之暫時收容部分，未予受暫時收容人即時之司法救濟；於逾越前開暫時收容期間之收容部分，未由法院審查決定，均有違憲法正當法律程序原則，不符憲法第8條保障人身自由之意旨。

3.又同條例關於暫予收容未設期間限制，有導致受收容人身體自由遭受過度剝奪之虞，有違憲法第23條比例原則，亦不符憲法第8條保障人身自由之意旨。

二、軍事審判

憲法第9條規定：「人民除現役軍人外，不受軍事審判。」

非戰爭時期軍人仍受軍事審判嗎？

▶釋字第436號（86/10/3）

憲法第8條第1項規定，人民身體之自由應予保障，非由法院依法定程序不得審問處罰；憲法第16條並規定人民有訴訟之權。現役軍人亦為人民，自應同受上開規定之保障。又憲法第9條規定：「人民除現役軍人外，不受軍事審判。」乃因現役軍人負有保衛國家之特別義務，基於國家安全與軍事需要，對其犯罪行為得設軍事審判之特別訴訟程序，非謂軍事審判機關對於軍人之犯罪有專屬之審判權。至軍事審判之建制，憲法未設明文規定，雖得以法律定之，**惟軍事審判機關所行使者，亦屬國家刑罰權之一種，其發動與運作，必須符合正當法律程序之最低要求，包括獨立、公正之審判機關與程序，並不得違背憲法第77條、第80條等有關司法權建制之憲政原理**；規定軍事審判程序之法律涉及軍人權利之限制者，亦應遵守憲法第23條之比例原則。本於憲法保障人身自由、人民訴訟權利及第77條之意旨，**在平時經終審軍事審判機關宣告有期徒刑以上之案件，應許被告直接向普通法院以判決違背法令為理由請求救濟**。軍事審判法第11條，第133條第1項、第3項，第158條及其他不許被告逕向普通法院以判決違背法令為理由請求救濟部分，均與上開憲法意旨不符，應自本解釋公布之日起，至遲於屆滿二年時失其效力。有關機關應於上開期限內，就涉及之關係法律，本此原則作必要之修正，並對訴訟救濟相關之審級制度為配合調整，且為貫徹審判獨立原則，關於軍事審判之審檢分立、參與審判軍官之選任標準及軍法官之身分保障等事項，亦應一併檢討改進，併此指明。

本號解釋說明：

釋字436號解釋之後，開啟了軍人向普通法院提起上訴的救濟途徑，然而非戰爭時期的軍法案件之調查、起訴與審判仍屬於軍事法庭管轄，只是軍人不服可繼續向普通法院提起救濟。直到發生了洪仲丘事件，立法院於民國103年8月修正軍事審判法，將非戰爭時期的軍人審判，全部歸於普通法院管轄。於是我國軍事審判制度限縮在戰爭時期。

憲法第9條所規定的：「人民除現役軍人外，不受軍事審判。」經過了多年來的解釋與變遷成了：「人民除現役軍人外，不受軍事審判。現役軍人除了戰爭時期，亦不受軍事審判。」於是，憲法對人身自由的保障，範圍擴大到所有人民，只有在戰爭時期才會對現役軍人實施軍事審判，更能落實人身自由與犯罪訴追。

三、居住、遷徙自由

憲法第10條規定：「人民有居住及遷徙之自由。」其包括在國內、國外自由旅行、自由行動及自由選擇居住的權利，甚至包括出國、回國的權利。

未繳稅的人政府得予限制出境？

▶釋字第345號（83/5/6）

行政院於中華民國73年7月10日修正發布之「限制欠稅人或欠稅營利事業負責人出境實施辦法」，係依稅捐稽徵法第24條第3項及關稅法第25條之1第3項之授權所訂定，其第2條第1項之規定，並未逾越上開法律授權之目的及範圍，且依同辦法第5條規定，有該條所定六款情形之一時，應即解除其出境限制，已兼顧納稅義務人之權益。上開辦法為確保稅收，增進公共利益所必要，與憲法尚無牴觸。

役男是否不能出國？

▶釋字第443號（86/12/26）

限制役男出境**係對人民居住遷徙自由之重大限制，兵役法及兵役法施行法均未設規定，亦未明確授權以命令定之**。行政院發布之徵兵規則，委由內政部訂定役男出境處理辦法，欠缺法律授權之依據，該辦法第8條規定限制事由，與前開憲法意旨不符，應自本解釋公布日起至遲於屆滿六個月時，失其效力。

大陸新娘來臺灣受限制？

▶釋字第497號（88/12/3）

中華民國81年7月31日公布之臺灣地區與大陸地區人民關係條例係依據80年5月1日公布之憲法增修條文第10條（現行增修條文改列為第11條）「自由地區與大陸地區間人民權利義務關係及其他事務之處理，得以法律為特別之規定」所制定，為國家統一前規範臺灣地區與大陸地區間人民權利義務之特別立法。內政部依該條例第10條及第17條之授權分別訂定「大陸地區人民進入臺灣地區許可辦法」及「大陸地區人民在臺灣地區定居或居留許可辦法」，明文規定**大陸地區人民進入臺灣地區之資格要件、許可程序及停留期限，係在確保臺灣地區安全與民眾福祉，符合該條例之立法意旨，尚未逾越母法之授權範圍，為維持社會秩序或增進公共利益所必要，與上揭憲法增修條文無違，於憲法第23條之規定亦無牴觸。**

黑名單中的人是否不能回國？

▶釋字第558號（92/4/18）

憲法第10條規定人民有居住及遷徙之自由，旨在保障人民有自由設定住居所、遷徙、旅行，包括入出國境之權利。**人民為構成國家要素之一，從而國家不得將國民排斥於國家疆域之外。於臺灣地區設有住所而有戶籍之國民得隨時返回本國，無待許可**，惟為維護國家安全及社會秩序，人民入出境之權利，並非不得限制，但須符合憲法第23條之比例原則，並以法律定之。

動員戡亂時期國家安全法制定於解除戒嚴之際，其第3條第2項第2款係為因應當時國家情勢所為之規定，適用於動員戡亂時期，雖與憲法尚無牴觸（參照本院釋字第265號解釋），惟中華民國81年修正後之國家安全法第3條第1項仍泛指人民入出境均應經主管機關之許可，未區分國民是否於臺灣地區設有住所而有戶籍，一律非經許可不得入境，並對未經許可入境者，予以刑罰制裁（參照該法第6條），違反憲法第23條規定之比例原則，侵害國民得隨時返回本國之自由。國家安全法上揭規定，與首開解釋意旨不符部分，應自立法機關基於裁量權限，專就入出境所制定之法律相關規定施行時起，不予適用。

四、言論自由

憲法第11條規定：「人民有言論、講學、著作及出版之自由。」

1. **言論的價值**：多元社會之中，人民有自由發表意見不受非法侵犯的權利，以形成言論競爭的市場，達到「真理越辯越明」的境界。言論通常具有下列價值：建構自由言論市場（market place of ideas）的追求真理價值；促進民主政治、健全民主之價值（因為有完全、充足的資訊方得為完整的選擇）；監督政府的價值；促進社會安定的價值（言論的發表提供人民宣洩的管道，得以促進社會緩進）；人格自由實現的價值。
2. **原則上不做事前審查，只事後追懲**：事實上保護表意自由在於使各種言論進入言論的自由市場，因此不應一開始即為限制，事前禁止的正當性應受到強烈的質疑，應以事後追懲的方式給予被評價的機會方符合公平原則。

化粧品廣告事前審查是否原則上違憲？

▶釋字第744號（106/1/6）

理由書：

系爭條例第24條第2項規定：「化粧品之廠商登載或宣播廣告時，應於事前將所有文字、畫面或言詞，申請中央或直轄市衛生主管機關核准，並向傳播機構繳驗核准之證明文件。」同條例第30條第1項規定：「違反第二十四條……第二項規定者，處新臺幣五萬元以下罰鍰；情節重大或再次違反者，並得由原發證照機關廢止其有關營業或設廠之許可證照。」（下併稱系爭規定）**係就化粧品廣告採取事前審查制，已涉及對化粧品廠商言論自由及人民取得充分資訊機會之限制。**按化粧品廣

告之事前審查乃對言論自由之重大干預，原則上應為違憲。系爭規定之立法資料須足以支持對化粧品廣告之事前審查，係為防免人民生命、身體、健康遭受直接、立即及難以回復危害之特別重要之公共利益目的，其與目的之達成間具直接及絕對必要關聯，且賦予人民獲立即司法救濟之機會，始符合憲法比例原則及保障言論自由之意旨。

查化粧品係指施於人體外部，以潤澤髮膚，刺激嗅覺，掩飾體臭或修飾容貌之物品；其範圍及種類，由中央衛生主管機關公告之（系爭條例第3條參照），非供口服或食用。另依中央主管機關公告之化粧品範圍及種類表，所稱化粧品俱屬一般日常生活用品。系爭規定之立法目的應係為防免廣告登載或宣播猥褻、有傷風化或虛偽誇大（系爭條例第24條第1項參照），以維護善良風俗、消費者健康及其他相關權益，固均涉及公益之維護，然廣告之功能在誘引消費者購買化粧品，尚未對人民生命、身體、健康發生直接、立即之威脅，則就此等廣告，予以事前審查，難謂其目的係在防免人民生命、身體、健康遭受直接、立即及難以回復之危害。系爭規定既難認係為保護特別重要之公共利益目的，自亦無從認為該規定所採事前審查方式以限制化粧品廠商之言論自由及消費者取得充分資訊機會，與特別重要之公共利益之間，具備直接及絕對必要之關聯。

3. **象徵性言論**：肢體動作是否亦為「言論」？言論自由主要保障者為人的意見，用嘴說或用動作表示只是不同種類的表達方式，既然保障的重心在意見，因此表達動作所欲傳達之意見必須清楚，讓人能明確瞭解方能被保障；但若動作侵害他人的法益即不受保障。因而，集會遊行也會被算是一種象徵性言論。除此以外，無聲的言論亦有被保障的可能，如表演藝術不發聲但表達某種意見亦應被保障，然其保障的程度有所不同。
4. **雙軌理論**：所謂雙軌理論，乃指就言論的內容，應該給予最大的保護、最小的限制；但是若就言論的時間、地點、方式的限制，就可以進行較多的限制。釋字第445號就透露此意旨。

5. **雙階理論**：言論依其內容而有不同種類，目前通說以為商業、色情、誹謗等性質之言論，所受到的保護程度較低。例如大法官解釋第414號即認為商業言論價值較低；釋字第407號則認為猥褻資訊受到出版限制；釋字第509號則認為，誹謗言論仍應受到刑事制裁，但降低行為人的舉證責任。

6. **猥褻資訊**

人獸交算不算是猥褻資訊？

▶釋字第617號（95/10/26）

刑法第235條第1項規定所謂散布、播送、販賣、公然陳列猥褻之資訊或物品，或以他法供人觀覽、聽聞之行為，係指對含有暴力、性虐待或人獸性交等而無藝術性、醫學性或教育性價值之猥褻資訊或物品為傳布，或對其他客觀上足以刺激或滿足性慾，而令一般人感覺不堪呈現於眾或不能忍受而排拒之猥褻資訊或物品，未採取適當之安全隔絕措施而傳布，使一般人得以見聞之行為；同條第2項規定所謂意圖散布、播送、販賣而製造、持有猥褻資訊、物品之行為，亦僅指意圖傳布含有暴力、性虐待或人獸性交等而無藝術性、醫學性或教育性價值之猥褻資訊或物品而製造、持有之行為，或對其他客觀上足以刺激或滿足性慾，而令一般人感覺不堪呈現於眾或不能忍受而排拒之猥褻資訊或物品，意圖不採取適當安全隔絕措施之傳布，使一般人得以見聞而製造或持有該等猥褻資訊、物品之情形，至對於製造、持有等原屬散布、播送及販賣等之預備行為，擬制為與散布、播送及販賣等傳布性資訊或物品之構成要件行為具有相同之不法程度，乃屬立法之形成自由；同條第3項規定針對猥褻之文字、圖畫、聲音或影像之附著物及物品，不問屬於犯人與否，一概沒收，亦僅限於違反前二項規定之猥褻資訊附著物及物品。依本解釋意旨，上開規定對性言論之表現與性資訊之流通，並未為過度之封鎖與歧視，對人民言論及出版自由之限制尚屬合理，與憲法第23條之比例原則要無不符，並未違背憲法第11條保障人民言論及出版自由之本旨。

刑法第235條規定所稱猥褻之資訊、物品，其中「猥褻」雖屬評價性之不確定法律概念，然所謂猥褻，指客觀上足以刺激或滿足性慾，其內容可與性器官、性行為及性文化之描繪與論述聯結，且須以引起普通一般人羞恥或厭惡感而侵害性的道德感情，有礙於社會風化者為限（本院釋字第407號解釋參照），其意義並非一般人難以理解，且為受規範者所得預見，並可經由司法審查加以確認，與法律明確性原則尚無違背。

7. 誹謗

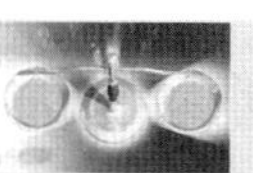

記者不得隨便八卦報導？

▶釋字第509號【誹謗罪案（一）】（89/7/7）

刑法同條第3項前段以對誹謗之事，能證明其為真實者不罰，係針對言論內容與事實相符者之保障，並藉以限定刑罰權之範圍，非謂指摘或傳述誹謗事項之行為人，必須自行證明其言論內容確屬真實，始能免於刑責。**惟行為人雖不能證明言論內容為真實，但依其所提證據資料，認為行為人有相當理由確信其為真實者，即不能以誹謗罪之刑責相繩，**亦不得以此項規定而免除檢察官或自訴人於訴訟程序中，依法應負行為人故意毀損他人名譽之舉證責任，或法院發現其為真實之義務。

▶憲法法庭112年憲判字第8號【誹謗罪案（二）】（112/6/9）

主文：刑法第310條第3項規定：「對於所誹謗之事，能證明其為真實者，不罰。但涉於私德而與公共利益無關者，不在此限。」所誹謗之事涉及公共利益，亦即非屬上開但書所定之情形，**表意人雖無法證明其言論為真實，惟如其於言論發表前確經合理查證程序，依所取得之證據資料，客觀上可合理相信其言論內容為真實者，即屬合於上開規定所定不罰之要件。**即使表意人於合理查證程序所取得之證據資料實非真正，如表意人就該不實證據資料之引用，並未有明知或重大輕率之惡意情事者，仍應屬不罰之情形。至表意人是否符合合理查證之要求，應充分考量憲法保障名譽權與言論自由之意旨，並依個案情節為適當之利益衡量。於此前提下，刑法第310條及第311條所構成之誹謗罪處罰規定，整體而言，即未違反憲法比例原則之要求，與憲法第11條保障言論自由之意旨尚屬無違。於此範圍內，司法院釋字第509號解釋應予補充。

理由：…蓋所謂「私德」，往往涉及個人生活習性、修養、價值觀與人格特質等，且與個人私生活之經營方式密不可分，乃屬憲法第22條所保障之隱私權範圍，甚至可能觸及人性尊嚴之核心領域。此類涉及個人私德之事之言論指述，常藉助於上述兼具事實性與負面評價性意涵之用語、語句或表意方式，本即難以證明其真偽。然如仍欲於刑事訴訟程序上辨其真偽，無論由檢察官或表意人負舉證責任，於證據調查程序中，勢必須介入被指述者隱私權領域，甚至迫使其揭露隱私於眾，或使被指述者不得不就自身隱私事項與表意人為公開辯駁。此等情形下，被指述者之隱私權將遭受侵犯。因此，如立法者欲使涉及私德之言論指述，得享有真實性抗辯者，即須具備限制被指述者隱私權之正當理據，事涉公共利益之理由即屬之（如高階政府官員或政治人物與犯罪嫌疑人或被告之飲宴、交際等，攸關人民對其之信任）。反之，如涉及私德之誹謗言論，與公共利益無關時，客觀上實欠缺獨厚表意人之言論自由，而置被害人之名譽權及隱私權保護於不顧之正當理由。從而，此種情形下，表意人言論自由自應完全退讓於被指述者名譽權與隱私權之保護。【67】

8. 商業廣告

藥物廣告是一種言論嗎？

▶釋字第414號（85/11/8）

藥物廣告係為獲得財產而從事之經濟活動，涉及財產權之保障，並具商業上意見表達之性質，惟因與國民健康有重大關係，基於公共利益之維護，應受較嚴格之規範。藥事法第66條第1項規定：藥商刊播藥物廣告時，應於刊播前將所有文字、圖畫或言詞，申請省（市）衛生主管機關核准，旨在確保藥物廣告之真實，維護國民健康，為增進公共利益所必要，與憲法第11條及第15條尚屬相符。又藥事法施行細則第47條第2款規定：藥物廣告之內容，利用容器包裝換獎或使用獎勵方法，有助長濫用藥物之虞者，主管機關應予刪除或不予核准，係依藥事法第105條之授權，就同法第66條相關事宜為具體之規定，符合立法意旨，並未逾越母法之授權範圍，與憲法亦無牴觸。

可以限制香菸包裝、廣告嗎？

▶釋字第577號（93/5/7）

憲法第11條保障人民有積極表意之自由，及消極不表意之自由，其保障之內容包括主觀意見之表達及客觀事實之陳述。商品標示為提供商品客觀資訊之方式，應受言論自由之保障，惟為重大公益目的所必要，仍得立法採取合理而適當之限制。

國家為增進國民健康，應普遍推行衛生保健事業，重視醫療保健等社會福利工作。菸害防制法第8條第1項規定：「菸品所含之尼古丁及焦油含量，應以中文標示於菸品容器上。」另同法第21條對違反者處以罰鍰，對菸品業者就特定商品資訊不為表述之自由有所限制，係為提供消費者必要商品資訊與維護國民健康等重大公共利益，並未逾越必要之程度，與憲法第11條保障人民言論自由及第23條比例原則之規定均無違背。又於菸品容器上應為上述之一定標示，縱屬對菸品業者財產權有所限制，但該項標示因攸關國民健康，乃菸品財產權所具有之社會義務，且所受限制尚屬輕微，未逾越社會義務所應忍受之範圍，與憲法保障人民財產權之規定，並無違背。另上開規定之菸品標示義務及責任，其時間適用之範圍，以該法公布施行後之菸品標示事件為限，並無法律溯及適用情形，難謂因法律溯及適用，而侵害人民之財產權。至菸害防制法第8條第1項規定，與同法第21條合併觀察，足知其規範對象、規範行為及法律效果，難謂其規範內容不明確而違反法治國家法律明確性原則。

另各類食品、菸品、酒類等商品對於人體健康之影響層面有異，難有比較基礎，立法者對於不同事物之處理，有先後優先順序之選擇權限，相關法律或有不同規定，與平等原則尚無違背。

可以散布性交易廣告嗎？

▶釋字第623號（96/1/26）

促使人為性交易之訊息，固為商業言論之一種，惟係促使非法交易活動，因此立法者基於維護公益之必要，自可對之為合理之限制。中華民國88年6月2日修正公布之兒童及少年性交易防制條例第29條規定：「以廣告物、出版品、廣播、電視、電子訊號、電腦網路或其他媒體，散布、播送或刊登足以引誘、媒介、暗示或其他促使人為性交易之訊息者，處五年以下有期徒刑，得併科新臺幣一百萬元以下罰金」，乃以科處刑罰之方式，限制人民傳布任何以兒童少年性交易或促使其為性交易為內容之訊息，或向兒童少年或不特定年齡之多數人，傳布足以促使一般人為性交易之訊息。是行為人所傳布之訊息如非以兒童少年性交易或促使其為性交易為內容，且已採取必要之隔絕措施，使其訊息之接收人僅限於十八歲以上之人者，即不屬該條規定規範之範圍。上開規定乃為達成防制、消弭以兒童少年為性交易對象事件之國家重大公益目的，所採取之合理與必要手段，與憲法第23條規定之比例原則，尚無牴觸。惟電子訊號、電腦網路與廣告物、出版品、廣播、電視等其他媒體之資訊取得方式尚有不同，如衡酌科技之發展可嚴格區分其閱聽對象，應由主管機關建立分級管理制度，以符比例原則之要求，併此指明。

可以任意在街道張貼或噴漆廣告嗎？

▶釋字第734號（104/12/18）

廢棄物清理法第27條第11款規定：「在指定清除地區內嚴禁有下列行為：……十一、其他經主管機關公告之污染環境行為。」與憲法第23條之法律授權明確性原則尚無違背。

臺南市政府中華民國91年12月9日南市環廢字第09104023431號公告之公告事項一、二（該府改制後於100年1月13日以南市府環管字第10000507010號公告重行發布，內容相當），不問設置廣告物是否有礙環境衛生與國民健康，及是否已達與廢棄物清理法第27條前十款所定行為類型污染環境相當之程度，即認該設置行為為污染行為，概予禁止並處罰，已逾越母法授權之範圍，與法律保留原則尚有未符。應自本解釋公布之日起，至遲於屆滿三個月時失其效力。

理由書：

憲法第11條規定，人民之言論自由應予保障。鑑於言論自由具有實現自我、溝通意見、追求真理、滿足人民知的權利，形成公意，促進各種合理之政治及社會活動之功能，乃維持民主多元社會正常發展不可或缺之機制，國家應給予最大限度之保障（本院釋字第509號、第644號、第678號解釋參照）。廣告兼具意見表達之性質，屬於憲法第11條所保障之言論範疇（本院釋字第414號、第623號解釋參照），而公共場所於不妨礙其通常使用方式之範圍內，亦非不得為言論表達及意見溝通。系爭公告雖非為限制人民言論自由或其他憲法上所保障之基本權利而設，然於具體個案可能因主管機關對於廣告物之內容及設置之時間、地點、方式之審查，而否准設置，造成限制人民言論自由或其他憲法上所保障之基本權利之結果。主管機關於依本解釋意旨修正系爭公告時，應通盤考量其可能造成言論自由或其他憲法上所保障之基本權利限制之必要性與適當性，併此指明。

9. 不表意自由

法官可以強迫登報道歉嗎？

▶憲法法庭111年憲判字第2號【強制道歉案（二）】（111.2.25）

理由：民法第195條第1項規定：「不法侵害他人之身體、健康、名譽、自由、信用、隱私、貞操，或不法侵害其他人格法益而情節重大者，被害人雖非財產上之損害，亦得請求賠償相當之金額。其名譽被侵害者，並得請求回復名譽之適當處分。」係就侵害他人名譽等人格法益，所定之非財產上損害賠償規定。其後段規定（即系爭規定）所稱「回復名譽之適當處分」，依立法原意及向來法院判決先例，除容許於合理範圍內，由加害人負擔費用刊載澄清事實之聲明、登載被害人判決勝訴之啟事，或將判決書全部或一部登報等手段，以回復被害人之名譽外，另包括以判決命加害人公開道歉之強制道歉手段。系爭解釋（釋字第656號）對此亦持相同立場，然以合憲性限縮之解釋方法，**將上開強制道歉手段限於「未涉及加害人自我羞辱等損及人性尊嚴之情事者」，始屬合憲。**【8】

強制道歉係強制人民不顧自己之真實意願，表達與其良心、價值信念等有違之表意。個人是否願意誠摯向他人認錯及道歉，實與個人內心之信念與價值有關。於加害人為自然人時，強制道歉除直接限制人民消極不表意之言論自由外，更會進而干預個人良心、理念等內在精神活動及價值決定之思想自由。此等禁止沉默、強制表態之要求，實已將法院所為之法律上判斷，強制轉為加害人對己之道德判斷，從而產生自我否定、甚至自我羞辱之負面效果，致必然損及道歉者之內在思想、良心及人性尊嚴，從而侵害憲法保障自然人思想自由之意旨。【15】

五、新聞自由

新聞自由也是表意自由的一種。新聞媒體與一般人有何不同呢？新聞可以分為平面媒體和廣播電視媒體，一般平面媒體受到的管制與一般人差不多，權利和義務都和一般人一樣。但是廣播電視媒體由於頻譜有限，比起一般的平面媒體，受到國家較高的管制。

人民是否擁有使用媒體的積極權利（access to the media）？言論自由原本只具有抵禦國家權力侵害的消極性意義，是否因為傳播媒介的多元化而轉變為積極的請求權性質？大法官釋字第364號明言人民雖具有使用接近媒體之權利，但該權利並非憲法上的積極權，而係需要透過立法的確保。因為人民的接近使用媒體權與媒體工作者之新聞自由、編輯自由恐有衝突，甚至前兩項權利亦與媒體擁有者的表意自由有所差異，此涉及價值判斷與資源分配的問題，自宜由具備民主正當性之國會加以權衡。

人民可以要求在電視臺講話嗎？

▶釋字第364號（83/9/23）

以廣播及電視方式表達意見，屬於憲法第11條所保障言論自由之範圍。為保障此項自由，國家應對電波頻率之使用為公平合理之分配，對於**人民平等「接近使用傳播媒體」之權利**，亦應在兼顧傳播媒體編輯自由原則下，予以尊重，並均應以法律定之。

理由書：

言論自由為民主憲政之基礎。廣播電視係人民表達思想與言論之重要媒體，可藉以反映公意，強化民主，啟迪新知，促進文化、道德、經濟等各方面之發展，其以廣播及電視方式表達言論之自由，為憲法第11條所保障之範圍。惟廣播電視無遠弗屆，對於社會具有廣大而深遠之影響。故享有傳播之自由者，應基於自律觀念善盡其社會責任，不得有濫用自由情事。其有藉傳播媒體妨害善良風俗、破壞社會安寧、危害國家利益或侵害他人權利等情形者，國家自得依法予以限制。

廣播電視之電波頻率為有限性之公共資源，為免被壟斷與獨占，國家應制定法律，使主管機關對於開放電波頻率之規劃與分配，能依公平合理之原則審慎決定，藉此謀求廣播電視之均衡發展，民眾亦得有更多利用媒體之機會。

至學理上所謂「接近使用傳播媒體」之權利（the right of access to

the media），乃指一般民眾得依一定條件，要求傳播媒體提供版面或時間，許其表達意見之權利而言，以促進媒體報導或評論之確實、公正。例如媒體之報導或評論有錯誤而侵害他人之權利者，受害人即可要求媒體允許其更正或答辯，以資補救。又如廣播電視舉辦公職候選人之政見辯論，於民主政治品質之提升，有所裨益。

惟允許民眾「接近使用傳播媒體」，就媒體本身言，係對其取材及編輯之限制。如無條件強制傳播媒體接受民眾表達其反對意見之要求，無異剝奪媒體之編輯自由，而造成傳播媒體在報導上瞻前顧後，畏縮妥協之結果，反足影響其確實、公正報導與評論之功能。是故民眾「接近使用傳播媒體」應在兼顧媒體編輯自由之原則下，予以尊重。如何設定上述「接近使用傳播媒體」之條件，自亦應於法律內為明確之規定，期臻平等。

綜上所述，以廣播及電視方式表達意見，屬於憲法第11條所保障言論自由之範圍。為保障此項自由，國家應對電波頻率之使用為公平合理之分配，對於人民平等「接近使用傳播媒體」之權利，亦應在兼顧傳播媒體編輯自由原則下，予以尊重，並均應以法律定之。

可以偷偷架設地下電臺嗎？

▶釋字第678號（99/7/2）

理由書：

電信法第48條第1項前段規定：「無線電頻率、電功率、發射方式及電台識別呼號等有關電波監理業務，由交通部統籌管理，非經交通部核准，不得使用或變更」（依國家通訊傳播委員會組織法第2條規定，電信法等有關通訊傳播之相關法規，其原屬交通部之職權而涉及國家通訊傳播委員會職掌者，自中華民國95年2月22日國家通訊傳播委員會成立之日起，其主管機關變更為該委員會）。電信法第58條第2項規定：「違反第四十八條第一項規定，未經核准擅自使用或變更無線電頻率者，處拘役或科或併科新臺幣二十萬元以下罰金。」同法第60條復規定，犯第58條第2項之罪者，其電信器材，不問屬於犯人與否，沒收之。準此，人民使用無線電頻率，依電信法第48條第1項前段規定，應先經主管機關核准，如有違反，即依同法第58條第2項及第60條規定科處拘役、罰金，併沒收其電信器材。

無線電波頻率屬於全體國民之公共資源，為避免無線電波頻率之使用互相干擾、確保頻率和諧使用之效率，以維護使用電波之秩序及公共資源，增進重要之公共利益，政府自應妥慎管理。立法機關衡酌上情，乃於電信法第48條第1項前段規定，人民使用無線電波頻率，採行事前許可制，其立法目的尚屬正當。上開規定**固限制人民使用無線電波頻率之通訊傳播自由，惟為保障合法使用者之權益，防範發生妨害性干擾，並維護無線電波使用秩序及無線電通信安全**（聯合國所屬國際電信聯合會——International Telecommunication Union之無線電規則——Radio Regulations第18條，及聯合國海洋法公約——United Nations Convention on the Law of the Sea第109條參照）。兩相權衡，該條項規定之限制手段自有必要，且有助於上開目的之達成，**與比例原則尚無牴觸，並無違憲法第11條保障人民言論自由之意旨**。

為貫徹電信法第48條第1項前段採行事前許可制，對未經核准而擅自使用無線電波頻率者，依同法第58條第2項規定處拘役或科或併科新臺幣20萬元以下罰金，係立法者衡酌未經核准擅自使用無線電頻率之行為，違反證照制度，為維護無線電波使用秩序，俾澈底有效取締非法使用電波行為（立法院公報第88卷第37期第248頁參照），認為採取行政罰之手段，不足以達成立法目的，乃規定以刑罰為管制手段，與憲法第23條之比例原則尚無牴觸。至電信法第60條規定，對於犯同法第58條第2項之罪者，其使用之電信器材，不問屬於犯人與否沒收之，旨在防範取締之後，再以相同工具易地反覆非法使用，具有預防再犯之作用，且無線電臺發射電波頻率所使用之無線電發射機等電信管制射頻器材，係屬管制物品，不得任意持有、使用（同法第49條第1項、第67條第3項、第4項參照）。是上開第60條有關違反第58條第2項之沒收規定，尚未逾越必要之程度，與憲法第23條之比例原則、第15條人民財產權之保障，均無違背。

狗仔記者可以一直跟拍名人嗎？

▶釋字第689號（100/7/29）

理由書：

基於人性尊嚴之理念，個人主體性及人格之自由發展，應受憲法保障（本院釋字第603號解釋參照）。為維護個人主體性及人格自由發展，除憲法已保障之各項自由外，於不妨害社會秩序公共利益之前提下，人民依其意志作為或不作為之一般行為自由，亦受憲法第22條所保障。人民隨時任意前往他方或停留一定處所之行動自由（本院釋字第535號解釋參照），自在一般行為自由保障範圍之內。惟此一行動自由之保障並非絕對，如為防止妨礙他人自由，維護社會秩序所必要，尚非不得以法律或法律明確授權之命令予以適當之限制。而為確保新聞媒體能提供具新聞價值之多元資訊，促進資訊充分流通，滿足人民知的權利，形成公共意見與達成公共監督，以維持民主多元社會正常發展，新聞自由乃不可或缺之機制，應受憲法第11條所保障。新聞採訪行為則為提供新聞報導內容所不可或缺之資訊蒐集、查證行為，自應為新聞自由所保障之範疇。又新聞自由所保障之新聞採訪自由並非僅保障隸屬於新聞機構之新聞記者之採訪行為，亦保障一般人為提供具新聞價值之資訊於眾，或為促進公共事務討論以監督政府，而從事之新聞採訪行為。惟新聞採訪自由亦非絕對，國家於不違反憲法第23條之範圍內，自得以法律或法律明確授權之命令予以適當之限制。

社會秩序維護法第89條第2款規定，無正當理由，跟追他人，經勸阻不聽者，處新臺幣3,000元以下罰鍰或申誡（即系爭規定）。依系爭規定之文字及立法過程，可知其係參考違警罰法第77條第1款規定（32年9月3日國民政府公布，同年10月1日施行，80年6月29日廢止）而制定，旨在禁止跟追他人之後，或盯梢婦女等行為，以保護個人之行動自由。此外，系爭規定亦寓有保護個人身心安全、個人資料自主及於公共場域中不受侵擾之自由。

……（略）

系爭規定所稱跟追，係指以尾隨、盯梢、守候或其他類似方式，持續接近他人或即時知悉他人行蹤，足以對他人身體、行動、私密領域或個人資料自主構成侵擾之行為。至跟追行為是否無正當理由，須視跟追者有無合理化跟追行為之事由而定，亦即綜合考量跟追之目的，行為當時之人、時、地、物等相關情況，及對被跟追人干擾之程度等因素，合理判斷跟追行為所構成之侵擾，是否逾越社會通念所能容忍之界限。至勸阻不聽之要件，具有確認被跟追人表示不受跟追之意願或警示之功能，若經警察或被跟追人勸阻後行為人仍繼續跟追，始構成經勸阻不聽之不法行為。如欠缺正當理由且經勸阻後仍繼續為跟追行為者，即應受系爭規定處罰。是系爭規定之意義及適用範圍，依據一般人民日常生活與語言經驗，均非受規範者所難以理解，亦得經司法審查予以確認，尚與法律明確性原則無違。

又系爭規定雖限制跟追人之行動自由，惟其係為保障被跟追者憲法上之重要自由權利，而所限制者為依社會通念不能容忍之跟追行為，對該行為之限制與上開目的之達成有合理關聯，且該限制經利益衡量後尚屬輕微，難謂過當。況依系爭規定，須先經勸阻，而行為人仍繼續跟追，始予處罰，已使行為人得適時終止跟追行為而避免受處罰。是系爭規定核與憲法第23條比例原則尚無牴觸。至系爭規定對於跟追行為之限制，如影響跟追人行使其他憲法所保障之權利，其限制是否合憲，自應為進一步之審查。

考徵系爭規定之制定，原非針對新聞採訪行為所為之限制，其對新聞採訪行為所造成之限制，如係追求重要公益，且所採手段與目的之達成間具有實質關聯，即與比例原則無違。新聞採訪者縱為採訪新聞而為跟追，如其跟追已達緊迫程度，而可能危及被跟追人身心安全之身體權或行動自由時，即非足以合理化之正當理由，系爭規定**授權警察及時介入、制止，要不能謂與憲法第11條保障新聞採訪自由之意旨有違**。新聞採訪者之跟追行為，如侵擾個人於公共場域中得合理期待其私密領域不受他人干擾之自由或個人資料自主，其行為是否受系爭規定所限制，則須衡量採訪內容是否具一定公益性與私人活動領域受干擾之程度，而為合理判斷，如依社會通念所認非屬不能容忍者，其跟追行為即非在系爭規定處罰之列。是新聞採訪者於有事實足認特定事件之報導具一定之公益性，而屬大眾所關切並具有新聞價值者（例如犯罪或重大不當行為之揭發、公共衛生或設施安全之維護、政府施政之妥當性、公職人員之執行職務與適任性、政治人物言行之可信任性、公眾人物影響社會風氣之言行等），如須以跟追方式進行採訪，且其跟追行為依社會通念所認非屬不能容忍，該跟追行為即具正當理由而不在系爭規定處罰之列。依此解釋意旨，系爭規定縱**有限制新聞採訪行為，其限制係經衡酌而並未過當，尚符合比例原則，與憲法第11條保障新聞採訪自由之意旨並無牴觸**。又系爭規定所欲維護者屬重要之利益，而限制經勸阻不聽且無正當理由，並依社會通念認屬不能容忍之侵擾行為，並未逾越比例原則，已如上述，是系爭規定**縱對以跟追行為作為執行職業方法之執行職業自由有所限制，仍難謂有違憲法第15條保障人民工作權之意旨**。

六、講學自由

人民有講學自由。除了一般人都有講學自由外，通常我們比較重視大學裡面的講學自由。發展學術自由的大學是講學的場所，大學的相關事項，屬於自治範圍亦不容許國家任意侵害。

股市名嘴不能隨便開講？

▶釋字第634號（96/11/16）

中華民國77年1月29日修正公布之證券交易法第18條第1項原規定應經主管機關核准之證券投資顧問事業，其業務範圍依該規定之立法目的及憲法保障言論自由之意旨，並不包括僅提供一般性之證券投資資訊，而非以直接或間接從事個別有價證券價值分析或推介建議為目的之證券投資講習。89年10月9日修正發布之證券投資顧問事業管理規則（已停止適用）第5條第1項第4款規定，於此範圍內，與憲法保障人民職業自由及言論自由之意旨尚無牴觸。

1. **制度性保障**：大法官從所謂的「講學自由」，認為是「學術自由」的制度性保障，而學術自由制度性保障的內涵，包括「研究自由」、「教學自由」、「學習自由」等。釋字第380號解釋：「**憲法第11條關於講學自由之規定，係對學術自由之制度性保障**；就大學教育而言，**應包含研究自由、教學自由及學習自由等事項**。」解釋理由書：「按學術自由與教育之發展具有密切關係，就其發展之過程而言，免於國家權力干預之學術自由，首先表現於研究之自由與教學之自由，其保障範圍並應延伸至其他重要學術活動，舉凡與探討學問、發現真理有關者，諸如研究動機之形成，計畫之提出，研究人員之組成，預算之籌措分配，研究成果之發表，非但應受保障並得分享社會資源之供應。研究以外屬於教學與學習範疇之事項，諸如課程設計、科目訂定、講授內容、學力評定、考試規則、學生選擇科系與課程之自由，以及學生自治等亦在保障之列。除此之外，大學內部組織、教師聘任及資格評量，亦為大學之自治權限，尤應杜絕外來之不當干涉。」
2. **體系混亂**：原本只是簡單的保障老師或學校的講學自由，卻因為大法官用基本權客觀作用中的制度性保障，推導出一堆內涵。這種解釋方式並不妥當，後來反而引發學生學習自由和學校大學自治之間的衝突（釋字第563號）。本書認為，研究者的研究自由和學生的學習自由，應該從憲法第22條概括條款推出比較妥當。
3. **老師與學校的衝突**：講學自由包括學校設計課程的自由及老師個人講學的自由。不過，當學校的課程安排與老師的教學理念發生衝突時，何種優先？目前我國大法官解釋中，處理的都是學校課程設計的自由，但實務上卻發生過學校與老師教學理念不合，而將老師開除的問題。
4. **中小學老師**：上述問題，在中小學老師這邊似乎較無爭論，學校可以強迫中小學老師用統一的教材、統一的教學法。一般認為，學術自由保障對象以高等教育機構即大學與研究單位為主，至於中、小學，依學者通說，認為中、小學缺乏研究學術之活動，在教學上僅是單純傳遞知識，並無進一步對學術批評與檢驗之過程，故中、小學不享有憲法第11條所稱之學術自由。

大學生是否一定要有共同必修？

▶釋字第380號（84/5/26）

憲法第162條規定：「全國公私立之教育文化機關，依法律受國家監督。」則國家對於大學自治之監督，應於法律規定範圍內為之，並須符合憲法第23條規定之法律保留原則。大學之必修課程，除法律有明文規定外，其訂定亦應符合上開大學自治之原則，大學法施行細則第22條第3項規定：「各大學共同必修科目，由教育部邀集各大學相關人員共同研訂之。」**惟大學法並未授權教育部邀集各大學共同研訂共同必修科目，大學法施行細則所定內容即不得增加大學法所未規定之限制**。又同條第1項後段「各大學共同必修科目不及格者不得畢業」之規定，涉及對畢業條件之限制，致使各大學共同必修科目之訂定實質上發生限制畢業之效果，而依大學法第23條、第25條及學位授予法第2條、第3條規定，**畢業之條件係屬大學自治權範疇**。是大學法施行細則第22條第1項後段逾越大學法規定，同條第3項未經大學法授權，均與上開憲法意旨不符，應自本解釋公布之日起，至遲於屆滿一年時，失其效力。

大學生是否一定要上軍訓課？

▶釋字第450號（87/3/27）

大學自治屬於憲法第11條講學自由之保障範圍，舉凡教學、學習自由有關之重要事項，均屬大學自治之項目，又國家對大學之監督除應以法律明定外，其訂定亦應符合大學自治之原則，業經本院釋字第380號解釋釋示在案。大學於上開教學研究相關之範圍內，就其內部組織亦應享有相當程度之自主組織權。各大學如依其自主之決策認有提供學生修習軍訓或護理課程之必要者，自得設置與課程相關之單位，並依法聘任適當之教學人員。惟大學法第11條第1項第6款及同法施行細則第9條第3項明定**大學應設置軍訓室並配置人員，負責軍訓及護理課程之規劃與教學，此一強制性規定，有違憲法保障大學自治之意旨**，應自本解釋公布之日起，至遲於屆滿一年時失其效力。

大學不能將學生二分之一不及格退學？

▶釋字第563號（92/7/25）

憲法第11條之講學自由賦予大學教學、研究與學習之自由，並於直接關涉教學、研究之學術事項，享有自治權。國家對於大學之監督，依憲法第162條規定，應以法律為之，惟仍應符合大學自治之原則。是立法機關不得任意以法律強制大學設置特定之單位，致侵害大學之內部組織自主權；**行政機關亦不得以命令干預大學教學之內容及課程之訂定，而妨礙教學、研究之自由，立法及行政措施之規範密度，於大學自治範圍內，均應受適度之限制**（參照本院釋字第380號及第450號解釋）。

碩士學位之頒授依中華民國83年4月27日修正公布之學位授予法第6條第1項規定，應於研究生「完成碩士學位應修課程，提出論文，經碩士學位考試委員會考試通過」後，始得為之，此乃國家本於對大學之監督所為學位授予之基本規定。大學自治既受憲法制度性保障，則大學為確保學位之授予具備一定之水準，自得於合理及必要之範圍內，訂定有關取得學位之資格條件。國立政治大學於85年6月14日訂定之國立政治大學研究生學位考試要點規定，各系所得自訂碩士班研究生於提出論文前先行通過資格考核（第2點第1項），該校民族學系並訂定該系碩士候選人資格考試要點，辦理碩士候選人學科考試，**此項資格考試之訂定，未逾越大學自治之範疇，不生憲法第23條之適用問題**。

大學學生退學之有關事項，83年1月5日修正公布之大學法未設明文。為維持學術品質，健全學生人格發展，大學有考核學生學業與品行之權責，其依規定程序訂定有關章則，使成績未符一定標準或品行有重大偏差之學生予以退學處分，亦屬大學自治之範疇；立法機關對有關全國性之大學教育事項，固得制定法律予以適度之規範，惟大學於合理範圍內仍享有自主權。國立政治大學暨同校民族學系前開要點規定，民族學系碩士候選人兩次未通過學科考試者以退學論處，係就該校之自治事項所為之規定，與前開憲法意旨並無違背。**大學對學生所為退學之處分行為，關係學生權益甚鉅，有關章則之訂定及執行自應遵守正當程序，其內容並應合理妥適，乃屬當然。**

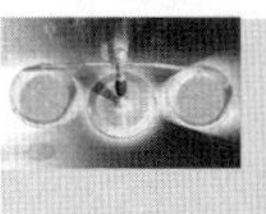

大學所為非屬退學或類此之處分，主張權利受侵害之學生得否提起行政爭訟？（學校否准加修某學分、否准張貼海報是否可以提起行政爭訟？）

▶釋字第684號（100/1/17）

大學為實現研究學術及培育人才之教育目的或維持學校秩序，對學生所為行政處分或其他公權力措施，如侵害學生受教育權或其他基本權利，即使非屬退學或類此之處分，本於憲法第16條有權利即有救濟之意旨，仍應許權利受侵害之學生提起行政爭訟，無特別限制之必要。在此範圍內，本院釋字第382號解釋應予變更。

理由書：

人民之訴願權及訴訟權為憲法第16條所保障。人民於其權利遭受公權力侵害時，得循法定程序提起行政爭訟，俾其權利獲得適當之救濟（本院釋字第418號、第667號解釋參照），而此項救濟權利，不得僅因身分之不同而予以剝奪。

本院釋字第382號解釋就人民因學生身分受學校之處分得否提起行政爭訟之問題，認為應就其處分內容分別論斷，凡依有關學籍規則或懲處規定，對學生所為退學或類此之處分行為，足以改變其學生身分及損害其受教育之機會時，因已對人民憲法上受教育之權利有重大影響，即應為訴願法及行政訴訟法上之行政處分，而得提起行政爭訟。至於學生所受處分係為維持學校秩序、實現教育目的所必要，且未侵害其受教育之權利者（例如記過、申誡等處分），則除循學校內部申訴途徑謀求救濟外，尚無許其提起行政爭訟之餘地。惟大學為實現研究學術及培育人才之教育目的或維持學校秩序，對學生所為行政處分或其他公權力措施，如侵害學生受教育權或其他基本權利，即使非屬退學或類此之處分，本於憲法第16條有權利即有救濟之意旨，仍應許權利受侵害之學生提起行政爭訟，無特別限制之必要。在此範圍內，本院釋字第382號解釋應予變更。

大學教學、研究及學生之學習自由均受憲法之保障，在法律規定範圍內享有自治之權（本院釋字第563號解釋參照）。為避免學術自由受國家不當干預，不僅行政監督應受相當之限制（本院釋字第380號解釋參照），立法機關亦僅得在合理範圍內對大學事務加以規範（本院釋字第563號、第626號解釋參照），受理行政爭訟之機關審理大學學生提起行政爭訟事件，亦應本於維護大學自治之原則，對大學之專業判斷予以適度之尊重（本院釋字第462號解釋參照）。

七、秘密通訊自由

1. **意義**：人民透過書信、電話、電報等通訊方式，不得無故加以拆閱、竊聽、扣押及隱匿，不限於通訊方面之保障，而其目的在保障隱私權。
2. **保障**：憲法第12條規定：「人民有秘密通訊之自由。」

檢察官可以偷聽人民講電話嗎？

▶釋字第631號（96/7/20）

憲法第12條規定：「人民有秘密通訊之自由。」旨在確保人民就通訊之有無、對象、時間、方式及內容等事項，有不受國家及他人任意侵擾之權利。國家採取限制手段時，除應有法律依據外，限制之要件應具體、明確，不得逾越必要之範圍，所踐行之程序並應合理、正當，方符憲法保護人民秘密通訊自由之意旨。中華民國88年7月14日制定公布之通訊保障及監察法第5條第2項規定：「前項通訊監察書，偵查中由檢察官依司法警察機關聲請或依職權核發」，未要求通訊監察書原則上應由客觀、獨立行使職權之法官核發，而使職司犯罪偵查之檢察官與司法警察機關，同時負責通訊監察書之聲請與核發，難謂為合理、正當之程序規範，而與憲法第12條保障人民秘密通訊自由之意旨不符，應自本解釋公布之日起，至遲於96年7月11日修正公布之通訊保障及監察法第5條施行之日失其效力。

八、信仰自由

1. **信仰自由之意義**：人民有「信仰」及「不信仰」任何宗教的權利。釋字第460號解釋：「憲法第13條規定：『人民有信仰宗教之自由。』係指人民有信仰與不信仰任何宗教之自由，以及參與或不參與宗教活動之自由；國家亦不得對特定之宗教加以獎助或禁止，或基於人民之特定信仰為理由予以優待或不利益。」
2. **政教分離原則**：信仰自由中，很重要的一個設計就是政教分離原則。其意旨：（1）國家不得設立國教；（2）國家不得由國庫資助任何一種或全部宗教；（3）國家不得因人民之信仰或不信仰而予優待或歧視；（4）學校不得強迫任何方式之宗教教育。
3. **信仰自由之保障**：根據大法官解釋，憲法第13條的宗教自由，可分為三種：（1）內在信仰之自由；（2）宗教行為之自由；（3）宗教結社之自由（見圖6-3）。

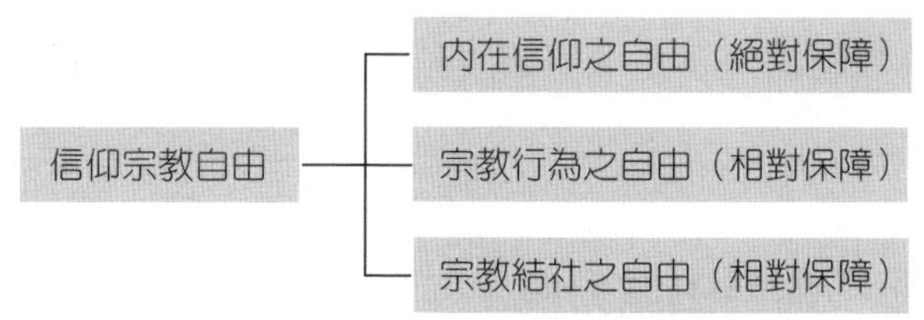

圖6-3　信仰宗教自由之內涵

內在的信仰自由，受絕對的保障，但是外在的宗教行為與宗教結社，因為「可能涉及他人之自由與權利，甚至可能影響公共秩序、善良風俗、社會道德與社會責任，因此，僅能受相對之保障」。亦即，我們不允許人民因為宗教理由而不服從國家法律。例如不能因為打著宗教旗幟，就任意詐財、騙色；不能主張宗教信仰而破壞一夫一妻制；或者主張宗教儀式自由而吸毒；或者主張宗教自由而拒絕讓小孩受國民教育。

所謂的相對保障，乃指其「在必要之最小限度內，仍應受國家相關法律之約束，非可以宗教信仰為由而否定國家及法律之存在。因此，宗教之信仰者，既亦係國家之人民，其所應負對國家之基本義務與責任，並不得僅因宗教信仰之關係而免除」。

可以因宗教理由而不當兵？

▶釋字第490號（88/10/1）

理由書：

內在信仰之自由，涉及思想、言論、信念及精神之層次，應受絕對之保障；其由之而派生之宗教行為之自由與宗教結社之自由，則可能涉及他人之自由與權利，甚至可能影響公共秩序、善良風俗、社會道德與社會責任，因此，僅能受相對之保障。宗教信仰之自由與其他之基本權利，雖同受憲法之保障，亦同受憲法之規範，除內在信仰之自由應受絕對保障，不得加以侵犯或剝奪外，宗教行為之自由與宗教結社之自由，在必要之最小限度內，仍應受國家相關法律之約束，非可以宗教信仰為由而否定國家及法律之存在。因此，**宗教之信仰者，既亦係國家之人民，其所應負對國家之基本義務與責任，並不得僅因宗教信仰之關係而**免除。

廟產不能自由處分嗎？

▶釋字第573號（93/2/27）

人民之宗教信仰自由及財產權，均受憲法之保障，憲法第13條與第15條定有明文。宗教團體管理、處分其財產，國家固非不得以法律加以規範，惟應符合憲法第23條規定之比例原則及法律明確性原則。監督寺廟條例第8條就同條例第3條各款所列以外之寺廟處分或變更其不動產及法物，規定須經所屬教會之決議，並呈請該管官署許可，**未顧及宗教組織之自主性、內部管理機制之差異性，以及為宗教傳布目的所為財產經營之需要，對該等寺廟之宗教組織自主權及財產處分權加以限制，妨礙**

宗教活動自由已逾越必要之程度；且其規定應呈請該管官署許可部分，就申請之程序及許可之要件，均付諸闕如，已違反法律明確性原則，遑論採取官署事前許可之管制手段是否確有其必要性，與上開憲法規定及保障人民自由權利之意旨，均有所牴觸；又依同條例第1條及第2條第1項規定，第8條規範之對象，僅適用於部分宗教，亦與憲法上國家對宗教應謹守中立之原則及宗教平等原則相悖。該條例第8條及第2條第1項規定應自本解釋公布日起，至遲於屆滿二年時，失其效力。

九、集會自由

集會為「於公共場所或公眾得出入之場所舉行會議、演說或其他聚眾之活動」。遊行為「於市街、道路、巷弄或其他公共場所或公眾得出入之場所之集體行進」。對於集會遊行，一般有兩種制度：

1. **追懲制**：集會前不受任何機關之干涉。例如美國採追懲制，但在市街或公園集會者，須得到許可。許可與否依公共安全或方便為準，不以集會內容之主觀判斷為準繩。
2. **許可制（預防制）**：人民的集會遊行事前須獲主管機關之許可。我國集會遊行法規定：室外集會遊行須於六日前，先向主管機關申請許可。主管機關：指集會遊行所在地之警察分局。

我國對於集會的限制，室外集會採預防制，應事先申請。室內集會採追懲制，無須事先申請。雖然說室外集會需要申請，但實際上只要符合法律規定，有申請就會過。

集會遊行需要先申請許可嗎？

▶釋字第445號（87/1/23）

程序的限制：憲法第14條規定人民有集會之自由，此與憲法第11條規定之言論、講學、著作及出版之自由，同屬表現自由之範疇，為實施民主政治最重要的基本人權。**國家為保障人民之集會自由，應提供適當集會場所，並保護集會、遊行之安全，使其得以順利進行。以法律限制**

集會、遊行之權利，必須符合明確性原則與憲法第23條之規定。集會遊行法第8條第1項規定室外集會、遊行除同條項但書所定各款情形外，應向主管機關申請許可。同法第11條則規定申請室外集會、遊行除有同條所列情形之一者外，應予許可。其中有關時間、地點及方式等未涉及集會、遊行之目的或內容之事項，為維持社會秩序及增進公共利益所必要，屬立法自由形成之範圍，於表現自由之訴求不致有所侵害，與憲法保障集會自由之意旨尚無牴觸。

集會遊行可以主張臺獨或共產主義嗎？

▶釋字第445號（87/1/23）

實質內容之限制：以法律限制集會、遊行之權利，必須符合明確性原則與憲法第23條之規定。集會遊行法第11條第1款規定違反同法第4條規定者，為不予許可之要件，乃對「主張共產主義或分裂國土」之言論，使主管機關於許可集會、遊行以前，得就人民政治上之言論而為審查，與憲法保障表現自由之意旨有違；同條第2款規定：「有事實足認為有危害國家安全、社會秩序或公共利益之虞者」，第3款規定：「有危害生命、身體、自由或對財物造成重大損壞之虞者」，有欠具體明確，對於在舉行集會、遊行以前，**尚無明顯而立即危險之事實狀態，僅憑將來有發生之可能，即由主管機關以此作為集會、遊行准否之依據部分，與憲法保障集會自由之意旨不符**，均應自本解釋公布之日起失其效力。惟集會遊行法第9條第1項但書規定：「因天然災變或其他不可預見之重大事故而有正當理由者，得於二日前提出申請。」對此偶發性集會、遊行，不及於二日前申請者不予許可，與憲法保障人民集會自由之意旨有違，亟待檢討改進。

時間、地點、方式的限制

▶釋字第445號（87/1/23）

時間地點方式的限制：集會遊行法第6條規定集會遊行之禁制區，係為保護國家重要機關與軍事設施之安全、維持對外交通之暢通；同法第10條規定限制集會、遊行之負責人、其代理人或糾察員之資格；第11條第4款規定同一時間、處所、路線已有他人申請並經許可者，為不許可集會、遊行之要件；第5款規定未經依法設立或經撤銷許可或命令解散之團體，以該團體名義申請者得不許可集會、遊行；第6款規定申請不合第9條有關責令申請人提出申請書填具之各事項者為不許可之要件，係為確保集會、遊行活動之和平進行，避免影響民眾之生活安寧，均屬防止妨礙他人自由、維持社會秩序或增進公共利益所必要，與憲法第23條規定並無牴觸。惟集會遊行法第9條第1項但書規定：「因天然災變或其他不可預見之重大事故而有正當理由者，得於二日前提出申請。」**對此偶發性集會、遊行，不及於二日前申請者不予許可，與憲法保障人民集會自由之意旨有違，亟待檢討改進**。

集會遊行法第29條對於不遵從解散及制止命令之首謀者科以刑責，為立法自由形成範圍，與憲法第23條之規定尚無牴觸。

集會遊行法申請許可規定未排除緊急性及偶發性集會遊行之部分，違憲？

▶釋字第718號（103/3/21）

集會遊行法第8條第1項規定，室外集會、遊行應向主管機關申請許可，未排除緊急性及偶發性集會、遊行部分，及同法第9條第1項但書與第12條第2項關於緊急性集會、遊行之申請許可規定，違反憲法第23條比例原則，不符憲法第14條保障集會自由之意旨，均應自中華民國104年1月1日起失其效力。本院釋字第445號解釋應予補充。

本號解釋說明：

1.集會遊行法第8條第1項規定，室外之集會、遊行，原則上應向主管機關申請許可，為本院釋字第445號解釋所肯認。惟就事起倉卒非即刻舉行無法達到目的之緊急性集會、遊行，實難期待俟取得許可後舉行；另就群眾因特殊原因未經召集自發聚集，事實上無所謂發起人或負責人之偶發性集會、遊行，自無法事先申請許可或報備。

2.針對緊急性集會、遊行，固已放寬申請許可期間，但仍須事先申請並等待主管機關至長二十四小時之決定許可與否期間；另就偶發性集會、遊行，亦仍須事先申請許可，均係以法律課予人民事實上難以遵守之義務，致人民不克申請而舉行集會、遊行時，立即附隨得由主管機關強制制止、命令解散之法律效果（集會遊行法第25條第1款規定參照），與本院釋字第445號解釋：「憲法第14條規定保障人民之集會自由，並未排除偶發性集會、遊行」、「許可制於偶發性集會、遊行殊無適用之餘地」之意旨有違。

3.至為維持社會秩序之目的，立法機關並非不能視事件性質，以法律明確規範緊急性及偶發性集會、遊行，改採許可制以外相同能達成目的之其他侵害較小手段，故集會遊行法第8條第1項未排除緊急性及偶發性集會、遊行部分；同法第9條第1項但書與第12條第2項關於緊急性集會、遊行之申請許可規定，已屬對人民集會自由之不必要限制，與憲法第23條規定之比例原則有所牴觸，不符憲法第14條保障集會自由之意旨，均應自中華民國104年1月1日起失其效力。就此而言，本院釋字第445號解釋應予補充。

十、結社自由

1. **意義**：特定多數人，為達共同目的而繼續長久地結合組成組織者。
2. **限制**：人民團體應向主管機關提出申請許可，政黨之成立只須向主管機關備案。
3. **政黨解散**：為保障政黨政治，但又不致走向威瑪憲法被多數黨用民主方式凍結的結局，引進德國「違憲政黨」及「防衛民主」的概念，我國在「憲法保留」之下規定解散機關及解散要件。憲法增修條文第5條第

4項、第5項規定：「司法院大法官，除依憲法第七十八條之規定外，並組成憲法法庭審理總統、副總統之彈劾及政黨違憲之解散事項。」「政黨之目的或其行為，危害中華民國之存在或自由民主之憲政秩序者為違憲。」

公務人員可以組織工會嗎？

▶釋字第373號（84/2/24）

工會法第4條規定：「各級政府行政及教育事業、軍火工業之員工，不得組織工會」，其中**禁止教育事業技工、工友組織工會部分，因該技工、工友所從事者僅係教育事業之服務性工作，依其工作之性質，禁止其組織工會，使其難以獲致合理之權益，實已逾越憲法第23條之必要限度，侵害從事此項職業之人民在憲法上保障之結社權**，應自本解釋公布之日起，至遲於屆滿一年時，失其效力。惟基於教育事業技工、工友之工作性質，就其勞動權利之行使有無加以限制之必要，應由立法機關於上述期間內檢討修正，併此指明。

全國性社團的名字一定要掛上「中華民國」嗎？

▶釋字第479號（88/4/1）

憲法第14條規定人民有結社自由，旨在保障人民為特定目的，以共同之意思組成團體並參與其活動之自由。其中**關於團體名稱之選定，攸關其存立之目的、性質、成員之認同及與其他團體之識別，自屬結社自由保障之範圍**。對團體名稱選用之限制，亦須符合憲法第23條所定之要件，以法律或法律明確授權之命令始得為之。

人民團體法第5條規定人民團體以行政區域為組織區域；而第12條僅列人民團體名稱、組織區域為章程應分別記載之事項，對於人民團體名稱究應如何訂定則未有規定。行政機關依其職權執行法律，雖得訂定命令對法律為必要之補充，惟其僅能就執行母法之細節性、技術性事項加以規定，不得逾越母法之限度，迭經本院解釋釋示在案。**內政部訂定之「社會團體許可立案作業規定」第4點關於人民團體應冠以所屬行政區域名稱之規定，逾越母法意旨，侵害人民依憲法應享之結社自由**，應即失其效力。

不能組織共產黨或臺獨黨嗎？

▶釋字第644號（97/6/20）

人民團體法第2條規定：「人民團體之組織與活動，不得主張共產主義，或主張分裂國土。」同法第53條前段關於「申請設立之人民團體有違反第二條……之規定者，不予許可」之規定部分，乃使主管機關於許可設立人民團體以前，得就人民「主張共產主義，或主張分裂國土」之政治上言論之內容而為審查，並作為不予許可設立人民團體之理由，顯已逾越必要之程度，與憲法保障人民結社自由與言論自由之意旨不符，於此範圍內，應自本解釋公布之日起失其效力。

國家可否規定人民團體理事長產生方式？（高雄縣教師會於該會會員代表大會決議，在章程明定該會正副理事長由會員代表大會代表直接選舉產生，並為當然理事及常務理事；嗣依規定，將決議及會議紀錄送交主管機關備查。惟主管機關以該會決議涉及理事長選舉方式部分，與系爭規定不符不予備查，並請聲請人檢討修正）

▶釋字第733號（104/10/30）

人民團體法第17條第2項關於「由理事就常務理事中選舉一人為理事長，其不設常務理事者，就理事中互選之」之規定部分，限制職業團體內部組織與事務之自主決定已逾必要程度，有違憲法第23條所定之比例原則，與憲法第14條保障人民結社自由之意旨不符，應自本解釋公布之日起，至遲於屆滿一年時，失其效力。

理由書：

憲法第14條規定人民有結社之自由，旨在保障人民為特定目的，以共同之意思組成團體並參與其活動之權利，並確保團體之存續、內部組織與事務之自主決定及對外活動之自由（本院釋字第644號解釋參照）。結社團體代表人或其他負責人產生方式亦在結社自由保障之範圍。惟各種不同結社團體，對於個人、社會或民主憲政制度之意義不同，與公共利益之關聯程度亦有差異，受法律限制之程度亦有所不同。對上開產生方式之限制，應視結社團體性質之不同，於所採手段未逾必要程度內，始無違憲法第23條之比例原則。

人民團體法第17條第2項規定：「前項各款理事、監事名額在三人以上者，得分別互選常務理事及常務監事，其名額不得超過理事或監事總額之三分之一；並由理事就常務理事中選舉一人為理事長，其不設常務理事者，就理事中互選之……。」其中有關「由理事就常務理事中選舉一人為理事長，其不設常務理事者，就理事中互選之」部分（下稱系爭規定），明定理事長應由理事選舉之。雖因同法第41條及第49條分別就社會團體與政治團體選任職員之選任，均明定得於其章程中另定之，而使系爭規定適用於社會團體與政治團體部分不具強制性；但就職業團體而言，除其他法律有特別規定外（同法第1條規定參照），系爭規定仍屬對理事長產生方式之強制規定，自係對人民團體內部組織與事務之自主決定所為之限制。

十一、生存權

憲法第15條規定：「人民之生存權、工作權及財產權，應予保障。」生存權具有兩種性質：一種是防禦權的性質，可要求國家不要剝奪人民的生存權；一種則是受益權的性質，向國家請求協助維持生存之權。憲法基本國策另外對人民生存權有許多規定，例如憲法第155條和第157條，才真正保障生存權的具體規定。

目前我國大法官就憲法第15條生存權的討論，多注重於防禦權的面向，且多探討死刑存廢的問題。

死刑違憲嗎？

▶釋字第194號（74/3/22）

戡亂時期肅清煙毒條例第5條第1項規定：販賣毒品者，處死刑，立法固嚴，惟係於戡亂時期，為肅清煙毒，以維護國家安全及社會秩序之必要而制定，與憲法第23條並無牴觸，亦無牴觸憲法第7條之可言。

▶釋字第476號（88/1/29）

人民身體之自由與生存權應予保障，固為憲法第8條、第15條所明定；惟國家刑罰權之實現，對於特定事項而以特別刑法規定特別之罪刑所為之規範，倘與憲法第23條所要求之目的正當性、手段必要性、限制妥當性符合，即無乖於比例原則，要不得僅以其關乎人民生命、身體之自由，遂執兩不相侔之普通刑法規定事項，而謂其係有違於前開憲法之意旨。

中華民國81年7月27日修正公布之「肅清煙毒條例」、87年5月20日修正公布之「毒品危害防制條例」，其立法目的，乃特別為肅清煙毒、防制毒品危害，藉以維護國民身心健康，進而維持社會秩序，俾免國家安全之陷於危殆。因是拔其貽害之本，首予杜絕流入之途，即著重煙毒來源之截堵，以求禍害之根絕；而製造、運輸、販賣行為乃煙毒禍害之源，其源不斷，則流毒所及，非僅多數人之生命、身體受其侵害，并社會、國家之法益亦不能免，為害之鉅，當非個人一己之生命、身體法益所可比擬。**對於此等行為之以特別立法嚴厲規範，當已符合比例原則**；抑且製造、運輸、販賣煙毒之行為，除有上述高度不法之內涵外，更具有暴利之特質，利之所在，不免群趨僥倖，若僅藉由長期自由刑措置，而欲達成肅清、防制之目的，非但成效難期，要亦有悖於公平與正義。肅清煙毒條例第5條第1項：「販賣、運輸、製造毒品、鴉片或麻煙者，處死刑或無期徒刑。」毒品危害防制條例第4條第1項：「製造、運輸、販賣第一級毒品者，處死刑或無期徒刑；處無期徒刑者，得併科新臺幣一千萬元以下罰金。」**其中關於死刑、無期徒刑之法定刑規定，係本於特別法嚴禁毒害之目的而為之處罰，乃維護國家安全、社會秩序及增進公共利益所必要，無違憲法第23條之規定，與憲法第15條亦無牴觸。**

唯一死刑是否違憲？

▶釋字第263號（79/7/19）

懲治盜匪條例為特別刑法，其第2條第1項第9款對意圖勒贖而擄人者，不分犯罪情況及結果如何，概以死刑為法定刑，立法甚嚴，惟依同條例第8條之規定，若有情輕法重之情形者，裁判時本有刑法第59條酌量減輕其刑規定之適用，其有未經取贖而釋放被害人者，復得依刑法第347條第5項規定減輕其刑，足以避免過嚴之刑罰，與憲法尚無牴觸。

誣告反坐？

▶釋字第551號（91/11/22）

人民身體之自由與生存權應予保障，為憲法第8條、第15條所明定，國家為實現刑罰權，將特定事項以特別刑法規定特別之罪刑，其內容須符合目的正當性、手段必要性、限制妥當性，方符合憲法第23條之規定，業經本院釋字第476號解釋闡釋在案。中華民國87年5月20日修正公布之毒品危害防制條例，其立法目的係為肅清煙毒、防制毒品危害、維護國民身心健康，藉以維持社會秩序及公共利益，乃以特別法加以規範。有關栽贓誣陷或捏造證據誣告他人犯該條例之罪者，固亦得於刑法普通誣告罪之外，斟酌立法目的而為特別處罰之規定。然同條例第16條規定：「栽贓誣陷或捏造證據誣告他人犯本條例之罪者，處以其所誣告之罪之刑」，**未顧及行為人負擔刑事責任應以其行為本身之惡害程度予以非難評價之刑法原則，強調同害之原始報應刑思想，以所誣告罪名反坐，所採措置與欲達成目的及所需程度有失均衡；其責任與刑罰不相對應，罪刑未臻相當，與憲法第23條所定比例原則未盡相符**。有關機關應自本解釋公布之日起兩年內通盤檢討修正，以兼顧國家刑罰權之圓滿正確運作，並維護被誣告者之個人法益；逾期未為修正者，前開條例第16條誣告反坐之規定失其效力。

十二、工作權

一般認為，工作權有兩項內涵：第一項是人民有選擇工作種類，此乃偏向防禦權的性質；第二項則是向國家要求提供工作的權利，乃受益權的性質，不過真正的具體規定，則是憲法基本國策章中的第152條、第153條。

一般學者在討論對工作權的限制時，受到德國體系影響，將對工作權的限制分為三類：

1. **第一階段**：針對執行職業方面而言：指在某種職業內之成員，應該以何種方式、內容來執業，例如法令規定修車廠不得在周日營業，或限制化工廠排放熱氣，計程車必須有安全帶之裝置，計程車車身必須黃色，營業時間之限制等，由於執行職業不涉及人民是否可以從事某一職業之問題，因而立法者若欲對從事某一職業之方式或內容有所規範時，只要符合公益考量，且合乎目的性時，立法者享有頗大限制之空間。
2. **第二階段**：針對選擇職業自由主觀要件而言：在此所稱主觀要件，係指個人欲選擇從事某一職業之前，本身應具備之某些特別之專業能力或資格，依據工作自由之原則，人民雖有選擇各種職業的自由，然國家對於特種事業，倘因其關係公共安全與秩序或因其關係人民之衛生或健康，限定須具有特殊資格者，始准加入該行業，例如當律師須經考試、或有年齡之限制、或須曾接受過何種教育或訓練。立法者在規定何種人具備何種主觀要件始得從事某種行業時，僅有在為維護重要公共利益，且有迫切必要時，始可對從事某一行業之資格作限制，因而，和前者執行職業方面比較，立法者在此階段享有之限制空間亦較少。
3. **第三階段**：針對選擇職業自由客觀要件而言：與第二階段不同者，在於客觀要件之規定與從事職業之個人無關，而是受外界客觀因素之影響。例如限制某一地區藥房家數、計程車數量、某條路段客運經營之家數、限制一定之頻道等。由於和該地區之需求、國家壟斷性有關，因而立法者欲對選擇職業自由客觀要件作規範，即必須要基於為保護特別重要之公益且有必要者，例如基於國民健康之理由而限制某地區藥房之家數（不能以為保護其他已設立開業藥房之理由而不准許新設其他藥房），例如在德國勞工介紹所是國營，具壟斷性，一般人民無法從事勞工仲介工作，因德國人認為為保障尋找工作之勞工權益，以及為針對全國勞工就業政策、能有所長期規劃之理由，國家對勞工仲介業具壟斷性。因而立法者對於選擇職業自由客觀條件有所規範時，必須有極為特別重大之公益理由，始可限制之，立法者在此階段享有之限制空間更小[3]。

而根據一般說法，如果能用第一類的限制，就不要用第二類、第三類的限制，如果能用第二類的限制，就不要用第三類的限制。不過，實際上由於我國特有的考試文化，大法官在相關解釋中，都一再地強調國家考試制度的重要。考試的限制就是第二類的限制，限制哪些人可以從事職業，是一種事前管制。但是，我們其實可以先讓人民輕易進入某個行業，而在其執業後透過第一類的限制，亦即其若有違法不當，再事後處罰即可，不必用第二類事前管制工作資格的方式。在釋字第453號解釋中，原本不需要考試的記帳職業，居然被大法官宣告違憲，而認為應該有考試才可以[4]。另外，大法官對於涉及考試的相關規定，幾乎都沒有宣告其違憲過，包括釋字第352、404、547號解釋等，都宣告考試相關的限制合憲。可見就考試相關議題的部分，大法官並沒有受到外國憲法學理對於工作權保障的影響，反而基於五權憲法中對考試權的重視，而特別強調考試制度的必要性。

藥師只能限定在一處執業嗎？

▶釋字第711號（102/7/31）

藥師法第11條規定：「藥師經登記領照執業者，其執業處所應以一處為限。」未就藥師於不違反該條立法目的之情形下，或於有重大公益或緊急情況之需要時，設必要合理之例外規定，已對藥師執行職業自由形成不必要之限制，有違憲法第23條比例原則，與憲法第15條保障工作權之意旨相牴觸，應自本解釋公布之日起，至遲於屆滿一年時失其效力。

3 以上參考法治斌、董保城，《憲法新論》，元照出版社，2004年，頁196-197。

4 批評請見李惠宗，〈從大法官釋字453號解釋論司法審查在建立專業證照法制上的功能〉，《東海法學研究》，第13期，1998年12月，頁1以下。

當會計師一定要經過國家考試嗎？

▶釋字第222號（77/2/12）

財政部證券管理委員會於中華民國72年7月7日發布之「會計師辦理公開發行公司財務報告查核簽證核准準則」，係證券交易法第37條第1項授權訂定之命令，其第2條規定：公開發行公司之財務報告，應由聯合會計師事務所之開業會計師二人以上共同查核簽證；第4條則對聯合會計師事務所組成之條件有所規定，**旨在使會計師辦理公開發行公司財務報告查核簽證之制度，臻於健全，符合上開法律授權訂定之目的，為保護投資大眾、增進公共利益所必要，與憲法尚無牴觸**。惟該準則制定已歷數年，社會環境及證券交易情形，均在不斷演變，會計師檢覈辦法亦經修正，前開準則關於檢覈免試取得會計師資格者，組成聯合會計師事務所之條件，與其他會計師不同之規定，其合理性與必要性是否繼續存在，宜由主管機關檢討修正，或逕以法律定之，以昭慎重，併予指明。

有經驗的記帳人員和土地代書也得考試嗎？

▶釋字第352號（83/6/17）

理由書：

土地登記涉及人民財產權益，其以代理當事人申辦土地登記為職業者，須具備相關之專業知識與經驗，始能勝任，是故土地登記專業代理人係屬專門職業。憲法第86條第2款規定，專門職業人員之執業資格，應依法考選銓定之。中華民國78年12月19日修正公布之土地法第37條之1第2項規定：「土地登記專業代理人，應經土地登記專業代理人考試或檢覈及格。但在本法修正施行前，已從事土地登記專業代理業務，並曾領有政府發給土地代書人登記合格證明或代理他人申辦土地登記案件專業人員登記卡者，得繼續執業，未領有土地代書人登記合格證明或登記卡者，得繼續執業五年」，旨在建立健全之土地登記專業代理人制度，符合上開憲法規定之意旨。且該法對修正施行前，已從事土地登記專業代理業務，並依照當時法規取得合格證明或登記卡者，准予繼續執業。至於實際上已從事土地登記代理業務，而未取得合格證明或登記卡者，本無合法權利可言。而上開法條既定有五年之相當期間，使其在此期間內，自行決定是否參加考試或檢覈，或改業，已充分兼顧其利益，並無法律效力溯及既往之問題。綜上所述，前開土地法之規定，與憲法並無牴觸。

▶釋字第453號（87/5/8）

商業會計事務，依商業會計法第2條第2項規定，謂依據一般公認會計原則從事商業會計事務之處理及據以編制財務報表，其性質涉及公共利益與人民財產權益，是以辦理商業會計事務為職業者，須具備一定之會計專業知識與經驗，始能勝任。同法第5條第4項規定：「商業會計事務，得委由會計師或經中央主管機關認可之商業會計記帳人辦理之；其認可及管理辦法，由中央主管機關定之」，**所稱「商業會計記帳人」既在辦理商業會計事務，係屬專門職業之一種，依憲法第86條第2款之規定，其執業資格自應依法考選銓定之**。商業會計法第5條第4項規定，委由中央主管機關認可商業會計記帳人之資格部分，有違上開憲法之規定，應不予適用。

中醫師不能開止痛藥嗎？

▶釋字第404號（85/5/24）

憲法第15條規定人民之工作權應予保障，故人民得自由選擇工作及職業，以維持生計。**惟人民之工作與公共福祉有密切關係，為增進公共利益之必要，對於人民從事工作之方法及應具備之資格或其他要件，得以法律為適當之限制，此觀憲法第23條規定自明**。醫師法為強化專業分工、保障病人權益及增進國民健康，使不同醫術領域之醫師提供專精之醫療服務，將醫師區分為醫師、中醫師及牙醫師。醫療法第41條規定醫療機構之負責醫師應督導所屬醫事人員依各該醫事專門職業法規規定執行業務，均屬增進公共利益所必要。中醫師之醫療行為應依中國傳統之醫術為之，若中醫師以「限醫師指示使用」之西藥製劑或西藥成藥處方，為人治病，顯非以中國傳統醫術為醫療方法，有違醫師專業分類之原則及病人對中醫師之信賴。行政院衛生署71年3月18日衛署醫字第370167號函釋：「三、中醫師如使用『限醫師指示使用』之西藥製劑，核為醫師業務上之不正當行為，應依醫師法第25條規定論處。四、西藥成藥依藥物藥商管理法之規定，其不待醫師指示，即可供治療疾病。**故使用西藥成藥為人治病，核非中醫師之業務範圍。」要在闡釋中醫師之業務範圍，符合醫師法及醫療法之立法意旨，與憲法保障工作權之規定，尚無牴觸。**

考空姐一定要夠高嗎？

▶釋字第510號（89/7/20）

憲法第15條規定人民之工作權應予保障，人民從事工作並有選擇職業之自由。惟其工作與公共利益密切相關者，於符合憲法第23條比例原則之限度內，**對於從事工作之方式及必備之資格或其他要件，得以法律或視工作權限制之性質，以有法律明確授權之命令加以規範**。中華民國73年11月19日修正公布之民用航空法第25條規定，民用航空局對於航空人員之技能、體格或性行，應為定期檢查，且得為臨時檢查，經檢查不合標準時，應限制、暫停或終止其執業，並授權民用航空局訂定檢查標準（84年1月27日修正公布之同法第25條及87年1月21日修正公布之第26條規定意旨亦同）。民用航空局據此授權於82年8月26日修正發布之「航空人員體格檢查標準」，其第48條第1項規定，航空人員之體格，不合該標準者，應予不及格，如經特別鑑定後，認其行使職務藉由工作經驗，不致影響飛航安全時，准予缺點免計；第52條規定：「為保障民航安全，對於准予體格缺點免計者，應予時間及作業之限制。前項缺點免計之限制，該航空人員不得執行有該缺點所不能執行之任務」，及第53條規定：「對缺點免計受檢者，至少每三年須重新評估乙次。航空體檢醫師或主管，認為情況有變化時，得隨時要求加以鑑定」，**均係為維護公眾利益，基於航空人員之工作特性，就職業選擇自由個人應具備條件所為之限制，非涉裁罰性之處分，與首開解釋意旨相符，於憲法保障人民工作權之規定亦無牴觸。**

按摩一定得是瞎子？

▶釋字第649號（97/10/31）

中華民國90年11月21日修正公布之身心障礙者保護法第37條第1項前段規定：「非本法所稱視覺障礙者，不得從事按摩業。」（96年7月11日該法名稱修正為身心障礙者權益保障法，上開規定之「非本法所稱視覺障礙者」，經修正為「非視覺功能障礙者」，並移列為第46條第1項前段，規定意旨相同）與憲法第7條平等權、第15條工作權及第23條比例原則之規定不符，應自本解釋公布之日起至遲於屆滿三年時失其效力。

理由書：

查視障非屬人力所得控制之生理狀態，系爭規定之差別待遇係以視障與否為分類標準，使多數非視障者均不得從事按摩業，影響甚鉅。基於我國視障者在成長、行動、學習、受教育等方面之諸多障礙，可供選擇之工作及職業種類較少，其弱勢之結構性地位不易改變，立法者乃衡酌視障者以按摩業為生由來已久之實際情況，且認為視障狀態適合於從事按摩，制定保護視障者權益之規定，本應予以尊重，惟仍須該規定所追求之目的為重要公共利益，所採禁止非視障者從事按摩業之手段，須對非視障者之權利並未造成過度限制，且有助於視障者工作權之維護，而與目的間有實質關聯者，方符合平等權之保障。按憲法基本權利規定本即特別著重弱勢者之保障，憲法第155條後段規定：「人民之老弱殘廢，無力生活，及受非常災害者，國家應予以適當之扶助與救濟。」以及憲法增修條文第10條第7項規定：「國家對於身心障礙者之保險與就醫、無障礙環境之建構、教育訓練與就業輔導及生活維護與救助，應予保障，並扶助其自立與發展。」顯已揭櫫扶助弱勢之原則。職是，國家保障視障者工作權確實具備重要公共利益，其優惠性差別待遇之目的合乎憲法相關規定之意旨。

69年殘障福利法制定施行之時，視障者得選擇之職業種類較少，禁止非視障者從事按摩業之規定，對有意選擇按摩為業之視障者確有助益，事實上視障就業者亦以相當高之比率選擇以按摩為業。惟按摩業依其工作性質與所需技能，原非僅視障者方能從事，隨著社會發展，按摩業就業與消費市場擴大，系爭規定對欲從事按摩業之非視障者造成過度限制。而同屬身心障礙之非視障者亦在禁止之列，並未如視障者享有職業保留之優惠。在視障者知識能力日漸提升，得選擇之職業種類日益增加下，系爭規定易使主管機關忽略視障者所具稟賦非僅侷限於從事按摩業，以致系爭規定施行近三十年而職業選擇多元之今日，仍未能大幅改善視障者之經社地位，目的與手段間難謂具備實質關聯性，從而有違憲法第7條保障平等權之意旨。

查系爭規定禁止非視障者從事按摩業，係屬對非視障者選擇職業自由之客觀條件限制。該規定旨在保障視障者之就業機會，徵諸憲法第155條後段及增修條文第10條第7項之意旨，自屬特別重要之公共利益，目的洵屬正當。惟鑑於社會之發展，按摩業之需求市場範圍擴大，而依規定，按摩業之手技甚為廣泛，包括「輕擦、揉捏、指壓、叩打、震顫、曲手、運動及其他特殊手技。」（97年3月5日廢止之視覺障礙者從事按摩業資格認定及管理辦法第4條、現行視覺功能障礙者從事按摩或理療按摩資格認定及管理辦法第4條第1款規定參照），系爭規定對非視障者從事按摩業之禁止，其範圍尚非明確，導致執行標準不一，使得非視障者從事類似相關工作及行業觸法之可能性大增，此有各級行政法院諸多裁判可稽。且按摩業並非僅得由視障者從事，有意從事按摩業者受相當之訓練並經檢定合格應即有就業之資格，將按摩業僅允准視障者從事，使有意投身專業按摩工作之非視障者須轉行或失業，未能形成多元競爭環境裨益消費者選擇，與所欲保障視障者工作權而生之就業利益相較，顯不相當。故系爭規定**對於非視障者職業選擇自由之限制，實與憲法第23條比例原則不符，而牴觸憲法第15條工作權之保障。**

殺人犯不能當計程車司機？

▶釋字第584號（93/9/17）

人民之工作權為憲法第15條規定所保障，其內涵包括人民選擇職業之自由。人民之職業與公共福祉有密切關係，故對於從事一定職業應具備之資格或其他要件，於符合憲法第23條規定之限度內，得以法律或法律明確授權之命令加以限制。中華民國88年4月21日修正公布之道路交通管理處罰條例第37條第1項規定：「曾犯故意殺人、搶劫、搶奪、強盜、恐嚇取財、擄人勒贖或刑法第二百二十一條至第二百二十九條妨害性自主之罪，經判決罪刑確定者，不准辦理營業小客車駕駛人執業登記。」**乃基於營業小客車營運及其駕駛人工作之特性，就駕駛人個人應具備之主觀條件，對人民職業選擇自由所為之限制，旨在保障乘客之安全，確保社會之治安，及增進營業小客車之職業信賴，與首開憲法意旨相符，於憲法第23條之規定，尚無牴觸。**又營業小客車營運之管理，因各國國情與治安狀況而有不同。相關機關審酌曾犯上述之罪者，其累再犯比率偏高，及其對乘客安全可能之威脅，衡量乘客生命、身體安全等重要公益之維護，與人民選擇職業應具備主觀條件之限制，而就其選擇職業之自由為合理之不同規定，與憲法第7條之平等原則，亦屬無違。惟以限制營業小客車駕駛人選擇職業之自由，作為保障乘客安全、預防犯罪之方法，乃基於現階段營業小客車管理制度所採取之不得已措施，但究屬人民職業選擇自由之限制，自應隨營業小客車管理，犯罪預防制度之發展或其他制度之健全，就其他較小限制替代措施之建立，隨時檢討改進；且若已有方法證明曾犯此等犯罪之人對乘客安全不具特別危險時，即應適時解除其駕駛營業小客車執業之限制，俾於維護公共福祉之範圍內，更能貫徹憲法人民工作權之保障及平等原則之意旨，併此指明。

公務員離職後可以從事離職前主管相關業務嗎？

▶釋字第637號（97/2/22）

公務員服務法第14條之1規定：「公務員於其離職後三年內，不得擔任與其離職前五年內之職務直接相關之營利事業董事、監察人、經理、執行業務之股東或顧問。」旨在維護公務員公正廉明之重要公益，而對離職公務員選擇職業自由予以限制，其目的洵屬正當；其所採取之限制手段與目的達成間具實質關聯性，乃為保護重要公益所必要，並未牴觸憲法第23條之規定，與憲法保障人民工作權之意旨尚無違背。

十三、財產權

1. **絕對保障**：財產權為憲法保障之基本權利，在過去十八、十九世紀之法治國家，認為財產權與人類其他一些與生俱來的權利，如人身、信仰、言論等同為人權，享有絕對之支配性。此種將財產權視作人權之見解造成資本主義之興起，財產集中，貧富懸殊。
2. **相對保障**：二十世紀憲法不再將財產權視為所有者享有絕對之支配性，而是隨所有權而發生的一種社會義務。換言之，財產權行使應以社會利益為前提，財產權不再是所有者一種含有絕對性或不受限制的權利，而只是所有人的一種有條件的與可限制性的權利，亦可說是所有權者一種有條件與可限制的社會義務。法國學者狄驥即為主張社會義務說最力者。
3. **公益徵收或公用徵收**：徵收是指國家基於公用或其他公益之目的，經由法定程序，剝奪人民財產權。徵收的目的並不限於「公用」，可能是為了人民的「公益」。所謂的公用徵收，是指政府徵收土地用來蓋公共建設，包括蓋馬路、機場等。而所謂公益徵收，是為了促進特定產業開發，將私人的土地徵收之後再販賣或出租給其他公司使用，以帶來社會整體利益的提升。例如，政府向農民徵收土地，徵收得來的土地卻移轉給高科技廠商使用，此時 國家是為了「公益」而徵收土地，而非為了「公用」。

捷運設施毗鄰地區土地徵收案

▶釋字第732號（104/9/25）

理由書：

90年捷運法第7條第4項規定：「大眾捷運系統……其毗鄰地區辦理開發所需之土地……，得由主管機關依法報請徵收。」（下稱系爭規定一）許主管機關為土地開發之目的，依法報請徵收大眾捷運系統路線、場、站（下稱捷運設施）土地之毗鄰地區土地。所稱依法報請徵收，係指依徵收條例之規定為之。徵收條例第1條第2項規定：「土地徵收，依本條例之規定，本條例未規定者，適用其他法律之規定。」就徵收土地之範圍而言，徵收條例未規定者，應適用其他法律之規定。徵收條例第3條第2款規定：「國家因公益需要，興辦下列各款事業，得徵收私有土地；徵收之範圍，應以其事業所必須者為限：……二、交通事業。……」準此，其徵收除應為興辦該第3條所規定之事業外，其徵收土地之範圍，並應確為興辦該事業所必須。大眾捷運系統屬徵收條例第3條第2款所規定之交通事業，其所得徵收土地之範圍，應為捷運交通事業所必須之土地。依系爭規定一所得報請徵收作為開發用地之毗鄰地區土地，包括與捷運設施用地相連接、與捷運設施用地在同一街廓內且能與捷運設施用地連成同一建築基地、與捷運設施用地相鄰之街廓而以地下道或陸橋相連通等之土地（90年捷運法第7條第2項參照），此等徵收土地之範圍，難謂全為捷運交通事業所必須，其徵收非捷運交通事業所必須之土地，自已限制人民之財產權，並對其上合法居住者嚴重影響其居住自由。又77年捷運法第7條第3項規定：「聯合開發用地……，得徵收之。」（下稱系爭規定二）雖未設有前述「依法報請徵收」之要件，然其程序自應受當時有效之徵收法律之規範。開發辦法第9條第1項規定：「聯合開發之用地取得……，得由該主管機關依法報請徵收……。」（下稱系爭規定三）對聯合開發用地之取得，亦設有「依法報請徵收」之要件。徵收條例係89年2月2日制定公布，故聲請人之一原因案件所適用之77年捷運法，應以當時之土地法有關徵收之相關規定作為報請徵收之依據。然就徵收土地之範圍言，土地法第208條第2款規定：「國家因左列公共事業之需要，得依本法之規定，徵收私有土地。但徵收之範圍，應以其事業所必需者為限。……二、交通事業。……」故其徵收除應為興辦該第208條所規定之事業外，其徵收土地之範圍，並應確為興辦該事業所必須。然系爭規定二、三許興辦捷運交通事業時，就聯合開發用地報請徵收；77年捷運法對「聯合開發之用地」並無範圍之界定。是依系爭規定二、三報請徵收土地之範圍，難謂全為捷運交通事業所必須，其徵收非捷運交通事業所必須之土地，亦已限制人民之財產權，並對其上合法居住者嚴重影響其居住自由。

國家以徵收方式剝奪人民土地所有權，甚而影響土地上合法居住者之居住自由，如非為公用，則須符合其他公益之正當目的。徵收捷運交通事業所必須之土地，屬為興辦交通事業公用之目的；而主管機關辦理毗鄰地區土地之開發，係在有效利用土地資源、促進地區發展並利大眾捷運系統建設經費之取得（立法院秘書處編印，《法律案專輯第114輯——大眾捷運法案》，立法院秘書處，78年，第253頁等所示立法目的參照），固有其公益上之目的。然國家為利用土地資源、促進地區發展並利建設經費之取得等目的，依法報請徵收交通事業所必須者以外之毗鄰地區土地（下簡稱非交通事業所必須之土地），將使土地資源之利益重新分配或移轉予國家或其他私人享有，造成原土地所有權人遭受土地損失之特別犧牲。另為達利用土地資源、促進地區發展並利建設經費之取得等目的，非不得以適當優惠方式與土地所有權人合作進行聯合或共同開發、以市地重劃之方式使原土地所有權人於土地重新整理後仍分配土地、以區段徵收使原土地所有權人取回與原土地同價值之土地、或以其他適當且對土地所有權侵害較小之方式達成。系爭規定一、二、三以使土地所有權人遭受特別犧牲之方式，徵收非交通事業所必須之土地進行開發，並非達成土地資源有效利用、地區發展並利國家建設經費之取得目的所不得不採之必要手段，且非侵害最小之方式。其許主管機關為土地開發之目的，依法報請徵收非交通事業所必須之土地，於此範圍內，不符憲法第23條之比例原則，與憲法保障人民財產權及居住自由之意旨有違，應自本解釋公布之日起不予適用。

4. 公用徵收給予合理補償：若國家為了公用或其他公益目的之必要，而需要將土地徵收，則必須給予人民合理之補償。

徵收以後故意拖延補償時間？

▶釋字第516號（89/10/26）

國家因公用或其他公益目的之必要，雖得依法徵收人民之財產，但應給予合理之補償。此項補償乃因財產之徵收，對被徵收財產之所有人而言，係為公共利益所受之特別犧牲，國家自應予以補償，以填補其財產權被剝奪或其權能受限制之損失。故補償不僅需相當，更應儘速發給，方符憲法第15條規定，人民財產權應予保障之意旨。準此，土地法第233條明定，徵收土地補償之地價及其他補償費，應於「公告期滿後十五日內」發給。此項法定期間，雖或因對徵收補償有異議，由該管地政機關提交評定或評議而得展延，然補償費額經評定或評議後，主管地政機關仍應即行通知需用土地人，並限期繳交轉發土地所有權人，其期限亦不得超過土地法上述規定之十五日（本院院字第2704號、釋字第110號解釋參照）。倘若應增加補償之數額過於龐大，應動支預備金，或有其他特殊情事，致未能於十五日內發給者，仍應於評定或評議結果確定之日起於相當之期限內儘速發給之，否則徵收土地核准案，即應失其效力。

5. 特別犧牲時補償：人民對於其財產有自由使用、收益、處分之權。政府雖然可以基於公益而立法限制人民財產權的行使，但若構成「特別犧牲」時，也就是只限制某些人的財產權，而不限制其他人的財產權，造成實質上的徵收時，此時即必須予以補償。

既成道路政府還得花錢徵收嗎？

▶釋字第400號（85/4/12）

憲法第15條關於人民財產權應予保障之規定，**旨在確保個人依財產之存續狀態行使其自由使用、收益及處分之權能，並免於遭受公權力或第三人之侵害，俾能實現個人自由、發展人格及維護尊嚴。如因公用或其他公益目的之必要，國家機關雖得依法徵收人民之財產，但應給予相當之補償，方符憲法保障財產權之意旨**。既成道路符合一定要件而成立公用地役關係者，其所有權人對土地既已無從自由使用收益，形成因公益而特別犧牲其財產上之利益，國家自應依法律之規定辦理徵收給予補償，各級政府如因經費困難，不能對上述道路全面徵收補償，有關機關亦應訂定期限籌措財源逐年辦理或以他法補償。若在某一道路範圍內之私有土地均辦理徵收，僅因既成道路有公用地役關係而以命令規定繼續使用，毋庸同時徵收補償，顯與平等原則相違。至於因地理環境或人文狀況改變，既成道路喪失其原有功能者，則應隨時檢討並予廢止。行政院中華民國67年7月14日台（67）內字第6301號函及同院69年2月23日台（69）內字第2072號函與前述意旨不符部分，應不再援用。

政府在地下埋管線也要補償人民？

▶釋字第440號（86/11/14）

人民之財產權應予保障，憲法第15條設有明文。**國家機關依法行使公權力致人民之財產遭受損失，若逾其社會責任所應忍受之範圍，形成個人之特別犧牲者，國家應予合理補償**。主管機關對於既成道路或都市計畫道路用地，在依法徵收或價購以前埋設地下設施物妨礙土地權利人對其權利之行使，致生損失，形成其個人特別之犧牲，自應享有受相當補償之權利。臺北市政府於中華民國64年8月22日發布之臺北市市區道路管理規則第15條規定：「既成道路或都市計畫道路用地，在不妨礙其原有使用及安全之原則下，主管機關埋設地下設施物時，得不徵購其用地，但損壞地上物應予補償。」其中對使用該地下部分，既不徵購又未設補償規定，與上開意旨不符者，應不再援用。至既成道路或都市計畫道路用地之徵收或購買，應依本院釋字第400號解釋及都市計畫法第48條之規定辦理，併此指明。

6. 都市更新之正當程序

文林苑都市更新的正當程序

▶釋字第709號（102/4/26）

中華民國87年11月11日制定公布之都市更新條例第10條第1項（於97年1月16日僅為標點符號之修正）有關主管機關核准都市更新事業概要之程序規定，未設置適當組織以審議都市更新事業概要，且未確保利害關係人知悉相關資訊及適時陳述意見之機會，與憲法要求之正當行政程序不符。同條第2項（於97年1月16日修正，同意比率部分相同）有關申請核准都市更新事業概要時應具備之同意比率之規定，不符憲法要求之正當行政程序。92年1月29日修正公布之都市更新條例第19條第3項前段（該條於99年5月12日修正公布將原第3項分列為第3項、第4項）規定，並未要求主管機關應將該計畫相關資訊，對更新單元內申請人以外之其他土地及合法建築物所有權人分別為送達，且未規定由主管機關以公開方式舉辦聽證，使利害關係人得到場以言詞為意見之陳述及論辯後，斟酌全部聽證紀錄，說明採納及不採納之理由作成核定，連同已核定之都市更新事業計畫，分別送達更新單元內各土地及合法建築物所有權人、他項權利人、囑託限制登記機關及預告登記請求權人，亦不符憲法要求之正當行政程序。上開規定均有違憲法保障人民財產權與居住自由之意旨。相關機關應依本解釋意旨就上開違憲部分，於本解釋公布之日起一年內檢討修正，逾期未完成者，該部分規定失其效力。

92年1月29日及97年1月16日修正公布之都市更新條例第22條第1項有關申請核定都市更新事業計畫時應具備之同意比率之規定，與憲法上比例原則尚無牴觸，亦無違於憲法要求之正當行政程序。惟有關機關仍應考量實際實施情形、一般社會觀念與推動都市更新需要等因素，隨時檢討修正之。

92年1月29日修正公布之都市更新條例第22條之1（該條於94年6月22日為文字修正）之適用，以在直轄市、縣（市）主管機關業依同條例第7條第1項第1款規定因戰爭、地震、火災、水災、風災或其他重大事變遭受損壞而迅行劃定之更新地區內，申請辦理都市更新者為限；且係以不變更其他幢（或棟）建築物區分所有權人之區分所有權及其基地所有權應有部分為條件，在此範圍內，該條規定與憲法上比例原則尚無違背。

7. **營業自由**：我國憲法沒有明文保護營業自由，而大法官認為營業自由可以從財產權或工作權推出來。營業自由比較接近財產權的交易使用，而對營業自由限制，也算是對財產權的限制。

國家規定未滿十八歲不得進入電動遊戲店，否則予以撤照？

▶釋字514號（89/10/13）

人民營業之自由為憲法上工作權及財產權所保障。有關營業許可之條件，營業應遵守之義務及違反義務應受之制裁，依憲法第23條規定，均應以法律定之，其內容更須符合該條規定之要件。若其限制，**於性質上得由法律授權以命令補充規定時，授權之目的、內容及範圍應具體明確，始得據以發布命令**，迭經本院解釋在案。教育部中華民國81年3月11日台（81）參字第12500號令修正發布之遊藝場業輔導管理規則，係主管機關為維護社會安寧、善良風俗及兒童暨少年之身心健康，於法制未臻完備之際，基於職權所發布之命令，固有其實際需要，惟該規則第13條第12款關於電動玩具業不得容許未滿十八歲之兒童及少年進入其營業場所之規定，第17條第3項關於違反第13條第12款規定者，撤銷其許可之規定，**涉及人民工作權及財產權之限制**，自應符合首開憲法意旨。相關之事項已制定法律加以規範者，主管機關尤不得沿用其未獲法律授權所發布之命令。前述管理規則之上開規定，有違憲法第23條之法律保留原則，應不予援用。

可以在騎樓隨便擺地攤嗎？

▶釋字第564號（92/8/8）

人民之財產權應予保障，憲法第15條設有明文。惟基於增進公共利益之必要，對人民依法取得之土地所有權，國家並非不得以法律為合理之限制。道路交通管理處罰條例第82條第1項第10款規定，在公告禁止設攤之處擺設攤位者，主管機關除責令行為人即時停止並消除障礙外，處行為人或其雇主新臺幣1,200元以上2,400元以下罰鍰，就私有土地言，雖係限制土地所有人財產權之行使，然其目的係為維持人車通行之順暢，且此限制對土地之利用尚屬輕微，未逾越比例原則，與憲法保障財產權之意旨並無牴觸。

行政機關之公告行為如對人民財產權之行使有所限制，法律就該公告行為之要件及標準，須具體明確規定，前揭道路交通管理處罰條例第82條第1項第10款授予行政機關公告禁止設攤之權限，自應以維持交通秩序之必要為限。該條例第3條第1款所稱騎樓既屬道路，其所有人於建築之初即負有供公眾通行之義務，原則上未經許可即不得擺設攤位，是主管機關依上揭條文為禁止設攤之公告或為道路擺設攤位之許可（參照同條例第83條第2款），均係對人民財產權行使之限制，其公告行為之作成，宜審酌准否設攤地區之交通流量、道路寬度或禁止之時段等因素而為之，前開條例第82條第1項第10款規定尚欠具體明確，相關機關應儘速檢討修正，或以其他法律為更具體之規範。

便利超商可以放一臺電動玩具給客人玩嗎？

▶釋字第646號（97/9/5）

電子遊戲場業管理條例（以下簡稱本條例）第22條規定：「違反第十五條規定者，處行為人一年以下有期徒刑、拘役或科或併科新臺幣五十萬元以上二百五十萬元以下罰金。」對未辦理營利事業登記而經營電子遊戲場業者，科處刑罰，旨在杜絕業者規避辦理營利事業登記所需之營業分級、營業機具、營業場所等項目之查驗，以事前防止諸如賭博等威脅社會安寧、公共安全與危害國民，特別是兒童及少年身心健全發展之情事，目的洵屬正當，所採取之手段對目的之達成亦屬必要，符合憲法第23條比例原則之意旨，與憲法第8條、第15條規定尚無牴觸。

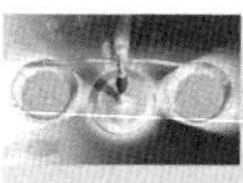

政府採購得標廠商員工逾百者應進用一定比例原住民，未進用者令繳代金之規定，違憲？

▶釋字第719號（103/4/18）

原住民族工作權保障法第12條第1項、第3項及政府採購法第98條，關於政府採購得標廠商於國內員工總人數逾一百人者，應於履約期間僱用原住民，人數不得低於總人數百分之一，進用原住民人數未達標準者，應向原住民族綜合發展基金之就業基金繳納代金部分，尚無違背憲法第7條平等原則及第23條比例原則，與憲法第15條保障之財產權及其與工作權內涵之營業自由之意旨並無不符。

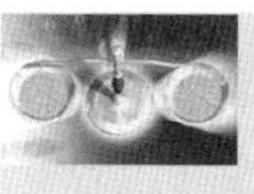

電子遊戲場業營業場所要距離學校、醫院1,000公尺以上嗎？

▶釋字第738號（105/6/24）

因電子遊戲場業之經營，對社會安寧、善良風俗、公共安全及國民身心健康足以產生不利之影響，立法者乃制定電子遊戲場業管理條例以為管理之依據（電子遊戲場業管理條例第1條參照）。該條例第9條第1項規定，電子遊戲場業營業場所應距離國民中、小學、高中、職校、醫院五十公尺以上，為達成上開立法目的之一種手段。系爭規定二將限制級電子遊戲場業營業場所應保持之距離延長為一千公尺，且含幼稚園、圖書館為電子遊戲場業營業場所應與其保持距離之場所；系爭規定三、四則分別將應保持之距離延長為九百九十公尺、八百公尺以上。究其性質，實為對從事工作地點之執行職業自由所為限制，故除其限制產生實質阻絕之結果而涉及職業選擇自由之限制應受較嚴格之審查外，立法者如為追求一般公共利益，且該限制有助於目的之達成，又別無其他相同有效達成目的而侵害較小之手段可資運用，而與其所欲維護公益之重要性及所限制行為對公益危害之程度亦合乎比例之關係時，即無違於比例原則（本院釋字第584號、第711號解釋參照）。系爭規定二、三、四所欲達成維護社會安寧、善良風俗、公共安全及國民身心健康等公益之立法目的洵屬正當，所採取電子遊戲場業營業場所應與特定場所保持規定距離之手段，不能謂與該目的之達成無關聯。且各直轄市、縣（市）就其工商輔導及管理之地方自治事項，基於因地制宜之政策考量，對電子遊戲場業營業場所設定較長之距離規定，可無須對接近特定場所周邊之電子遊戲場業，耗用鉅大之人力、物力實施嚴密管理及違規取締，即可有效達成維護公益之立法目的，係屬必要之手段。至該限制與所追求之公共利益間尚屬相當，亦無可疑。尚難謂已違反比例原則而侵害人民之營業自由。惟有鑑於電子遊戲場業之設置，有限制級及普通級之分，對社會安寧、善良風俗、公共安全及國民身心健康所可能構成妨害之原因多端，各項原因在同一直轄市、縣（市）之各區域，所能產生影響之程度亦可能不同。加之各直轄市、縣（市）之人口密度、社區分布差異甚大，且常處於變動中。各地方自治團體有關距離限制之規定，如超出法定最低限制較多時，非無可能產生實質阻絕之效果，而須受較嚴格之比例原則之審查。相關地方自治團體允宜配合客觀環境及規範效果之變遷，隨時檢討而為合理之調整，併此指明。

十四、應考試服公職權

憲法第18條規定：「人民有應考試服公職之權。」

國防部預備軍官、士官班招生簡章規定曾受刑之宣告者不得報考，違憲？

▶釋字第715號（102/12/20）

中華民國99年國軍志願役專業預備軍官預備士官班考選簡章壹、二、（二）規定：「曾受刑之宣告……者，不得報考。……」與憲法第23條法律保留原則無違。惟其對應考試資格所為之限制，逾越必要程度，牴觸憲法第23條比例原則，與憲法第18條保障人民服公職之權利意旨不符。相關機關就嗣後同類考試應依本解釋意旨妥為訂定招生簡章。

理由書：

然過失犯因疏忽而觸法，本無如同故意犯罪之惡性可言，苟係偶然一次，且其過失情節輕微者，難認其必然欠缺應具備之服役品德、能力而影響國軍戰力。系爭規定剝奪其透過系爭考選以擔任軍職之機會，非屬達成目的之最小侵害手段，逾越必要程度，牴觸憲法第23條比例原則，與憲法第18條保障人民服公職之權利意旨不符。相關機關就嗣後同類考試應依本解釋意旨妥為訂定招生簡章。

十五、其他防禦權

憲法第22條規定：「凡人民之其他自由及權利，不妨害社會秩序公共利益者，均受憲法之保障。」此乃所謂的自由權概括條款。目前大法官所作解釋中，從第22條推出下列幾種自由權：

（一）人格權

想改名字還要受到限制嗎？

▶釋字第399號（85/3/22）

姓名權為人格權之一種，**人之姓名為其人格之表現，故如何命名為人民之自由，應為憲法第22條所保障**。姓名條例第6條第1項第6款規定命名文字字義粗俗不雅或有特殊原因經主管機關認定者，得申請改名。是有無申請改名之特殊原因，由主管機關於受理個別案件時，就具體事實認定之。姓名文字與讀音會意有不可分之關係，讀音會意不雅，自屬上開法條所稱得申請改名之特殊原因之一。內政部中華民國65年4月19日台內戶字第682266號函釋「姓名不雅，不能以讀音會意擴大解釋」，與上開意旨不符，有違憲法保障人格權之本旨，應不予援用。

（二）婚姻自由

老兵來臺灣後結婚，大陸原配偶可以主張臺灣婚姻無效嗎？

▶釋字第242號（78/6/23）

中華民國74年6月3日修正公布前之民法親屬編，其第985條規定：「有配偶者，不得重婚」；第992條規定：「結婚違反第九百八十五條之規定者，利害關係人得向法院請求撤銷之。但在前婚姻關係消滅後，不得請求撤銷」，乃維持一夫一妻婚姻制度之社會秩序所必要，與憲法並無牴觸。惟國家遭遇重大變故，在夫妻隔離，相聚無期之情況下所發生之重婚事件，與一般重婚事件究有不同，**對於此種有長期實際共同生活事實之後婚姻關係，仍得適用上開第992條之規定予以撤銷，嚴重影響其家庭生活及人倫關係，反足妨害社會秩序，就此而言，自與憲法第22條保障人民自由及權利之規定有所牴觸。**

（三）性行為自由

通姦會有罪嗎？

▶釋字第791號（109/5/29）

系爭規定一明定：「有配偶而與人通姦者，處一年以下有期徒刑。其相姦者亦同。」禁止有配偶者與第三人間發生性行為，係對個人得自主決定是否及與何人發生性行為之性行為自由，亦即性自主權，所為之限制。按性自主權與個人之人格有不可分離之關係，為個人自主決定權之一環，與人性尊嚴密切相關，屬憲法第22條所保障之基本權（系爭解釋參照）。

系爭規定一既限制人民受憲法保障之性自主權，應符合憲法第23條比例原則，即須符合目的正當性，且該限制有助於目的之達成，又別無其他相同有效達成目的而侵害較小之手段可資運用，而與其所欲維護法益之重要性亦合乎比例之關係。又性自主權與個人之人格有不可分離之關係，是系爭規定一對性自主權之限制，是否合於比例原則，自應受較為嚴格之審查。

首就系爭規定一維護婚姻忠誠義務之目的言，其主要內容應在於維護配偶間親密關係之排他性，不許有配偶者與第三人間發生性行為而破壞婚姻關係。基於刑罰之一般犯罪預防功能，系爭規定一就通姦與相姦行為施以刑罰制裁，自有一定程度嚇阻該等行為之作用。又配偶雙方忠誠義務之履行固為婚姻關係中重要之環節，然婚姻忠誠義務尚不等同於婚姻關係本身。配偶一方違反婚姻忠誠義務，雖可能危害或破壞配偶間之親密關係，但尚不當然妨害婚姻關係之存續。因此，系爭規定一以刑罰規範制裁通姦與相姦行為，即便有助於嚇阻此等行為，然就維護婚姻制度或個別婚姻關係之目的而言，其手段之適合性較低。惟整體而言，系爭規定一尚非完全無助於其立法目的之達成。

惟基於刑罰之一般預防犯罪功能，國家固得就特定行為為違法評價，並採取刑罰手段予以制裁，以收遏阻之效。然基於刑法謙抑性原則，國家以刑罰制裁之違法行為，原則上應以侵害公益、具有反社會性之行為為限，而不應將損及個人感情且主要係私人間權利義務爭議之行為亦一概納入刑罰制裁範圍。婚姻制度固具有各種社會功能，而為憲法所肯認與維護，惟如前述，婚姻制度之社會功能已逐漸相對化，且憲法保障人民享有不受國家恣意干預之婚姻自由，包括個人自主決定「是否結婚」、「與何人結婚」、「兩願離婚」，以及與配偶共同形成與經營其婚姻關係（如配偶間親密關係、經濟關係、生活方式等）之權利，日益受到重視。又婚姻之成立以雙方感情為基礎，是否能維持和諧、圓滿，則有賴婚姻雙方之努力與承諾。婚姻中配偶一方違背其婚姻之承諾，而有通姦行為，固已損及婚姻關係中原應信守之忠誠義務，並有害對方之感情與對婚姻之期待，但尚不致明顯損及公益。故國家是否有必要以刑法處罰通姦行為，尚非無疑。

系爭規定一雖尚非完全無助於立法目的之達成，但其透過刑事處罰嚇阻通姦行為，得以實現之公益尚屬不大。反之，系爭規定一作為刑罰規範，不僅直接限制人民之性自主權，且其追訴審判程序亦必然干預人民之隱私。按個人之性自主權，與其人格自由及人性尊嚴密切相關。系爭規定一處罰通姦及相姦行為，直接干預個人性自主權核心範圍之程度，堪認嚴重。再者，通姦及相姦行為多發生於個人之私密空間內，不具公開性。其發現、追訴、審判過程必然侵擾個人生活私密領域及個人資料之自主控制，致國家公權力長驅直入人民極私密之領域，而嚴重干預個人之隱私（本院釋字第603號解釋參照）。是系爭規定一對行為人性自主權、隱私之干預程度及所致之不利益，整體而言，實屬重大。況國家以刑罰制裁手段處罰違反婚姻承諾之通姦配偶，雖不無「懲罰」違反婚姻忠誠義務配偶之作用，然因國家權力介入婚姻關係，反而可能會對婚姻關係產生負面影響。是系爭規定一之限制所致之損害顯然大於其目的所欲維護之利益，而有失均衡。

綜上，系爭規定一對憲法第22條所保障性自主權之限制，與憲法第23條比例原則不符，應自本解釋公布之日起失其效力；於此範圍內，系爭解釋應予變更。

▶釋字第554號（91/12/27）

婚姻與家庭為社會形成與發展之基礎，受憲法制度性保障（參照本院釋字第362號、第552號解釋）。婚姻制度植基於人格自由，具有維護人倫秩序、男女平等、養育子女等社會性功能，國家為確保婚姻制度之存續與圓滿，自得制定相關規範，約束夫妻雙方互負忠誠義務。**性行為自由與個人之人格有不可分離之關係，固得自主決定是否及與何人發生性行為，惟依憲法第22條規定，於不妨害社會秩序公共利益之前提下，始受保障**。是性行為之自由，自應受婚姻與家庭制度之制約。

婚姻關係存續中，配偶之一方與第三人間之性行為應為如何之限制，以及違反此項限制，應否以罪刑相加，各國國情不同，應由立法機關衡酌定之。刑法第239條對於通姦者、相姦者處一年以下有期徒刑之規定，固對人民之性行為自由有所限制，惟此為維護婚姻、家庭制度及社會生活秩序所必要。為免此項限制過嚴，同法第245條第1項規定通姦罪為告訴乃論，以及同條第2項經配偶縱容或宥恕者，不得告訴，對於通姦罪附加訴追條件，此乃立法者就婚姻、家庭制度之維護與性行為自由間所為價值判斷，並未逾越立法形成自由之空間，與憲法第23條比例原則之規定尚無違背。

（四）隱私權

可否建立全民指紋資料庫？

▶釋字第603號（94/9/28）

維護人性尊嚴與尊重人格自由發展，乃自由民主憲政秩序之核心價值。隱私權雖非憲法明文列舉之權利，惟基於人性尊嚴與個人主體性之維護及人格發展之完整，並為保障個人生活私密領域免於他人侵擾及個人資料之自主控制，隱私權乃為不可或缺之基本權利，而受憲法第22條所保障（本院釋字第585號解釋參照）。其中就**個人自主控制個人資料之資訊隱私權**而言，乃保障人民決定是否揭露其個人資料、及在何種範圍內、於何時、以何種方式、向何人揭露之決定權，**並保障人民對其個

人資料之使用有知悉與控制權及資料記載錯誤之更正權。惟憲法對資訊隱私權之保障並非絕對，國家得於符合憲法第23條規定意旨之範圍內，以法律明確規定對之予以適當之限制。

指紋乃重要之個人資訊，個人對其指紋資訊之自主控制，受資訊隱私權之保障。而國民身分證發給與否，則直接影響人民基本權利之行使。戶籍法第8條第2項規定：依前項請領國民身分證，應捺指紋並錄存。但未滿十四歲請領者，不予捺指紋，俟年滿十四歲時，應補捺指紋並錄存。第3項規定：請領國民身分證，不依前項規定捺指紋者，不予發給。對於未依規定捺指紋者，拒絕發給國民身分證，形同強制按捺並錄存指紋，以作為核發國民身分證之要件，其目的為何，戶籍法未設明文規定，於憲法保障人民資訊隱私權之意旨已有未合。縱用以達到國民身分證之防偽、防止冒領、冒用、辨識路倒病人、迷途失智者、無名屍體等目的而言，亦屬損益失衡、手段過當，不符比例原則之要求。戶籍法第8條第2項、第3項強制人民按捺指紋並予錄存否則不予發給國民身分證之規定，與憲法第22條、第23條規定之意旨不符，應自本解釋公布之日起不再適用。至依據戶籍法其他相關規定換發國民身分證之作業，仍得繼續進行，自不待言。

國家基於特定重大公益之目的而有大規模蒐集、錄存人民指紋、並有建立資料庫儲存之必要者，則應以法律明定其蒐集之目的，其蒐集應與重大公益目的之達成，具有密切之必要性與關聯性，並應明文禁止法定目的外之使用。主管機關尤應配合當代科技發展，運用足以確保資訊正確及安全之方式為之，並對所蒐集之指紋檔案採取組織上與程序上必要之防護措施，以符憲法保障人民資訊隱私權之本旨。

（五）契約自由

釋字第576號解釋：「契約自由為個人自主發展與實現自我之重要機制，並為私法自治之基礎，**除依契約之具體內容受憲法各相關基本權利規定保障外，亦屬憲法第22條所保障其他自由權利之一種。惟國家基於維護公益之必要，尚非不得以法律對之為合理之限制**。」釋字第580號解釋：「**基於**

個人之人格發展自由，個人得自由決定其生活資源之使用、收益及處分，因而得自由與他人為生活資源之交換，是憲法於第15條保障人民之財產權，於第22條保障人民之契約自由。惟因個人生活技能強弱有別，可能導致整體社會生活資源分配過度不均，為求資源之合理分配，國家自得於不違反憲法第23條比例原則之範圍內，以法律限制人民締約之自由，進而限制人民之財產權。」

契約自由也受到第22條的保障嗎？現代商業環境中，國家對於各種商業活動都會有法律限制。若涉及財產權或工作權的限制，我們或可用憲法第15條來審查是否過度侵害；但是若創造「契約自由」的概念，將所有商業活動都納入契約自由概念，那即表示大法官將用比例原則來審查所有的商業法規。這樣是否妥適，值得深思。

（六）受教育權還是學習自由？

大法官在「受教育權」和「學習自由」等概念上，體系混亂。其曾於釋字第380號解釋中，說大學自治包括「研究自由、教學自由、學習自由」，亦即，說學習自由是從憲法第11條表意自由中推論出來。但後來又在釋字第382號解釋中提到所謂的「受教育權」，但並沒有明確指出受教育權的憲法依據。這樣的體系很混淆，本書不贊成從學術自由那邊得出學習自由的概念，而認為應從憲法第22條中推出受教育權。

釋字第382號解釋理由書：「人民有受教育之權利，為憲法所保障。而憲法上權利遭受不法侵害者，自得行使憲法第16條訴願及訴訟之權，於最後請求司法機關救濟，不因其身分而受影響，迭經本院釋字第187、201、243、266、295、298、312、323及338號等解釋，就人民因具有公務員或其他身分關係而涉訟之各類事件中，闡釋甚明。」

釋字第563號解釋理由書：「學生之學習權及受教育權，國家應予保障（教育基本法第8條第2項）。大學對學生所為退學或類此之處分，足以改變其學生身分及受教育之權利，關係學生權益甚鉅（本院釋字第382號解釋參照）。大學依其章則對學生施以退學處分者，有關退學事由及相關內容之規定自應合理妥適，其訂定及執行並應踐履正當程序。」

（七）收養自由

釋字第712號解釋：「臺灣地區與大陸地區人民關係條例第65條第1款規定：『臺灣地區人民收養大陸地區人民為養子女，……有下列情形之一者，法院亦應不予認可：一、已有子女或養子女者。』其中有關臺灣地區人民收養其配偶之大陸地區子女，法院亦應不予認可部分，與憲法第22條保障收養自由之意旨及第23條比例原則不符，應自本解釋公布之日起失其效力。」

參、受益權

人民要求國家基於統治權的作用，而為一定之行為，享受其特定利益之權利。一般認為受益權包括憲法第15、16、21條等。不過本書認為，基本國策才是憲法對於受益權規定最多的地方（見圖6-4）。

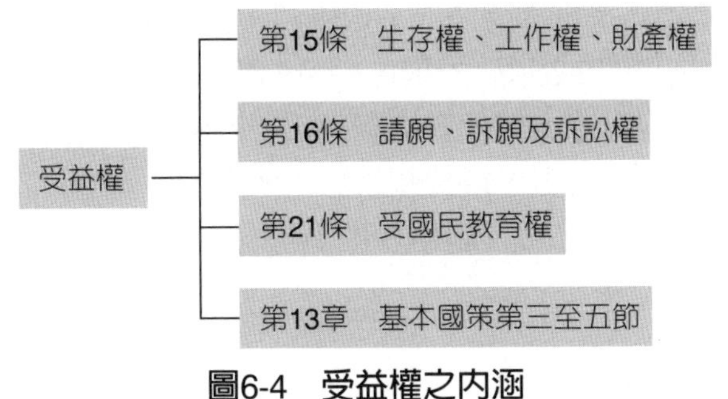
受益權
第15條　生存權、工作權、財產權
第16條　請願、訴願及訴訟權
第21條　受國民教育權
第13章　基本國策第三至五節

圖6-4　受益權之內涵

一、經濟上受益權

憲法第15條規定：「人民之生存權、工作權及財產權，應予保障。」一般認為這屬於經濟上的受益權，不過實際上大法官對於憲法第15條的討論，多集中在防禦權的面向。

真正對於工作權、生存權等受益權的規定，反而規定在基本國策裡面，包括國家如何促進勞工工作權益、如何維護國民健康等等國家應主動提供的服務。尤其是第十三章的第三節國民經濟、第四節社會安全、第五節教育文化，這三節規定了很多國家應該提供的制度、政策目標，其分別就是保障我們的工作、生存和教育權（見圖6-5）。

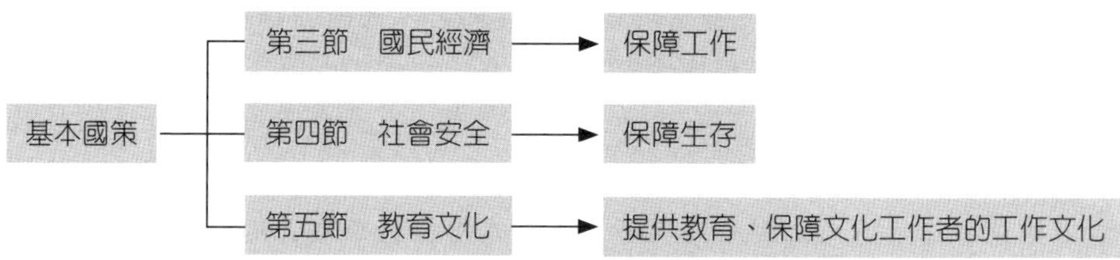

圖6-5 基本國策關於受益權之規定

二、行政上受益權

憲法第16條規定：「人民有請願、訴願及訴訟之權。」

1. **請願權**：人民對國家政策、公共利害或其權益之維護，得向職權所屬之民意機關或主管行政機關請願（請願法第2條）。
   （1）請願事項不得牴觸憲法或干預審判（不得向法院請願）。
   （2）對應提起訴訟或訴願之事項，不得請願。
2. **訴願權**：人民對於中央或地方機關之「行政處分」，認為違法或不當，致損害其權利或利益者，得提起訴願。所謂行政處分，謂中央或地方機關基於職權，就特定之具體事件所為發生公法上效果之單方行政行為（訴願法第3條）。

三、司法上受益權

憲法第16條規定：「人民有請願、訴願及訴訟之權。」

（一）訴訟類型

人民權益遭受損害有向法院提起訴訟，請求為一定裁判之權。其包括民事訴訟、刑事訴訟、行政訴訟。

1. **民事訴訟**：人民請求國家保護其私權，至普通法院民事庭訴訟。
2. **刑事訴訟**：人民請求國家處罰犯罪者，至普通法院刑事庭訴訟。
3. **行政訴訟**：人民因行政機關之違法處分，致損害其權利時，經提起訴願，不服其決定時，得向行政法院請求救濟。

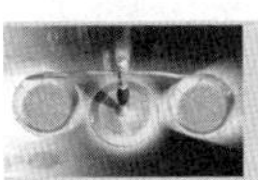

受羈押人犯可以接見律師嗎？

▶釋字第654號（98/1/23）

理由書：

憲法第16條規定人民有訴訟權，旨在確保人民有受公平審判之權利，依正當法律程序之要求，刑事被告應享有充分之防禦權，包括選任信賴之辯護人，俾受公平審判之保障。而刑事被告受其辯護人協助之權利，須使其獲得確實有效之保護，始能發揮防禦權之功能。從而，刑事被告與辯護人能在不受干預下充分自由溝通，為辯護人協助被告行使防禦權之重要內涵，應受憲法之保障。上開**自由溝通權利之行使雖非不得以法律加以限制，惟須合乎憲法第23條比例原則之規定，並應具體明確，方符憲法保障防禦權之本旨，而與憲法第16條保障訴訟權之規定無違。**

受羈押之被告，其人身自由及因人身自由受限制而影響之其他憲法所保障之權利，固然因而依法受有限制，惟於此範圍之外，基於無罪推定原則，受羈押被告之憲法權利之保障與一般人民所得享有者，原則上並無不同（本院釋字第653號解釋理由書參照）。受羈押被告因與外界隔離，唯有透過與辯護人接見時，在不受干預下充分自由溝通，始能確保其防禦權之行使。羈押法第23條第3項規定，律師接見受羈押被告時，亦有同條第2項應監視之適用。該項所稱「監視」，從羈押法及同法施行細則之規範意旨、整體法律制度體系觀察可知，並非僅止於看守所人員在場監看，尚包括監聽、記錄、錄音等行為在內。且於現行實務運作下，受羈押被告與辯護人接見時，看守所依據上開規定予以監聽、錄音。是上開規定使看守所得不問是否為達成羈押目的或維持押所秩序之必要，予以監聽、錄音，對受羈押被告與辯護人充分自由溝通權利予以限制，致妨礙其防禦權之行使，已逾越必要程度，違反憲法第23條比例原則之規定，不符憲法保障訴訟權之意旨。**惟為維持押所秩序之必要，於受羈押被告與其辯護人接見時，如僅予以監看而不與聞，則與憲**

法保障訴訟權之意旨尚無不符。

羈押法第28條規定：「被告在所之言語、行狀、發受書信之內容，可供偵查或審判上之參考者，應呈報檢察官或法院。」使依同法第23條第3項對受羈押被告與辯護人接見時監聽、錄音所獲得之資訊，得以作為偵查或審判上認定被告本案犯罪事實之證據，在此範圍內妨害被告防禦權之行使，牴觸憲法保障訴訟權之規定。前開羈押法第23條第3項及第28條規定，與本解釋意旨不符部分，均應自98年5月1日起失其效力，俾兼顧訴訟權之保障與相關機關之調整因應。如法律就受羈押被告與辯護人自由溝通權利予以限制者，應規定由法院決定並有相應之司法救濟途徑，其相關程序及制度之設計，諸如限制之必要性、方式、期間及急迫情形之處置等，應依本解釋意旨，為具體明確之規範，相關法律規定亦應依本解釋意旨檢討修正，併此指明。

（二）特別權力關係與訴訟權

特別權力關係理論，源於十九世紀德國公法理論，認為國家有一些特殊的國民：軍人、公務員、公立學校學生及監獄受刑人等，和國家係處於一種特殊的權力服從義務關係，因此對這些具有特殊國民地位者之人權，給予較廣泛的限制。具體方面，國家對這些人施以行政處分時，受到的程序限制較少，而這些人也較不能對國家的行政處分提出救濟。不過近年來大法官已經漸漸打破特別權力關係理論中「剝奪訴訟權」的部分，讓公務員、學生等，都可以在「身分或其他重大影響時」，提出訴訟救濟，採所謂的「重要性理論」（見圖6-6）。

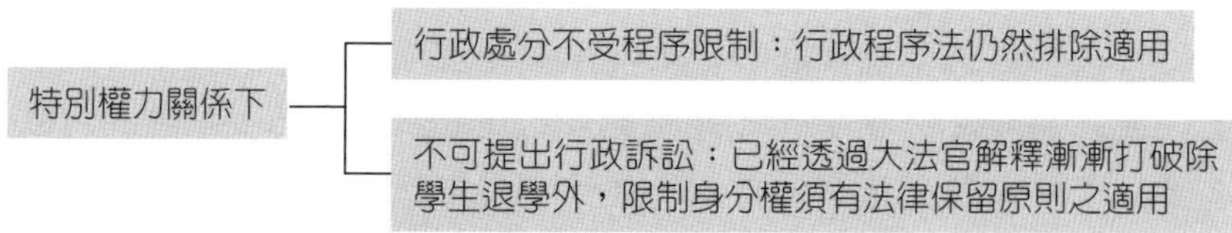

圖6-6　特別權力關係下的救濟

1. 公務員

（1）公法上財產請求權：釋字第187號解釋：「公務員依法辦理退休請領退休金，乃行政法律基於憲法規定所賦予之權利。公務員向原服務機關請求核發服務年資或未領退休金之證明，未獲發給者，在程序上非不得依法提起訴願或行政訴訟。」（另參見釋字第201號解釋）。

釋字第266號解釋：公務人員基於已確定之考績結果，依據法令為財產上之請求為拒絕之處分，亦得提起訴願及行政訴訟。

釋字第312號解釋：公務員請領福利互助金或其他公法上財產請求權遭受侵害，亦得提起訴願及行政訴訟。

（2）懲戒與懲處：釋字第243號解釋：依公務人員考績法對公務員所為之免職處分，直接影響其憲法所保障之服公職權利，如該公務員已循復審、再復審或類似之程序救濟，即視同業經訴願及再訴願程序，如仍不服，得行使行政訴訟之權。

釋字第298號解釋：在「足以改變公務員身分」之外，就「對於公務員有重大影響之懲戒處分」亦許受處分人向該管司法機關聲明不服。

釋字第491號解釋：中央或地方機關依公務人員考績法或相關法規之規定對公務人員所為免職之懲處處分，為限制人民服公職之權利，實質上屬於懲戒處分，其構成要件應由法律定之，方符憲法第23條之意旨。

（3）公務員之任用審查：公務人員受單純之調職處分故不得提起爭訟；若調職而生降低官等或級俸之效果，自得循爭訟程序謀求救濟（參照司法院釋字第483號解釋）。

釋字第323號解釋：各機關擬任之公務人員，經人事主管機關任用審查，認為「不合格」或「較擬任之官等為低」時，前者足以改變公務員身分，後者相當於重大影響之處分，均影響服公職之權利，各該人員依法申請復審後，對復審仍有不服，仍得提起行政訴訟。

釋字第338號解釋：主管機關對公務人員任用資格之審定，倘有不服，從第323號之降低官等，放寬為「對審定之級俸如有爭執」，亦得提起訴願及行政訴訟。

2. 大專教師升等之評審

釋字第462號解釋：「各大學校、院、系（所）教師評審委員會關於教師升等評審之權限，係屬法律在特定範圍內授予公權力之行使，其對教師升等通過與否之決定，與教育部學術審議委員會對教師升等資格所為之最後審定，於教師之資格等身分上之權益有重大影響，均應為訴願法及行政訴訟法上之行政處分。受評審之教師於依教師法或訴願法用盡行政救濟途徑後，仍有不服者，自得依法提起行政訴訟，以符憲法保障人民訴訟權之意旨。」

3. 學生被退學

釋字第684號解釋：「大學為實現研究學術及培育人才之教育目的或維持學校秩序，對學生所為行政處分或其他公權力措施，如侵害學生受教育權或其他基本權利，即使非屬退學或類此之處分，本於憲法第16條有權利即有救濟之意旨，仍應許權利受侵害之學生提起行政爭訟，無特別限制之必要。在此範圍內，本院釋字第382號解釋應予變更。」

4. 軍人被核定退伍與兵役體位判定

釋字第430號解釋：「現役軍官依有關規定聲請續服現役未受允准，並核定其退伍，如對之有所爭執，既係影響軍人身分之存續，損及憲法所保障服公職之權利，自得循訴願及行政訴訟程序尋求救濟。」

釋字第459號解釋：「兵役體位之判定，係徵兵機關就役男應否服兵役及應服何種兵役所為之決定而對外直接發生法律效果之單方行政行為，此種決定行為，對役男在憲法上之權益有重大影響，應為訴願法及行政訴訟法上之行政處分。受判定之役男，如認其判定有違法或不當情事，自得依法提起訴願及行政訴訟。司法院院字第1850號解釋，與上開意旨不符，應不再援用，以符憲法保障人民訴訟權之意旨。至於兵役法施行法第69條係規定免役、禁役、緩徵、緩召應先經主管機關之核定及複核，並未限制人民爭訟之權利，與憲法並無牴觸；其對複核結果不服者，仍得依法提起訴願及行政訴訟。」

5. 專門職業人員之懲戒

（1）會計師：釋字第295號解釋：「財政部會計師懲戒覆審委員會對會計師所為懲戒處分之覆審決議，實質上相當於最終之訴願決定，不得再對之提起訴願、再訴願。被懲戒人如因該項決議違法，認為損害其權利者，應許其逕行提起行政訴訟，以符憲法保障人民訴訟權之意旨。」

（2）律師：釋字第378號解釋：「依律師法第41條及第43條所設之律師懲戒委員會及律師懲戒覆審委員會，性質上相當於設在高等法院及最高法院之初審與終審職業懲戒法庭，與會計師懲戒委員會等其他專門職業人員懲戒組織係隸屬於行政機關者不同。律師懲戒覆審委員會之決議即屬法院之終審裁判，並非行政處分或訴願決定，自不得再行提起行政爭訟，本院釋字第295號解釋應予補充。」

6. 受羈押嫌犯

釋字第653號解釋：「羈押法第6條及同法施行細則第14條第1項之規定，不許受羈押被告向法院提起訴訟請求救濟之部分，與憲法第16條保障人民訴訟權之意旨有違，相關機關至遲應於本解釋公布之日起2年內，依本解釋意旨，檢討修正羈押法及相關法規，就受羈押被告及時有效救濟之訴訟制度，訂定適當之規範。」

四、國民教育上受益權

憲法第21條規定：「人民有受國民教育之權利與義務。」另見憲法第160條、第163條。

本條只規定人民有受國民教育的權利。至於一般的受教育權，本書認為應該從憲法第22條推出。

五、知的權利

到底憲法上有沒有「知的權利」？對此一問題，學者意見也有所分歧。有認為可從第11條的言論自由推出，有認為可從第22條的其他人權推出，有認為可從第2條國民主權原則推出。不過，知的權利應該是一種受益權，本書認為不可從防禦權的條文推出。事實上我國釋憲實務中，大法官並不重視人民知的權利。

考生可以要求看自己的考卷和標準答案嗎？

▶釋字第319號（82/6/4）

考試機關依法舉行之考試，其閱卷委員係於試卷彌封時評定成績，在彌封開拆後，除依形式觀察，即可發見該項成績有顯然錯誤者外，不應循應考人之要求任意再行評閱，以維持考試之客觀與公平。考試院於中華民國75年11月12日修正發布之「應考人申請複查考試成績處理辦法」，其第8條規定「申請複查考試成績，不得要求重新評閱、提供參考答案、閱覽或複印試卷。亦不得要求告知閱卷委員之姓名或其他有關資料」，係為貫徹首開意旨所必要，亦與典試法第23條關於「辦理考試人員應嚴守秘密」之規定相符，與憲法尚無牴觸。惟考試成績之複查，既為兼顧應考人之權益，有關複查事項仍宜以法律定之。

肆、人民義務

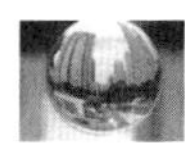

在憲法規定的人民義務中有三種，分別是納稅、服兵役和受國民義務教育的義務。但國民並非只有這三種義務，應該還有守法的義務，但這三種義務是人民必須「積極作為」的義務，故特別規定於憲法中。至於人民消極的、不違法的守法義務，則不待特別規定（見圖6-7）。

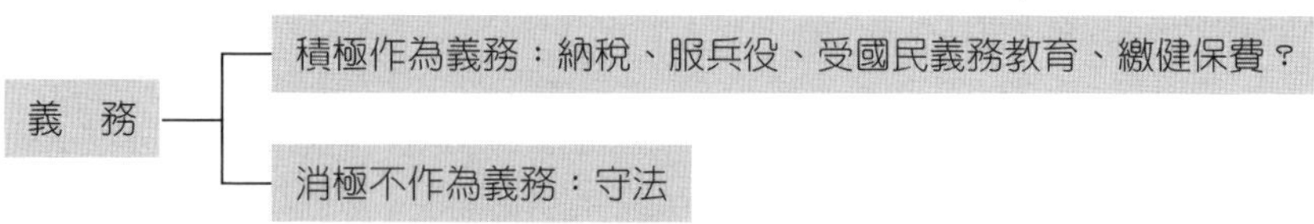
義　務
積極作為義務：納稅、服兵役、受國民義務教育、繳健保費？
消極不作為義務：守法

圖6-7　義務的內容

但是在釋字第472號解釋曾經引發人民是否除了稅之外，還需要參加健保、繳交健保費？大法官認為人民這三種義務也只是例示規定，不代表人民沒有其他的法律義務[5]。不過，人民雖然有一般不作為的守法義務，但除了憲法中明定的三種義務外，是否有積極的作為義務？

由於「國家應推行全民健保」是規定在憲法增修條文第10條第5項中，故或許可認為人民參加健保也是一種憲法中規定的義務。不過，除此之外，人民是否有其他積極的作為義務？

人民必須被強迫參加健康保險嗎？

▶釋字第472號吳庚大法官協同意見書（88/1/29）

按憲法第20條至第21條所規定之三種義務，在性質上屬於人民之基本義務，**係制憲者參酌各國憲政常軌及制憲當時之社會環境所作之例示性規定，上述三個條文對人民之義務並無列舉窮盡（numerus clausus）之意**，若謂人民之義務僅止於上述三種，則社會秩序勢必無法維繫，甚至有面臨解構之危險。因為社會成員遵守行為規範乃社會存續之前提，在國家生活之中，法律為最重要之行為規範，人民均有遵守法律之義務，縱然納稅、服兵役及受國民教育三者，亦應由法律明確訂定，人民始有義務服從。是以遵守法律乃人民之政治義務（political obligation），無待憲法之規定，至於法律不得牴觸憲法，侵害人民之基本權利，自不待言。故法律對人民所課予之義務，合憲與否不在於義務本身是否出自憲法規定，而係該項法律是否依憲法所定之程序產生？義務內容是否合理？與憲法之意旨是否相符？本件聲請意旨對義務之認知，顯有誤會。

一、納稅之義務

憲法第19條規定：「人民有依法律納稅之義務。」

1. **稅捐法定主義**：須依法律之規定，方得對人民課稅。
2. **租稅法律主義之範圍**：釋字第217號解釋：「憲法第19條規定人民有依

5　參見釋字第472號解釋吳庚大法官協同意見書。

法律納稅之義務，係指人民僅依法律所定之納稅主體、稅目、稅率、納稅方法及納稅期間等項而負納稅義務。至於課稅原因事實之有無及有關證據之證明力如何，乃屬事實認定問題，不屬於租稅法律主義範圍。」釋字第597號解釋：「憲法第19條規定，人民有依法律納稅之義務。所謂依法律納稅，係指租稅主體、租稅客體、稅基、稅率等租稅構成要件，均應依法律明定之。各該法律之內容且應符合量能課稅及公平原則。遺產及贈與稅法第1條第1項規定，凡經常居住中華民國境內之中華民國國民死亡時遺有財產者，應就其全部遺產，依法課徵遺產稅；又所得稅法第13條及中華民國86年12月30日修正前同法第14條第1項第四類規定，利息應併入個人綜合所得總額，課徵個人綜合所得稅。財政部86年4月23日台財稅字第861893588號函釋示，關於被繼承人死亡日後所孳生之利息，係屬繼承人之所得，應扣繳個人綜合所得稅等語，符合前開遺產及贈與稅法與所得稅法之立法意旨，與憲法所定租稅法律主義並無牴觸，尚未逾越對人民正當合理之稅課範圍，不生侵害人民受憲法第15條保障之財產權問題。」

二、服兵役之義務

憲法第20條規定：「人民有依法律服兵役之義務。」

一般國家兵役制度上，有徵兵制和募兵制之分。

1. **徵兵制**：亦即規定人民皆有服兵役的義務。
2. **募兵制**：人民沒有服兵役義務，而是在國家招募下，人民主動投效國家。

必須注意，本條乃是人民有「依法」服兵役的義務，不代表我國一定要採取徵兵制。我國也可以修法採取募兵制，廢除徵兵，這並不會違反憲法。另外，女生不當兵或許也會遭人質疑違反男女平等，不過根據本條所謂「依法」服兵役，至少兵役法第1條即規定，女生沒有服兵役的法律義務[6]。

6 相關批評，請見楊智傑，〈女性不用當兵？檢討釋字第490號中所提的兩性差異操作標準〉，《憲政時代》，第28卷第1期，頁46-65。

女生要不要當兵？

▶釋字第490號（88/10/1）

立法者鑑於男女生理上之差異及因此種差異所生之社會生活功能角色之不同，於兵役法第1條規定：中華民國男子依法皆有服兵役之義務，係為實踐國家目的及憲法上人民之基本義務而為之規定，原屬立法政策之考量，非為助長、促進或限制宗教而設，且無助長、促進或限制宗教之效果。

三、受國民教育之義務

憲法第21條規定：「人民有受國民教育之權利與義務。」

1. **義務教育年限**：本條規定人民有受國民教育的義務。至於這個義務時間多長？根據憲法第160條第1項規定：「六歲至十二歲之學齡兒童，一律受基本教育，免納學費。」故以前我們的國民義務教育年限為六年。不過後來國民教育法修正，將國民義務教育延長為十二年。這是否過度增加了國民的義務呢？或有認為憲法中「六歲至十二歲」的規定，只是說在那段期間內國家提供免費教育，但應沒有規定國民義務教育時間的意味。故國家延長國民義務教育年限，應該可被允許。
2. **可否基於宗教自由而拒絕受國民教育**：有些人會主張有宗教自由，拒絕讓自己的小孩受國民義務教育。不過，憲法之所以要規定國民教育義務，就是希望小孩有一定的知識水準，提高國民素質，並讓小孩在社會上有生存的能力。故應認為父母不可以基於宗教自由，而違背小孩的受教義務與權利。

第七章　選舉、罷免、創制、複決

參政權係基於人民立於主動地位而產生，必須具備一定資格者方得享有，尤其是以國籍為要素，故屬於國民權，廣義的參政權包括服公職之權以及選舉、罷免、創制、複決之權，狹義的參政權則專指後者[7]。憲法第17條規定：「人民有選舉、罷免、創制及複決之權。」而在憲法第十二章（第129至136條），又詳細規定選舉、罷免、創制、複決等權利。

壹、選　舉

一、選舉方式

依據憲法第129條規定：「本憲法所規定之各種選舉，除本憲法別有規定外，以普通、平等、直接及無記名投票之方法行之。」依此，選舉之原則有如下四點：

1. **普通選舉**：指具一定資格之人民均有選舉權[8]，無教育、階級、宗教……等限制，是為普通原則或一般原則；與其相對者為限制選舉。
2. **平等選舉**：指「一人一票，每票等值」，為平等原則；與其相對者為不平等選舉。
3. **直接選舉**：指由選舉人親自選出當選人，為直接原則；與其相對者為間接選舉。
4. **秘密選舉**：即是指採無記名投票方式，以確保選舉自由之實現，為秘密原則；與其相對者為公開選舉。

另依據憲法第132條規定：「選舉應嚴禁威脅利誘」，其目的即在保障選舉人得以其個人意志為自由選舉，是為自由原則。不法脅迫他人投票者，如買票賄選、武力恐嚇、若不投票給某候選人即不給假或予以解僱等，均觸

1　李惠宗，《憲法要義》，元照出版社，2004年，頁288。

2　一定資格是指合乎最低基本年齡（選舉權為年滿二十歲以上國民）及精神狀態即可。同前註，頁290。

犯刑法妨害投票罪[1]。

民意代表表決議案時可否不記名投票？

▶釋字第499號（89/3/24）

憲法為國家根本大法，其修改關係憲政秩序之安定及全國國民之福祉至鉅，應由修憲機關循正當修憲程序為之。**又修改憲法乃最直接體現國民主權之行為，應公開透明為之，以滿足理性溝通之條件，方能賦予憲政國家之正當性基礎**。國民大會依憲法第25條、第27條第1項第3款及中華民國86年7月21日修正公布之憲法增修條文第1條第3項第4款規定，係代表全國國民行使修改憲法權限之唯一機關。其依修改憲法程序制定或修正憲法增修條文須符合公開透明原則，並應遵守憲法第174條及國民大會議事規則有關之規定，俾副全國國民之合理期待與信賴。是國民大會依83年8月1日修正公布憲法增修條文第1條第9項規定訂定之國民大會議事規則，其第38條第2項關於無記名投票之規定，於通過憲法修改案之讀會時，適用應受限制。**而修改憲法亦係憲法上行為之一種，如有重大明顯瑕疵，即不生其應有之效力。所謂明顯，係指事實不待調查即可認定；所謂重大，就議事程序而言則指瑕疵之存在已喪失其程序之正當性，而違反修憲條文成立或效力之基本規範**。國民大會於88年9月4日三讀通過修正憲法增修條文，其修正程序牴觸上開公開透明原則，且衡諸當時有效之國民大會議事規則第38條第2項規定，亦屬有違。依其議事錄及速記錄之記載，有不待調查即可發現之明顯瑕疵，國民因而不能知悉國民大會代表如何行使修憲職權，國民大會代表依憲法第133條規定或本院釋字第331號解釋對選區選民或所屬政黨所負政治責任之憲法意旨，亦無從貫徹。此項修憲行為有明顯重大瑕疵，已違反修憲條文發生效力之基本規範。

3 參見法治斌、董保城，《憲法新論》，元照出版社，2004年，頁29。

本號解釋說明：

1.背景：國民大會於民國88年9月以無記名方式通過憲法修正案（第五次修憲），延長國大代表的任期，大法官以釋字第499號解釋宣告該次修憲無效。

2.在程序上，大法官認為該次修憲採無記名投票方式，違反公開透明原則，因為：

（1）修改憲法乃最直接體現國民主權之行為，應公開透明為之，以滿足理性溝通之條件，方能賦予憲政國家之正當性基礎。俾副全國國民之合理期待與信賴。故無記名投票之規定，於通過憲法修改案之讀會時，適用應受限制。

（2）修改憲法亦係憲法上行為之一種，如有重大明顯瑕疵，即不生其應有之效力。所謂明顯，係指事實不待調查即可認定；所謂重大，就議事程序而言則指瑕疵之存在已喪失其程序之正當性，而違反修憲條文成立或效力之基本規範。

3.在實體上，大法官肯定修憲係有界限（參見該號解釋第二段）。

二、選舉、被選舉資格

依據憲法第130條規定：「中華民國國民年滿二十歲者，有依法選舉之權，除本憲法及法律別有規定者外，年滿二十三歲者，有依法被選舉之權。」憲法除規定總統候選人之年齡為四十歲之外，原則規定選舉人之年齡為二十歲，被選舉人之年齡為二十三歲。但公職人員選舉罷免法卻對選舉人與被選舉人增加以下的限制：

1. 對選舉人之限制

居住期間之限制（公職人員選舉罷免法第15條）：「有選舉權人在各該選舉區繼續居住四個月以上者，為公職人員選舉各該選舉區之選舉人。前項之居住期間，在其行政區域劃分選舉區者，仍以行政區域為範圍計算之。但於選舉公告發布後，遷入各該選舉區者，無選舉投票權。」

2. 對被選舉人之限制

（1）年齡限制（公職人員選舉罷免法第24條第1項）：「選舉人年滿

二十三歲，得於其行使選舉權之選舉區登記為公職人員候選人。但直轄市長、縣（市）長候選人須年滿三十歲；鄉（鎮、市）長、原住民區長候選人須年滿二十六歲。」

（2）身分限制（公職人員選舉罷免法第27條第1項），下列人員不得登記為候選人：

①現役軍人[2]。

②服替代役之現役役男。

③軍事學校學生。

④各級選舉委員會之委員、監察人員、職員、鄉（鎮、市、區）公所辦理選舉事務人員及投票所、開票所工作人員。

⑤依其他法律規定不得登記為候選人者。

原本在學學生也不能參與競選，但是常常有人當選後再入學就讀，形成不公平的現象。故現在已廢除學生不得競選的限制。

選立委一定要高中畢業嗎？

▶釋字第290號（81/1/24）

中華民國78年2月3日修正公布之動員戡亂時期公職人員選舉罷免法（80年8月2日法律名稱修正為公職人員選舉罷免法）第32條第1項有關各級民意代表候選人學、經歷之限制，與憲法尚無牴觸。**惟此項學、經歷之限制，應隨國民之教育普及加以檢討，如認為仍有維持之必要，亦宜重視其實質意義，並斟酌就學有實際困難者，而為適當之規定，此當由立法機關為合理之裁量。**

人民對於行政處分有所不服，應循訴願及行政訴訟程序請求救濟。惟現行國家賠償法對於涉及前提要件之行政處分是否違法，其判斷應否先經行政訴訟程序，未設明文，致民事判決有就行政處分之違法性併為判斷者，本件既經民事確定終局判決，故仍予受理解釋，併此說明。

4 屬於後備軍人或補充兵應召者，在應召未入營前，或係受教育、勤務及點閱召集，均不受限制。

本號解釋說明：

1.背景：本號解釋係劉俠女士有意參加民國78年的立法委員選舉，當時選罷法規定立法委員候選人須高中畢業或普通考試以上考試及格，但劉女士僅有小學學歷，被考選部駁回檢覈取得立法委員候選人之資格，於是提起國家賠償均遭駁回（法院認為該案為公法事件，應提起行政訴訟）。

2.大法官認為學歷之限制並未違憲，但此項學、經歷之限制，應隨國民之教育普及加以檢討，如認為仍有維持之必要，亦宜重視其實質意義，並斟酌就學有實際困難者，而為適當之規定，此當由立法機關為合理之裁量。

3.後來選罷法修正，將選立委需要學經歷限制之部分刪除。

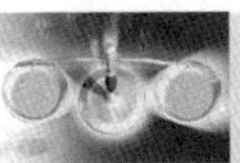

選舉一定要繳交保證金嗎？

▶釋字第340號（83/2/25）

公職人員選舉罷免法第38條第2項規定：「政黨推薦之區域、山胞候選人，其保證金減半繳納。但政黨撤回推薦者，應全額繳納」，無異使無政黨推薦之候選人，須繳納較高額之保證金，**形成不合理之差別待遇**，與憲法第7條之意旨有違，應不再適用。

選總統沒有政黨推薦一定要連署嗎？

▶釋字第468號（87/10/22）

憲法第46條規定：總統、副總統之選舉，以法律定之。立法機關依此制定法律，規範總統、副總統之選舉程序，應符合公平合理之原則。總統副總統選舉罷免法第23條第2項及第4項規定，總統、副總統候選人須於法定期間內尋求最近一次中央民意代表選舉選舉人總數百分之一點五以上之連署，**旨在採行連署制度，以表達被連署人有相當程度之政治支持，藉與政黨推薦候選人之要件相平衡，並防止人民任意參與總統、**

副總統之候選，耗費社會資源，在合理範圍內所為適當之規範，尚難認為對總統、副總統之被選舉權為不必要之限制，與憲法規定之平等權亦無違背。又為保證連署人數確有同條第4項所定人數二分之一以上，由被連署人依同條第1項提供保證金新臺幣100萬元，並未逾越立法裁量之範圍，與憲法第23條規定尚無違背。總統副總統選舉連署及查核辦法係主管機關依總統副總統選舉罷免法第23條第9項授權所訂定，其授權有明確之目的及範圍，同辦法第2條第3項關於書件不全、不符規定或保證金不足者，中央選舉委員會應拒絕受理其申請之規定，符合法律授權之意旨，與憲法並無牴觸。惟關於上開被選舉權行使之要件，應隨社會變遷及政治發展之情形，適時檢討改進，以副憲法保障人民參政權之本旨，乃屬當然。

本號解釋說明：

1.背景：本號解釋係施季青女士欲參選第九任總統選舉，因無政黨推薦，故須獲得百分之一點五選舉人之連署，並繳交100萬元為保證金。

2.大法官認為規範總統、副總統之選舉程序，應符合公平合理之原則。而連署制度，以表達被連署人有相當程度之政治支持，藉與政黨推薦候選人之要件相平衡，並防止人民任意參與總統、副總統之候選，耗費社會資源，在合理範圍內所為適當之規範，尚難認為對總統、副總統之被選舉權為不必要之限制，與憲法規定之平等權亦無違背。又保證金之繳納亦未違憲。

三、競選方式與活動

憲法第131條規定：「本憲法所規定各種選舉之候選人，一律公開競選。」本條之規範目的有二[3]：一是規定各種選舉均採用候選人制度，即在選舉之前，由各政黨提名候選人或個人自行登記參選；二是公開競選，指任何候選人均可用演講、傳播、印刷等方式，向大眾表明其政見，不受任何限

5 參見林紀東，《中華民國憲法逐條釋義》第四冊，三民書局，1990年，頁218-220。

制，以求公平之選舉。為辦理選舉並規劃各種選舉活動，我國設選務機關，由中央、直轄市、縣（市）各設選舉委員會辦理之。公職人員選舉罷免法並對選舉活動有以下之規定與限制：

1. **競選活動期間**：公職人員選舉，候選人競選活動期間依下列規定：①直轄市長為十五日；②立法委員、直轄市議員、縣（市）議員、縣（市）長、鄉（鎮、市）長、原住民區長為十日；③鄉（鎮、市）民代表、原住民區民代表、村（里）長為五日。前述期間，以投票日前一日向前推算；其每日競選及罷免活動時間，自上午七時起至下午十時止（公職人員選舉罷免法第40條）。
2. **選區劃分**：立法委員、直轄市議員、縣（市）議員選舉區，由中央選舉委員會劃分。在劃分選區時，應斟酌行政區域、人口分布、地理環境、交通狀況、歷史淵源及應選出名額劃分之。第一項立法委員選舉區之變更，中央選舉委員會應於立法委員任期屆滿一年八個月前，將選舉區變更案送經立法院同意後發布。立法院對於前項選舉區變更案，應以直轄市、縣（市）為單位行使同意或否決。如經否決，中央選舉委員會應就否決之直轄市、縣（市），參照立法院各黨團意見，修正選舉區變更案，並於否決之日起三十日內，重行提出。立法院應於立法委員任期屆滿一年一個月前，對選舉區變更案完成同意，未能於期限內完成同意部分，由行政、立法兩院院長協商解決之。（公職人員選舉罷免法第37條）。選區劃分由法律予以規範，稱之「選區劃分法定主義」，選區劃分不公平會產生選票價值不平等的問題[4]。
3. **競選捐助之限制**：對同一（組）擬參選人每年捐贈總額，不得超過下列金額：①個人：新臺幣10萬元；②營利事業：新臺幣100萬元；③人民團體：新臺幣50萬元。對不同擬參選人每年捐贈總額，合計不得超過下列金額：①個人：新臺幣30萬元；②營利事業：新臺幣200萬元；③人民團體：新臺幣100萬元（政治獻金法第18條）。且下列人員，不得捐獻政治獻金：①公營事業或政府持有資本達百分之二十之民營企業；②與政府機關（構）有巨額採購或重大公共建設投資契約，且在履約期間之廠商；③有累積虧損尚未依規定彌補之營利事業；④宗教團體；⑤其

6 李惠宗，前揭書，頁294。

他政黨或同一種選舉擬參選人。但依法共同推薦候選人政黨，對於其所推薦同一組候選人之捐贈，不在此限；⑥未具有選舉權之人；⑦外國人民、法人、團體或其他機構，或主要成員為外國人民、法人、團體或其他機構之法人、團體或其他機構；⑧大陸地區人民、法人、團體或其他機構，或主要成員為大陸地區人民、法人、團體或其他機構之法人、團體或其他機構；⑨香港、澳門居民、法人、團體或其他機構，或主要成員為香港、澳門居民、法人、團體或其他機構之法人、團體或其他機構；⑩政黨經營或投資之事業；⑪與政黨經營或投資之事業有巨額採購契約，且在履約期間之廠商（政治獻金法第7條第1項）。

4. **電視政見發表會之提供**：全國不分區及僑居國外國民立法委員選舉，中央選舉委員會應以公費，在全國性無線電視頻道，供登記之政黨從事競選宣傳，每次時間不得少於一小時，受指定之電視台不得拒絕；其舉辦之次數、時間、程序等事項之辦法，由中央選舉委員會定之（公職人員選舉罷免法第48條）。
5. **電視應公平對待候選人**：廣播電視事業得有償提供時段，供推薦或登記候選人之政黨、候選人從事競選宣傳；供提議人之領銜人或被罷免人從事支持或反對罷免案之宣傳，並應為公正、公平之對待。公共廣播電視台及非營利之廣播電台、無線電視或有線電視台不得播送競選及支持或反對罷免案之宣傳廣告。廣播電視事業從事選舉或罷免相關議題之論政、新聞報導或邀請候選人、提議人之領銜人或被罷免人參加節目，應為公正、公平之處理，不得為無正當理由之差別待遇（公職人員選舉罷免法第49條第1項至第3項）。
6. **宣傳品與廣告物之限制**：政黨及任何人印發以文字、圖畫從事競選、罷免之宣傳品，應親自簽名；其為法人或團體者，並應載明法人或團體之名稱及其代表人姓名。宣傳品之張貼，以候選人競選辦事處、政黨辦公處、罷免辦事處及宣傳車輛為限。政黨及任何人不得於道路、橋樑、公園、機關（構）、學校或其他公共設施及其用地，懸掛或豎立標語、看板、旗幟、布條等競選或罷免廣告物。但經直轄市、縣（市）政府公告指定之地點，不在此限。前項直轄市、縣（市）政府公告之地點，應公平合理提供使用；其使用管理規則，由直轄市、縣（市）政府定之。廣告物之懸掛或豎立，不得妨礙公共安全或交通秩序，並應於投票日後七日內自行清除；違反者，依有關法令規定處理。違反第1項或第2項規定所張貼之宣傳品或懸掛、豎立之廣告物，並通知直轄市、縣（市）政府相關主管機關（單位）依規定處理（公職人員選舉罷免法第52條）。

7. **競選言論之限制**：候選人或為其助選之人之競選言論；提議人之領銜人、被罷免人及為罷免案助勢之人、罷免案辦事處負責人及辦事人員之罷免言論，不得有下列情事：①煽惑他人犯內亂罪或外患罪；②煽惑他人以暴動破壞社會秩序；③觸犯其他刑事法律規定之罪（公職人員選舉罷免法第55條）。
8. **民意調查之限制**：政黨及任何人自選舉公告發布及罷免案成立宣告之日起至投票日十日前所為有關候選人、被罷免人或選舉、罷免民意調查資料之發布，應載明負責調查單位及主持人、辦理時間、抽樣方式、母體數、樣本數及誤差值、經費來源。政黨及任何人於投票日前十日起至投票時間截止前，不得以任何方式，發布有關候選人、被罷免人或選舉、罷免之民意調查資料，亦不得加以報導、散布、評論或引述（公職人員選舉罷免法第53條）。
9. **選舉費用之補助**：候選人除全國不分區及僑居國外國民立法委員選舉外，當選人在一人，得票數達各該選舉區當選票數三分之一以上者，當選人在二人以上，得票數達各該選舉區當選票數二分之一以上者，應補貼其競選費用，每票補貼新臺幣30元。但其最高額，不得超過各該選舉區候選人競選經費最高金額（公職人員選舉罷免法第43條第1項）。

四、選舉訴訟

憲法第132條規定：「選舉應嚴禁威脅利誘。選舉訴訟，由法院審判之。」

（一）刑事上之選舉訴訟

中華民國刑法第六章（第142條至第148條）規定妨害投票罪。此章規定可分為以下數點：

1. **威脅**：第142條第1項規定：「以強暴脅迫或其他非法之方法，妨害他人自由行使法定之政治上選舉或其他投票權者，處五年以下有期徒刑。」

2. **利誘**：第143條第1項規定：「有投票權之人，要求、期約或收受賄賂或其他不正當利益，而許以不行使其投票權或為一定之行使者，處三年以下有期徒刑，得併科三十萬元以下罰金。」第144條規定：「對於有投票權之人，行求、期約或交付賄賂或其他不正利益，而約其不行使投票權或為一定之行使者，處五年以下有期徒刑，得併科二十一萬元以下罰金。」第145條規定：「以生計上之利害，誘惑投票人不行使其投票權或為一定之行使者，處三年以下有期徒刑。」
3. **詐騙**：第146條第1項規定：「以詐術或其他非法之方法，使投票發生不正確之結果或變造投票之結果者，處五年以下有期徒刑。」
4. **其他**：第147條規定：「妨害或擾亂投票者，處二年以下有期徒刑、拘役或一萬五千元以下罰金。」第148條規定：「於無記名之投票，刺探票載之內容者，處九千元以下罰金。」

（二）民事上之選舉訴訟

指因選舉事件發生爭議，由法院裁定之，依「公職人員選舉罷免法」規定為之。包括當選人之資格、得票數是否確實、計算票數是否有誤、當選是否有效等。選舉、罷免訴訟，設選舉法庭，採合議制審理，管轄法院第一審為行為地之地方法院。不服地方法院之判決，得上訴高等法院，二審終結，並不得提起再審之訴，且各審受理之法院應於六個月內審結（公職人員選舉罷免法第126條、第127條）。

選舉訴訟只有二審，有無侵害訴訟權？

▶釋字第442號（86/12/12）

憲法第16條規定人民有訴訟之權，**旨在確保人民得依法定程序提起訴訟及受公平之審判。至於訴訟救濟應循之審級制度及相關程序，立法機關自得衡量訴訟性質以法律為合理之規定。**中華民國83年7月23日修正公布之公職人員選舉罷免法第109條規定，選舉訴訟採二審終結不得提起再審之訴，係立法機關自由形成之範圍，符合選舉訴訟事件之特性，於憲法保障之人民訴訟權尚無侵害，且為增進公共利益所必要，與憲法第23條亦無牴觸。

本號解釋說明：

1.背景：張三登記為雲林縣議員第六選區候選人，經選民於民國83年1月29日進行投票，結果得票總數為6,449票，當選為雲林縣議員。惟有同選區之候選人李四得票總數為6,448票，因一票之差而落選，遂以選區內數個投開票所，有將其有效票認定為無效票，並將張三之無效票認定為有效票為由，對雲林縣選委會及張三分別提起選舉無效及當選無效之訴。雲林地方法院就原告所提出有疑義之無效票，重新加以審查，而判定張三當選無效。張三不服向臺南高分院上訴，臺南高分院駁回張三的上訴而告確定，且不得提再審之訴。

2.大法官認為審級制度與相關程序屬於立法自由裁量，認為選舉訴訟採二審終結不得提起再審之訴，符合選舉訴訟事件之特性，未侵害人民之訴訟權，且增進公共利益所必要（即符合比例原則），與憲法第23條亦無牴觸。

（三）訴訟區分

1. **選舉或罷免無效之訴**：因選務機關違法而提起之訴訟。選舉委員會辦理選舉、罷免違法，足以影響選舉或罷免結果，檢察官、候選人、被罷免人或罷免案提議人，得自當選人名單或罷免投票結果公告之日起十五日內，以各該選舉委員會為被告，向管轄法院提起選舉或罷免無效之訴（公職人員選舉罷免法第118條第1項）。
2. **當選無效之訴**：因當選人違法而提起之訴訟，包括脅迫行為、賄選、期約賄選、當選票數不實，足以影響結果等（公職人員選舉罷免法第120條第1項）。
3. **當選無效之訴之提起**：於公告當選人名單之日起三十日內，向該管轄法院提起之（公職人員選舉罷免法第120條第1項）。

選舉都選完了，提請大法官解釋還有意義嗎？

▶釋字第546號（91/5/31）

本院院字第2810號解釋：「依考試法舉行之考試，對於應考資格體格試驗，或檢覈經決定不及格者，此項決定，自屬行政處分。其處分違法或不當者，依訴願法第1條之規定，應考人得提起訴願。惟為訴願決定時，已屬無法補救者，其訴願為無實益，應不受理，依訴願法第7條應予駁回。」旨在闡釋提起行政爭訟，須其爭訟有權利保護必要，即具有爭訟之利益為前提，倘對於當事人被侵害之權利或法律上利益，縱經審議或審判之結果，亦無從補救，或無法回復其法律上之地位或其他利益者，即無進行爭訟而為實質審查之實益。惟所謂被侵害之權利或利益，經審議或審判結果，無從補救或無法回復者，並不包括依國家制度設計，性質上屬於重複發生之權利或法律上利益，人民因參與或分享，得反覆行使之情形。是人民申請為公職人員選舉候選人時，因主管機關認其資格與規定不合，而予以核駁，申請人不服提起行政爭訟，雖選舉已辦理完畢，但人民之被選舉權，既為憲法所保障，且性質上得反覆行使，若該項選舉制度繼續存在，則審議或審判結果對其參與另次選舉成為候選人資格之權利仍具實益者，並非無權利保護必要者可比，此類訴訟相關法院自應予以受理，本院上開解釋，應予補充。

本號解釋說明：

1.背景：某大學彭姓學生因登記參選第四屆立法委員選舉，遭桃園縣選舉委員會以聲請人係學生為由拒絕，彭同學提起訴願及行政訴訟亦遭受理訴願及行政訴訟機關皆認為訴訟時已經選舉完畢，即使獲得勝訴亦無法回復為候選人之可能，因此欠缺訴之利益，依據「司法院院字第2810號解釋」予以駁回。

2.大法官認為前揭解釋不包括依國家制度設計，性質上屬於重複發生之權利或法律上利益，人民因參與或分享，得反覆行使之情形。選舉已辦理完畢，但人民之被選舉權，既為憲法所保障，且性質上得反覆行使，若該項選舉制度繼續存在，則審議或審判結果對其參與另次選舉成

為候選人資格之權利仍具實益者，並非無權利保護必要者可比，此類訴訟相關法院自應予以受理。

貳、罷　免

罷免是指人民以自己之意思，以投票或其他方式，罷免其所選出之代表或政府人員之權。憲法第133條規定：「被選舉人得由原選舉區依法罷免之。」且公職人員選舉罷免法第75條第1項又規定：「公職人員之罷免，得由原選舉區選舉人向選舉委員會提出罷免案。但就職未滿一年者，不得罷免。」

不分區立委要如何罷免？

▶釋字第331號（82/12/30）

依中華民國憲法增修條文第4條規定，僑居國外國民及全國不分區之中央民意代表，係按該次選舉政黨得票總數比例方式產生，而非由選舉區之選民逕以投票方式選出，自無從由選舉區之選民以投票方式予以罷免，公職人員選舉罷免法第69條第2項規定：「全國不分區、僑居國外國民選舉之當選人，不適用罷免之規定」，與憲法並無牴觸。**惟此種民意代表如喪失其所由選出之政黨黨員資格時，自應喪失其中央民意代表之資格，方符憲法增設此一制度之本旨，其所遺缺額之遞補，應以法律定之。**

本號解釋說明：

1.背景：本號解釋係由監察院提出，認為各政黨黨員總數占全民之比例不高，能否代表全民，不無疑義，現公職人員選舉罷免法第75條第2項之規定，以政黨比例代表致剝奪人民選舉罷免之權利，實與憲法保障人民參政權之規定相牴觸。

2.大法官認為不分區立法委員係依政黨得票總數比例方式產生，而非由選舉區之選民逕以投票方式選出，自無從由選舉區之選民以投票方

式予以罷免。故此種民意代表如喪失其所由選出之政黨黨員資格時，自應喪失其中央民意代表之資格，方符憲法增設此一制度之本旨，其所遺缺額之遞補，應以法律定之。

3.依公職人員選舉罷免法第73條規定，全國不分區、僑居國外國民選出者，其所遺缺額，由該政黨登記之候選人名單順位依序遞補；如該政黨登記之候選人名單無人遞補時，視同缺額。

立法委員有言論免責權就不能罷免嗎？

▶釋字第401號（85/4/26）

憲法第32條及第73條規定國民大會代表及立法委員言論及表決之免責權，係指國民大會代表在會議時所為之言論及表決，立法委員在立法院內所為之言論及表決，不受刑事訴追，亦不負民事賠償責任，除因違反其內部所訂自律之規則而受懲戒外，並不負行政責任之意。又罷免權乃人民參政權之一種，憲法第133條規定被選舉人得由原選舉區依法罷免之。則國民大會代表及立法委員因行使職權所為言論及表決，自應對其原選舉區之選舉人負政治上責任。從而國民大會代表及立法委員經國內選舉區選出者，其原選舉區選舉人得以國民大會代表及立法委員所為言論及表決不當為理由，依法罷免之，不受憲法第32條及第73條規定之限制。

本號解釋說明：

1.背景：本案係由立法院所提出（主要連署人為在野黨人士），認為所謂「對外不負責任」，是指不負司法上之責任，並非可擴張、引申為不負「政治責任」[5]。

2.大法官認為立法委員在立法院內所為之言論及表決，不受刑事訴追，亦不負民事賠償責任，除因違反其內部所定自律之規則而受懲戒

7 當時有執政黨立法委員因發言支持核四興建，遭其選區人民提出罷免，他們遂主張立法委員享言論免責權，選舉區之選民不能因此而提出罷免案。

外，並不負行政責任之意，但應對其原選舉區之選舉人負政治上責任。故國民大會代表及立法委員經國內選舉區選出者，其原選舉區選舉人得以國民大會代表及立法委員所為言論及表決不當為理由，依法罷免之。

參、創制、複決

創制是指公民得以法定人數之提議，提出法案，經投票制定法律。複決是指經由公民提議或法定機關之請求，將法案交由公民投票，以決定其存廢。

一、憲法規定

原本國民大會代表人民行使選舉、罷免、創制、複決之權。關於創制複決兩權，除憲法之修正案及複決立法院所提之憲法修正案外，俟全國有半數之縣市曾經行使創制複決兩項政權時，由國民大會制定辦法並行使之（憲法第27條，憲法增修條文第1條第2項凍結）。

「縣民關於縣自治事項，依法律行使創制、複決之權，對於縣長及其他縣自治人員，依法律行使選舉、罷免之權。」（憲法第123條）

「創制複決兩權之行使，以法律定之。」（憲法第136條）

因此根據憲法本文，必須先有創制複決法，讓縣民就縣自治事項能夠行使創制複決權。等到全國過半數縣都行使過創制複決權，國民大會就可以代表人民行使創制複決權（見圖7-1）。

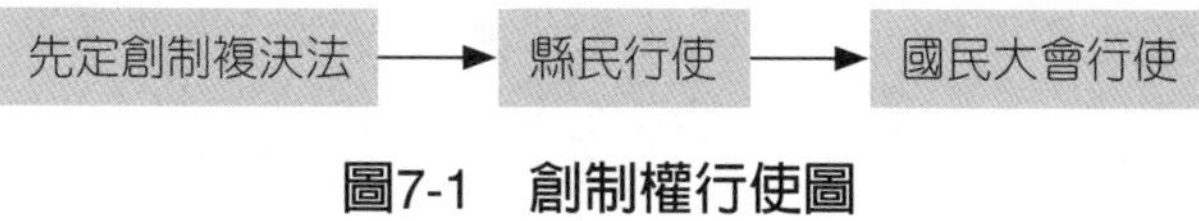

圖7-1　創制權行使圖

但由於我們一直沒有創制複決法，我國於2003年12月31日終於公布公民投票法，使人民的創制、複決權有法律依據。

二、公民投票法

（一）全國性公民投票

全國性公民投票的內容，分為法律案之複決、立法原則之創制及重大政策之創制或複決。

1. **公民提案、連署**：全國性公民投票由公民發動者，其提案人數，應達提案時最近一次總統大選選舉人總數的萬分之一以上；連署人數，應達提案時最近一次總統大選選舉人總數的百分之1.5以上。
2. **立法院對重大政策之公投**：立法院對於「國家重大政策之創制或複決」之事項，認為有進行公民投票之必要者，得附具主文與理由書，經立法院院會通過後，交由中央選舉委員會辦理公民投票。立法院之提案經否決者，自該否決之日起二年內，不得就該公投事項重新提出。

立法院提案公投，是否違反人民複決權的精神？

▶釋字第645號（97/7/11）

一、公民投票法第16條第1項規定：「立法院對於第二條第二項第三款之事項，認有進行公民投票之必要者，得附具主文、理由書，經立法院院會通過後，交由中央選舉委員會辦理公民投票。」旨在使立法院就重大政策之爭議，而有由人民直接決定之必要者，得交付公民投票，由人民直接決定之，並不違反我國憲政體制為代議民主之原則，亦符合憲法主權在民與人民有創制、複決權之意旨；此一規定於立法院行使憲法所賦予之權限範圍內，且不違反憲法權力分立之基本原則下，與憲法尚無牴觸。

3. **總統交付之防禦性公投**：當國家遭受外力威脅致國家主權有改變之虞，總統得經行政院院會之決議，就攸關國家安全事項交付公民投票。此項公投方式又稱之為「防禦性公投」。其投票時間不受下述投票時間之限制（見表7-1）。

表7-1　緊急命令與防禦性公投

類　型	要　件	審　查	後續門檻
緊急命令	為避免國家或人民遭遇緊急危難或應付財政經濟上重大變故	行政院會議之決議	立法院十日內追認，若不同意即失效
防禦性公投	當國家遭受外力威脅致國家主權有改變之虞	行政院會議之決議	人民公投門檻為投票權人總數過半、投票人過半同意

4. **投票時間**：公民投票日定於8月第四個星期六，自中華民國110年起，每二年舉行一次。

總統可以隨時、任意舉辦防禦性公投嗎？

目前為止，我們舉辦過的全國性公投，乃是陳水扁總統在2004年總統大選時提出的兩項防禦性公投，分別為「軍購公投」和「兩岸和平協商公投」。當時有人質疑，根本沒有所謂的「國家遭受外力威脅致國家主權有改變之虞」，總統為何可以任意提出公投？而該次公投由於正當性受到質疑而未過關。立法院在野黨立委則堅持認為既然公投不過，就不可以通過軍購預算。可見公投隨意提出的危險。

（二）地方性公民投票

有關地方自治法規之複決、地方自治法規立法原則之創制、重大政策之創制或複決均可適用；惟有關於預算、租稅、投資、薪俸規定，不得作為公民投票之提案。

地方性公民投票提案人數，應達最近一次地方直轄市長、縣（市）長選舉人總數千分之五以上；連署人數應達最近一次直轄市長、縣（市）長選舉人總數百分之五以上。

（三）公民投票之效力與限制

1. **公民投票結果**：公民投票案投票結果，有效同意票數多於不同意票，且有效同意票達投票權人總額四分之一以上者，即為通過。有效同意票未多於不同意票，或有效同意票數不足前項規定數額者，均為不通過（見表7-2）。

表7-2 公投與憲法複決

公投事項	同意與不同意	同意數門檻
一般公投	有效同意票數多於不同意票	其中有效投票數超過1/4同意
憲法複決	全國有投票權人總數1/2同意	

2. 再行提出公投之限制：公民投票案之提案經通過或否決者，自該選舉委員會公告該投票結果之日起二年內，不得就同一事項重行提出。

（四）公民投票審議委員會

原本2003年制定的公民投票法，在行政院下設置了「公民投票審議委員會」，置委員二十一人、任期三年，由各政黨依立法院各黨團席次比例推薦，送交主管機關提請總統任命。但在2018年修法時，刪除公民投票審議委員會，將公民投票的審議事項，交由中央選舉委員會負責。

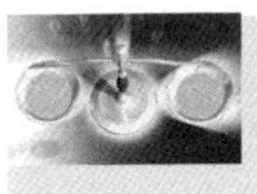

公投審議委員會的設置，是否剝奪了行政院長的人事任命權？

▶釋字第645號（97/7/11）

二、公民投票法第35條第1項規定：「行政院公民投票審議委員會，置委員二十一人，任期三年，由各政黨依立法院各黨團席次比例推薦，送交主管機關提請總統任命之。」關於委員之任命，實質上完全剝奪行政院依憲法應享有之人事任命決定權，顯已逾越憲法上權力相互制衡之界限，自屬牴觸權力分立原則，應自本解釋公布之日起，至遲於屆滿一年時，失其效力。

（五）爭訟

1. **法院管轄**：不服公民投票而提起訴訟者，由投票行為地之高等行政法院為第一審管轄法院，上訴或抗告之上級管轄法院為最高行政法院（見表7-3）。
2. **公民投票無效之訴**：各級選舉委員會辦理公民投票之投票違法，足以影響公民投票結果，檢察官、公民投票案提案人之領銜人，得自投票結果公告之日起十五日內，以各該選舉委員會為被告，向管轄法院提起公民投票無效之訴。
3. **公投案通過或否決確認之訴**：辦理公民投票期間，意圖妨害公民投票，對於行使公民投票權之人或辦理公民投票試務人員施以強暴、脅迫或其他非法方法，足以影響投票結果者，檢察官得於投票結果公告之日起十五日內，以該管選舉委員會為被告，向管轄法院提起公民投票案通過或否決無效之訴。

表7-3　選舉訴訟與公投訴訟

類　型	一審管轄法院	二審管轄法院
一般選舉訴訟	地方法院	高等法院
公民投票訴訟	高等行政法院	最高行政法院

第八章　基本國策

壹、基本國策定位與反省

一、民族主義與民生主義的落實

基本國策主要乃是落實孫中山先生的民族主義與民生主義。民族主義涉及國內族群問題（第六節）以及國防外交問題（第一節、第二節）。而民生主義則涉及國民經濟（第三節）、社會安全（第四節）和教育文化（第五節）等相關規定。

二、基本國策性質

傳統認為基本國策可能會有下述性質：

1. **方針條款**：該憲法條文僅具有宣示意義，作用只是指出國家機關日後發展與努力的方向。若立法院不制定相關法律，也不會有責任。
2. **憲法委託**：該憲法條文必須透過立法院的立法行為方能加以實現，而立法院有義務透過立法實現該項憲法內容。若立法院不制定相關法律，則是違反了該義務，構成「立法怠惰」。不過就算構成立法怠惰，立法委員會承擔什麼責任呢？
3. **制度性保障**：憲法條文規定的事項，立法者必須形成一套具體的法律制度，並且不得以其他法律侵犯該項制度，否則司法機關即可宣告其為違憲。
4. **公法權利**：該項憲法條文保障之權利，只要國家機關積極加以侵犯或消極不作為，人民即可請求國家給予救濟。

一般認為要將基本國策的條文予以分類。有些基本國策規定得很明確，那麼就不能違反，可能類似「制度性保障」。例如憲法第164條教育科學文化經費比率的規定（現行增修條文第10條第9項已停止其適用），應解釋為下限的比率，政府預算不得低於這個下限。以往憲法第164條的執行實況，最早於民國46年即發生預算總額是否包括追加預算之數額的疑義，當時大法官會議即作成釋字第77號解釋，其後又有直轄市教科文預算比率應依何種標準編列的問題，釋字第258號解釋認為直轄市應比照關於省的比例，可見第164條所生的實際規範效力（千萬注意，這條已經被增修條文停止適用）。

但大部分基本國策條文都要求「應以法律為之」，那麼立法院不制定相關法律也不能怎樣，類似「方針條款」性質。

三、大法官對基本國策的看法

大部分的基本國策都只是方針條款，大法官不會介入要求立法院積極落實（模式二）。少部分條款則具有強制效力，必須確實遵守，大法官也會幫忙維持（模式一）。但最近則有一趨勢，即大法官面對基本國策與基本人權的衝突時，大法官似乎比較重視基本人權，而不重視基本國策，會以違反人權為由宣告基本國策違憲（模式三）。

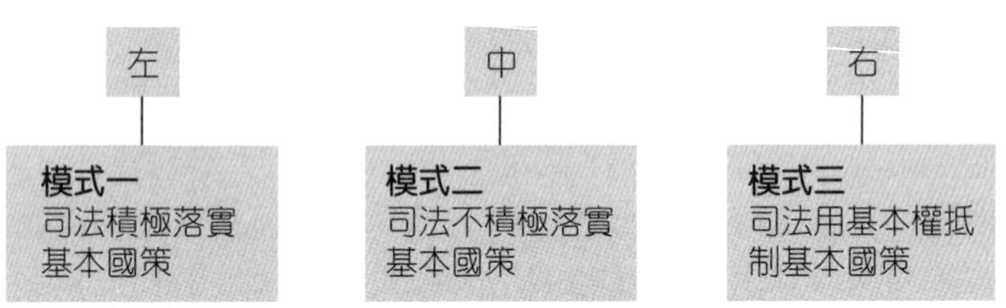

圖8-1　大法官對基本國策的態度

1. **模式一**：少數時候，大法官卻會援引基本國策，宣告相關法律違憲，亦即採取第一種模式。但是通常這是因為法律已經開始落實基本國策，卻排除不保護某些特定少數人，故大法官會援引平等原則宣告相關法律違憲。但當立法院尚未制定法律落實基本國策，或立法的保護不夠多時，大法官就不敢宣告相關法律違憲。
2. **模式二**：一般認為大部分基本國策的條文只是方針條款，在釋憲上，只能作為釋憲的參考，但沒有實際的內涵或拘束力。而大法官在大多數時候都只會援引作為說明佐證，但卻不會積極落實。例如，釋字第472號解釋關於健保，大法官就引用了基本國策中「公醫制度」的條文。又例如在釋字第579、580號關於「三七五減租」的解釋中，大法官也援引基本國策中的第142、143、146和153條。不過所有的大法官，都只是把這些條文作為論述上的修辭，而沒有賦予其具體的內涵和拘束力。

3. **模式三**：而第三種模式，則是大法官不重視基本國策，反而只重視防禦權的保障，甚至用防禦權來宣告基本國策違憲。例如釋字第580號，大法官就以三七五減租侵害人民財產權宣告部分條文違憲。此時，大法官只重視對基本權的限制，卻不重視三七五減租有沒有具體落實基本國策平均地權的規定。

根據孫中山先生的民生主義，我們的憲法是一個社會福利國家憲法，或者稱為民生福利國[1]，並不完全是一個資本主義自由經濟的憲法。以釋字第579、580號解釋為例，三七五減租條例和平均地權條例都是在落實民生福利國原則的具體制度。但如今大法官們卻隨著社會變遷、用資本主義保護財產權的想法來討論這個問題，並宣告三七五減租條例部分條文違憲，其實已經完全偏離了原本憲法的精神。德國、美國的憲法乃是資本主義憲法，其欠缺基本國策相關條文，但我國憲法卻有特殊的基本國策條文，留德、留美的大法官不察，總以德國、美國憲法學說來解釋憲法，才會造成這個問題。

四、基本國策定位重新檢討

由於美國、德國憲法並不像我國憲法擁有許多基本國策的規定，所以留學德國、美國學者多半不重視基本國策。留德學者傾向發展基本權客觀面向功能，而忽視我國基本國策的存在。而留美學者則傾向著重基本權保障，也忽略基本國策的地位。甚至，國際人權學者開始提倡第二代人權、第三代人權，也忽略了我國民生主義、民族主義中對社會福利和弱勢者的保障，我們基本國策規定的內容其實早就有第三代人權的規定。

五、基本國策與受益權

在基本權總論那章中，我們有提到受益權的審查。基本國策大部分的內

1 吳庚，《憲法的解釋與適用》，作者自印，2004年，頁65-70。

容，就是受益權的規定。故相關的審查方式，請參考基本權總論受益權的介紹。

貳、國 防

一、國防之目的

「中華民國之國防，以保衛國家安全，維護世界和平為目的。」（憲法第137條第1項）

二、國防組織法治化

「國防之組織，以法律定之。」（憲法第137條第2項）

三、軍隊國家化

「全國陸海空軍，須超出個人、地域及黨派關係以外，效忠國家，愛護人民。」（憲法第138條）；「任何黨派及個人不得以武裝力量為政爭之工具。」（憲法第139條）

四、文武分治

「現役軍人不得兼任文官。」（憲法第140條）

軍人外職停役轉任文官違憲？

▶釋字第250號（79/1/5）

憲法第140條規定：「現役軍人，不得兼任文官」，係指正在服役之現役軍人不得同時兼任文官職務，以防止軍人干政，而維民主憲政之正常運作。現役軍人因故停役者，轉服預備役，列入後備管理，為後備軍人，**如具有文官法定資格之現役軍人，因文職機關之需要，在未屆退**

役年齡前辦理外職停役，轉任與其專長相當之文官，既與現役軍人兼任文官之情形有別，尚難謂與憲法牴觸。惟軍人於如何必要情形下始得外職停役轉任文官，及其回役之程序，均涉及文武官員之人事制度，現行措施宜予通盤檢討，由法律直接規定，併此指明。

五、退伍軍人之保障

「國家應尊重軍人對社會之貢獻，並對其退役後之就學、就業、就醫、就養予以保障。」（民國89年增修條文第10條第9項）

參、外　交

「中華民國之外交，應本獨立自主之精神，平等互惠之原則，敦睦邦交，尊重條約及聯合國憲章，以保護僑民權益，促進國際合作，提倡國際正義，確保世界和平。」（憲法第141條）

肆、國民經濟

一、基本原則

「國民經濟應以民生主義為基本原則，實施平均地權，節制資本，以謀國計民生之均足。」（憲法第142條）

「經濟及科學技術發展，應與環境及生態保護兼籌並顧。」（增修條文第10條第2項）

二、平均地權

（一）土地公有原則

「中華民國領土內之土地屬於國民全體。人民依法取得之土地所有權，

應受法律之保障與限制。私有土地應照價納稅，政府並得照價收買。」（憲法第143條第1項）

在地下蓋捷運也得徵收土地？

▶釋字第440號（86/11/14）

人民之財產權應予保障，憲法第15條設有明文。國家機關依法行使公權力致人民之財產遭受損失，若逾其社會責任所應忍受之範圍，形成個人之特別犧牲者，國家應予合理補償。主管機關對於既成道路或都市計畫道路用地，在依法徵收或價購以前埋設地下設施物妨礙土地權利人對其權利之行使，致生損失，形成其個人特別之犧牲，自應享有受相當補償之權利。臺北市政府於中華民國64年8月22日發布之臺北市市區道路管理規則第15條規定：「既成道路或都市計畫道路用地，在不妨礙其原有使用及安全之原則下，主管機關埋設地下設施物時，得不徵購其用地，但損壞地上物應予補償。」其中對使用該地下部分，既不徵購又未設補償規定，與上開意旨不符者，應不再援用。至既成道路或都市計畫道路用地之徵收或購買，應依本院釋字第400號解釋及都市計畫法第48條之規定辦理，併此指明。

（二）礦物及天然力屬國家所有

「附著於土地之礦，及經濟上可供公眾利用之天然力，屬於國家所有，不因人民取得土地所有權而受影響。」（憲法第143條第2項）

（三）漲價歸公

「土地價值非因施以勞力資本而增加者，應由國家徵收土地增值稅，歸人民共享之。」（憲法第143條第3項）

（四）耕者有其田

「國家對於土地之分配與整理，應以扶植自耕農及自行使用土地人為原

則，並規定其適當經營之面積。」（憲法第143條第4項）

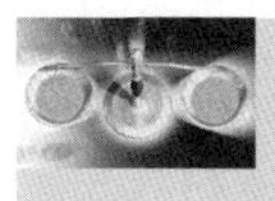

耕地三七五減租條例約滿收回須補償承租人等規定違憲？

▶釋字第580號（93/7/9）

72年12月23日增訂之減租條例第17條第2項第3款關於租約期限尚未屆滿而農地因土地編定或變更為非耕地時，應以土地公告現值扣除土地增值稅後餘額之三分之一補償承租人之規定，乃限於依土地法第83條所規定之使用期限前得繼續為從來之使用者，方有其適用。土地法所規定之繼續使用期限，係為保護土地使用人既有之法律地位而設之過渡條款，耕地出租人如欲於期前終止租約，減租條例第17條第2項第3款即賦予補償承租人之義務，乃為平衡雙方權利義務關係，對出租人耕地所有權所為之限制，尚無悖於憲法第15條保障財產權之本旨。**惟不問情狀如何，補償額度一概為三分之一之規定，有關機關應衡酌憲法第22條保障契約自由之意旨及社會經濟條件之變遷等情事，儘速予以檢討修正。**

72年12月23日增訂之減租條例第19條第3項規定，耕地租約期滿時，出租人為擴大家庭農場經營規模、提升土地利用效率而收回耕地時，準用同條例第17條第2項第3款之規定，應以終止租約當期土地公告現值扣除土地增值稅餘額後之三分之一補償承租人。**惟契約期滿後，租賃關係既已消滅，如另行課予出租人補償承租人之義務，自屬增加耕地所有權人不必要之負擔，形同設置出租人收回耕地之障礙，與鼓勵擴大家庭農場經營規模，以促進農業現代化之立法目的顯有牴觸。**況耕地租約期滿後，出租人仍須具備自耕能力，且於承租人不致失其家庭生活依據時，方得為擴大家庭農場經營規模而收回耕地。按承租人之家庭生活既非無依，竟復令出租人負擔承租人之生活照顧義務，要難認有正當理由。是上開規定準用同條例第17條第2項第3款部分，以補償承租人作為收回耕地之附加條件，**不當限制耕地出租人之財產權，難謂無悖於憲法第146條與憲法增修條文第10條第1項發展農業之意旨，且與憲法第23條**

比例原則及第15條保障人民財產權之規定不符，應自本解釋公布日起，至遲於屆滿二年時，失其效力。

三、節制資本

「公用事業及其他有獨佔性之企業，以公營為原則。其經法律許可者，得由國民經營之。」（憲法第144條）

「國家對於私人財富及私營事業，認為有妨害國計民生之平衡發展者，應以法律限制之。合作事業應受國家之獎勵與扶助。國民生產事業及對外貿易，應受國家之獎勵、指導及保護。」（憲法第145條）

四、其他相關政策

1. **獎勵投資、促進產業升級**：「國家應獎勵科學技術發展及投資，促進產業升級，推動農漁業現代化，重視水資源之開發利用，加強國際經濟合作。」（增修條文第10條第1項）
2. **促進農業工業化**：「國家應運用科學技術，以興修水利，增進地力，改善農業環境，規劃土地利用，開發農業資源，促成農業之工業化。」（憲法第146條）
3. **謀求全國經濟平衡發展**：「中央為謀省與省間之經濟平衡發展，對於貧瘠之省，應酌予補助。」（憲法第147條第1項）
4. **貨暢其流**：「中華民國領域內，一切貨物應許自由流通。」（憲法第148條）
5. **健全金融機構**：「金融機構，應依法受國家之管理。」（憲法第149條）
6. **僑民經濟事業**：「國家對於僑居國外之國民，應扶助並保護其經濟事業之發展。」（憲法第151條）
7. **中小企業之保障**：「國家對於人民興辦之中小型經濟事業，應扶助並保護其生存與發展。」（增修條文第10條第3項）
8. **公營金融機構企業化管理**：「國家對於公營金融機構之管理，應本企業化經營之原則；其管理、人事、預算、決算及審計，得以法律為特別之規定。」（增修條文第10條第4項）

伍、社會安全

一、保障工作權

「人民具有工作能力者，國家應予以適當之工作機會。」（憲法第152條）

關於工作權，本書已經說明，由於我國特別強調考試制度的必要性，故相關大法官解釋，並不特別重視工作權的保障。請參考本書第六章及第十四章相關討論。

二、保護勞動者

「國家為改良勞工及農民之生活，增進其生產技能，應制定保護勞工及農民之法律，實施保護勞工及農民之政策。婦女兒童從事勞動者，應按其年齡及身體狀態，予以特別之保護。」（憲法第153條）

兼差工作不能參加勞工保險？

▶釋字第456號（87/6/5）

憲法第153條規定國家應實施保護勞工之政策。政府為保障勞工生活，促進社會安全，乃制定勞工保險條例。同條例第6條第1項第1款至第5款規定之員工或勞動者，應以其雇主或所屬團體或所屬機關為投保單位，全部參加勞工保險為被保險人；第8條第1項第1款及第2款規定之員工亦得準用同條例之規定參加勞工保險。對於參加勞工保險為被保險人之員工或勞動者，並未限定於專任員工始得為之。同條例施行細則於中華民國85年9月13日修正前，其第25條第1項規定：「依本條例第六條第一項第一款至第五款及第八條第一項第一款、第二款規定加保者，以專任員工為限。」以此排除非專任員工或勞動者之被保險人資格，雖係防杜不具勞工身分者掛名加保，巧取保險給付，以免侵蝕保險財務為目的，惟對於符合同條例所定被保險人資格之非專任員工或勞動者，則未能顧及其權益，與保護勞工之上開意旨有違。前揭施行細則第25條第1項規定就同條例所未限制之被保險人資格，逾越法律授權訂定施行細則之必要範圍，限制其適用主體，與憲法第23條規定之意旨未符，應不適用。

沒用的勞工退休金制度違憲？

▶釋字第578號（93/5/21）

國家為改良勞工之生活，增進其生產技能，應制定保護勞工之法律，實施保護勞工之政策，憲法第153條第1項定有明文，**勞動基準法即係國家為實現此一基本國策所制定之法律。至於保護勞工之內容與方式應如何設計，立法者有一定之自由形成空間，惟其因此對於人民基本權利構成限制時，則仍應符合憲法上比例原則之要求。**

勞動基準法第55條及第56條分別規定雇主負擔給付勞工退休金，及按月提撥勞工退休準備金之義務，作為照顧勞工生活方式之一種，**有助於保障勞工權益，加強勞雇關係，促進整體社會安全與經濟發展，並未逾越立法機關自由形成之範圍**。其因此限制雇主自主決定契約內容及自由使用、處分其財產之權利，係國家為貫徹保護勞工之目的，並衡酌政府財政能力、強化受領勞工勞力給付之雇主對勞工之照顧義務，應屬適當；該法又規定雇主違反前開強制規定者，分別科處罰金或罰鍰，係為監督雇主履行其給付勞工退休金之義務，以達成保障勞工退休後生存安養之目的，衡諸立法之時空條件、勞資關係及其干涉法益之性質與影響程度等因素，國家採取財產刑罰作為強制手段，尚有其必要，符合憲法第23條規定之比例原則，與憲法保障契約自由之意旨及第15條關於人民財產權保障之規定並無牴觸。

勞動基準法課雇主負擔勞工退休金之給付義務，除性質上確有窒礙難行者外，係一體適用於所有勞雇關係，與憲法第7條平等權之保障，亦無牴觸；**又立法者對勞工設有退休金制度，係衡酌客觀之社會經濟情勢、國家資源之有效分配，而為不同優先順序之選擇與設計，亦無違**

憲法第7條關於平等權之保障。復次，憲法並未限制國家僅能以社會保險之方式，達成保護勞工之目的，故立法者就此整體勞工保護之制度設計，本享有一定之形成自由。勞工保險條例中之老年給付與勞動基準法中之勞工退休金，均有助於達成憲法保障勞工生活之意旨，二者性質不同，尚難謂兼採兩種制度即屬違憲。惟立法者就保障勞工生活之立法選擇，本應隨社會整體發展而隨時檢討，勞動基準法自中華民國73年立法施行至今，為保護勞工目的而設之勞工退休金制度，其實施成效如何，所採行之手段應否及如何隨社會整體之變遷而適時檢討改進，俾能與時俱進，符合憲法所欲實現之勞工保護政策目標，以及國內人口年齡組成之轉變，已呈現人口持續老化現象，未來將對社會經濟、福利制度等產生衝擊，因此對既有勞工退休制度及社會保險制度，應否予以整合，由於攸關社會資源之分配、國家財政負擔能力等全民之整體利益，仍屬立法形成之事項，允宜在兼顧現制下勞工既有權益之保障與雇主給付能力、企業經營成本等整體社會條件之平衡，由相關機關根據我國憲法保障勞工之基本精神及國家對人民興辦之中小型經濟事業應扶助並保護其生存與發展之意旨，參酌有關國際勞工公約之規定，並衡量國家總體發展，通盤檢討，併此指明。

三、勞資協調

「勞資雙方應本協調合作原則，發展生產事業。勞資糾紛之調解與仲裁，以法律定之。」（憲法第154條）

四、社會保險與救濟

「國家為謀社會福利，應實施社會保險制度。人民之老弱殘廢，無力生活，及受非常災害者，國家應予以適當之扶助與救濟。」（憲法第155條）

勞工遺屬不能領勞保津貼？

▶釋字第549號（91/8/2）

勞工保險係國家為實現憲法第153條保護勞工及第155條、憲法增修條文第10條第8項實施社會保險制度之基本國策而建立之社會安全措施。保險基金係由被保險人繳納之保險費、政府之補助及雇主之分擔額所形成，並非被保險人之私產。**被保險人死亡，其遺屬所得領取之津貼，性質上係所得替代，用以避免遺屬生活無依**，故應以遺屬須受扶養為基礎，自有別於依法所得繼承之遺產。勞工保險條例第27條規定：「被保險人之養子女，其收養登記在保險事故發生時未滿六個月者，不得享有領取保險給付之權利。」固有推行社會安全暨防止詐領保險給付之意，而同條例第63條至第65條有關遺屬津貼之規定，雖係基於倫常關係及照護扶養遺屬之原則，惟為貫徹國家負生存照顧義務之憲法意旨，並兼顧養子女及其他遺屬確受被保險人生前扶養暨無謀生能力之事實，勞工保險條例第27條及第63條至第65條規定應於本解釋公布之日起二年內予以修正，並依前述解釋意旨就遺屬津貼等保險給付及與此相關事項，參酌有關國際勞工公約及社會安全如年金制度等通盤檢討設計。

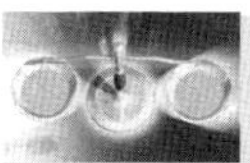

勞保投保單位欠繳保費可以將被保人退保？

▶釋字第568號（92/11/14）

理由書：

勞工保險係國家為實現憲法第153條保護勞工生活及憲法第155條、憲法增修條文第10條第8項實施**社會保險制度之基本國策而建立之社會安全措施，為社會保險之一種。勞工保險條例即係依上開憲法意旨而制定之法律。勞工依該條例參加勞工保險及因此所生之公法上權利，應受憲法保障**。關於保險效力之開始、停止、終止及保險給付之履行等事由，係屬勞工因保險關係所生之權利義務事項，攸關勞工權益至鉅，其權利之限制，應以法律定之，且其立法目的與手段，亦須符合憲法第23條之規定。若法律授權行政機關發布命令為補充規定者，該命令須符合立法意旨且未逾越母法授權之範圍，始為憲法所許。

勞工參加勞工保險為被保險人，於保險有效期間內發生保險事故者，被保險人或其受益人得依法向保險人請領保險給付（勞工保險條例第19條第1項規定參照）。**勞工保險條例對於投保單位逾期繳納保險費者，規定保險人於法定寬限期間經過後，應加徵滯納金，若於加徵滯納金十五日後仍未繳納者**，應依法訴追，並自訴追之日起，在保險費及滯納金未繳清前，發生暫行拒絕給付之效力（同條例第17條第1、2、3項規定參照），並未規定保險人得以上開事由逕行將被保險人退保；同條例施行細則第18條卻規定：「投保單位有歇業、解散、破產宣告情事或積欠保險費及滯納金經依法強制執行無效果者，保險人得以書面通知退保。保險效力之停止，應繳保險費及應加徵滯納金之計算，以上述事實確定日為準，未能確定者，以保險人查定之日為準（第1項）。投保單位積欠保險費及滯納金，經通知限期清償，逾期仍未清償，有事實足認顯無清償可能者，保險人得逕予退保，其保險效力之停止，應繳保險費及應加徵滯納金之計算，以通知限期清償屆滿之日為準（第2項）。」**顯已增加勞工保險條例所未規定之保險效力終止事由，逾越該條例授權訂定施行細則之範圍，與憲法第23條規定之意旨未符，應不予適用**。又為確保保險財務之健全，與勞工保險之永續經營，國家就社會保險制度縱有較大之自由形成空間，於投保單位積欠應繳之保險費及滯納金，強制執行無效果或顯無清償可能時，若許保險人得將被保險人予以退保者，亦宜依比例原則就被保險人是否已繳納保險費或有無其他特別情事，予以斟酌而有不同之處置；上開條例第17條第3項但書亦明定，被保險人應繳部分之保險費已扣繳或繳納於投保單位者，不因投保單位積欠保險費及滯納金而對其發生暫行拒絕給付之效力，併此指明。

九二一地震全倒、半倒認定是否不平等？

▶釋字第571號（93/1/2）

對於人民受非常災害者，國家應予以適當之扶助與救濟，憲法第155條亦定有明文。此項扶助與救濟，性質上係國家對受非常災害之人民，授與之緊急救助，關於救助之給付對象、條件及範圍，國家機關於符合平等原則之範圍內，得斟酌國家財力、資源之有效運用及其他實際狀況，採取合理必要之手段，為妥適之規定。臺灣地區於中華民國88年9月21日發生罕見之強烈地震，人民遭遇緊急之危難，對於災區及災民，為實施緊急之災害救助、災民安置及災後重建，總統乃於同年月25日依上開憲法規定之意旨，發布緊急命令。行政院為執行該緊急命令，繼而特訂「中華民國88年9月25日緊急命令執行要點」（以下簡稱執行要點）。該緊急命令第1點及執行要點第3點第1項第4款規定目的之一，在對受災戶提供緊急之慰助。內政部為其執行機關之一，基於職權發布88年9月30日台（88）內社字第8885465號、88年10月1日台（88）內社字第8882339號及88年10月30日台（88）內社字第8885711號函，對於九二一大地震災區住屋全倒、半倒者，發給慰助金之對象，**以設籍、實際居住於受災屋與否作為判斷依據，並設定申請慰助金之相當期限，旨在實現前開緊急命令及執行要點規定之目的，並未逾越其範圍**。且上述設限係基於實施災害救助、慰問之事物本質，就受非常災害之人民生存照護之緊急必要，與非實際居住於受災屋之人民，尚無提供緊急救助之必要者，作合理之差別對待，已兼顧賑災急難救助之目的達成，手段亦屬合理，與憲法第7條規定無違。又上開函釋旨在提供災害之緊急慰助，並非就人民財產權加以限制，故亦不生違反憲法第23條之問題。

五、婦女兒童福利

「國家為奠定民族生存發展之基礎，應保護母性，並實施婦女兒童福利政策。」（憲法第156條）

六、增進民族健康

「國家為增進民族健康，應普遍推行衛生保健事業及公醫制度。」（憲法第157條）

「國家應推行全民健康保險，並促進現代和傳統醫藥之研究發展。」（增修條文第10條第5項）

全民健保強制納保違憲？

▶釋字第472號（88/1/29）

國家為謀社會福利，應實施社會保險制度；國家為增進民族健康，應普遍推行衛生保健事業及公醫制度，憲法第155條及第157條分別定有明文。又國家應推行全民健康保險，復為憲法增修條文第10條第5項所明定。中華民國83年8月9日公布、84年3月1日施行之全民健康保險法即為實現上開憲法規定而制定。該法第11條之1、第69條之1及第87條**有關強制納保、繳納保費，係基於社會互助、危險分攤及公共利益之考量，符合憲法推行全民健康保險之意旨**；同法第30條有關加徵滯納金之規定，則係促使投保單位或被保險人履行其繳納保費義務之必要手段。全民健康保險法上開條文與憲法第23條亦無牴觸。惟對於無力繳納保費者，國家應給予適當之救助，不得逕行拒絕給付，以符憲法推行全民健康保險，保障老弱殘廢、無力生活人民之旨趣。

已依法參加公、勞、農保之人員亦須強制其加入全民健康保險，係增進公共利益所必要，難謂有違信賴保護原則。惟有關機關仍應本於全民健康保險法施行時，該法第85條限期提出改制方案之考量，依本解釋意旨，並就保險之營運（包括承保機構之多元化）、保險對象之類別、投保金額、保險費率、醫療給付、撙節開支及暫行拒絕保險給付之當否等，適時通盤檢討改進，併此指明。

七、社會福利措施

「國家應重視社會救助、福利服務、國民就業、社會保險及醫療保健等社會福利工作；對於社會救助和國民就業等救濟性支出應優先編列。」（增修條文第10條第8項）

八、保障婦女權益

「國家應維護婦女之人格尊嚴，保障婦女之人身安全，消除性別歧視，促進兩性地位之實質平等。」（增修條文第10條第6項）

九、輔助身心障礙者

「國家對於身心障礙者之保險與就醫、無障礙環境之建構、教育訓練與就業輔導及生活維護與救助，應予保障，並扶助其自立與發展。」（增修條文第10條第7項）

陸、教育文化

一、教育文化之目的

「教育文化，應發展國民之民族精神、自治精神、國民道德、健全體格、科學及生活智能。」（憲法第158條）

二、教育權

「國民受教育之機會，一律平等。」（憲法第159條）

色盲不能念警校？

▶釋字第626號（96/6/8）

憲法第7條規定，人民在法律上一律平等；第159條復規定：「國民受教育之機會，一律平等。」旨在確保人民享有接受各階段教育之公平機會。中央警察大學九十一學年度研究所碩士班入學考試招生簡章第7點第2款及第8點第2款，以有無色盲決定能否取得入學資格之規定，係為培養理論與實務兼備之警察專門人才，並求教育資源之有效運用，藉以提升警政之素質，促進法治國家之發展，其欲達成之目的洵屬重要公共利益；因警察工作之範圍廣泛、內容繁雜，職務常須輪調，隨時可能發生判斷顏色之需要，色盲者因此確有不適合擔任警察之正當理由，是上開招生簡章之規定與其目的間尚非無實質關聯，與憲法第7條及第159條規定並無牴觸。

「六歲至十二歲之學齡兒童，一律受基本教育，免納學費。其貧苦者，由政府供給書籍。已逾學齡未受基本教育之國民，一律受補習教育，免納學費，其書籍亦由政府供給。」（憲法第160條）

「各級政府應廣設獎學金名額，以扶助學行俱優無力升學之學生。」（憲法第161條）

三、國家之監督

「全國公私立之教育文化機關，依法律受國家之監督。」（憲法第162條）

既然國家可以用法律監督全國公私立之教育機關，為何大法官用所謂制度性保障，宣告大學共同必修和軍訓課違憲？（釋字第380、450號解釋）

四、教育均衡發展

「國家應注重各地區教育之均衡發展，並推行社會教育，以提高一般國民之文化水準，邊遠及貧瘠地區之教育文化經費，由國庫補助之。其重要之教育文化事業，得由中央辦理或補助之。」（憲法第163條）

五、教科文預算限制之取消

「教育、科學、文化之經費，在中央不得少於其預算總額百分之十五，在省不得少於其預算總額百分之二十五，在市縣不得少於其預算總額百分之三十五，其依法設置之教育文化基金及產業，應予以保障。」（憲法第164條，民國89年修憲廢止）

「教育、科學、文化之經費，尤其國民教育之經費應優先編列，不受憲法第一百六十四條之限制。」（增修條文第10條第10項）

以特別預算編列重大建設經費違憲？

▶釋字第463號（87/9/11）

憲法第164條明確規範中央及地方之教育科學文化之預算，須達預算總額之一定比例，以確保國家及各地方自治團體對於人民之教育、科學與文化生活得有穩定而必要的公共支出，此係憲法重視教育科學文化發展所設之規定。本條所謂「預算總額」，並不包括追加預算及特別預算在內，業經本院釋字第77號及第231號解釋在案。政府就未來一年間之計畫所預期之收入及支出編列預算，以使國家機關正常運作，並規範國家之財政，原則上應制定單一之預算。惟為因應特殊緊急情況，有預算法第75條各款規定之情形時，行政院得於年度總預算外另提出特別預算，其審議依預算法第76條為之。至憲法第164條所稱教育科學文化經費之具體內容如何、平衡省市預算基金等項目，是否應計入預算總額發生之爭論，中華民國86年7月21日修正公布之憲法增修條文第10條第8項既規定：「教育、科學、文化之經費，尤其國民教育之經費應優先編列，不受憲法第一百六十四條規定之限制。」**有關該等預算之數額、所占比例、編列方式、歸屬範圍等問題，自應由立法者本其政治責任而為決定**。是以與憲法第164條之所謂「預算總額」及教育、科學、文化等經費所占中央、地方預算之比例等相關問題，已無再行解釋之必要。

六、教育文化工作者保障

「國家應保障教育、科學、藝術工作者之生活，並依國民經濟之進展，隨時提高其待遇。」（憲法第165條）

七、獎勵措施

「國家應獎勵科學之發明與創造，並保護有關歷史、文化、藝術之古蹟、古物。」（憲法第166條）

「國家對於左列事業或個人，予以獎勵或補助：

一、國內私人經營之教育事業成績優良者。

二、僑居國外國民之教育事業成績優良者。

三、於學術或技術有發明者。

四、從事教育久於其職而成績優良者。」（憲法第167條）

柒、邊疆地區與弱勢族群

一、邊疆民族土地之保障

「國家對於邊疆地區各民族之地位，應予以合法之保障，並於其地方自治事業，特別予以扶植。」（憲法第168條）

二、邊疆事業之扶持

「國家對於邊疆地區各民族之教育、文化、交通、水利、衛生及其他經濟、社會事業，應積極舉辦，並扶助其發展，對於土地使用，應依其氣候、土壤性質，及人民生活習慣之所宜，予以保障及發展。」（憲法第169條）

三、自由地區原住民、澎湖、金門、馬祖地區人民之保障

「國家應依民族意願，保障原住民族之地位及政治參與，並對其教育文化、交通水利、衛生醫療、經濟土地及社會福利事業予以保障扶助並促其發

展，其辦法另以法律定之。對於澎湖、金門、馬祖地區人民亦同。」（增修條文第10條第12項）

四、肯定多元文化，維護發展原住民族語言及文化

「國家肯定多元文化，並積極維護發展原住民族語言及文化。」（增修條文第10條第11項）

「國家應肯定多元文化，……」是說國家要肯定多元文化，表示國家也可以肯定客家族群的文化，但這句話只是說要肯定，不代表國家要積極作為，而後面那句：「……並積極維護發展原住民族語言及文化。」若從前後兩句話作對比，我們是否可以推論：針對所有的族群文化，我們國家頂多只能加以肯定，但是只有對於原住民族的文化語言，國家才能積極作為？

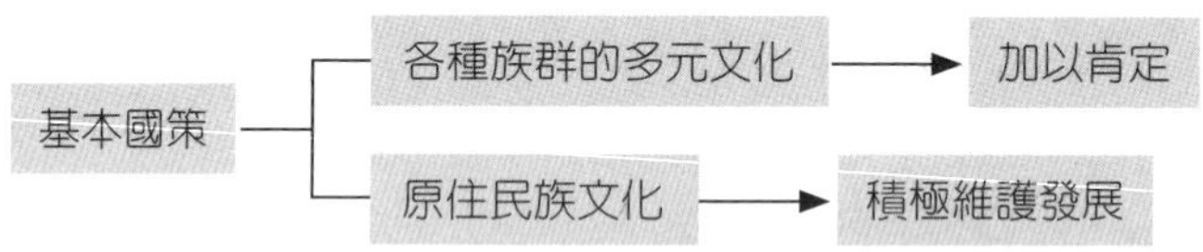

圖8-2　基本國策關於族群文化之規定

政府可否成立客家電視臺積極推銷客家文化？

根據憲法增修條文第10條第11項，政府或許應該承認客家語言、肯定客家化。但政府可以出錢成立客家電視臺，並強制所有有線電視業者一定要播送客家電視臺嗎？這樣的積極促進，是否違反族群平等？

五、僑居國外國民之政治參與之保障

「國家對於僑居國外國民之政治參與，應予保障。」（增修條文第10條第13項）

六、兩岸關係

「自由地區與大陸地區間人民權利義務關係及其他事務之處理，得以法律為特別之規定。」（增修條文第11條）

大陸人來臺受限制有無限制其遷徙自由？

▶釋字第497號（88/12/3）

中華民國81年7月31日公布之臺灣地區與大陸地區人民關係條例係依據80年5月1日公布之憲法增修條文第10條（現行增修條文改列為第11條）「自由地區與大陸地區間人民權利義務關係及其他事務之處理，得以法律為特別之規定」所制定，為國家統一前規範臺灣地區與大陸地區間人民權利義務之特別立法。內政部依該條例第10條及第17條之授權分別訂定「大陸地區人民進入臺灣地區許可辦法」及「大陸地區人民在臺灣地區定居或居留許可辦法」，**明文規定大陸地區人民進入臺灣地區之資格要件、許可程序及停留期限，係在確保臺灣地區安全與民眾福祉，符合該條例之立法意旨，尚未逾越母法之授權範圍，為維持社會秩序或增進公共利益所必要，與上揭憲法增修條文無違**，於憲法第23條之規定亦無牴觸。

大陸新娘不能參加公務員考試？

▶釋字第618號（95/11/3）

中華民國89年12月20日修正公布之兩岸關係條例第21條第1項前段規定，大陸地區人民經許可進入臺灣地區者，非在臺灣地區設有戶籍滿十年，不得擔任公務人員部分，乃係基於公務人員經國家任用後，即與國家發生公法上職務關係及忠誠義務，其職務之行使，涉及國家之公權力，不僅應遵守法令，更應積極考量國家整體利益，採取一切有利於國家之行為與決策；並鑑於兩岸目前仍處於分治與對立之狀態，且政治、經濟與社會等體制具有重大之本質差異，為確保臺灣地區安全、民眾福祉暨維護自由民主之憲政秩序，所為之特別規定，其目的洵屬合理正當。基於原設籍大陸地區人民設籍臺灣地區未滿十年者，對自由民主憲政體制認識與其他臺灣地區人民容有差異，故對其擔任公務人員之資格與其他臺灣地區人民予以區別對待，亦屬合理，與憲法第7條之平等原則及憲法增修條文第11條之意旨尚無違背。又系爭規定限制原設籍大陸地區人民，須在臺灣地區設有戶籍滿十年，作為擔任公務人員之要件，實乃考量原設籍大陸地區人民對自由民主憲政體制認識之差異，及融入臺灣社會需經過適應期間，且為使原設籍大陸地區人民於擔任公務人員時普遍獲得人民對其所行使公權力之信賴，尤需有長時間之培養，系爭規定以十年為期，其手段仍在必要及合理之範圍內，立法者就此所為之斟酌判斷，尚無明顯而重大之瑕疵，難謂違反憲法第23條規定之比例原則。

臺灣地區人民可不可以收養其配偶之大陸地區子女？

▶釋字第712號（102/10/4）

理由書：

憲法增修條文前言明揭：「為因應國家統一前之需要，依照憲法第二十七條第一項第三款及第一百七十四條第一款之規定，增修本憲法條文如左：……。」憲法增修條文第11條亦明定：「自由地區與大陸地區間人民權利義務關係及其他事務之處理，得以法律為特別之規定。」而臺灣地區與大陸地區人民關係條例即為規範國家統一前，臺灣地區與大陸地區間人民權利義務及其他事務所制定之特別立法（本院釋字第618號、第710號解釋參照）。該條例第65條第1款規定：「臺灣地區人民收養大陸地區人民為養子女，……有下列情形之一者，法院亦應不予認可：一、已有子女或養子女者。」（下稱系爭規定）是在兩岸分治之現況下，就臺灣地區人民已有子女或養子女而欲收養大陸地區人民者，明定法院應不予認可，對臺灣地區人民收養大陸地區人民之自由有所限制。

鑑於兩岸關係事務，涉及政治、經濟與社會等諸多因素之考量與判斷，對於代表多元民意及掌握充分資訊之立法機關就此所為之決定，如非具有明顯之重大瑕疵，職司法律違憲審查之釋憲機關固宜予以尊重（本院釋字第618號解釋參照）。惟對臺灣地區人民收養大陸地區人民自由之限制，仍應符合憲法第23條比例原則之要求。

立法者鑑於臺灣與大陸地區人民血統、語言、文化相近，如許臺灣地區人民依民法相關規定收養大陸地區人民，而無其他限制，將造成大陸地區人民大量來臺，而使臺灣地區人口比例失衡，嚴重影響臺灣地區人口發展及社會安全，乃制定系爭規定，以確保臺灣地區安全及社會安定（立法院公報第81卷第51期（上）第152頁參照），核屬維護重要之公共利益，目的洵屬正當。系爭規定就已有子女或養子女之臺灣地區人民收養大陸地區人民時，明定法院應不予認可，使大陸地區人民不致因被臺灣地區人民收養而大量進入臺灣地區，亦有助於前揭立法目的之達成。

惟臺灣地區人民收養其配偶之大陸地區子女，將有助於其婚姻幸福、家庭和諧及其與被收養人之身心發展與人格之形塑，系爭規定並未就此種情形排除法院應不予認可之適用，實與憲法強調人民婚姻與家庭應受制度性保障，及維護人性尊嚴與人格自由發展之意旨不符。就此而言，系爭規定對人民收養其配偶之大陸地區子女自由限制所造成之效果，與其所欲保護之公共利益，顯失均衡，其限制已屬過當，與憲法第23條比例原則不符，而牴觸憲法第22條保障人民收養子女自由之意旨。於此範圍內，系爭規定與本解釋意旨不符部分，應自本解釋公布之日起失其效力。

PART 3

政府組織

第九章　政府體制總論

壹、權力分立

一、權力分立的意義

我們一般會將政府分為三個權力部門，分別是行政、立法、司法，也就是一般常說的三權分立。

權力分立的目的，在於讓政府權力不要過度集中在一個部門手裡，避免發生獨裁專制的情形，以保障人民的權利。因而，通常會由國會掌控立法權，負責制定法律（稱「憲法的第一次實現」）；由內閣掌控行政權，負責執行法律（即「依法行政」），法院掌控司法權，負責判決法律爭議（即「依法審判」）。

近代權力分立（separation of power）的理論源自英國的洛克（John Locke, 1632-1704），在1690年發表其名著《政府論兩篇》（*The Second Treatise of Government*），主張為保障人民的自由、生命及財產等自然權利，政府應該有立法權（legislative power）、執行權（executive power）以及外交權（或譯為結盟權（federative power））[1]。由於執行權與外交權同屬行政權的範疇，因此一般將洛克的學說稱之為「二權分立」[2]。洛克認為由於法律效力的持續性，所以立法機關可以不須經常存在，僅須定期集會，但立法者不可以同時擁有制定與執行法律之權力，因為這足使讓他們獲得極大的權力，取得與一般人民不同的特權。短期內制定的法律，需要經常性的執行，因此要有一個經常性的權力存在，負責執行繼續有效的法律，依此，行政權與立法權須分立[3]。

---

1 參見John Locke (edited by Thomas P. Peardon), *The Second Treatise of Government* (New York: The Liberal Arts Press, Inc., 1952), p. 82。

2 參見羅志淵主編，《雲五社會科學大辭典第三冊：政治學》，臺灣商務印書館，1971年，頁296-297；許志雄，〈權力分立之理論與現實：其構造與動態剖析〉，收錄於氏著，《憲法之基礎理論》，稻禾出版社，1992年，頁78-83。

3 洛克認為司法權亦在執行法律，因此並未明顯區分行政權與司法權，參見M. J. C. Vile,

孟德斯鳩（Charles-Louis de Secondat, Baron et de Montesquieu, 1689-1755）於1729年至1731年旅居英國，返回法國後，於1748年寫出他對英國憲政的觀感——《論法的精神》（*De L'esprit Des Lois*; *The Spirit of the Laws*）一書，這本書對歐洲與美洲正值大變革之際，展現其莫大的影響力：在美國，美國憲法依此創建了新的政府體系；在法國，其學說則成為一種明確的意識形態而被堅持著[4]。在《論法的精神》第十一篇第六章中勾劃出孟德斯鳩分權理論的思想[5]，他指出，國家的目的是確保政治自由，為此，政治制度必須權力分立。於是，他將國家的三個功能：行政、立法與司法，分由不同機關來行使。他並進一步指出：「當行政權與立法權集中在同一個人或機關手上時，自由便不存在了，因為人們將要擔心他們會制定暴虐的法律，並暴虐地執行這些法律。」「若司法權與立法權合一，則對公民的生命和自由施行專斷的權力，因為法官就是立法者，如果裁判權與行政權合一，法官便握有壓迫的權力[6]。」

孟德斯鳩除了主張三權分立且各部門的人事不能重疊，亦進一步主張積極地制衡，將控制各部門的權力置於這些部門以外的其他部門手中。他思考到立法權由人民選舉產生制定法律，行政機關與司法機關則執行法律，行政機關如果沒制止立法機關越權行為權力，如此立法機關會將它所能想像到的一切權力都授予自己，而把其他兩權毀滅導致立法集權。因此，孟德斯鳩一方面讓行政首長有權對立法機關所通過之法律行使否決權，讓行政權有參與立法的機會，藉以保護自身的權力，但不能參加立法事項的辯論，且行政權可決定會議的召集時間與期限；另一方面進一步將國會分為兩院，其中一院是由人民選舉代表組成，另一院是由世襲的貴族組成。此外，立法機關不應

Constitutionalism and the Separation of Powers (Oxford: Clarendon Press, 1967), p. 59。但他同時亦強調須有專職的法官來論斷臣民的權利以及執行法律，此對法官獨立（獨立於國王）的要求，這對後來孟德斯鳩將司法部門獨立應有啟發。參見John Locke, *op. cit.*, p. 77。

4 M. J. C. Vile, ibid., p. 177.

5 第十一篇篇名為：Of The Laws Which Establish Political Liberty With Regard To The Constitution；第六章的章名為：Of the Constitution of England。以下關於Montesquieu的說明主要參考：Montesquieu (translated and edited by Anne M. Cohler, Basia Carolyn Miller, Harold Samuel Stone), *The Spirit of the Law* (New York: Cambridge University Press, 1989), pp. 151-162。張雁深譯，《論法的精神》，臺灣商務印書館，1998年，頁154-163。

6 Montesquieu, ibid., pp. 151-152；張雁深譯，前揭書，頁154。

擁有阻止行政權的權力，但有權審查它所制定的法律之實施情況，不過，無論審查的結果如何，立法機關都不應有對實施法律的個人加以審判的權力，但可對提出不智建議的顧問彈劾。至此權力分立的理論更趨完整，尤其經由美國獨立建國先賢的詮釋[7]，並在美國憲法與憲政上具體實踐，使得權力分立成為立憲主義的重要原則[8]。

至今，我們討論權力分立時，即以孟德斯鳩的理論為基礎，將政府分為三個權力部門，分別是行政、立法、司法，也就是一般常說的三權分立。我國憲法雖採五權分立，但在本質上仍是三權：即行政權包括總統、行政院與考試院，立法權包括立法院與監察院，司法權則為司法院，故可稱之為「三權五院」。權力分立之相互關係見圖9-1（箭頭的部分表示相互制衡）。

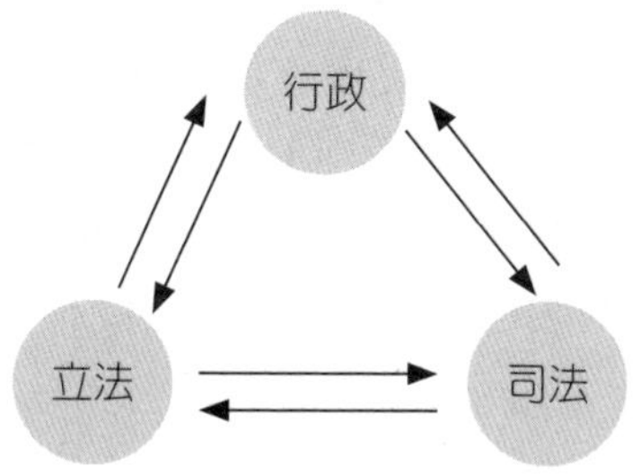

圖9-1　三權分立之相互關係

權力分立的目的，在於讓政府權力不要過度集中在一個部門手裡，避免發生獨裁專制的情形。因而，通常會由國會掌控立法權，負責制定法律；由內閣掌控行政權，負責執行法律，而由法院掌控司法權，負責判決法律爭議。例如，以我國而言，由立法院掌控立法權，而總統和所屬行政院、考試

7 對三權分立的進一步詮釋，James Madison認為為使政府權力有適當的基礎，每一部門應該有其自己的權限，且各部門的人員任用應儘量不受其他部門的影響。參見James Madison, "Federalist, no. 47, no. 48, no. 51", in A. Hamilton, J. Madison & John Jay, *The Federalist Papers*, C. Rossiter ed. (New York: New American Library, 1961)，中文參見謝淑斐譯，《聯邦論》，貓頭鷹出版社，2000年，頁234-251。

8 其後尚有盧梭（Jean-Jacques Rousseau, 1712-1778）、西耶斯（Emmanuel Joseph Sieyès, 1748-1836）、施密特（C. Schmitt, 1888-1985）等人進一步的闡述，讓權力分立理論更加完善，但基本架構在孟德斯鳩即已完成。施密特的思想可參考劉鋒譯，《憲法學說》，聯經出版社，2004年。

院、監察院掌控行政權，司法院則掌控司法權。

二、垂直分權與水平分權

1. **垂直分權**：垂直面向的權力分立為中央政府與地方政府間之權限劃分，對此我國憲法設有專章，大體係採均權制。
2. **水平分權**：水平面向的權力分立為中央政府內與地方政府內部間之權限劃分，我國在中央為五權分立，在地方為行政與立法分立。

三、「分權」與「制衡」

1. **分權**：分權是指將國家權力分屬中央與地方，再將分屬於中央與地方的權力分配予各部門，以免發生專權，危害人民自由。
2. **制衡**：「防止各權力逐漸集中於同一部門的最大保障，乃在於給予各部門掌權者必要的憲法手段（necessary constitutional means）與個人動機（personal motives）來抵抗其他權力部門之侵犯。」（麥迪生）

四、中央政府體制

將政府權力分成好幾塊後，就會設計彼此制衡的方式，也就是互相抗衡、對立的方式。尤其，通常立法權和行政權比較容易發生權力之間的衝突。因此，各國對於解決行政、立法權力之間衝突的方式，就是我們所謂的中央政府體制。一般較典型的分類方式，是將中央政府體制分為「內閣制」、「總統制」、「雙首長制」。

貳、三種政府體制

一、內閣制

內閣制又叫作議會內閣制（parliamentary system），採取內閣制的著名國家包括英國、日本、德國和北歐國家等。內閣制國家的特徵，在於通常這個國家乃是君主國家，有一個國王，作為國家元首。因此，其並不會另外選出一人來擔任國家元首，只會進行國會大選，選出國會議員，然後由國會裡多數黨或少數幾個黨合起來過半，組成內閣。內閣成員都必須具有國會議員資格，而內閣首相就是總理。而國王名義上是國家元首，故發布法律還是由國王來做，不過需要內閣副署。

內閣制國家由於內閣須經國會同意任命，內閣多半由國會裡面過半數的政黨或聯合幾個小黨過半數共同組成，所以其必須獲得國會過半數政黨的「支持」或「信任」。但是一旦內閣當選後，久而久之，其政策可能會與國會多數漸漸偏離，而互相衝突。此時，解決衝突的方式，乃是：1.國會對內閣提出不信任案投票，當不信任案投票通過時，內閣必須總辭；2.但內閣此時可以向國家元首要求解散國會，重新改選，由新改選的國會來決定，是否支持現任內閣。

這種解決行政權、立法權衝突的方式，其精神強調內閣一定要得到國會多數的支持，所以，基本上是偏向國會的。只是賦予總理在被倒閣（不信任）時，可以反向要求重新改選，由新的民意來驗證民意是否支持現任內

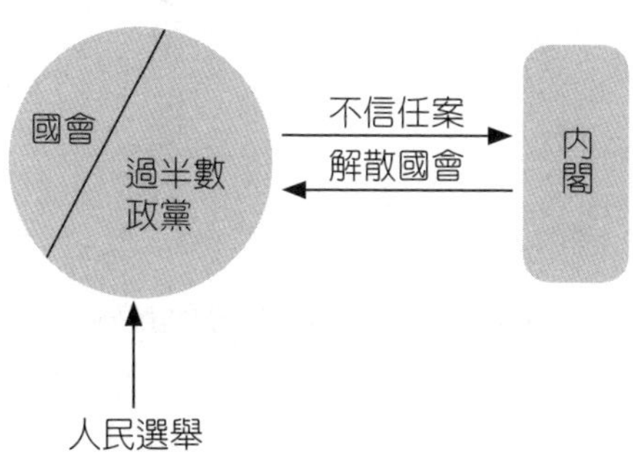

圖9-2　內閣制的憲政運作

閣。倘若新選出的國會由原本的反對黨勝選，即表示人民不支持現任內閣，則將由新的國會多數出來組成新內閣（見圖9-2）。

二、總統制

採取總統制（presidential system）的著名國家為美國。總統為國家元首，乃是由人民直選，掌控行政權。而人民也直選國會議員，掌控立法權。行政權和立法權都是由人民直選，各有各的民意基礎，而任期也都固定（一般為四年），不像內閣制可以不信任對方或解散對方。總統組成的政府，其各部會首長不得由國會議員兼任。

由於總統和國會是人民分開選的，所以有可能會發生總統和國會多數政黨屬於不同政黨的情形，簡稱為「分裂政府」。當發生分裂政府的時候，總統和國會多數意見不合，解決兩者間衝突的方式在於，國會以二分之一通過的法律，總統認為執行有困難，可以提出覆議，要求國會重新表決。此時，重新表決門檻提高到三分之二，亦即，總統所屬政黨雖然在國會無法過半，但只要在國會裡面同黨人到達三分之一，就可以阻止法案過關（見圖9-3）。

在這種模式下，原則上當行政權、立法權發生衝突時，透過覆議門檻提高的方式，總統通常較容易獲勝。

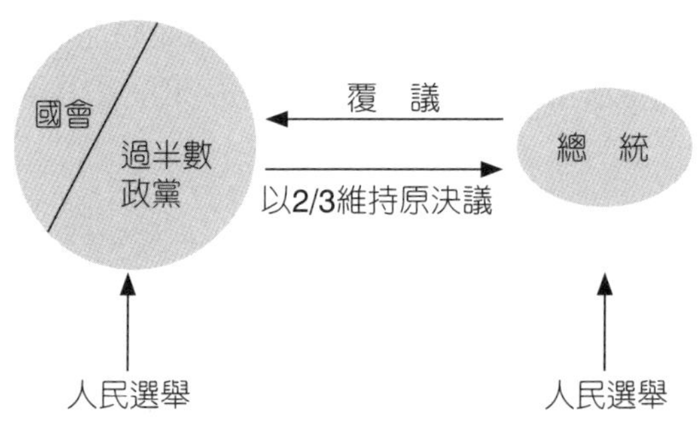

圖9-3　總統制的憲政運作

三、雙首長制

（一）概　說

雙首長制在學理上稱為「混合制」（mixed parliamentary presidential system）或稱為「半總統制」（semi-presidential system），「雙首長制」這種說法只是一般的慣稱。世界上採雙首長制的著名國家就是法國，而我國也是採取雙首長制。

雙首長制之所以稱為「雙首長」，乃是因為有兩個行政首長，一個是人民直選的總統，一個是總統任命的總理。在雙首長制國家，總統是人民直選的，國會議員也是人民直選，而內閣則是總統提名、國會同意任命（見圖9-4）。

雙首長制的行政、立法權對抗的方式比較複雜。其之所以被稱為「混合制」，乃混合了內閣制和總統制的制度，其有內閣制的不信任案、解散國會制度，也有總統制的覆議制度。在覆議制度上，其與總統制不同，在於國會重新投票的門檻，仍然是二分之一，並不需要提高，因而，通常內閣覆議的結果，並不會動搖原本國會的法案。但在此制下，國會也可對內閣提出不信任案，而總統有解散國會重新改選的權力。

採取雙首長制的國家，在具體的制度設計上會有些許的不同。以典型的法國為例，法國總統是民選的，國會也是民選的，而總統有權任命內閣總

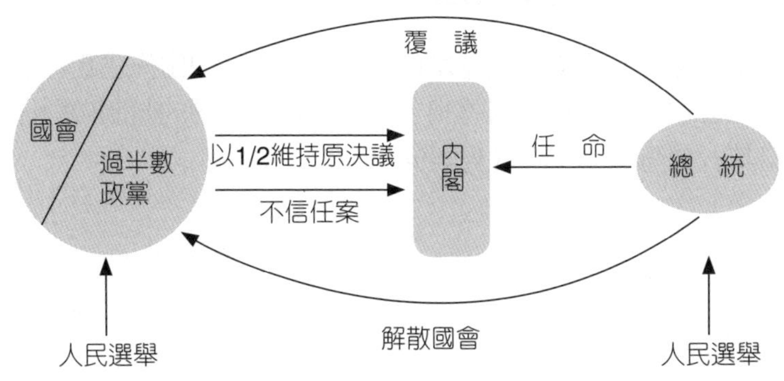

圖9-4　雙首長制的憲政運作

理，不必得到國會多數同意。但由於覆議門檻為二分之一，內閣若得不到國會多數支持，將無法施政，因而按照法國的憲法慣例，總統通常會任命國會多數黨領袖出來組成內閣。但是，法國總統具有主動解散國會權，其可以主動解散國會重新改選，要求人民以改選方式來決定是否支持總統，倘若改選後的新國會裡面多數政黨支持總統，總統就可以提名同政黨的人出任總理。

（二）換　軌

由於總統和國會是分開選舉，可能會發生總統所屬政黨與國會多數黨為不同黨的情形。

當總統與國會多數黨屬同一政黨時，總統任命的總理，也是同一黨的人，此時總統掌有行政實權，總理只是總統的幕僚長。

但當總統與國會多數黨屬不同政黨時，按照法國的憲政慣例，總統會提名國會多數黨人擔任總理，也就是提名與自己立場相左的人擔任總理。此時總統會將行政權力讓渡給總理，而總統僅保有少數行政權（主要為外交和國防）。之所以稱為雙首長，就是此時有兩個具有實權的行政首長。我們稱此時乃由總統制轉換到雙首長制，為「換軌」。

參、我國憲法演變

一、孫中山先生的五權憲法

孫中山先生的五權憲法究竟是什麼制？根據孫中山先生自己的說法，他的憲法是融合古今中外獨創的體制，所以很難與外國的體制做對比。我們先簡單列出其五權憲法的架構（見表9-1）。

表9-1　憲政體制之類型、特徵與制度設計[9]

		總統制	內閣制	半總統制
行政權歸屬	特　徵	行政權歸元首	行政權歸內閣	行政權由總統與內閣分享
	制度設計	1.無副署制度 2.總統有實權	1.副署制度 2.元首虛位	1.副署制度 2.總統與內閣分享行政權
行政權與立法權關係	特　徵	嚴格分立	柔性分立	柔性分立
	制度設計	1.國會有立法、預算、彈劾權 2.總統有否決權 3.爭議解決：覆議制度	1.內閣向國會負責，向國會提出施政報告 2.國會得質詢內閣 3.爭議解決：倒閣、解散國會	1.總統可以解散國會 2.內閣須向國會報告並備質詢 3.得有覆議制度
民主正當性來源	特　徵	二元民主	一元民主	二元民主、雙重信任
	制度設計	1.總統與國會間直接民選 2.總統與國會皆有固定任期	國會由人民選舉產生，內閣則來自於國會之信任	1.總統與國會間直接民選 2.總統與國會皆有固定任期 3.總理由總統任命且對國會負責

在孫中山的架構中，人民享有政權（選舉、罷免、創制、複決），政府享有治權（行政、立法、司法、考試、監察），制衡乃發生在人民對政府的控制。人民雖然享有政權，但由於人民太多，要所有人民一起聚集起來直接行使政權，有所困難，因為我們交由國民大會來代替人民行使政權，由其來替人民監督政府。而政府之所以分為五權，並不是為了制衡，而是為了「分工合作」。政府的五權中，除了原本的行政院、立法院、司法院外，多了考試院和監察院，據孫中山先生的說法，那是中國的傳統良好制度，所以多加進來（見圖9-5）。

9　參見呂炳寬、徐正戎，《半總統制的理論與實際》，鼎茂，2005年，頁74。

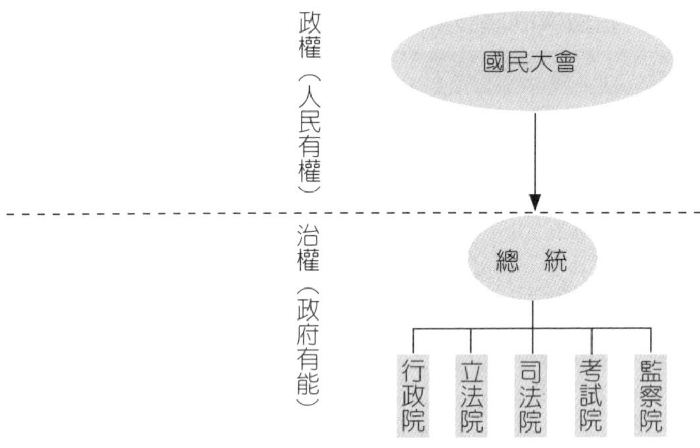

圖9-5 權能區分

二、憲法本文：修正式內閣制

雖然孫中山先生五權憲法的原型很獨特，但中華民國憲法在通過時，由於負責制憲的人有認為孫中山先生的說法太奇怪了，必須進行修正，所以後來通過的憲法，已經有點改變。原本五權政府中間只有分工合作，不應該有制衡關係，但憲法本文卻對五院之間加了一些制衡關係。

一般學者將憲法本文的政府體制，認為屬「修正式內閣制」，因為其含有較多內閣制的色彩，但又有所修正。其間，總統提名行政院長，必須得到立法院同意（憲法第55條）。而總統頒布各大小法律、命令，都必須得到行政院長或相關各部會首長的副署（憲法第37條）。行政院和立法院的對抗上，雖然採取的是覆議制度，且覆議門檻為三分之二，可是其規定若覆議失敗，行政院長必須接受，倘若不接受，必須辭職（憲法第57條）。諸種規定，都像是內閣制中立法權控制行政權，且國家元首沒有實權的機制。

肆、九七修憲後中央政府體制

一、雙首長制

根據國父孫中山的設計，我們乃是五權憲法，體制特殊。但經過歷次修憲後，目前的中央政府體制，主要是在1996年國發會經由兩大黨協商後取得共識，學習法國的雙首長制，並在1997年第四次修憲時，放到增修條文中。

在我國的雙首長制下，我們有民選的總統，也有民選的立法院，但還有一個行政院，而行政院長乃由總統任命，不需得到立法院的同意。

二、與法國不同之處

雖然我們想學習法國的雙首長制，但在具體制度設計上，卻與法國有所不同。主要的差別有兩點：

1. **法國總統遵守憲政慣例提名國會多數黨領袖擔任總理**：法國總統會依照他們的憲政慣例，任命國會多數黨領袖擔任總理。相反地，我國體制上，總統任命行政院長，不需要得到立法院同意。因此，當總統與立法院多數黨屬於不同政黨時，總統在立法院屬於少數黨，卻會任命同黨的人擔任行政院長。此時就會出現所謂的「少數政府」，亦即行政院所屬政黨在立法院處於少數。
2. **法國總統可主動解散國會**：法國為了讓總統在選上後能夠取得行政實權，若總統當選後，其所屬政黨在國會裡卻是少數黨，此時法國總統有權主動解散國會，要求改選，由改選後的新國會決定是否支持總統。倘若新國會裡的多數支持總統，總統即可任命自己人擔任總理。倘若新國會裡的多數不支持總統，總統只好將權力讓出，將任命國會多數黨領袖擔任總理組閣。

三、少數政府運作

（一）少數政府的困境

由於我國制度上與法國不完全相同，在實際運作上，卻出現很大的問題。由於總統和立法院乃分別選舉，總統的政黨未必能夠掌控立法院過半數。2000年後政黨輪替，民進黨陳水扁擔任總統，但立法院內民進黨卻無法過半，仍然由泛藍的國民黨和親民黨掌控過半優勢。2004年總統選舉，民進黨陳水扁連任，但立法院內泛綠的民進黨和台聯仍然無法過半，仍然是泛藍的國民黨、親民黨掌控過半席次（見圖9-6、圖9-7）。

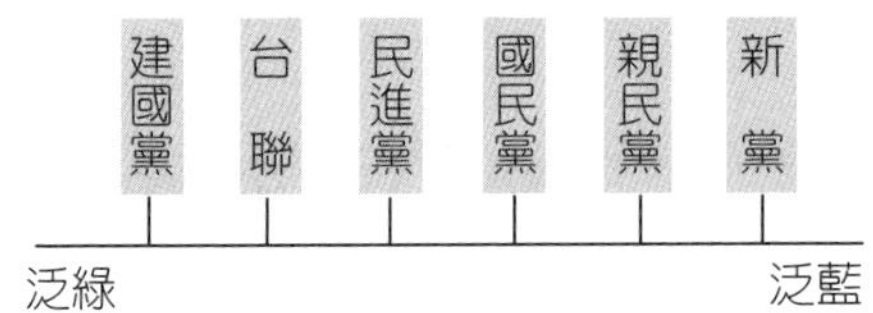

圖9-6　我國政黨的光譜

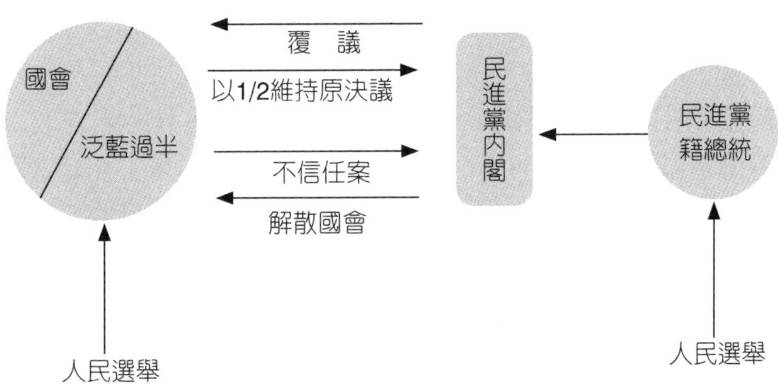

圖9-7　我國2000年後的憲政運作

表9-2　九七憲改後之總統、行政院院長與立法院之政黨關係

總統	行政院院長	憲政運作類型	立法院多數
李登輝 KMT （第9任）	蕭萬長　KMT （1997.9.1～1999.1.22）	超級總統制	第三屆（1996.2.1～1999.1.31） KMT／85席／席次比 52.8%
	蕭萬長　KMT （1999.1.22～2000.5.20）	超級總統制	第四屆（1999.2.1～2002.1.31） KMT／123席／席次比 54.7%
陳水扁 DPP （第10任）	唐　飛 （2000.5.20～2000.10.6）	全民政府	
	張俊雄　DPP （2000.10.6～2002.2.1.）	少數政府	
	游錫堃　DPP （2002.2.1～2004.5.19.）	少數政府	第五屆（2002.2.1～2005.1.31） KMT／68席／席次比 30.2% PFP／46席／席次比 20.4% NP／1席／席次比 0.4%
陳水扁 DPP （第11任）	游錫堃　DPP （2004.5.20～2005.2.1.）	少數政府	
	謝長廷　DPP （2005.2.1～2006.1.25）	少數政府	第六屆（2005.2.1～2008.1.31） KMT／79席／席次比 35.1% PFP／34席／席次比 15.1% NP／1席／席次比 0.4%
	蘇貞昌　DPP （2006.1.25～2007.5.21）	少數政府	
	張俊雄　DPP （2007.5.21～2008.5.20）	少數政府	
馬英九 KMT （第12任）	劉兆玄　KMT （2008.5.20～2009.9.10）	超級總統制	第七屆（2008.2.1～2012.1.31） KMT／81席／席次比 71.6% PFP／5席／席次比 4.4%
	吳敦義　KMT （2009.9.10～2012.2.6）	超級總統制	
馬英九 KMT （第13任）	陳沖　KMT （2012.2.6～2013.2.18）	超級總統制	第八屆（2012.2.1～2016.1.31） KMT／64席／席次比 56.6% PFP／3席／席次比 2.6% NON／3席／席次比 2.6%
	江宜樺　KMT （2013.2.18～2014.12.8）	超級總統制	
	毛治國　KMT （2014.12.8～2016.1.31）	超級總統制	
	張善政　NON （2016.2.1～2016.5.19）	超級總統制	
蔡英文 DPP （第14任）	林全　NON （2016.5.20～2017.9.8）	超級總統制	第九屆（2016.2.1～2020.1.31） DPP／68席／席次比60.2%
	賴清德　DPP （2017.9.8～迄今）		

說　明：①原屬中國國民黨籍的唐飛，由陳水扁任命為行政院長時，中國國民黨以「停權」方式處理其黨籍問題。

②KMT（中國國民黨）、DPP（民主進步黨）、PFP（親民黨）、NP（新黨）、NON（無黨籍）。

③全民政府的憲政運作模式，性質上本文仍認為屬於「少數政府」。

民進黨籍總統陳水扁並不願跟從法國憲政慣例，按照憲法規定，其任命行政院長，並不需要得到立法院同意。因而，其執政以來，多任命民進黨人士擔任行政院長、各部會首長。因而出現「少數政府」運作的困境。

1. **行政院想施政，立法院不配合通過法律**：「少數政府」運作上的第一個問題是：行政院想施政，由於無法掌控立法院過半席次，倘若立法院不配合通過相關法律，根據「依法行政原則」，行政院無從施政。
2. **立法院通過法律，行政院拒絕執行**：「少數政府」運作的第二個問題是：立法院通過法律，行政院卻基於施政理念不同，而拒絕執行。在憲法上，行政院雖然可以提請總統提出覆議案，可是因為覆議門檻為二分之一，立法院多數仍會通過原決議，導致覆議無效。
3. **總統提名人選，立法院不同意**：總統最重要的實權就是人事提名權，但由於總統和立法院的對抗，立法院不肯通過總統提名人權，會導致整個機關停擺。

（二）憲法機制失靈

當行政權和立法權發生衝突時，我們本應可以用憲法所規定的機制解決，可是目前的憲法機制，卻無法突破行政、立法對立僵局。

1. **就覆議制度來說**：由於覆議門檻為二分之一，行政院提覆議通常沒用，立法院重新投票仍然會維持原決議。
2. **就不信任案、解散國會來說**：由於不信任案發動權在立法院，立法委員擔心行使不信任案（倒閣）後被解散重新改選，由於改選成本過大，容易落選，因而立法院多數根本不敢行使倒閣權。

（三）尋求大法官解釋

由於現行憲法中解決行政、立法對立的機制失靈，導致無法運作。以目前我國的實際運作來看，兩方誰也不肯認輸，最後容易向掌控司法權的大法官尋求救濟，紛紛指控對方違憲，由大法官來仲裁糾紛。

伍、國民大會

一、演變

在中華民國憲法中，國民大會的定位一直都有爭議。由於國民大會在孫中山先生的想法中，乃是政權機關。但什麼是政權？一般人並不容易瞭解。

在歷次修憲中，由於國民大會掌控修憲職權，每次修憲都會調整自己的職權，基本上大方向是將國民大會「實權化」，轉型為實際上的「國會」，配合立法院，朝「國會兩院制」邁進。

2000年國民大會進行第五次修憲，當時希望以後不要再舉辦國民大會的選舉，而想與立法院選舉同時舉行，依附於立法院選舉，按照立法院選舉結果各政黨得票比例，來分配國民大會的席次。由於當時立法院任期還有兩年才到，故國民大會修憲延長自己的任期，延到兩年後才跟立法院一起改選，但這卻引起「國大自肥」的批評，故大法官於釋字第499號宣告該次修憲違憲。

故在第六次修憲時，國民大會將自己改為「任務型國大」，也就是將其「虛位化」，平常不會固定選舉國大，只有在立法院提出「變更國土、修憲、彈劾總統」等提案時，才選出任務型國大。2005年第七次修憲，將國大澈底廢除，並將公民複決納入憲法，可以算是「將政權還給人民直接行使」，國民大會澈底進入歷史（見表9-3）。

二、釋字第499號

釋字第499號解釋：「一、……而修改憲法亦係憲法上行為之一種，如有重大明顯瑕疵，即不生其應有之效力。所謂明顯，係指事實不待調查即可認定；所謂重大，就議事程序而言則指瑕疵之存在已喪失其程序之正當性，而違反修憲條文成立或效力之基本規範。國民大會於88年9月4日三讀通過修正憲法增修條文，其修正程序牴觸上開公開透明原則，且衡諸當時有效之國民大會議事規則第38條第2項規定，亦屬有違。依其議事錄及速記錄之記載，有不待調查即可發現之明顯瑕疵，國民因而不能知悉國民大會代表如何行使修憲職權，國民大會代表依憲法第133條規定或本院釋字第331號解釋對

表9-3　國民大會職權變動表

	定　位	職　權	結　果
五五憲草	中央政權機關	1.選舉、罷免總統副總統，立委、監委及立監院正副院長由其選舉之 2.總統率領行政、立法、司法、考試、監察向國民大會負責 3.創制權 4.複決權	1.真正按照中山思想所設計，性質是中央唯一民意機關 2.直接民權卻實行代議制 3.三千人如何集會 4.每三年集會一次之效率如何監督政府
三十六年憲法	無形化	1.每六年選舉總統副總統 2.創制複決權須全國過半數以上縣市行使之後方得於中央行使 3.變更領土 4.修憲	1.五院不向國民大會負責 2.凍結創制複決權 3.變更領土無法經常行使 4.完全脫離中山思想
臨時條款	企圖擴權	1.行使創制複決權 2.設置憲政研討機構	透過總統職權擴張換取創制複決權
前四次修憲條文	職權縮小但常設化	1.總統由公民直選 2.加上人事同意權（提名權在總統） 3.聽取總統國情報告 4.補選副總統 5.提出總統副總統罷免案 6.每年集會 7.設置議長	朝兩院制國會發展
第五次修憲	延長任期	1.第四屆改為300人，第五屆改為150人 2.國大代表之組成從第四屆起改為依照立委選舉得票比率，採由政黨比例代表制	被大法官釋字第499號宣告違憲
第六次修憲	虛型化	剩複決立法院所提之憲法修正案、領土變更案、議決總統副總統之彈劾案	2005年召開唯一一次任務型國大修憲，將國大澈底廢除

選區選民或所屬政黨所負政治責任之憲法意旨，亦無從貫徹。此項修憲行為有明顯重大瑕疵，已違反修憲條文發生效力之基本規範。

二、……憲法條文中，諸如：第1條所樹立之民主共和國原則、第2條國民主權原則、第二章保障人民權利、以及有關權力分立與制衡之原則，具有本質之重要性，亦為憲法整體基本原則之所在。基於前述規定所形成之自由民主憲政秩序，乃現行憲法賴以存立之基礎，凡憲法設置之機關均有遵守之義務。

三、第三屆國民大會88年9月4日通過之憲法增修條文第1條，國民大會代表第四屆起依比例代表方式選出，並以立法委員選舉各政黨所推薦及獨立參選之候選人得票之比例分配當選名額，係以性質不同、職掌互異之立法委員選舉計票結果，分配國民大會代表之議席，依此種方式產生之國民大會代表，本身既未經選舉程序，僅屬各黨派按其在立法院席次比例指派之代表，與憲法第25條國民大會代表全國國民行使政權之意旨，兩不相容，明顯構成規範衝突。若此等代表仍得行使憲法增修條文第1條以具有民選代表身分為前提之各項職權，將牴觸民主憲政之基本原則，是增修條文有關修改國民大會代表產生方式之規定，與自由民主之憲政秩序自屬有違。

四、……本件關於國民大會代表及立法委員任期之調整，並無憲政上不能依法改選之正當理由，逕以修改上開增修條文方式延長其任期，與首開原則不符。而國民大會代表之自行延長任期部分，於利益迴避原則亦屬有違，俱與自由民主憲政秩序不合。

五、第三屆國民大會於88年9月4日第四次會議第十八次大會以無記名投票方式表決通過憲法增修條文第1條、第4條、第9條暨第10條之修正，其程序違背公開透明原則及當時適用之國民大會議事規則第38條第2項規定，其瑕疵已達明顯重大之程度，違反修憲條文發生效力之基本規範；其中第1條第1項至第3項、第4條第3項內容並與憲法中具有本質重要性而為規範秩序賴以存立之基礎，產生規範衝突，為自由民主憲政秩序所不許。上開修正之第1條、第4條、第9條暨第10條應自本解釋公布之日起失其效力，86年7月21日修正公布之原增修條文繼續適用。」

第十章　總　統

壹、我國憲法上總統之地位

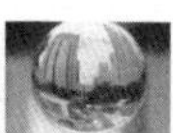

一、雙首長制

在我國憲法本文中，總統為國家元首，對外代表中華民國。但其乃具「內閣制」總統之特色，其所發布之法律、命令，都需要得到行政院長或相關部會首長的副署。但到第三次修憲時，我們將總統改為公民直選，總統的角色越來越重，到民國86年第四次修憲時，我們更向總統制傾斜，改為「雙首長制」，也就是「半總統制」。

在第四次修憲時，我們加入了幾個重要的條文，都具有雙首長制的色彩，臚列如下：

1. **總統得直接任命行政院長不須經立法院同意**：「行政院院長由總統任命之。」（增修條文第3條第1項前段）
2. **總統得被動解散立法院**：「總統於立法院通過對行政院院長之不信任案後十日內，經諮詢立法院院長後，得宣告解散立法院。」（增修條文第2條第5項前段）
3. **立法院具倒閣權，可對行政院長提出不信任案**：「立法院得經全體立法委員三分之一以上連署，對行政院院長提出不信任案。」（增修條文第3條第2項第3款前段）

二、總統、行政院院長與立法院之三角關係

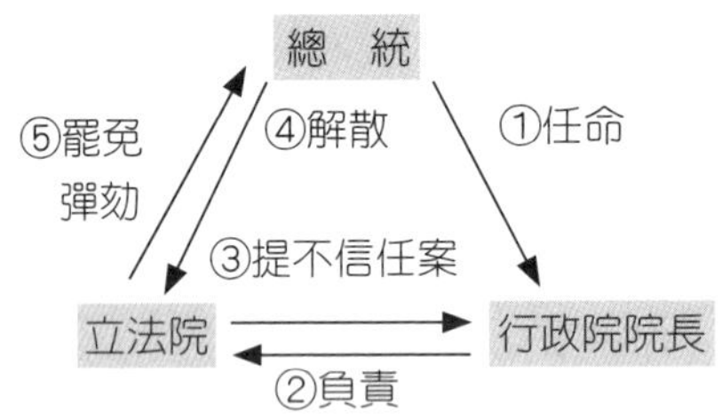

圖10-1 總統、行政院院長與立法院之關係

說 明：圖中的數字表示總統、行政院院長、立法院三者關係發動之順序

①總統直接任命行政院院長。

②行政院院長依憲法增修條文第3條（原憲法第57條）之規定對立法院負責。

③若立法院對行政院院長之施政不滿意，可依憲法增修條文第3條之規定對行政院院長提出不信任案（全體立法委員三分之一之連署後提出，全體立法委員二分之一之決議後通過）。

④總統於立法院通過行政院長之不信任案後十日內，得解散立法院。

⑤對於總統，得經全體立法委員二分之一之提議，全體立法委員三分之二之決議，向國民大會提出彈劾案。亦可以全體四分之一立委之提議，全體立法委員三分之二之決議提出罷免案，再經全體選舉人過半數投票及有效票過半數同意後通過。

貳、總統之職權

我們先簡單用一個表格，把總統的職權做一個全觀的介紹。一般認為總統和行政院院長的區分在於，總統的職權乃屬於國防、外交、兩岸。這可由憲法中賦予總統的權力中可略見一斑。

憲法中，真正專屬於總統的職權，乃是一些人事任命權或提名權，請見表10-1。

表10-1 總統獨享權（無須行政院長副署）

類型	權限	內容
總統獨享權	閣揆任命權	任命行政院長（增§3Ⅰ）
	其他人事權	司法院、考試院和監察院之人事提名權（增§5Ⅰ、增§6Ⅱ、增§7Ⅱ） 副總統缺位之補提名（增§2Ⅶ）
	發表咨文權	向立法院國情報告（增§4Ⅲ）
	主持會議	主持國家安全會議（增§2Ⅳ）
	調節權	院際爭執解決權（§44） 核可覆議權（增§3Ⅱ）

憲法規定，行政院是國家最高行政機關，而且行政院要向立法院負責，所以，行政院長才是國家最高的行政首長。照理說，總統的權力除了憲法上所明文賦予的那些之外，並不得干涉行政院長的職權，例如經濟、內政、交通事務，總統都無權過問。

但是，由於我們增修條文第2條第4項制定了國家安全會議，由總統主持，並邀請行政院長和各重要部會首長參與，而可以發布「國家安全大政方針」。而所謂的國家安全事務，又被界定為是「兩岸、國防、外交」事務。所以，總統似乎可以透過這個會議，去控制行政院裡面的兩岸、國防、外交等事務。

不過，就算增修條文設計了國安會議，但並沒有很明確表示行政院必須聽從國安會議的指示，國安會通過的國安大政方針，是否對行政院有所拘束力，仍然是有爭議的。

不過實際上，由於行政院長是由總統直接任命，所以當總統干涉行政院的其他職權時，過去的行政院長都沒有意見地任由總統干政。這其實已經違背了憲法的設計[1]。

1 關於總統擴權的詳細討論與批評，可參考楊智傑，《總統不該做的七件事》，書泉出版社，2006年10月。

一、代表國家權

「總統為國家元首，對外代表中華民國。」（憲法第35條）

二、外交權

「總統依本憲法之規定，行使締結條約及宣戰、媾和之權。」（憲法第38條）

「行政院院長、各部會首長，須將應行提出於立法院之法律案、預算案、戒嚴案、大赦案、宣戰案、媾和案、條約案及其他重要事項，或涉及各部會共同關係之事項，提出於行政院會議議決之。」（憲法第58條第2項）

「立法院有議決法律案、預算案、戒嚴案、大赦案、宣戰案、媾和案、條約案及國家其他重要事項之權。」（憲法第63條）

三、軍事權

（一）統帥權

「總統統率全國陸海空軍。」（憲法第36條）

1. 總統統帥權之性質乃象徵的。
2. 軍令權與軍政權：軍政軍令二元體制係十九世紀中葉德日為避免國會監督，僅將軍政（軍事行政）納入內閣受國會監督，軍令劃歸統帥權，專屬君王，可避免國會監督。我國國防組織法於民國89年1月公布，民國91年實施後，朝向「軍政軍令一元化」。

也就是說，將原本屬於「參謀總長」的軍令權納入「國防部長」的軍政權下面指揮。以前總統可以直接控制軍令權，現在卻要通過行政院國防部的控制，且要受到立法院的監督。

釋字第461號解釋，則是討論是否將軍令權的代表人物參謀總長劃歸於行政院，使軍政軍令權回到行政院而置於國會監督之下。

（二）戒嚴權

「總統依法宣布戒嚴，但須經立法院之通過或追認。立法院認為必要

時，得決議移請總統解嚴。」（憲法第39條）

總統宣告戒嚴，須先經「行政院會議之議決」（憲法第58條），一個月內交立法院追認。總統戒嚴權之性質：「緊急的」、「事後監督的」，羅馬法法諺：「刀劍之下，法律沉默。」臺灣地區戒嚴：民國38年11月2日。臺灣地區解嚴：民國76年7月15日。

四、公布法令權

（一）程　序

「總統依法公布法律、發布命令，須經行政院院長之副署，或行政院院長及有關部會首長之副署。」（憲法第37條）

副署制度源自於內閣制國家，因元首不負政治責任，而內閣對議會負責，故當元首公布法令須經總理及關係部會首長副署，以示負責。

「立法院法律案通過後，移送總統及行政院，總統應於收到後十日內公布之，但總統得依照本憲法第五十七條之規定辦理。」（憲法第72條）

總統公布的法律就一定有效？

▶釋字第342號（83/4/8）

法律案經立法院移送總統公布者，曾否踐行其議事應遵循之程序，除明顯牴觸憲法者外，乃其內部事項，屬於議會依自律原則應自行認定之範圍，並非釋憲機關審查之對象。是以總統依憲法第72條規定，因立法院移送而公布之法律，縱有與其議事規範不符之情形，然在形式上既已存在，仍應依中央法規標準法第13條之規定，發生效力。……關於依憲法增修條文第9條授權設置之國家安全會議、國家安全局及行政院人事行政局之組織法律，立法院於中華民國82年12月30日移送總統公布施行，其通過各該法律之議事錄，雖未經確定，但尚不涉及憲法關於法律成立之基本規定。

（二）不公布

總統可根據憲法57條規定辦理，若行政院有聲請總統核可移請立法院覆議之舉動，總統得將該法案退回立法院而不予公布。

「立法院法律案通過後，移送總統及行政院，總統應於收到後十日內公布之，但總統得依照本憲法第五十七條之規定辦理。」（憲法第72條）

「行政院對於立法院決議之法律案、預算案、條約案，如認為有窒礙難行時，得經總統之核可，於該決議案送達行政院十日內，移請立法院覆議。立法院對於行政院移請覆議案，應於送達十五日內作成決議。如為休會期間，立法院應於七日內自行集會，並於開議十五日內作成決議。覆議案逾期未議決者，原決議失效。覆議時，如經全體立法委員二分之一以上決議維持原案，行政院院長應即接受該決議。」（增修條文第3條第2項第2款）

「總統發布行政院院長與依憲法經立法院同意任命人員之任免命令及解散立法院之命令，無須行政院院長之副署。」（增修條文第2條第2項）

總統公布法律，可否加註意見？

立法院為了調查三一九槍擊案真相，通過「真調會條例」，行政院雖提出覆議，但立法院仍然以二分之一多數維持原決議。但陳水扁總統依法公布「真調會條例」時，在公布文告上加註「惟以總統、副總統於選舉期間同時遭受槍擊，為明事實真相自應調查。政府支持調查，但不應違憲調查。本條例既有重大憲政爭議，宜尋求釋憲或修法解決，以符憲政秩序。」

憲法唯一對各最高機關的憲法上行為規定可以加註意見的，是增修條文第5條第6項。該條項一方面限制了行政院院長的總預算提出權——不得刪減司法概算，另一方面又補給其加註意見的權限。憲法第37條給總統公布法律之權，應該沒有附帶給總統加註意見的權力。

五、緊急命令權

(一) 定 義

緊急命令是什麼呢？根據我國憲法，緊急命令是在國家發生緊急危難時，因為沒有法律可以運用，總統為了解決該緊急危難，只好跳過立法院，自己先頒發一個「緊急命令」來應急，而事後再讓立法院追認。

根據憲法第43條之規定，以下條件總統得發布緊急命令：

1. **發布事由**：國家遇有天然災害、癘疫，或國家財政經濟上有重大變故。
2. **發布時機**：立法院休會期間。
3. **發布程序**：總統得經行政院會議之決議，依緊急命令法發布緊急命令。
4. **追認程序**：發布命令後一個月內提交立法院追認。
5. **追認效果**：立法院不同意時，該緊急命令立即失效。
6. 憲法增修條文第2條第3項規定總統緊急命令權，不受憲法第43條之限制。包括以下幾點：
   (1) 要件放寬且不限於立法院休會期間。
   (2) 不須制定緊急命令法。
   (3) 立法院追認時間限縮為十日。
7. **緊急命令之同意與立院解散改選**：總統於立法院解散後發布緊急命令，立法院應於三日內自行集會，並於開議七日內追認之。但於新任立法委員選舉投票日後發布者，應由新任立法委員於就職後追認之。如立法院不同意時，該緊急命令立即失效。

表10-2 憲法與增修條文關於緊急命令規定之差異

總統緊急命令權	憲法第43條	增修條文第2條
發布事由	1.國家遇有天然災害、癘疫 2.國家財政經濟上有重大變故	1.為避免國家或人民遭遇緊急危難 2.國家財政經濟上有重大變故
發布時機	立法院休會期間	無須於立法院休會期間
發布程序	總統得經行政院會議之決議，依緊急命令法發布緊急命令	1.經行政院會議之決議，發布緊急命令 2.無須制定緊急命令法

表10-2 憲法與增修條文關於緊急命令規定之差異（續）

總統緊急命令權	憲法第43條	增修條文第2條
追認程序	發布命令一個月內提交立法院追認	發布命令十日內提交立法院追認
追認效果	立法院不同意時該緊急命令立即失效	立法院不同意時該緊急命令立即失效

九二一地震緊急命令還要訂執行要點？

▶釋字第543號（91/5/3）

憲法增修條文第2條第3項規定：「總統為避免國家或人民遭遇緊急危難或應付財政經濟上重大變故，得經行政院會議之決議發布緊急命令，為必要之處置，不受憲法第四十三條之限制。但須於發布命令後十日內提交立法院追認，如立法院不同意時，該緊急命令立即失效。」由此可知，緊急命令係總統為應付緊急危難或重大變故，直接依憲法授權所發布，具有暫時替代或變更法律效力之命令，其內容應力求周延，以不得再授權為補充規定即可逕予執行為原則。若因事起倉促，一時之間不能就相關細節性、技術性事項鉅細靡遺悉加規範，而有待執行機關以命令補充，方能有效達成緊急命令之目的者，則應於緊急命令中明文規定其意旨，於立法院完成追認程序後，再行發布。此種補充規定應依行政命令之審查程序送交立法院審查，以符憲政秩序。又補充規定應隨緊急命令有效期限屆滿而失其效力，乃屬當然。

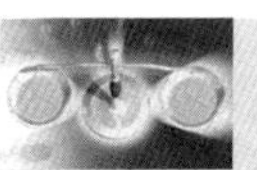

九二一地震緊急命令執行要點違反平等？

▶釋字第571號（93/1/2）

憲法增修條文第2條第3項規定，總統為避免國家或人民遭遇緊急危難或應付財政經濟上重大變故，得經行政院會議之決議發布緊急命令，為必要之處置。又對於人民受非常災害者，國家應予以適當之扶助與救濟，憲法第155條亦定有明文。此項扶助與救濟，性質上係國家對受非常災害之人民，授與之緊急救助，關於救助之給付對象、條件及範圍，國家機關於符合平等原則之範圍內，得斟酌國家財力、資源之有效運用及其他實際狀況，採取合理必要之手段，為妥適之規定。臺灣地區於中華民國88年9月21日發生罕見之強烈地震，人民遭遇緊急之危難，對於災區及災民，為實施緊急之災害救助、災民安置及災後重建，總統乃於同年月25日依上開憲法規定之意旨，發布緊急命令。行政院為執行該緊急命令，繼而特訂「中華民國88年9月25日緊急命令執行要點」（以下簡稱執行要點）。該緊急命令第1點及執行要點第3點第1項第4款規定目的之一，在對受災戶提供緊急之慰助。內政部為其執行機關之一，基於職權發布88年9月30日台（88）內社字第8885465號、88年10月1日台（88）內社字第8882339號及88年10月30日台（88）內社字第8885711號函，**對於九二一大地震災區住屋全倒、半倒者，發給慰助金之對象，以設籍、實際居住於受災屋與否作為判斷依據，並設定申請慰助金之相當期限，旨在實現前開緊急命令及執行要點規定之目的，並未逾越其範圍**。且上述設限係基於實施災害救助、慰問之事物本質，就受非常災害之人民生存照護之緊急必要，與非實際居住於受災屋之人民，尚無提供緊急救助之必要者，作合理之差別對待，已兼顧震災急難救助之目的達成，手段亦屬合理，與憲法第7條規定無違。又上開函釋旨在提供災害之緊急慰助，並非就人民財產權加以限制，故亦不生違反憲法第23條之問題。

（二）批判分析

緊急命令到底是法律還是命令呢？其實，若根據憲法規定總統發布後還需要立法院追認的條件來看，其定位上應該是與法律平行的。

我們可以參考一下修憲的歷史。原本憲法第43條（總統發布緊急命令權）規定：「國家遇有天然災害、癘疫，或國家財政經濟上有重大變故，須為急速處分時，總統於立法院休會期間，得經行政院會議之決議，依緊急命令法，發布緊急命令，為必要之處置，但須於發布命令後一個月內提交立法院追認。如立法院不同意時，該緊急命令立即失效。」原本的條件限於「立法院休會期間」，因為發生國家緊急狀況立法院卻因為休會無法馬上立法因應，所以才賦予總統緊急命令權，讓總統先制定緊急命令後，再馬上召開立法院一個月內追認。為什麼是一個月呢？別忘了憲法制定當時我們還在大陸時期，當時大陸地廣交通不便，所以要從各地把立法委員召集回來得花點時間。

若從以前緊急命令制定原本的限制為「立法院休會期間」，且事後要「立法院追認」，就可以知道緊急命令的性質應該屬於一種法律，而非一種行政命令。總統只是在立法院休會時，代替立法院制定一個暫時因應的法律，等到立法院回來後就馬上把權力還給立法院。

但後來修憲居然把「立法院休會期間」這個要件拿掉，實在不太恰當。這個要件之所以被拿掉，其實是因為以前動員戡亂時期制定的「動員戡亂臨時條款」凍結憲法本文，蔣介石的獨裁政權就把這個立法院休會期間的要件拿掉，讓他有很大的緊急命令權。而解嚴回歸憲法運作後修憲竟然延續這個不好的規定。

緊急命令原本的設計是為了立法院休會所以才需要總統立刻發布緊急命令，可是臺灣這麼小，如果發生什麼緊急情況要立法院馬上開會其實很快，根本不用等十天才讓立法院追認，要求立法院制定緊急因應的法律也未必比總統來得慢。所以現在實在沒必要繼續保留緊急命令。緊急命令有個壞處就是總統可以用這個權力來擴權，甚至轉為獨裁，歷史上有太多的例子都是如此。

六、任免官員權

(一) 任免權

「總統依法任免文武官員。」（憲法第41條）

「行政院院長由總統任命之。」（增修條文第3條第1項前段）

「總統發布行政院院長或依憲法經立法院同意任命人員之任免命令及解散立法院之命令，無須行政院院長之副署，不適用憲法第三十七條之規定。」（增修條文第2條第2項）

（二）任命權及提名權

根據憲法規定，下列人員由總統提名，另請見表10-3：

1. **行政院長**：行政院院長由總統任命之。行政院院長辭職或出缺時，在總統未任命行政院院長前，由行政院副院長暫行代理。憲法第55條之規定，停止適用。
2. **審計長**：「監察院設審計長，由總統提名，經立法院同意任命之。」（憲法第104條）
3. **司法院院長、副院長、大法官**：「司法院設大法官十五人，並以其中一人為院長、一人為副院長，由總統提名，經立法院同意任命之，自中華民國九十二年起實施，不適用憲法第七十九條之規定。」（增修條文第5條第1項前段）
4. **考試院院長、副院長、考試委員**：「考試院設院長、副院長各一人，考試委員若干人，由總統提名，經立法院同意任命之，不適用憲法第八十四條之規定。」（增修條文第6條第2項）
5. **監察院院長、副院長、監察委員**：「監察院設監察委員二十九人，並以其中一人為院長、一人為副院長，任期六年，由總統提名，經立法院同意任命之。憲法第九十一條至第九十三條之規定停止適用。」（增修條文第7條第2項）

表10-3　五院重要成員產生方式

	行政院	立法院	司法院	考試院	監察院
重要成員	部會首長 不管部會之政務委員	立法委員	大法官	考試委員	監察委員
產生方式	行政院長提請總統任命	人民直選	總統提名 立法院同意	總統提名 立法院同意	總統提名 立法院同意
人　　數	不管部會政務委員：5～7人	113人	15人	19人	29人
任　　期	未規定	4年	8年	6年	6年
正副首長是否兼任	不兼任	兼任	兼任	不兼任	兼任

總統可以任意免除行政院院長職務？

總統可單獨任命行政院院長，已成學界通說。但此項任命是為主動或是被動的任命，則有爭議。主動的任命權是指依總統的主觀意願，尤其可主動將現任之行政院院長免職，另選擇其信任者出任。若為被動的任命，並無免職行政院院長之主動權力，僅發生在新任總統就職、行政院院長因故出缺以及辭職時，總統方有被動任命行政院院長之權[2]。

七、授與榮典

「總統依法授與榮典。」（憲法第42條）

八、赦免權

「總統依法行使大赦、特赦、減刑及復權之權。」（憲法第40條）

「總統得命令行政院轉令主管部為大赦、特赦、減刑、復權之研議。」（赦免法第6條第1項）

1. **大赦**：將某特定時期及特定種類之犯罪加以赦免，使其罪刑之宣告根本無效，或不再有受追訴之虞。大赦案須經行政院會議及立法院之決議（憲法第58條第2項、第63條）。「行政院院長、各部會首長，須將應行提出於立法院之法律案、預算案、戒嚴案、大赦案、宣戰案、媾和案、條約案及其他重要事項，或涉及各部會共同關係之事項，提出於行政院會議議決之。」
2. **特赦**：受罪刑之宣告人經特赦，免其刑之執行（除有特殊情事方可比照大赦使其罪刑宣告無效）。
3. **減刑及復權**：減輕所宣告之刑及回復被褫奪之公權。

2 徐正戎，〈內閣應否總辭？法律與政治之差異〉，《國立中山大學社會科學季刊》，第2卷第2期，2000年，頁119-120。

九、院際調解權

「總統對於院與院間之爭執，除本憲法有規定者外，得召集有關各院院長會商解決之。」（憲法第44條）

總統「院際調解權」之性質：只具有「形式」之意義。行政院與立法院之爭執依憲法第57條可解決，而司法、考試、監察三院之成員皆屬於獨立行使職權，與院長並無指揮從屬關係，總統除依靠本身政治影響力之外，若想依照憲法所設計的院際調解權來處理院際之爭執，究能發揮何種功能，實值得商榷。

十、國家安全大政方針決定權

「總統為決定國家安全有關大政方針，得設國家安全會議及所屬國家安全局，其組織以法律定之。」（增修條文第2條第4項）

一般認為在雙首長制下，總統與行政院長的權限區分，總統掌有兩岸、軍事、外交權。為什麼總統有這三項權力？

因為在國家安全會議組織法中，所定義的國家安全，就是包括兩岸、國防、外交這三項。而總統邀請出席的人員，除了行政院長之外，還包括國防部長、外交部長、陸委會主委等人。因而，在憲法中，總統要正式干涉行政院的職權，必須透過這個國安會議。

不過，就算增修條文設計了國安會議，但並沒有很明確表示行政院必須聽從國安會議的指示，國安會通過的國安大政方針，是否對行政院有所拘束力，仍然是有爭議的。

不過實際上，由於行政院長是由總統直接任命，所以當總統干涉行政院的其他職權時，過去的行政院長都沒有意見地任由總統干政。這其實已經違背了憲法的設計[3]。

3　關於總統擴權的詳細討論與批評，可參考楊智傑，《總統不該做的七件事》，書泉出版社，2006年10月。

十一、解散立法院權

1. **解散時機**：「立法院通過對行政院院長之不信任案後十日內。」（增修條文第2條第5項）
2. **解散程序**：「須先經由行政院長呈請總統解散立法院。」（總統僅有被動解散權）（增修條文第3條第2項第3款）「總統經諮詢立法院院長後，得宣告解散立法院。」（增修條文第2條第5項前段）
3. **解散效果**：「立法院應於六十日內舉行立法委員選舉，並於選舉結果確認後十日內自行集會，其任期重新起算。」（增修條文第2條第5項後段）
4. **解散權之限制**：「總統於立法院通過對行政院院長之不信任案後十日內，經諮詢立法院院長後，得宣告解散立法院。但總統於戒嚴或緊急命令生效期間，不得解散立法院。」（增修條文第2條第5項前段）

參、總統之資格與產生方式

一、資　格

「中華民國國民年滿四十歲者，得被選為總統、副總統。」（憲法第45條）

「在中華民國自由地區繼續居住六個月以上且曾設籍十五年以上之選舉人，年滿四十歲，得申請登記為總統、副總統候選人。」（總統副總統選舉罷免法第20條第1項）

曾犯內亂、外患、貪污等罪，不得成為候選人（總統副總統選舉罷免法第26條，另有相關規定）。

二、選舉方式

（一）由公民直選產生

原本總統選舉乃是透過國民大會間接選舉，但自第三次修憲後，改為人民直選。「總統、副總統由中華民國自由地區全體人民直接選舉之，自中華民國八十五年第九任總統、副總統選舉實施。」（增修條文第2條第1項前段）

（二）聯名選舉

「總統、副總統候選人應聯名登記，在選票上同列一組圈選，以得票最多之一組當選。」（增修條文第2條第1項中段）

本條除了規定一組候選人要聯名登記外，更重要的是，其規定總統選舉採取「相對多數制」，而非採用「絕對多數制」。

（三）總統、副總統候選人產生方式

1. **政黨推薦**：最近一次總統、副總統或立法委員選舉得票率超過百分之五以上之政黨得推薦一組候選人（參見總統副總統選罷法第22條第2項）。
2. **公民連署**：連署人數應達最近一次立法委員選舉人數百分之一點五以上（參見總統副總統選罷法第23條第4項）。

未受政黨推薦的總統候選人，是否限制其選舉權？

▶釋字第468號（87/10/22）

總統副總統選舉罷免法第23條第2項及第4項規定，總統、副總統候選人須於法定期間內尋求最近一次中央民意代表選舉選舉人總數百分之一點五以上之連署，旨在採行連署制度，以表達被連署人有相當程度之政治支持，藉與政黨推薦候選人之要件相平衡，並防止人民任意參與總統、副總統之候選，耗費社會資源，在合理範圍內所為適當之規範，尚難認為對總統、副總統之被選舉權為不必要之限制，與憲法規定之平等權亦無違背。又為保證連署人數確有同條第4項所定人數二分之一以上，由被連署人依同條第1項提供保證金新臺幣100萬元，並未逾越立法裁量之範圍，與憲法第23條規定尚無違背。

肆、總統之任期與去職

一、任　期

「總統、副總統之任期為四年，連選得連任一次，不適用憲法第四十七條之規定。」（增修條文第2條第6項）

二、去　職

（一）彈劾案

「立法院對於總統、副總統之彈劾案，須經全體立法委員二分之一以上之提議，全體立法委員三分之二以上之決議，聲請司法院大法官審理，不適用憲法第九十條、第一百條及增修條文第七條第一項有關規定。」（增修條文第4條第7項）

「司法院大法官，除依憲法第七十八條之規定外，並組成憲法法庭審理總統、副總統之彈劾及政黨違憲之解散事項。」（增修條文第5條第4項）

「立法院提出總統、副總統彈劾案，聲請司法院大法官審理，經憲法法庭判決成立時，被彈劾人應即解職。」（增修條文第2條第10項）

（二）罷免案

「總統、副總統之罷免案，須經全體立法委員四分之一之提議，全體立法委員三分之二之同意後提出，並經中華民國自由地區選舉人總額過半數之投票，有效票過半數同意罷免時，即為通過。」（增修條文第2條第9項）

彈劾和罷免兩者有何不同？

我國憲法對總統以及文武百官的彈劾原規定係由監察院行使[4]，憲法增修條文則將對總統的彈劾權之提出交由立法院，文武官員的彈劾權仍由監察院行使。此外，憲法增修條文亦賦予立法院對總統亦得提起罷免案。彈劾案與罷免案的不同，參見表10-4。

表10-4 我國彈劾與罷免總統制度之不同

<table>
<tr><th rowspan="2"></th><th rowspan="2">性質</th><th colspan="2">立法院議決人數</th><th colspan="2" rowspan="2">最後決定者</th></tr>
<tr><th>提議人數</th><th>同意人數</th></tr>
<tr><td>罷免</td><td>政治</td><td>全體立委1/4</td><td>全體立委2/3</td><td>自由地區選舉人總額過半數之投票</td><td>有效票過半數同意</td></tr>
<tr><td>彈劾</td><td>法律</td><td>全體立委1/2</td><td>全體立委2/3</td><td colspan="2">由憲法法庭審理</td></tr>
</table>

立法院提出彈劾案與罷免案，是否須具備實質要件？兩者實質要件是否相同？九七憲改時，立法院提起彈劾案須總統、副總統犯內亂或外患罪方得提出，到2000年第六次修憲時則將「內亂或外患罪」之要件刪除，一說為既然將「內亂或外患罪」之要件刪除，應是修憲者有意地認為彈劾案之提出，不須有任何的實質要件，僅須符合提議與議決人數即可；一說認為仍應以一般官員的「違法或失職」為前提[5]。不過依2002年1月25日修正之立法院職權行使法第42條之規定，仍以內亂或外患罪為要件，至2010年修正立法院職權行使法第42條，才將內亂外患罪的要件刪除。而罷免案之成立，憲法增修條

4 憲法第98條規定：「監察院對於中央及地方公務人員之彈劾案，須經監察委員一人以上之提議，九人以上之審查及決定，始得提出。」憲法第100條規定：「監察院對於總統、副總統之彈劾案，須有全體監察委員四分之一以上之提議，全體監察委員過半數之審查及決議，向國民大會提出之。」

5 黃昭元，〈2000年憲法增修條文簡介〉，《台灣本土法學雜誌》，第11期，2000年6月，頁200。

文亦無明文規定其實質要件，但依立法院職權行使法第44條之1第1項[6]，則規定立法院提出罷免案，須「附具罷免理由」，交由程序委員會編入議程。

伍、總統之繼任、補選與代行

一、總統之缺位（辭職、死亡等無法回復之情況）

「總統缺位時，由副總統繼任，至總統任期屆滿為止。」（憲法第49條前段）

二、副總統之缺位

憲法本文並無規定。增修條文第2條第7項規定：「副總統缺位時，總統應於三個月內提名候選人，由立法院補選，繼任至原任期屆滿為止。」

三、總統、副總統均缺位時

「總統、副總統均缺位時，由行政院院長代行其職權，並依本條第一項規定（公民直選）補選總統、副總統，繼任至原任期屆滿為止，不適用憲法第四十九條之有關規定。」（增修條文第2條第8項）

四、總統因故不能視事（因病或其他暫時之原因）

「總統因故不能視事時，由副總統代行其職權。」（憲法第49條中段）

五、總統副總統均不能視事

「總統、副總統均不能視事時，由行政院院長代行其職權。」（憲法第

6 立法院職權行使法第44條之1第1項規定：「立法院依憲法增修條文第二條第九項規定提出罷免總統或副總統案，經全體立法委員四分之一之提議，附具罷免理由，交由程序委員會編列議程提報院會，並不經討論，交付全院委員會於十五日內完成審查。」

49條後段）

「行政院院長代行總統職權時，其期限不得逾三個月。」（憲法第51條）

表10-5 總統之缺位與不能視事

	缺位→繼任	不能視事→代行（職權）
總統	副總統	副總統
副總統	立法院補選（增修條文）	未規定
正副總統	1.行政院院長代行（三個月） 2.人民直接補選 3.繼任至原任期屆滿止	行政院院長代行職權（三個月）

副總統能否兼任閣揆？

憲法上關於副總統兼行政院長，並無規定。因此，副總統兼行政院院長並不違憲，但是並不妥當。大法官建議，應該為適當之處理。

▶釋字第419號（85/12/31）

副總統得否兼任行政院院長憲法並無明文規定，副總統與行政院院長二者職務性質亦非顯不相容，惟此項兼任如遇總統缺位或不能視事時，將影響憲法所規定繼任或代行職權之設計，與憲法設置副總統及行政院院長職位分由不同之人擔任之本旨未盡相符。引發本件解釋之事實，應依上開解釋意旨為適當之處理。

另，解釋理由亦提及：

論者以總統與行政院院長兩種職位互有制衡之作用，非無理由。是總統與行政院院長不得由一人兼任，其理甚明。副總統為總統之備位，若由副總統兼任司法、考試或監察三院之院長，其違反五權分立原則而為憲法所不許，實毋庸辭費。至於副總統兼任行政院院長則既不生顯然牴觸權力分立原則之問題，自難從權力分立之觀點遽認其為違憲。

陸、就職宣示

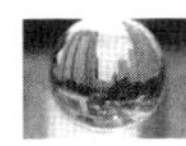

一、「總統應於就職時宣誓。」

二、誓詞：「余謹以至誠，向全國人民宣誓，余必遵守憲法，盡忠職務，增進人民福利，保衛國家，無負國民付託。如違誓言，願受國家嚴厲之制裁。謹誓。」（憲法第48條）

柒、保障與特權

「總統除犯內亂或外患罪外，非經罷免或解職，不受刑事上之訴究。」（憲法第52條）

一、時間限制

1. 總統解職前，不受刑事追訴。
2. 解職後，仍須面臨刑事追訴。

二、罪名限制

僅限於刑事內亂罪及外患罪，在總統任期內受到刑事追訴。但是總統在位期間民事上之私權爭訟仍不受豁免。

三、偵查和起訴

陳總統可以被當作嫌犯調查嗎？

▶釋字第627號（96/6/15）

一、總統之刑事豁免權

憲法第52條規定，總統除犯內亂或外患罪外，非經罷免或解職，不受刑事上之訴究。此係憲法基於總統為國家元首，對內肩負統率全國陸海空軍等重要職責，對外代表中華民國之特殊身分所為之尊崇與保障，業經本院釋字第388號解釋在案。

依本院釋字第388號解釋意旨，總統不受刑事上之訴究，乃在使總統涉犯內亂或外患罪以外之罪者，暫時不能為刑事上訴究，並非完全不適用刑法或相關法律之刑罰規定，故為一種暫時性之程序障礙，而非總統就其犯罪行為享有實體之免責權。是憲法第52條規定「不受刑事上之訴究」，係指刑事偵查及審判機關，於總統任職期間，就總統涉犯內亂或外患罪以外之罪者，暫時不得以總統為犯罪嫌疑人或被告而進行偵查、起訴與審判程序而言。但對總統身分之尊崇與職權之行使無直接關涉之措施，或對犯罪現場之即時勘察，不在此限。

總統之刑事豁免權，不及於因他人刑事案件而對總統所為之證據調查與證據保全。惟如因而發現總統有犯罪嫌疑者，雖不得開始以總統為犯罪嫌疑人或被告之偵查程序，但得依本解釋意旨，為必要之證據保全，即基於憲法第52條對總統特殊身分尊崇及對其行使職權保障之意旨，上開因不屬於總統刑事豁免權範圍所得進行之措施及保全證據之處分，均不得限制總統之人身自由，例如拘提或對其身體之搜索、勘驗與鑑定等，亦不得妨礙總統職權之正常行使。其有搜索與總統有關之特定處所以逮捕特定人、扣押特定物件或電磁紀錄之必要者，立法機關應就搜索處所之限制、總統得拒絕搜索或扣押之事由，及特別之司法審查與聲明不服等程序，增訂適用於總統之特別規定。於該法律公布施行前，除經總統同意者外，無論上開特定處所、物件或電磁紀錄是否涉及國家機密，均應由該管檢察官聲請高等法院或其分院以資深庭長為審判長之法官五人組成特別合議庭審查相關搜索、扣押之適當性與必要性，非經該特別合議庭裁定准許，不得為之，但搜索之處所應避免總統執行職務及居住之處所。其抗告程序，適用刑事訴訟法相關規定。

總統之刑事豁免權，亦不及於總統於他人刑事案件為證人之義務。惟以他人為被告之刑事程序，刑事偵查或審判機關以總統為證人時，應準用民事訴訟法第304條：「元首為證人者，應就其所在詢問之」之規定，以示對總統之尊崇。

總統不受刑事訴究之特權或豁免權，乃針對總統之職位而設，故僅擔任總統一職者，享有此一特權；擔任總統職位之個人，原則上不得拋棄此一特權。

陳總統交出國務機要費發票後可以反悔嗎？

▶釋字第627號（96/6/15）

二、總統之國家機密特權

總統依憲法及憲法增修條文所賦予之行政權範圍內，就有關國家安全、國防及外交之資訊，認為其公開可能影響國家安全與國家利益而應屬國家機密者，有決定不予公開之權力，此為總統之國家機密特權。其他國家機關行使職權如涉及此類資訊，應予以適當之尊重。

總統依其國家機密特權，就國家機密事項於刑事訴訟程序應享有拒絕證言權，並於拒絕證言權範圍內，有拒絕提交相關證物之權。立法機關應就其得拒絕證言、拒絕提交相關證物之要件及相關程序，增訂適用於總統之特別規定。於該法律公布施行前，就涉及總統國家機密特權範圍內國家機密事項之訊問、陳述，或該等證物之提出、交付，是否妨害國家之利益，由總統釋明之。其未能合理釋明者，該管檢察官或受訴法院應審酌具體個案情形，依刑事訴訟法第134條第2項、第179條第2項及第183條第2項規定為處分或裁定。總統對檢察官或受訴法院駁回其上開拒絕證言或拒絕提交相關證物之處分或裁定如有不服，得依本解釋意旨聲明異議或抗告，並由前述高等法院或其分院以資深庭長為審判長之法官五人組成之特別合議庭審理之。特別合議庭裁定前，原處分或裁定應停止執行。其餘異議或抗告程序，適用刑事訴訟法相關規定。總統如以書面合理釋明，相關證言之陳述或證物之提交，有妨害國家利益之虞者，檢察官及法院應予以尊重。總統陳述相關證言或提交相關證物是否有妨害國家利益之虞，應僅由承辦檢察官或審判庭法官依保密程序為之。總統所陳述相關證言或提交相關證物，縱經保密程序進行，惟檢察官或法院若以之作為終結偵查之處分或裁判之基礎，仍有造成國家安全危險之合理顧慮者，應認為有妨害國家利益之虞。

法院審理個案，涉及總統已提出之資訊者，是否應適用國家機密保護法及「法院辦理涉及國家機密案件保密作業辦法」相關規定進行其審理程序，應視總統是否已依國家機密保護法第2條、第4條、第11條及第12條規定核定相關資訊之機密等級及保密期限而定；如尚未依法核定為國家機密者，無從適用上開規定之相關程序審理。惟訴訟程序進行中，總統如將系爭資訊依法改核定為國家機密，或另行提出其他已核定之國家機密者，法院即應改依上開規定之相關程序續行其審理程序。其已進行之程序，並不因而違反國家機密保護法及「法院辦理涉及國家機密案件保密作業辦法」相關之程序規定。至於審理總統核定之國家機密資訊作為證言或證物，是否妨害國家之利益，應依前述原則辦理。又檢察官之偵查程序，亦應本此意旨為之。

四、卸任禮遇

依據「卸任總統禮遇條例」，享有月俸、安全護衛、交通及房舍等禮遇。

捌、隸屬總統府之單位

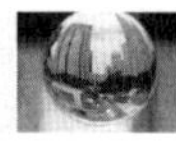

根據中華民國總統府組織法（民國85年1月24日修正公布），為總統因行使憲法上之職權，可設置相關幕僚機關。其包括：

1. **資政**：有給職不得逾十五人，無給職不得逾十五人。
2. **國策顧問**：有給職不得逾三十人，無給職不得逾六十人。以上聘期不得逾越總統任期，對國家大計，得向總統提供意見，並備諮詢。
3. **戰略顧問**：十五人，上將，由總統任命之，對於戰略及有關國防事項，得向總統提供意見，並備諮詢。總統府軍職人員置侍衛長一人。
4. **秘書長**：置秘書長一人，特任，綜理總統府一切事務；副秘書長二人，其中一人特任，另一人職務比照簡任第十四職等。
5. **國史館、中央研究院、國父陵園管理委員會等**：皆隸屬總統府。

6. 國家安全會議：總統為主席，下設國家安全局。國家安全會議出席人員：

（1）正副總統、總統府秘書長。

（2）行政院正副院長，內政部、外交部、國防部、財政部、經濟部之部長，陸委會主委，參謀總長。

（3）國家安全會議秘書長、國家安全局局長。

（4）總統得指定有關人員列席。

國家安全會議組織法第2條：「國家安全會議，為總統決定國家安全有關之大政方針之諮詢機關。前項所稱國家安全係指國防、外交、兩岸關係及國家重大變故之相關事項。」國家安全會議依法受立法院之監督。

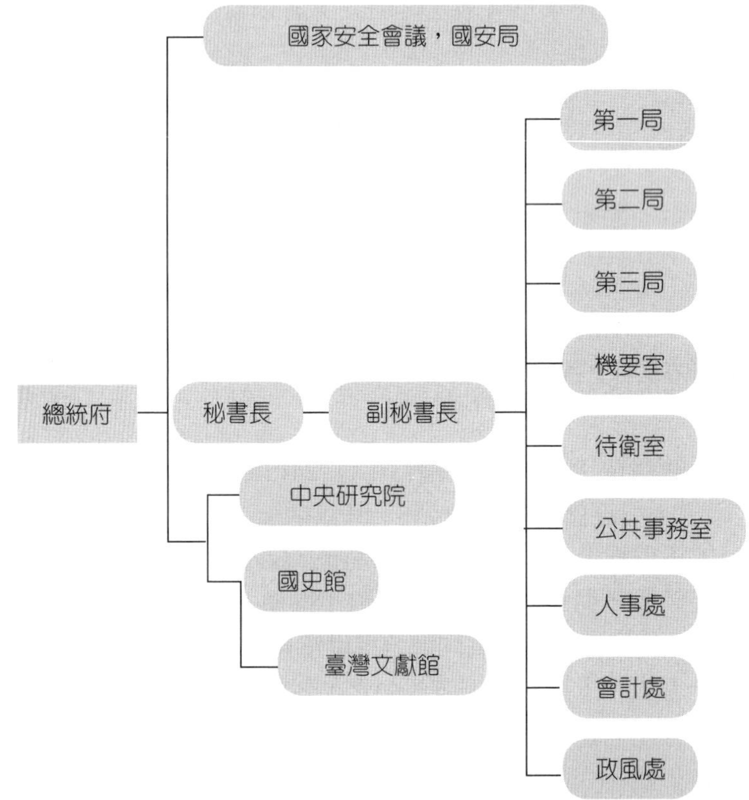

圖10-2　總統府之組織

第十一章　行　政

壹、行政院之地位與性質

憲法本文乃採「修正式內閣制」，故行政院具「內閣」色彩，要向立法院負責。但在第四次修憲後，憲法增修條文改為「雙首長制」（見表11-1、表11-2）。

表11-1　具內閣制精神之憲法規定

行政院具內閣制精神	憲法內容	憲法條文
最高行政機關	行政院為國家最高行政機關	§53
信任制度	行政院院長須經由立法院同意後任命 覆議時立法院經出席委員2/3維持原決議，行政院院長應該接受該決議或辭職	§55 §57③
負責制度	行政院對立法院負責 行政院有向立法院提出施政方針與施政報告之責	§57①
副署制度	總統依法公布法律，發布命令，須經行政院院長之副署	§37

表11-2　憲法中具雙首長制精神之規定

行政院具雙首長制精神	憲法內容	憲法條文
信任制度	行政院院長由總統直接任命，不須經立法院同意，立法院僅具有倒閣權	增§3Ⅰ、Ⅱ③
負責制度	行政院對立法院負責	增§3Ⅱ
元首解散國會	總統得宣告解散立法院	增§2Ⅴ

貳、行政院組織

一、整體組織

（一）憲法規定

「行政院設院長、副院長各一人，各部會首長若干人，及不管部會之政務委員若干人。」（憲法第54條）

「行政院之組織，以法律定之。」（憲法第61條）

「國家機關之職權、設立程序及總員額，得以法律為準則性之規定。」（增修條文第3條第3項）

「各機關之組織、編制及員額，應依前項法律，基於政策或業務需要決定之。」（增修條文第3條第4項）

（二）部、會、特設機構、獨立機關

依行政院組織法規定，行政院目前設有14個部，8個委員會及相關特設機構。

1. **14個部**：內政部、外交部、國防部、財政部、教育部、法務部、經濟及能源部、交通及建設部、勞動部、農業部、衛生福利部、環境資源部、文化部、科技部。
2. **8個委員會**：國家發展委員會、大陸委員會、金融監督管理委員會、海洋委員會、僑務委員會、國軍退除役官兵輔導委員會、原住民族委員會、客家委員會。
3. 不管部會之政務委員共設七人至九人。
4. **特設機構**：中央銀行、故宮博物院、人事行政總處、主計總處。
5. **獨立機關**：中央選舉委員會、公平交易委員會、國家通訊傳播委員會。

附帶一提，中央研究院隸屬於總統府亦非隸屬於行政院。

二、行政院院長

（一）產生方式

「行政院院長由總統任命之。」（增修條文第3條第1項前段）

（二）辭職或出缺

「行政院院長由總統任命之。行政院院長辭職或出缺時，在總統未任命行政院院長前，由行政院副院長暫行代理。憲法第五十五條之規定，停止適用。」（增修條文第3條第1項）

（三）任　期

憲法無明文規定行政院長何時辭職。原則上依憲法慣例及解釋。行政院長於每屆立法委員上任前（釋字第387號解釋），或每屆總統就職時，依慣例提出辭呈（釋字第419號解釋）。不過，在改採雙首長制之後，行政院長的辭職時間，是否不同？

立法委員改選後，行政院院長必須辭職嗎？

▶釋字第387號（84/10/13）

行政院設院長、副院長各一人，各部會首長若干人，及不管部會之政務委員若干人；行政院院長由總統提名，經立法院同意任命之；行政院副院長、各部會首長及不管部會之政務委員，由行政院院長提請總統任命之。憲法第54條、第55條第1項、第56條定有明文。行政院對立法院負責，憲法第57條亦規定甚詳。**行政院院長既須經立法院同意而任命之，且對立法院負政治責任，基於民意政治與責任政治之原理，立法委員任期屆滿改選後第一次集會前，行政院院長自應向總統提出辭職。**行政院副院長、各部會首長及不管部會之政務委員係由行政院院長提請總統任命，且係出席行政院會議成員，參與行政決策，亦應隨同行政院院長一併提出辭職。

新總統就任後，行政院院長必須辭職嗎？

▶釋字第419號（85/12/31）

二、**行政院院長於新任總統就職時提出總辭，係基於尊重國家元首所為之禮貌性辭職，並非其憲法上之義務。**對於行政院院長非憲法上義務之辭職應如何處理，乃總統之裁量權限，**為學理上所稱統治行為之一種，非本院應作合憲性審查之事項。**

三、依憲法之規定，向立法院負責者為行政院，立法院除憲法所規定之事項外，並無決議要求總統為一定行為或不為一定行為之權限。故立法院於中華民國85年6月11日所為「咨請總統儘速重新提名行政院院長，並咨請立法院同意」之決議，逾越憲法所定立法院之職權，僅屬建議性質，對總統並無憲法上之拘束力。

表11-3 行政院院長之辭職時機

時間	憲法規定	辭職時間	性質
第四次修憲前	釋字387號解釋	每屆立法委員上任前	義務性辭職
	釋字419號解釋	每屆總統就職時	禮貌性辭職
第四次修憲後	總統直接任命行政院長，兩號解釋結果是否該對調？	總統就職和立委上任前都會辭職	慣例
第七次修憲後	立委和總統任期一致，改選時間接近	總統就職時再辭職即可	陳總統主張

採雙首長制後，行政院院長到底何時該辭職？

釋字第387號是在1995年作成，當時的政府體制，總統提名行政院院長必須得到立法院同意，所以新的立法院上任時，行政院必須總辭。而釋字第419號是在1996年作成，大法官說行政院院長在總統就職時總辭只是禮貌，並非憲法要求。可是在1997年第四次修憲時，我國改採雙首長制，總統可自行任命行政院長，故前面兩號解釋的結果是否應該對調？

不過，1999年1月蕭萬長院長即於第四屆立法委員就任前、2002年1月張俊雄於第五屆立法委員就任前、2005年1月游錫堃於第六屆立法委員就任前，分別向總統提出總辭。亦即行政院長在總統就職與立院就職時，都會進行總辭。

但2005年第七次修憲後，立法院任期調整為四年，且立委改選和總統改選時間接近。2008年陳總統卸任前，他認為立委和總統改選時間很近，他說立委改選後行政院長張俊雄不用辭職，總統改選時卻要辭職。這是否能建立新的慣例，仍待後續觀察。

（四）依信任制度辭職

如果立法院提出不信任案通過後，行政院院長應於十日內提出辭呈之規定。「如經全體立法委員二分之一以上贊成，行政院院長應於十日內提出辭職，並得同時呈請總統解散立法院；不信任案如未獲通過，一年內不得對同一行政院院長再提不信任案。」（增修條文第3條第2項第3款後段）

但行政院提出覆議失敗，立法院覆議維持原決議，行政院院長應接受該決議，「覆議時，如經全體立法委員二分之一以上決議維持原案，行政院院長應即接受該決議。」（增修條文第3條第2項第2款後段）重點在於，其刪除憲法第57條覆議失敗須辭職的規定。

（五）職　權（見表11-4）

1. **代行總統職權**：「總統缺位時，由副總統繼任，至總統任期屆滿為止。總統、副總統均缺位時，由行政院院長代行其職權，並依本憲法第三十條之規定，召集國民大會臨時會，補選總統、副總統，其任期以補足原任總統未滿之任期為止。總統因故不能視事時，由副總統代行其職權。總統、副總統均不能視事時，由行政院院長代行其職權。」（憲法第49條）

   「總統於任滿之日解職，如屆期次任總統尚未選出，或選出後總統、副總統均未就職時，由行政院院長代行總統職權。」（憲法第50條）

   「行政院院長代行總統職權時，其期限不得逾三個月。」（憲法第51條）

2. **副署總統公布之法律或命令權**：「總統依法公布法律，發布命令，須經行政院院長之副署，或行政院院長及有關部會首長之副署。」（憲法第37條）
3. **副署權之限制**：「總統發布行政院院長或依憲法經立法院同意任命人員之任免命令及解散立法院之命令，無須行政院院長之副署。」（增修條文第2條第2項前段）
4. **任命權**：「行政院副院長、各部會首長及不管部會之政務委員，由行政院院長提請總統任命之。」（憲法第56條）
5. **呈請總統解散立法院**：「立法院得經全體立法委員三分之一以上連署，對行政院院長提出不信任案。不信任案提出七十二小時後，應於四十八小時內以記名投票表決之。如經全體立法委員二分之一以上贊成，行政院院長應於十日內提出辭職，並得同時呈請總統解散立法院；不信任案如未獲通過，一年內不得對同一行政院院長再提不信任案。」（增修條文第3條第2項第3款）
6. **擔任行政院會議主席權**：「行政院設行政院會議，由行政院院長、副院長、各部會首長及不管部會之政務委員組織之，以院長為主席。」（憲法第58條第1項）
7. **綜理院務並監督所屬機關**（行政院組織法第7條）。

表11-4　行政院院長之職權

職務內容	憲法根據
代行總統職權	§49、50、51
副署總統公布之法律或命令權	§37
參加總統院際調解	§44
提請任命權	§56
呈請解散立法院	增§3Ⅱ③
擔任行政院會議主席權	§58Ⅰ
綜理院務並監督所屬機關	行政院組織法§7

三、行政院副院長、各部會首長

（一）選任方式

「行政院副院長、各部會首長及不管部會之政務委員，由行政院院長提請總統任命之。」（憲法第56條）

「行政院院長由總統任命之。行政院院長辭職或出缺時，在總統未任命行政院院長前，由行政院副院長暫行代理。憲法第五十五條之規定，停止適用。」（增修條文第3條第1項）

（二）任 期

副院長和各部會首長的任期不固定，不過若行政院院長總辭，各部會首長必須全體跟隨辭職。釋字第387號解釋：「行政院副院長、各部會首長及不管部會之政務委員係由行政院院長提請總統任命，且係出席行政院會議成員，參與行政決策，亦應隨同行政院院長一併提出辭職。」

表11-5 經行政院院長提請總統任命之人員

人 員	法 源
行政院副院長	憲§56
行政院部會首長及政務委員	憲§56
省主席及省府委員	增§9 I ①
省諮議會諮議員	增§9 I ②

（三）職 權

行政院副院長襄助院長處理行政院院務，並可於院長出缺時，代理行政院院長之職務。

其他各部會首長的職權，除了主管各部會業務外，可以副署總統所公布與該部會有關之法律或命令，並參加行政院會議，參與議決送交立法院之法案或事項。

「總統依法公布法律，發布命令，須經行政院院長之副署，或行政院院長及有關部會首長之副署。」（憲法第37條）

「行政院院長、各部會首長，須將應行提出於立法院之法律案、預算案、戒嚴案、大赦案、宣戰案、媾和案、條約案及其他重要事項，或涉及各部會共同關係之事項，提出於行政院會議議決之。」（憲法第58條第2項）

四、獨立委員會

（一）獨立委員會[1]

獨立委員會，一般也有說是獨立行政機關。其是在行政權下，設立一個獨立的行政機關，特色在於其成員不用受到行政院院長和總統的控制，可以免於行政權的干涉。

（二）選任方式與任期保障

通常為了確保獨立委員會的獨立性，在制度設計上都會設計任期保障，例如公平交易委員會的任期保障則是三年。透過任期保障，行政院院長無法任意免除委員的職務。

思考：若立法院制定法律，要求獨立委員會的委員，乃由行政院院長提名、立法院同意，這是否剝奪了行政院對所屬官員的任命權？

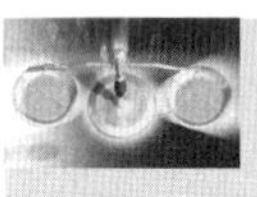

國家通訊傳播委員會的委員任命方式，是否侵害行政院長的免職權？

▶釋字第613號（95/7/21）

行政院為國家最高行政機關，憲法第53條定有明文，基於行政一體，須為包括國家通訊傳播委員會（以下簡稱通傳會）在內之所有行政院所屬機關之整體施政表現負責，並因通傳會施政之良窳，與通傳會委員之人選有密切關係，因而應擁有對通傳會委員之人事決定權。基於權力分立原則，行使立法權之立法院對行政院有關通傳會委員之人事決定

1 關於獨立委員會，可參考林子儀，〈美國總統的行政首長權與獨立行政委員會〉，收於《當代公法理論：翁岳生教授六秩誕辰祝壽論文集》上冊，元照出版社，2002年。

權固非不能施以一定限制，以為制衡，惟制衡仍有其界限，除不能牴觸憲法明白規定外，亦不能將人事決定權予以實質剝奪或逕行取而代之。國家通訊傳播委員會組織法（以下簡稱通傳會組織法）第4條第2項通傳會委員「由各政黨（團）接受各界舉薦，並依其在立法院所占席次比例共推薦十五名、行政院院長推薦三名，交由提名審查委員會（以下簡稱審查會）審查。各政黨（團）應於本法施行日起十五日內完成推薦」之規定、同條第3項「審查會應於本法施行日起十日內，由各政黨（團）依其在立法院所占席次比例推薦十一名學者、專家組成。審查會應於接受推薦名單後，二十日內完成審查，本項審查應以聽證會程序公開為之，並以記名投票表決。審查會先以審查會委員總額五分之三以上為可否之同意，如同意者未達十三名時，其缺額隨即以審查會委員總額二分之一以上為可否之同意」及同條第4項「前二項之推薦，各政黨（團）未於期限內完成者，視為放棄」關於委員選任程序部分之規定，及同條第6項「委員任滿三個月前，應依第二項、第三項程序提名新任委員；委員出缺過半時，其缺額依第二項、第三項程序辦理，繼任委員任期至原任期屆滿為止」關於委員任滿提名及出缺提名之規定，**實質上幾近完全剝奪行政院之人事決定權，逾越立法機關對行政院人事決定權制衡之界限，違反責任政治暨權力分立原則。又上開規定等將剝奪自行政院之人事決定權，實質上移轉由立法院各政黨（團）與由各政黨（團）依其在立法院所占席次比例推薦組成之審查會共同行使，影響人民對通傳會應超越政治之公正性信賴，違背通傳會設計為獨立機關之建制目的，與憲法所保障通訊傳播自由之意旨亦有不符**。是上開規定應自本解釋公布之日起，至遲於中華民國97年12月31日失其效力。失去效力之前，通傳會所作成之行為，並不因前開規定經本院宣告違憲而影響其適法性，人員與業務之移撥，亦不受影響。

公投審議委員會的設置，是否剝奪了行政院長的人事任命權？

▶釋字第645號（97/7/11）

二、公民投票法第35條第1項規定：「行政院公民投票審議委員會，置委員二十一人，任期三年，由各政黨依立法院各黨團席次比例推荐，送交主管機關提請總統任命之。」關於委員之任命，實質上完全剝奪行政院依憲法應享有之人事任命決定權，顯已逾越憲法上權力相互制衡之界限，自屬牴觸權力分立原則，應自本解釋公布之日起，至遲於屆滿一年時，失其效力。

五、行政院會議

「行政院設行政院會議，由行政院院長、副院長、各部會首長及不管部會之政務委員組織之，以院長為主席。」（憲法第58條第1項）此外，其並得邀請有關人員出席。

「行政院院長、各部會首長，須將應行提出於立法院之法律案、預算案、戒嚴案、大赦案、宣戰案、媾和案、條約案及其他重要事項，或涉及各部會共同關係之事項，提出於行政院會議議決之。」（憲法第58條第2項）

行政院會議是合議制還是首長制？

憲法第58條的行政院會議，需將應提出於立法院之議案，「提出於行政院會議議決」。既然說是「議決」，行政院會議是合議制還是首長制呢？由於行政院會議規則第5條：「行政院會議議案以出席人過半數之同意議決之。前項決議如院長或主管部會首長有異議時，由院長決定之。」行政院會議規則第9條：「各種議案必須構成議題，申敘理由，經院長核定後，編入議程。」因此，學者一般認為，行政院是首長制機關。但是，怎可由一個行政命令，來推論行政院會議的屬性？

參、行政院之職權

表11-6　行政院之職權

職權內容	職權行使對象	憲法條文
施政權	行政院	§53、57 I ①
移請覆議權	立法院	增§3 II ②
提案權	立法院	§58、59
向立法院提出施政方針及施政報告並受質詢或陳述意見	立法院	§57 I ①、60
提出決算	監察院	§60

一、行政權

「行政院為國家最高行政機關。」（憲法第53條）

二、移請覆議權

「行政院對於立法院決議之法律案、預算案、條約案，如認為有窒礙難行時，得經總統之核可，於該決議案送達行政院十日內，移請立法院覆議。立法院對於行政院移請覆議案，應於送達十五日內作成決議。如為休會期間，立法院應於七日內自行集會，並於開議十五日內作成決議。覆議案逾期未議決者，原決議失效。覆議時，如經全體立法委員二分之一以上決議維持原案，行政院院長應即接受該決議。」（增修條文第3條第2項第2款）

1. **移請覆議事項**：立法院議決之法律案、預算案、條約案。刪除「立法院對於行政院重大政策決議移請變更」，立法院可改提「不信任案」。
2. **移請覆議時效**：該決議案送達行政院十日內。
3. **移請覆議程序**：經總統核可後，移請立法院覆議。
4. **移請覆議效果**：
   （1）限期完成覆議：立法院逾期未議決，原決議失效（會期中：送達十五日內。休會期間：七日內自行集會，並於開議十五日內作成決議）。

（2）經全體立法委員二分之一以上決議維持原案，行政院院長應即接受該決議（但無須辭職）。

表11-7 新舊覆議制度之比較

	重要政策		法律案、預算案、條約案	
	憲 法	增修條文	憲 法	增修條文
移請覆議事項	立法院不贊同時，決議移請行政院變更	取消	行政院認為窒礙難行時	
移請覆議時效	無時期之限制		決議案送達行政院十日內	
移請覆議程序	1.行政院會議通過 2.須呈請總統核可		同憲法重要政策之規定	1.同左 2.立法院於十五日內作成決議
移請覆議效果	經出席立法委員2/3維持原議決，行政院院長應即接受該決議或辭職		經出席立法委員2/3維持原議決，行政院院長應即接受該決議或辭職	經全體立法委員1/2以上維持原案，行政院院長應即接受該決議
立法院休會之處理	未規定		未規定	立法院應於七日內自行集會，並於開議十五日內作成決議

三、向立法院提案權

（一）各種議案

「行政院院長、各部會首長，須將應行提出於立法院之法律案、預算案、戒嚴案、大赦案、宣戰案、媾和案、條約案及其他重要事項，或涉及各部會共同關係之事項，提出於行政院會議議決之。」（憲法第58條第2項）

（二）預算案

1. **預算案之提出**：中央政府總預算，包括立法院本身之預算，僅能由行政院向立法院提出，其他各院無權提出預算案，僅能向行政院提出概算，由行政院統一編列為「中央政府總預算案」，再向立法院提出。

2. **司法預算特別保障**：「司法院所提出之年度司法概算，行政院不得刪減，但得加註意見，編入中央政府總預算案，送立法院審議。」（增修條文第5條第6項）
3. **預算案之限制**：「行政院於會計年度開始三個月前，應將下年度預算案提出於立法院。」（憲法第59條）

行政院可以不執行預算嗎？

▶釋字第520號（90/1/5）

預算案經立法院通過及公布手續為法定預算，其形式上與法律相當，因其內容、規範對象及審議方式與一般法律案不同，本院釋字第391號解釋曾引學術名詞稱之為**措施性法律**。**主管機關依職權停止法定預算中部分支出項目之執行，是否當然構成違憲或違法，應分別情況而定。諸如維持法定機關正常運作及其執行法定職務之經費，倘停止執行致影響機關存續者，即非法之所許**；若非屬國家重要政策之變更且符合預算法所定要件，主管機關依其合義務之裁量，自得裁減經費或變動執行。**至於因施政方針或重要政策變更涉及法定預算之停止執行時，則應本行政院對立法院負責之憲法意旨暨尊重立法院對國家重要事項之參與決策權**，依照憲法增修條文第3條及立法院職權行使法第17條規定，由行政院院長或有關部會首長適時向立法院提出報告並備質詢。本件經行政院會議決議停止執行之法定預算項目，基於其對儲備能源、環境生態、產業關聯之影響，並考量歷次決策過程以及一旦停止執行善後處理之複雜性，自屬國家重要政策之變更，仍須儘速補行上開程序。其由行政院提議為上述報告者，立法院有聽取之義務。行政院提出前述報告後，其政策變更若獲得多數立法委員之支持，先前停止相關預算之執行，即可貫徹實施。倘立法院作成反對或其他決議，則應視決議之內容，由各有關機關依本解釋意旨，協商解決方案或根據憲法現有機制選擇適當途徑解決僵局，併此指明。

四、向立法院提出施政方針及施政報告，並受質詢

「行政院有向立法院提出施政方針及施政報告之責。立法委員在開會時，有向行政院院長及行政院各部會首長質詢之權。」（憲法第57條第1項第1款）

「立法院開會時，關係院院長及各部會首長得列席陳述意見。」（憲法第71條）

五、向監察院提出決算

「行政院於會計年度結束後四個月內，應提出決算於監察院。」（憲法第60條）

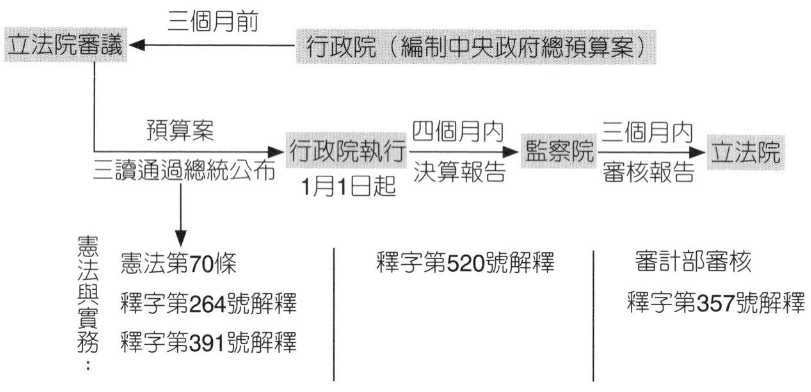

圖11-1　預算與決算過程示意圖

第十二章 立 法

壹、立法院之性質及地位

「立法院為國家最高立法機關，由人民選舉之立法委員組織之，代表人民行使立法權。」（憲法第62條）

一、一院制立法院

立法院掌控立法權，也就是一般的「國會」。一般國家的國會有一院制、兩院制之分。

1. **一院制**：指立法權只有一院行使（不分上議院或下議院），如西班牙、中南美洲國家、泰國、印尼等。
2. **兩院制**：議會制度發源於英國，自十四世紀初期，演變成兩院，一院代表貴族，一院代表平民，之後盛行於各國，如美國、德國、英國、法國、日本等皆是。
3. **兩院制的優點（即一院制的缺點）**：第二院可牽制第一院的權力，並預防多數決統治（majoritarian rule）。兩院制國會可更有效地牽制行政部門權力，因為有兩個國會可揭發政府的缺失。兩院制國會擴大了代表性基礎，使每一院可表達不同範圍的利益，並反映不同團體選民的需求。第二院的存在可確保法案受到更充分的審議，減輕第一院的負擔，並修正其錯誤與疏失。第二院可擔任憲法的護衛者，拖延爭議性法案的通過，以爭取時間進行討論與公共辯論。
4. **兩院制的缺點（即一院制的優點）**：一院制國會較有效率，因為第二院的存在可能造成立法過程中不必要的複雜性與困難性。第二院往往妨礙著民主統治，特別當其成員非由民選產生，或由間接選舉產生時。兩院制國會可能造成立法機關間的衝突，也會造成政府的僵局。兩院制國會可能有於最終立法決定權落於聯席委員會手中，窄化政策制定的管道。第二院由於堅守現存憲政安排，有時候則維護社會菁英的利益，而造成保守的政治性偏袒。

二、我國國會的演變

我國曾經因為參加聯合國，對於「國會」包括哪些機關，有過爭執。大法官作出釋字第76號解釋：「我國憲法係依據孫中山先生之遺教而制定，於國民大會外並建立五院與三權分立制度本難比擬。國民大會代表全國國民行使政權，立法院為國家最高立法機關，監察院為國家最高監察機關，均由人民直接間接選舉之代表或委員所組成，其所分別行使之職權亦為民主國家國會重要之職權，雖其職權行使之方式，如每年定期集會、多數開議、多數決議等，不盡與各民主國家國會相同，但就憲法上之地位及職權之性質而言，應認國民大會、立法院、監察院共同相當於民主國家之國會。」認為國民大會、立法院、監察院都算是國會。

但後來由於監察院改由總統提名、立法院同意，已經不再是間接民選（監察院已轉型為「準司法機關」），故不能再算是國會。

而雖然大法官認為國民大會也算是國會，但國民大會只有「修憲權」和「選舉總統權」，並沒有一般民主國家國會擁有的職權。原本國民大會在歷次修憲中，國民大會慢慢增加自己的權力，想往擁有實質權力的第二個國會轉型，但第五次修憲被宣告違憲後，第六次修憲改為任務型國大，第七次修憲澈底廢除。故我國現在只剩立法院一個國會，為一院制國會的型態。

三、立法院與監察院的割裂

一般民主國家的國會除了有立法權之外，也有對政府的監督權，亦即彈劾和調查權。但由於五權憲法終將監察權從立法院獨立出來，故立法院不具有彈劾權，也不具有調查權。不過，近年則因為立法院地位的提高，大法官透過若干解釋，慢慢給予立法院一些調查權。

四、立法院地位更重要

立法院除了掌控立法議決相關職權外，還掌控了其他政府的人事審議權，在政府運作中算是最重要的角色。第七次修憲時針對立法院提出了重要的「立委減半、單一選區兩票制」，乃調整立法委員的選舉方式，故將來立法院的運作，可能會因為修憲後而產生變化。

貳、立法委員

一、公民直選

我國立法委員由公民直選。立法委員候選人須年滿二十三歲，由人民直接選出（參見公職人員選舉罷免法第24條）。

二、人　數

原本立委人數在第四次修憲時，因應「廢省」，為了讓省議會議員不至於失業，故擴張立法委員人數到二百二十五人。但第七次修憲時，立委人數減半，變成一百一十三人。

「立法院立法委員自第七屆起一百一十三人，任期四年，連選得連任，於每屆任滿前三個月內，依下列規定選出之，不受憲法第六十四條及第六十五條之限制：

一、自由地區直轄市、縣市七十三人。每縣市至少一人。

二、自由地區平地原住民及山地原住民各三人。

三、全國不分區及僑居國外國民共三十四人。

前項第一款依各直轄市、縣市人口比例分配，並按應選名額劃分同額選舉區選出之。第三款依政黨名單投票選舉之，由獲得百分之五以上政黨選舉票之政黨依得票比率選出之，各政黨當選名單中，婦女不得低於二分之一。」（增修條文第4條第1、2項）

表12-1　立委人數與選舉方式

投人一票（選人）	直轄市、縣市73人	單一選區
	平地原住民3人 山地原住民3人	複數選區
投黨一票（選黨）	不分區、僑居國外國民34人	政黨比例代表制

三、選舉方式

目前的立委選舉採單一選區與政黨比例代表制混合之兩票制。

（一）單一選區

「一、自由地區直轄市、縣市七十三人。每縣市至少一人。

前項第一款依各直轄市、縣市人口比例分配，並按應選名額劃分同額選舉區選出之。」（增修條文第4條第1、2項）

1. **單一選區**：所謂「單一選區」（小選區），乃是說一個選區只選一個人。例如總統就是單一選區，全中華民國就是一個選區，只選出一個總統。縣市長也是採單一選區，每一個縣市只選出一個縣市長。
2. **複數選區**：所謂「複數選區」（大選區），則是指一個選區選出多數人。以前的立法委員選舉就是採複數選區，例如一個新竹市就是一個選區，選出三個立委，由得票率最高的前三名當選立委。
3. **複數選區的缺點**：複數選區有一些缺點，長期為人所詬病。例如由於同時競選多名，可能會發生同黨立委互相殘殺。另外，由於在複數選區中，只要囊括少數選票，就可以當選，會使得候選人走偏鋒，立場偏激而當選。改採單一選區後，由於一選區只選一人，候選人必須贏得該選區選民大多數人的支持，才會當選，因而較能迎合多數民意，而不會選出立場偏激的立委。
4. **單一選區的缺點**：但單一選區也有壞處，主要的缺點是，單一選區由於只選出一人，所以太多政黨競爭只會分散力量，導致小黨會傾向整合進大黨，小黨漸漸消失，而形成兩黨體系。兩黨制的壞處就是言論不再多元，而好處是政黨力量控制變強，有利於政黨政治的發展。

（二）兩票制

「三、全國不分區及僑居國外國民共三十四人。

第三款依政黨名單投票選舉之，由獲得百分之五以上政黨選舉票之政黨依得票比率選出之，各政黨當選名單中，婦女不得低於二分之一。」（增修條文第4條）

1. **兩票制**：我國除了「區域立委」外，還有「不分區立委」。所謂兩票制，就是分為兩票，一票投人（區域立委和原住民），一票投黨（不分區立委）。不分區立委的選出，乃是以「政黨比例代表制」選出。亦即，各政黨在選舉時會提出一份名單，依選舉結果各政黨的得票比例，來分配各政黨在不分區的席次，且依照各政黨名單順序來認定當選人。

2. 一票制：以前我國不分區立委的「政黨比例代表制」，乃採「一票制」模式，人民不會對「不分區立委」另外投票，只會投「區域立委」的選票。其計算政黨得票比例的方式，乃是按照「區域立委」各政黨的得票比例來計算。

第七次修憲後，改採「兩票制」，亦即「區域立委」和「不分區立委」分開，人民另外對「不分區立委」可以直接投下支持政黨的一票，計算得票比例。但須注意，其有兩項限制：

1. 必須得票比例超過百分之五的政黨才能分配席次。
2. 政黨當選名單中，婦女不得低於二分之一。

表12-2 兩票制與一票制之區別

	兩票制（第七次修憲）	一票制
區域立委	投人一票	投人一票
不分區立委	投黨一票。按照各政黨得票比例計算	按照「區域立委」各政黨得票比例計算

立委選舉採單一選區兩票並立制及所設政黨比例席次與百分之五政黨門檻之規定，違反自由民主之憲政秩序？

▶釋字第721號（103/6/6）

理由書：

系爭憲法增修規定一、二有關立法院立法委員選舉方式之調整，採並立制及設定政黨比例代表席次為三十四人，反映我國人民對民主政治之選擇，有意兼顧選區代表性與政黨多元性，其以政黨選舉票所得票數分配政黨代表席次，乃藉由政黨比例代表，以強化政黨政治之運作，俾與區域代表相輔，此一混合設計及其席次分配，乃國民意志之展現，並未牴觸民主共和國與國民主權原則，自不得以其他選舉制度（例如聯立制）運作之情形，對系爭憲法增修規定一、二所採取之並立制，指摘為違反自由民主憲政秩序。至系爭憲法增修規定二關於百分之五之政黨門檻規定部分，雖可能使政黨所得選票與獲得分配席次之百分比有一定差距，而有選票不等值之現象。惟其目的在避免小黨林立，政黨體系零碎化，影響國會議事運作之效率，妨礙行政立法互動關係之順暢，何況觀之近年立法委員政黨比例代表部分選舉結果，並未完全剝奪兩大黨以外政黨獲選之可能性，是系爭憲法增修規定二有關政黨門檻規定部分，既無損於民主共和國與國民主權基本原則之實現，而未變動選舉權及平等權之核心內涵，即應屬修憲機關得衡情度勢，斟酌損益之範疇，自未違反上開自由民主憲政秩序。

四、任　期

「立法院立法委員自第七屆起一百一十三人，任期四年，連選得連任，於每屆任滿前三個月內選出之，不受憲法第六十四條及第六十五條之限制。」（增修條文第4條第1項）

原本立委任期為三年，但為將國內各大小選舉任期統統調整為四年一致，故第七次修憲時也將立委任期改為四年。

但須注意，當立法院通過不信任案，而行政院提請總統解散立法院時，立法院即得重新改選（增修條文第2條第5項），故任期上仍有可能變動。

五、兼職之禁止

「立法委員不得兼任官吏。」（憲法第75條）

未經辭職而就任官吏？

▶釋字第1號（38/1/6）

立法委員依憲法第75條之規定不得兼任官吏，如願就任官吏即應辭去立法委員。**其未經辭職而就任官吏者，亦顯有不繼續任立法委員之意思，應於其就任官吏之時視為辭職。**

不得兼任何種官吏？

▶釋字第24號（42/9/3）

公營事業機關之董事、監察人及總經理，與有受俸給之文武職公務員，……應屬公職及官吏之範圍，監察委員、立法委員均不得兼任。

▶釋字第25號（42/9/3）

省銀行之董事及監察人均為公營事業機關之服務人員，立法委員、監察委員不得兼任。

▶釋字第30號（43/1/15）

須視其職務之性質，與立法委員職務是否相容。同法第27條規定國民大會複決立法院所提之憲法修正案，並制定辦法行使創制、複決兩權，若立法委員得兼國民大會代表，是以一人而兼具提案與複決兩種性質不相容之職務，且立法委員既行使立法權，復可參與中央法律之創制與複決，亦顯與憲法第25條及第62條規定之精神不符。

六、身分保障

（一）言論免責權

「立法院委員在院內所為之言論及表決，對院外不負責任。」（憲法第73條）

立法委員的肢體動作，是否屬於「象徵性」言論？

▶釋字第435號（86/8/1）

……為確保立法委員行使職權無所瞻顧，此項言論免責權之保障範圍，應作最大程度之界定，**舉凡在院會或委員會之發言、質詢、提案、**

表決以及與此直接相關之附隨行為，如院內黨團協商、公聽會之發言等均屬應予保障之事項。越此範圍與行使職權無關之行為，諸如蓄意之肢體動作等，顯然不符意見表達之適當情節致侵害他人法益者，自不在憲法上開條文保障之列。

立委有言論免責權就不被罷免？

▶釋字第401號（85/4/26）

憲法第32條及第73條規定國民大會代表及立法委員言論及表決之免責權，係指國民大會代表在會議時所為之言論及表決，立法委員在立法院內所為之言論及表決，**不受刑事訴追，亦不負民事賠償責任**，除因違反其內部所訂自律之規則而受懲戒外，**並不負行政責任之意**。又罷免權乃人民參政權之一種，憲法第133條規定被選舉人得由原選舉區依法罷免之。則國民大會代表及立法委員因行使職權所為言論及表決，自應對其原選舉區之選舉人負政治上責任。從而國民大會代表及立法委員經國內選舉區選出者，其原選舉區選舉人得以國民大會代表及立法委員所為言論及表決不當為理由，依法罷免之，不受憲法第32條及第73條規定之限制。

（二）不逮捕特權

「立法委員除現行犯外，在會期中，非經立法院許可，不得逮捕或拘禁。憲法第七十四條之規定，停止適用。」（增修條文第4條第8項）

「在會期中」不得逮捕拘禁，反面意思即為，在非會期中即可逮捕拘禁。因此，憲法增修條文明顯地將不逮捕特權的範圍縮小，使立委在非會期中，無法受不逮捕特權保障。

七、罷　免

「公職人員之罷免，得由原選舉區選舉人向選舉委員會提出罷免案。但就職未滿一年者，不得罷免。

全國不分區及僑居國外國民立法委員選舉之當選人，不適用罷免之規定。」（公職人員選舉罷免法第75條）

如何罷免不分區立委？

▶釋字第401號（85/4/26）

理由書：

國民大會代表及立法委員經國內選舉區選出者，其原選舉區選舉人認為國民大會代表及立法委員所為言論及表決不當者，得依法罷免之，不受憲法第32條、第73條規定之限制。

由全國不分區及僑居國外國民產生之當選人，因無原選舉區可資歸屬，自無適用罷免規定之餘地。

▶釋字第331號（82/12/30）

公職人員選舉罷免法第69條第2項規定：「全國不分區、僑居國外國民選舉之當選人，不適用罷免之規定」，與憲法並無牴觸。**惟此種民意代表如喪失其所由選出之政黨黨員資格時，自應喪失其中央民意代表之資格，方符憲法增設此一制度之本旨，其所遺缺額之遞補，應以法律定之。**

參、立法院組織與會議

一、立法院院長

1. **產生方式**：「立法院設院長、副院長各一人，由立法委員互選之。」（憲法第66條）
2. **職務**：
   （1）參加總統召集之院際調解。「總統對於院與院間之爭執，除本憲法有規定者外，得召集有關各院院長會商解決之。」（憲法第44條）

（2）立法院院會主席（立法院組織法第6條）。

（3）綜理立法院院務。

二、立法院院會

（一）院　會

立法院會議：討論議案之集會。須完成法定程序者，須經立法院會議之議決。

1. 每星期二、五開會。
2. 立法院會議之主席：院長
3. 立法院會議須有立法委員總額三分之一出席，始得開會。
4. 立法院會議決議案之法定人數：除憲法別有規定外，以出席委員過半數之同意行之，可否同數時，取決於主席。

（二）會　期

1. 立法院會期，每年兩次，自行集會：第一會期，自2月至5月底。第二會期，自9月至12月底。
2. 必要時得延長之（憲法第68條）。
3. 開會額數：立法院開會時須有總額三分之一立法委員出席始能正式成會。

（三）臨時會

「立法院遇有下列情事之一時，得開臨時會：

一、總統之咨請。

二、立法委員四分之一以上之請求。」（憲法第69條）

1. 基於總統咨請

（1）追認總統發布之緊急命令：「總統為避免國家或人民遭遇緊急危難或應付財政經濟上重大變故，得經行政院會議之決議發布緊急命令，為必要之處置，不受憲法第四十三條之限制。但須於發布命令後十日內提交立法院追認，如立法院不同意時，該緊急命令立即失效。」（憲法第43條、增修條文第2條第3項）

（2）通過或追認總統宣布之戒嚴令：「總統依法宣布戒嚴，但須經立法院之通過或追認。立法院認為必要時，得決議移請總統解嚴。」（憲法第39條）

2. 基於立法委員請求：「立法委員四分之一以上請求時，得開臨時會。」（憲法第69條第2款）

三、委員會

「立法院得設各種委員會。各種委員會得邀請政府人員及社會上有關係人員到會備詢。」（憲法第67條）

（一）常設委員會

立法院各委員會會議：各委員會審議立法院會議交付審查之議案及人民請願書，其審議結果須以書面提報院會討論。

1. 共八個常設委員會：立法院組織法第10條第1項規定：「立法院依憲法第六十七條之規定，設下列委員會：一、內政委員會。二、外交及國防委員會。三、經濟委員會。四、財政委員會。五、教育及文化委員會。六、交通委員會。七、司法及法制委員會。八、社會福利及衛生環境委員會。」
2. 各委員會委員人數，至少十三位委員，最多不得超過十五位。
3. 每一委員以參加一委員會為限。
4. 委員會置召集委員二人，由各委員會委員互選之。委員會會議於院會日期外，由召集委員召集，或經委員會三分之一以上之委員，以書面記明討論之議案及理由，提請召開，召集委員應於收到書面後十五日內定期召集會議。

（二）非常設委員會

1. 全院各委員會聯席會議：專門審查預算。

2. 全院委員會：專審查同意、覆議案、緊急命令追認案、彈劾正副總統案、不信任案（自不信任案提報院會七十二小時後，立即召開審查，審查及提報院會表決時間，應於四十八小時內完成，未於時限內完成者，視為不通過）。

3. **程序委員會**：編列議事日程。
4. **修憲委員會**：依憲法第174條規定而設。
5. **人民請願文書應否成文議案，由程序委員會逕送有關委員會審查**。
6. **紀律委員會**：對立法委員違反自律事項之審議。

（三）黨　團

立法院組織法第33條第1、2項規定：「每屆立法委員選舉當選席次達三席且席次較多之五個政黨得各組成黨團；席次相同時，以抽籤決定組成之。立法委員依其所屬政黨參加黨團。每一政黨以組成一黨團為限；每一黨團至少須維持三人以上。未能依前項規定組成黨團之政黨或無黨籍之委員，得加入其他黨團。黨團未達五個時，得合組四人以上之政團；依第四項將名單送交人事處之政團，以席次較多者優先組成，黨（政）團總數合計以五個為限。」

四、表　決

1. **普通決議**：適用於一般提案與審查程序，應有三分之一立委出席，經出席立委二分之一以上贊成即通過。
2. **特別決議**：如表12-3所示。

表12-3　立法院的特別決議事項

	項　目	提　案	議　決
國家層次	修憲	立委1/4提議，3/4出席，出席委員3/4決議通過	公民複決，有效同意票過選舉人總額之1/2
	領土變更	立委1/4提議，3/4出席，出席委員3/4決議通過	公民複決，有效同意票過選舉人總額之1/2
元首層次	彈劾案	全體立法委員1/2連署，2/3通過	司法院大法官審理
	罷免案	全體立法委員1/4連署，2/3通過	自由地區選舉人總額1/2之投票，有效票1/2以上同意
行政層次	覆議案	行政院院會決議經總統核可	全體立法委員1/2以上通過
	不信任案	全體立法委員1/3以上提案	全體立法委員1/2以上通過

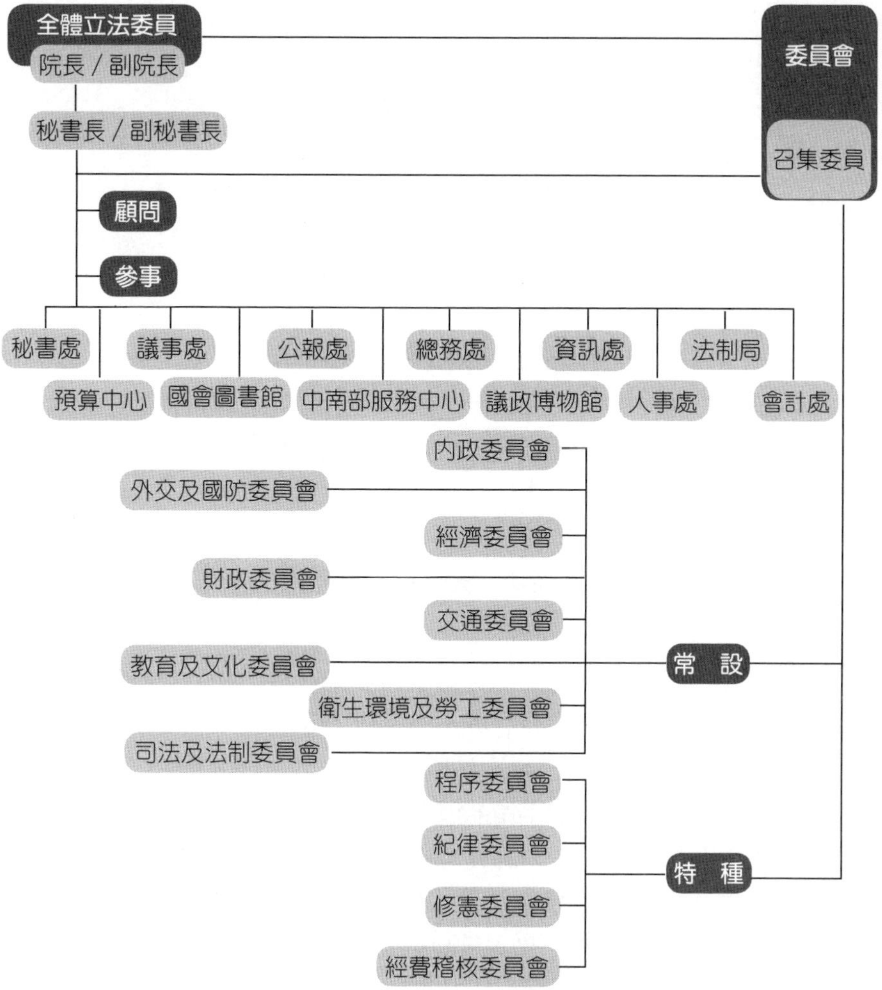

- 全體立法委員
  - 院長／副院長
    - 秘書長／副秘書長
      - 顧問
      - 參事
      - 秘書處、預算中心、議事處、國會圖書館、公報處、中南部服務中心、總務處、議政博物館、資訊處、人事處、法制局、會計處
- 委員會
  - 召集委員
  - 常 設
    - 內政委員會
    - 外交及國防委員會
    - 經濟委員會
    - 財政委員會
    - 交通委員會
    - 教育及文化委員會
    - 衛生環境及勞工委員會
    - 司法及法制委員會
  - 特 種
    - 程序委員會
    - 紀律委員會
    - 修憲委員會
    - 經費稽核委員會

圖12-1 立法院組織圖

肆、立法院之職權

一、立法權

「立法院為國家最高立法機關，由人民選舉之立法委員組織之，代表

人民行使立法權。」（憲法第62條）

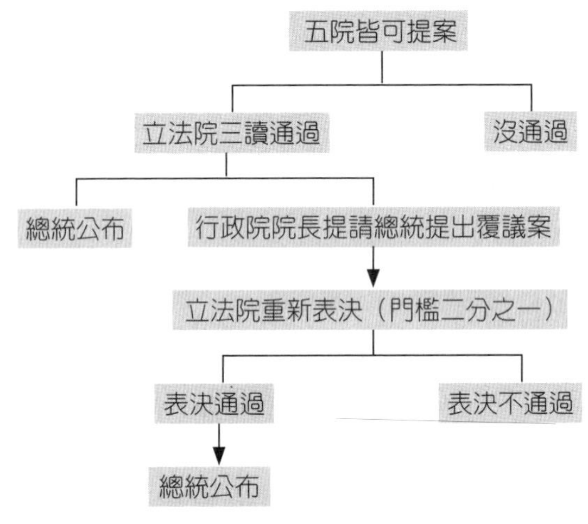

圖12-2　法律制定的程序

（一）提　案

1. 立法委員提出法律案，須有立委十五人以上連署。
2. 另行政院（憲法第58條）、司法院（釋字第175號解釋）、考試院（憲法第87條）、監察院（釋字第3號解釋）有向立法院提案權。

   釋字第3號解釋：「考試院關於所掌事項，依憲法第87條既得向立法院提出法律案，基於五權分治平等相維之體制，參以該條及第71條之制定經過，監察院關於所掌事項，得向立法院提出法律案，實與憲法之精神相符。」

   釋字第175號解釋：「司法院為國家最高司法機關，基於五權分治彼此相維之憲政體制，就其所掌有關司法機關之組織及司法權行使之事項，得向立法院提出法律案。」

（二）三讀會

除法律案及預算案須經過三讀會程序外，其餘均經二讀會議決之（參見立法院職權行使法第7條）。

立法院制定法律的程序，一般我們稱為三讀。所謂「三讀」，就是要由立法院全體立委出席的院會討論三次。

1. **一讀會**：「一讀會」通常都是法案剛送進立法院，在院會上朗讀這個法案的名字，就算一讀結束，然後送到各委員會去詳細審查。一讀於主席將議案宣付朗讀時行之。朗讀後即提交委員會審查，若有出席委員二十人以上之提議，經出席委員表決通過後，得不付審查，逕付二讀。
2. **委員會審查**：立法院裡面有八個委員會，每個立委可以參加一個委員會。各委員會通常會對法律草案內容進行詳細審查，如果對某一個法條有不同意見，也會提出另一個草案出來。最後，委員會將審查通過的草案，附上審查意見和對照的修正條文，一起送回院會。
3. **二讀**：就各委員會討論審查完畢之議案，或經院會議決不經審查逕付二讀之議案，作廣泛討論。若有出席委員十五人以上之提議，經出席委員表決通過後，得將原案予以重付審查或撤銷。法律案在二讀會逐條討論，有一部分已經通過，其餘仍在進行中時，如對本案立法之原旨有異議，由出席委員提議，二十五人以上連署或附議，經表決通過，得將全案重付審查。但重付審查以一次為限。
4. **三讀**：二讀如果通過了就可以進到三讀，三讀的時候就不再修正草案的文字，直接對法律草案進行全案表決，如果有三分之一立委出席，出席立委二分之一通過，這個法律就算通過，而如果沒有達到這個門檻，就算不通過。
5. **政黨協商**：另外，我們還有「政黨協商」的制度。政黨協商是為了怕法律草案爭議太大，各政黨立場分歧，如果進行正常的委員會審查、二讀程序，各黨立委一定會相持不下，法案也沒辦法好好討論。所以設計了政黨協商程序，讓政黨主要代表進行協商，跳過委員會審查和二讀程序。如果經政黨協商後，各政黨都各讓一步，同意簽字，那麼就可以直接送到三讀程序，讓全體立委進行表決。通常政黨協商通過的草案在三讀一定會過。

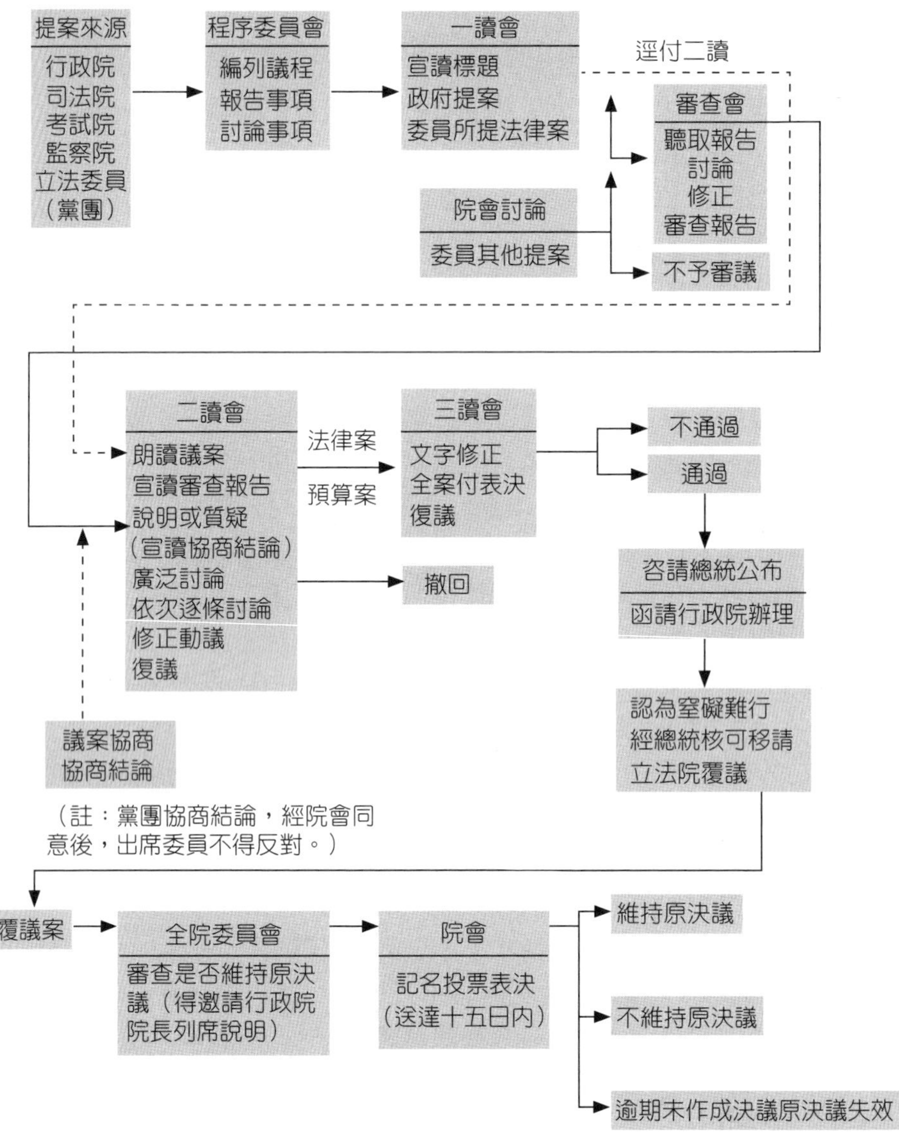

圖12-3　立法程序示意圖

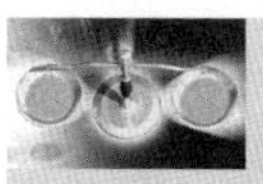

沒經過三讀會也沒關係？

國安三法審議過程混亂，議長自己通過送總統府，總統隨即公布。

▶釋字第342號（83/4/8）

立法院審議法律案，須在不牴觸憲法之範圍內，依其自行訂定之議事規範為之。法律案經立法院移送總統公布者，曾否踐行其議事應遵循之程序，除明顯牴觸憲法者外，乃其內部事項，屬於議會依自律原則應自行認定之範圍，並非釋憲機關審查之對象。是以總統依憲法第72條規定，因立法院移送而公布之法律，縱有與其議事規範不符之情形，然在形式上既已存在，仍應依中央法規標準法第13條之規定，發生效力。**法律案之立法程序有不待調查事實即可認定為牴觸憲法，亦即有違反法律成立基本規定之明顯重大瑕疵者，則釋憲機關仍得宣告其為無效。惟其瑕疵是否已達足以影響法律成立之重大程度，如尚有爭議，並有待調查者，即非明顯，依現行體制，釋憲機關對於此種事實之調查，受有限制，仍應依議會自律原則，謀求解決。**關於依憲法增修條文第9條授權設置之國家安全會議、國家安全局及行政院人事行政局之組織法律，立法院於民國82年12月30日移送總統公布施行，其通過各該法律之議事錄，雖未經確定，但尚不涉及憲法關於法律成立之基本規定。除此之外，其曾否議決通過，因尚有爭議，非經調查，無從確認。依前開意旨，仍應由立法院自行認定，並於相當期間內議決補救之。若議決之結果與已公布之法律有異時，仍應依憲法第72條之規定，移送總統公布施行。

（三）議案屆期不連續原則

「每屆立法委員任期屆滿時，除預（決）算案及人民請願案外，尚未議決之議案，下屆不予繼續審議。」（立法院職權行使法第13條）

（四）公　布

「立法院法律案通過後，移送總統及行政院，總統應於收到後十日內公布之，但總統得依照本憲法第五十七條（註：行政院長移請立法院覆議）之規定辦理。」（憲法第72條）

二、議決戒嚴案、條約案、預算案、重大事項

「立法院有議決法律案、預算案、戒嚴案、大赦案、宣戰案、媾和案、條約案及國家其他重要事項之權。」（憲法第63條）

（一）預算案

1. 「行政院於會計年度開始三個月前，應將下年度預算案提出於立法院。」（憲法第59條）
2. 「立法院對於行政院所提預算案，不得為增加支出之提議。」（憲法第70條）
3. 「司法院所提出之年度司法概算，行政院不得刪減，但得加註意見，編入中央政府總預算案，送立法院審議。」（增修條文第5條第6項）
4. 「立法委員之報酬或待遇，應以法律定之。除年度通案調整者外，單獨增加報酬或待遇之規定，應自次屆起實施。」（增修條文第8條）
5. 「審計長應於行政院提出決算後三個月內，依法完成其審核，並提出審核報告於立法院。」（憲法第105條）

立法院可在不增加總額前提下，在款項目節間移動嗎？

▶釋字第391號（84/12/8）

基於預算案與法律案性質不同，尚不得比照審議法律案之方式逐條逐句增刪修改，而對各機關所編列預算之數額，在款項目節間移動增減並追加或削減原預算之項目。

（二）條約案

釋字第329號解釋：「憲法所稱條約係指中華民國與其他國家或國際組織所締結之國際書面協定，包括用條約或公約之名稱，或用協定等名稱，而其內容直接涉及國家重要事項或人民權利義務且具有法律上效力者而言。其中名稱為條約或公約或用協定等名稱而附有批准條約者，當然應送立法院審議，其餘國際書面協定，除經法律授權或事先經立法院同意簽訂，或其內容與國內法律相同者外，亦應送立法院審議。」

（三）戒嚴與緊急命令

「總統依法宣布戒嚴，但須經立法院之通過或追認。立法院認為必要時，得決議移請總統解嚴。」（憲法第39條）

「總統為避免國家或人民遭遇緊急危難或應付財政經濟上重大變故，得經行政院會議之決議發布緊急命令，為必要之處置，不受憲法第四十三條之限制。但須於發布命令後十日內提交立法院追認，如立法院不同意時，該緊急命令立即失效。」（增修條文第2條第3項）

「總統於立法院解散後發布緊急命令，立法院應於三日內自行集會，並於開議七日內追認之。但於新任立法委員投票日後發布者，應由新任立法委員於就職後追認之。如立法院不同意時，該緊急命令立即失效。」（增修條文第4條第6項）

（四）國家重要事項

行政院停建核四需不需要向立法院報告？

▶釋字第520號（90/1/15）

至於因施政方針或重要政策變更涉及法定預算之停止執行時，則應本行政院對立法院負責之憲法意旨暨尊重立法院對國家重要事項之參與決策權，依照憲法增修條文第3條及立法院職權行使法第17條規定，由行政院院長或有關部會首長適時向立法院提出報告並備質詢。本件經行政院會議決議停止執行之法定預算項目，基於其對儲備能源、環境生態、產業關聯之影響，並考量歷次決策過程以及一旦停止執行善後處理之複雜性，自屬國家重要政策之變更，仍須儘速補行上開程序。其由行政院提議為上述報告者，立法院有聽取之義務。行政院提出前述報告後，其政策變更若獲得多數立法委員之支持，先前停止相關預算之執行，即可貫徹實施。倘立法院作成反對或其他決議，則應視決議之內容，由各有關機關依本解釋意旨，協商解決方案或根據憲法現有機制選擇適當途徑解決僵局，併此指明。

立法院可否要求總統重新提名行政院院長？

立法院還有議決其他重要事項之權。但是否立法院可以自行認定何者重要？

▶釋字第419號（85/12/31）

依憲法之規定，向立法院負責者為行政院，立法院除憲法所規定之事項外，並無決議要求總統為一定行為或不為一定行為之權限。故立法院於中華民國85年6月11日所為「咨請總統儘速重新提名行政院院長，並咨請立法院同意」之決議，逾越憲法所定立法院之職權，僅屬建議性質，對總統並無憲法上之拘束力。

三、聽取國情報告、施政報告

「立法院於每年集會時，得聽取總統國情報告。」（增修條文第4條第3項）立法院職權行使法第15條之2：「立法院得經全體立法委員四分之一以上提議，院會決議後，由程序委員會排定議程，就國家安全大政方針，聽取總統國情報告。總統就其職權相關之國家大政方針，得咨請立法院同意後，至立法院進行國情報告。」第15條之3：「總統應於立法院聽取國情報告日前三日，將書面報告印送全體委員。」第15條之4：「立法委員於總統國情報告完畢後，得就報告不明瞭處，提出問題；其發言時間、人數、順序、政黨比例等事項，由黨團協商決定。就前項委員發言，經總統同意時，得綜合再做補充報告。」第15條之5：「立法委員對國情報告所提問題之發言紀錄，於彙整後送請總統參考。」

「行政院有向立法院提出施政方針及施政報告之責。」（增修條文第3條第2項第1款前段）

四、質詢和備詢

1. 質詢

「立法委員在開會時，有向行政院院長及行政院各部會首長質詢之權。」（憲法增修條文第3條第2項第1款後段）行使口頭質詢之會議次數，由程序委員會決定。口頭質詢分為政黨質詢、立法委員個人質詢，或二至三人之聯合質詢。口頭質詢均以即問即答方式為之，且應事先登記、先提出質詢要旨及不得重複提出。書面質詢則送交行政院以書面答覆。質詢之內容除於國防、外交有明顯立即之危害或依法應為秘密者，行政院不得拒絕答覆（見表12-4）。

2. 備詢

備詢則不一樣，憲法第67條第2項規定：「各種委員會得邀請政府人員及社會上有關係人員到會備詢。」只是在立法院的委員會中，可以邀請政府官員和社會上相關人員到場備詢。至於被邀請的人，他們有無義務出席，則有爭議（見表12-5）。

表12-4 立法委員之質詢權與調查權

	行使單位	對象	依據
質詢	院會	行政院長和各部會首長	憲法增修§3Ⅱ①
備詢	委員會	政府人員及社會上有關係人員	憲法§67

表12-5 有關備詢的解釋

釋字第461號解釋	政府官員應邀備詢之義務
釋字第498號解釋	對地方公務員有事拒絕出席時不可刪除地方預算作為制裁手段

參謀總長可否拒絕備詢？

▶釋字第461號（87/7/24）

中華民國86年7月21日公布施行之憲法增修條文第3條第2項第1款規定行政院有向立法院提出施政方針及施政報告之責，**立法委員在開會時，有向行政院院長及行政院各部會首長質詢之權**，此為憲法基於民意政治及責任政治之原理所為制度性之設計。國防部主管全國國防事務，立法委員就行政院提出施政方針及施政報告關於國防事務方面，自得向行政院院長及國防部部長質詢之。至參謀總長在行政系統為國防部部長之幕僚長，直接對國防部部長負責，自非憲法規定之部會首長，無上開條文之適用。

立法院為國家最高立法機關，有議決法律、預算等議案及國家重要事項之權。立法院為行使憲法所賦予上開職權，得依憲法第67條規定，設各種委員會，**邀請政府人員及社會上有關係人員到會備詢**。鑑諸行政院應依憲法規定對立法院負責，故凡行政院各部會首長及其所屬公務員，除依法獨立行使職權，不受外部干涉之人員外，於立法院各種委員會依憲法第67條第2項規定邀請到會備詢時，有應邀說明之義務。**參謀總長為國防部部長之幕僚長，負責國防之重要事項，包括預算之擬編及執行，與立法院之權限密切相關，自屬憲法第67條第2項所指政府人員，除非因執行關係國家安全之軍事業務而有正當理由外，不得拒絕應邀到會備詢**，惟詢問內容涉及重要國防機密事項者，免予答覆。**至司法、考試、監察三院院長，本於五院間相互尊重之立場，並依循憲政慣例，得不受邀請備詢。三院所屬非獨立行使職權而負行政職務之人員，於其提出之法律案及有關預算案涉及之事項，亦有上開憲法規定之適用。**

憲法第67條第2項：「各種委員會得邀請政府人員及社會上有關係人員到會備詢。」根據這一條文字面上的原意，立法院的各種委員會應該只能「邀請」政府人員和社會人士備詢，被邀請的人應該不至於有到場備詢的義務[1]。但是大法官卻在本號解釋中提出，「政府人員」應邀備詢時，有出席說明的義務。

一般人員無備詢義務？

不過，值得注意的是，大法官只說政府人員被邀請時有備詢的義務，至於一般的「社會上有關係人員」，卻沒有說有沒有備詢的義務[2]。根據立法院職權行使法第56條第3項：「應邀出席人員非有正當理由，不得拒絕出席。」對於此，陳新民認為，委員會邀請社會上有關係人員到場備詢時，這些社會人士有拒絕出席之權[3]。如此一來，立法院頂多有強制政府人員備詢的調查權力，但是卻沒有權力要求一般人民出席備詢。

如何強制執行？

此外，雖然政府人員有備詢的義務，但是若政府人員不出席、堅持不說或故意隱匿或說錯時，又能拿他們怎麼辦呢？似乎也不能真的拿「藐視國會罪」或「偽證罪」來對付他們，似乎還是拿這些人沒輒[4]。這種無法強制執行的備詢義務，似乎有點半調子。

地方官員不備詢可否砍其預算？

▶釋字第498號（88/12/31）

「立法院所設各種委員會，依憲法第67條第2項規定，雖得邀請地方自治團體行政機關有關人員到會備詢，但基於地方自治團體具有自主、獨立之地位，以及中央與地方各設有立法機關之層級體制，地方自

1 林永謀即根據此理由，提出不同意見書。
2 林子儀、葉俊榮、黃昭元、張文貞，《權力分立》，新學林出版社，2003年，頁282。
3 陳新民，《中華民國憲法釋論》，自印，2002年，頁527。
4 參考林永謀大法官的不同意見書。

治團體行政機關公務員，除法律明定應到會備詢者外，得衡酌到會說明之必要性，決定是否到會。於此情形，地方自治團體行政機關之公務員未到會備詢時，立法院不得因此據以為刪減或擱置中央機關對地方自治團體補助款預算之理由，以確保地方自治之有效運作，及符合憲法所定中央與地方權限劃分之均權原則。」**這號解釋認為地方自治團體行政機關的公務員不到場備詢，立法院不得用刪減預算的方式來報復。再度證明立法院對於不到場備詢的人，可以制裁的手段有限**[5]。

五、調查權

表12-6　立法院調查權

	大法官解釋	內容
文件調閱權	釋字第325號解釋	文件調閱權
聽證權	釋字第585號解釋	要求人民或官員陳述意見或表示意見，並輔以罰鍰作為強制手段

立法院到底有沒有調查權？前已說明，從質詢權推出的文件調查權是受限制的。但經過釋字第325號和第585號解釋中，終於承認立法院有調查權。

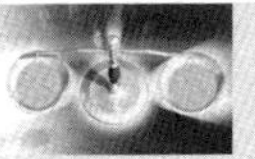

可否要求調閱文件？

▶釋字第325號（82/7/23）

立法院為行使憲法所賦予之職權，除依憲法第57條第1款及第67條第2項辦理外，得經院會或委員會之決議，要求有關機關就議案涉及事項，提供參考資料，必要時並得經院會決議**調閱文件原本**，受要求之機關非依法律規定或其他正當理由不得拒絕。調閱權之限制：國家機關獨立行使職權受憲法之保障者，如**司法機關**審理案件所表示之法律見解、

5　據報載選後立法院法制委員會想針對國安會議的啟動等問題邀請相關部會首長備詢，但除了新上任的國安局長一人肯出席備詢外，其他部會首長均以各種理由拒絕出席。但立法院也拿這些不出席的政府官員沒辦法。見范嘉凌，〈320之後 兩院冰河期 首長拒備詢〉，《聯合報》，2004年。

考試機關對於應考人成績之評定、**監察委員**為糾彈或糾正與否之判斷，以及訴訟案件在裁判確定前就**偵查、審判所為之處置及其卷證**，監察院對之行使調查權，本受有限制，基於同一理由，立法院之調閱文件，亦同受限制。

立法院能否組織三一九真相調查委員會？

▶釋字第585號（93/12/15）

立法院為有效行使憲法所賦予之立法職權，**本其固有之權能自得享有一定之調查權**，主動獲取行使職權所需之相關資訊，俾能充分思辨，審慎決定，以善盡民意機關之職責，發揮權力分立與制衡之機能。**立法院調查權乃立法院行使其憲法職權所必要之輔助性權力**，基於權力分立與制衡原則，立法院調查權所得調查之對象或事項，並非毫無限制。除所欲調查之事項必須與其行使憲法所賦予之職權有重大關聯者外，**凡國家機關獨立行使職權受憲法之保障者，即非立法院所得調查之事物範圍**。**又如行政首長依其行政權固有之權能，對於可能影響或干預行政部門有效運作之資訊，均有決定不予公開之權力，乃屬行政權本質所具有之行政特權**。**立法院行使調查權如涉及此類事項，即應予以適當之尊重**。如於具體案件，就所調查事項是否屬於國家機關獨立行使職權或行政特權之範疇，或就屬於行政特權之資訊應否接受調查或公開而有爭執時，立法院與其他國家機關宜循合理之途徑協商解決，或以法律明定相關要件與程序，由司法機關審理解決之。

立法院調查權行使之方式，並不以要求有關機關就立法院行使職權所涉及事項提供參考資料或向有關機關調閱文件原本之文件調閱權為限，**必要時並得經院會決議，要求與調查事項相關之人民或政府人員，陳述證言或表示意見，並得對違反協助調查義務者，於科處罰鍰之範圍內，施以合理之強制手段**，本院釋字第325號解釋應予補充。惟其程序，如調查權之發動及行使調查權之組織、個案調查事項之範圍、各項調查方法所應遵守之程序與司法救濟程序等，應以法律為適當之規範。

於特殊例外情形，就特定事項之調查有委任非立法委員之人士協助調查之必要時，則須制定特別法，就委任之目的、委任調查之範圍、受委任人之資格、選任、任期等人事組織事項、特別調查權限、方法與程序等妥為詳細之規定，並藉以為監督之基礎。各該法律規定之組織及議事程序，必須符合民主原則。其個案調查事項之範圍，不能違反權力分立與制衡原則，亦不得侵害其他憲法機關之權力核心範圍，或對其他憲法機關權力之行使造成實質妨礙。如就各項調查方法所規定之程序，有涉及限制人民權利者，必須符合憲法上比例原則、法律明確性原則及正當法律程序之要求。

茲就中華民國93年9月24日公布施行之「三一九槍擊事件真相調查特別委員會條例」（以下稱真調會條例），有關三一九槍擊事件真相調查特別委員會（以下稱真調會）之組織、職權範圍、行使調查權之方法、程序與強制手段等相關規定，是否符合上開憲法意旨，分別指明如下：

一、真調會條例第2條第1項前段「本會置委員十七人，由第五屆立法院各政黨（團）推薦具有專業知識、聲譽卓著之公正人士組成之，並由總統於五日內任命」、第2項後段「各政黨（團）應於本條例公布後五日內提出推薦人選，逾期未提出者，視為放棄推薦，其缺額由現額委員選出之召集委員於五日內逕行遴選後，由總統任命」、第15條第2項「本會委員除名或因故出缺時，由原推薦之政黨（團）於五日內推薦其他人選遞補之；其逾期未提出推薦人選者，由召集委員逕行遴選後，總統於五日內任命之」暨第16條「第二條及第十五條應由總統任命者，總統應於期限內任命；逾期未任命，視為自動生效」等規定有關真調會委員之任命，應經立法院院會決議並由立法院院長為之，方為憲法之所許。

二、同條例雖未規定真調會委員之任期，惟於符合立法院屆期不連續原則之範圍內，尚不生違憲問題。第11條第2項規定「本會所需經費由行政院第二預備金項下支應，行政院不得拒絕」，於符合預算法令規定範圍內，亦不生違憲問題。

三、同條例第4條規定「本會及本會委員須超出黨派以外，依法公正獨立行使職權，對全國人民負責，不受其他機關之指揮監督，亦不受任何干涉」，其中「不受其他機關之指揮監督」係指「不受立法院以外機關之指揮監督」之意；第15條第1項「本會委員有喪失行為能力、違反法令或其他不當言行者，得經本會全體委員三分之二以上同意，予以除名」，關於真調會委員除名之規定，並非排除立法院對真調會委員之免職權，於此範圍內，核與憲法尚無違背。

四、同條例第15條第1項「本會委員有喪失行為能力、違反法令或其他不當言行者，得經本會全體委員三分之二以上同意，予以除名」之規定，以「違反法令或其他不當言行」為除名事由，與法律明確性原則不盡相符，應予檢討修正。

五、同條例第8條第1項前段「三一九槍擊事件所涉及之刑事責任案件，其偵查專屬本會管轄」、同條第2項「本會於行使前項職權，有檢察官、軍事檢察官依據法律所得行使之權限」；第13條第1項「本會調查結果，如有涉及刑事責任者，由調用之檢察官或軍事檢察官逕行起訴」等規定，逾越立法院調查權所得行使之範圍，違反權力分立與制衡原則。

六、同條例第13條第3項規定「本會調查結果，與法院確定判決之事實歧異者，得為再審之理由」，違反法律平等適用之法治基本原則，並逾越立法院調查權所得行使之範圍。

七、同條例第12條第1項規定「本會對於調查之事件，應於三個月內向立法院提出書面調查報告，並公布之。如真相仍未查明，應繼續調查，每三個月向立法院及監察院提出報告，並公布之」，其中關於向監察院報告部分，與憲法機關各有所司之意旨不盡相符，應予檢討修正。

八、同條例第8條第3項規定「本條例公布之日，各機關所辦理專屬本會管轄案件，應即檢齊全部案卷及證物移交本會」、同條第4項規定「本會行使職權，不受國家機密保護法、營業秘密法、刑事訴訟法及其他法律規定之限制。受請求之機關、團體或人員不得以涉及國家機密、營業秘密、偵查保密、個人隱私或其他任何理由規避、拖延或拒絕」、同條第6項規定「本會或本會委員行使職權，得指定事項，要求有關機關、團體或個人提出說明或提供協助。受請求者不得以涉及國家機密、營業秘密、偵查保密、個人隱私或其他任何理由規避、拖延或拒絕」，其中關於專屬管轄、移交卷證與涉及國家機關獨立行使職權而受憲法保障者之部分，有違權力分立與制衡原則，並逾越立法院調查權所得行使之範圍。

九、同條例第8條第6項規定「本會或本會委員行使職權，得指定事項，要求有關機關、團體或個人提出說明或提供協助。受請求者不得以涉及國家機密、營業秘密、偵查保密、個人隱私或其他任何理由規避、拖延或拒絕」，其中規定涉及國家機密或偵查保密事項，一概不得拒絕之部分，應予適當修正。

十、同條例第8條第4項前段規定「本會行使職權，不受國家機密保護法、營業秘密法、刑事訴訟法及其他法律規定之限制」、同條第6項規定「本會或本會委員行使職權，得指定事項，要求有關機關、團體或個人提出說明或提供協助。受請求者不得以涉及國家機密、營業秘密、偵查保密、個人隱私或其他任何理由規避、拖延或拒絕」，其中規定涉及人民基本權利者，有違正當法律程序、法律明確性原則。

十一、同條例第8條第7項「違反第一項、第二項、第三項、第四項或第六項規定者，處機關首長及行為人新臺幣十萬元以上一百萬元以下罰鍰，經處罰後仍繼續違反者，得連續處罰之」及第8項前段：「機關首長、團體負責人或有關人員拒絕真調會或其委員調查，影響重大，或為虛偽陳述者，依同條第七項之規定處罰」等規定，有違正當法律程序及法律明確性原則。

十二、同條例第8條第8項後段規定「機關首長、團體負責人或有關人員拒絕本會或本會委員調查，影響重大，或為虛偽陳述者……並依刑法第一百六十五條、第二百十四條等相關規定追訴處罰」，係指上開人員若因受調查而涉有犯罪嫌疑者，應由檢察機關依法偵查追訴，由法院依法審判而言；上開規定應本此意旨檢討修正。

十三、同條例第8條第9項規定「本會或本會委員行使職權，認有必要時，得禁止被調查人或與其有關人員出境」，逾越立法院之調查權限，並違反比例原則。

上開五、六、八、十、十一、十三項有違憲法意旨部分，均自本解釋公布之日起失其效力。

司法院大法官依憲法規定獨立行使憲法解釋及憲法審判權，為確保其解釋或裁判結果實效性之保全制度，乃司法權核心機能之一，不因憲法解釋、審判或民事、刑事、行政訴訟之審判而有異。本件暫時處分之聲請，雖非憲法所不許，惟本案業經作成解釋，已無須予以審酌。

調閱檢察機關之偵查卷證？

▶釋字第729號（104/5/1）

1.檢察機關代表國家進行犯罪之偵查與追訴，基於權力分立與制衡原則，且為保障檢察機關獨立行使職權，對於偵查中之案件，立法院自不得向其調閱相關卷證。

2.立法院向檢察機關調閱已偵查終結而不起訴處分確定或未經起訴而以其他方式結案之案件卷證，須基於目的與範圍均屬明確之特定議案，並與其行使憲法上職權有重大關聯，且非屬法律所禁止者為限。如因調閱而有妨害另案偵查之虞，檢察機關得延至該另案偵查終結後，再行提供調閱之卷證資料。

3.其調閱偵查卷證之文件原本或與原本內容相同之影本者，應經立法院院會決議；要求提供參考資料者，由院會或其委員會決議為之。因調閱卷證而知悉之資訊，其使用應限於行使憲法上職權所必要，並注意維護關係人之權益（如名譽、隱私、營業秘密等）。本院釋字第325號解釋應予補充。

六、人事同意權

五院裡面，除了立法院是人民直選之外，另外司法院、考試院、監察院等，都是由總統提名、立法院同意任命。

1. **審計長**：「監察院設審計長，由總統提名，經立法院同意任命之。」（憲法第104條）
2. **司法院院長、副院長、大法官**：「司法院設大法官十五人，並以其中一人為院長、一人為副院長，由總統提名，經立法院同意任命之。」（增修條文第5條第1項前段）
3. **考試院院長、副院長、考試委員**：「考試院設院長、副院長各一人，考試委員若干人，由總統提名，經立法院同意任命之。」（增修條文第6條第2項）
4. **監察院院長、副院長、監察委員**：「監察院設監察委員二十九人，並以其中一人為院長、一人為副院長，任期六年，由總統提名，經立法院同意任命之。」（增修條文第7條第2項）

七、對行政院長提出不信任案

「立法院得經全體立法委員三分之一以上連署，對行政院院長提出不信任案。不信任案提出七十二小時後，應於四十八小時內以記名投票表決之。如經全體立法委員二分之一以上贊成，行政院院長應於十日內提出辭職，並得同時呈請總統解散立法院；不信任案如未獲通過，一年內不得對同一行政院院長再提不信任案。」（增修條文第3條第2項第3款）

1. **提案及通過數額**：全體委員三分之一以上連署二分之一以上贊成。
2. **表決時效**：不信任案提出七十二小時後，應於四十八小時內以記名投票表決。
3. **通過之效果**：行政院長應於十日之內提出辭呈並得同時呈請總統解散立法院。
4. **不通過之效果**：一年之內不得對同一行政院院長再提不信任案。

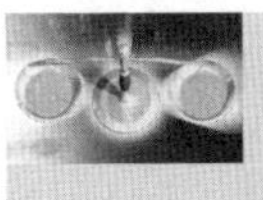

中華民國憲法增修條文第3條第2項第3款規定之不信任案得否於為其他特定事項召開之立法院臨時會提出？

▶釋字第735號（105/2/4）

中華民國憲法增修條文第3條第2項第3款規定：「行政院依左列規定，對立法院負責，……三、立法院得經全體立法委員三分之一以上連署，對行政院院長提出不信任案。不信任案提出七十二小時後，應於四十八小時內以記名投票表決之。……」旨在規範不信任案應於上開規定之時限內，完成記名投票表決，避免懸宕影響政局安定，未限制不信任案須於立法院常會提出。憲法第69條規定：「立法院遇有左列情事之一時，得開臨時會：一、總統之咨請。二、立法委員四分之一以上之請求。」僅規範立法院臨時會召開之程序，未限制臨時會得審議之事項。是立法院於臨時會中審議不信任案，非憲法所不許。立法院組織法第6條第1項規定：「立法院臨時會，依憲法第六十九條規定行之，並以決議召集臨時會之特定事項為限。」與上開憲法規定意旨不符部分，應不再適用。如於立法院休會期間提出不信任案，立法院應即召開臨時會審議之。

理由書：

中華民國憲法增修條文第3條第2項第3款規定：「行政院依左列規定，對立法院負責，……三、立法院得經全體立法委員三分之一以上連署，對行政院院長提出不信任案。不信任案提出七十二小時後，應於四十八小時內以記名投票表決之。（前段，下稱系爭憲法規定）如經全體立法委員二分之一以上贊成，行政院院長應於十日內提出辭職，並得同時呈請總統解散立法院；不信任案如未獲通過，一年內不得對同一行政院院長再提不信任案。（後段）」不信任案制度係為建立政黨黨紀，化解政治僵局，落實責任政治，並具穩定政治之正面作用（中華民國86年5月第三屆國民大會第二次會議修憲提案第一號說明參照）。為避免懸宕影響政局安定，系爭憲法規定乃規範不信任案提出七十二小時後，應於四十八小時內完成記名投票表決，並未限制不信任案須於立法院常會中提出。又憲法第69條規定：「立法院遇有左列情事之一時，得開臨時會：一、總統之咨請。二、立法委員四分之一以上之請求。」僅規範立法院臨時會召開之程序，並未限制臨時會得審議之事項。基於儘速處理不信任案之憲法要求，立法院於臨時會審議不信任案，非憲法所不許。惟立法院組織法第6條第1項規定：「立法院臨時會，依憲法第六十九條規定行之，並以決議召集臨時會之特定事項為限。」未許於因其他特定事項而召開之臨時會審議不信任案，與上開憲法規定意旨不符，就此部分，應不再適用。系爭憲法規定既未限制不信任案之提出時間，如於立法院休會期間提出不信任案，立法院自應即召開臨時會審議之。

立法院職權行使法第37條乃關於不信任案提出、進行審議程序之規定，固屬立法院國會自律事項，惟仍應注意符合系爭憲法規定所示，不信任案提出七十二小時後，應於四十八小時內完成記名投票程序之意旨，自屬當然，併此指明。

八、對總統、副總統彈劾提案、罷免

1. 「立法院對於總統、副總統之彈劾案，須經全體立法委員二分之一以上之提議，全體立法委員三分之二以上之決議，聲請司法院大法官審理，不適用憲法第九十條、第一百條及增修條文第七條第一項有關規定。」（增修條文第4條第7項）
2. 「司法院大法官，除依憲法第七十八條之規定外，並組成憲法法庭審理總統、副總統之彈劾及政黨違憲之解散事項。」（增修條文第5條第4項）
3. 「立法院提出總統、副總統彈劾案，聲請司法院大法官審理，經憲法法庭判決成立時，被彈劾人應即解職。」（增修條文第2條第10項）
4. 「總統、副總統之罷免案，須經全體立法委員四分之一之提議，全體立法委員三分之二之同意後提出，並經中華民國自由地區選舉人總額過半數之投票，有效票過半數同意罷免時，即為通過。」（增修條文第2條第9項）

九、補選副總統

「副總統缺位時，總統應於三個月內提名候選人，由立法院補選，繼任至原任期屆滿為止。」（增修條文第2條第7項）

十、提出憲法修正案之權

（一）修憲程序

「憲法之修改，須經立法院立法委員四分之一之提議，四分之三之出席，及出席委員四分之三之決議，提出憲法修正案，並於公告半年後，經中華民國自由地區選舉人投票複決，有效同意票過選舉人總額之半數，即通過之，不適用憲法第一百七十四條之規定。」（增修條文第12條）

原本修憲程序乃由國民大會主導，但第七次修憲後完全廢除國民大會，改由立法院提案，公民複決。但大法官對修憲程序做過不少解釋，雖然國民大會已廢，同樣原理應該仍然可套用在立法院修憲提案程序上。

（二）修憲程序瑕疵

大法官在釋字第342號解釋中，即提出了對於議會程序瑕疵的問題，其中採用了兩個判準，一個是「議會自律原則」，一個是「重大明顯瑕疵原則」。釋字第342號針對的是立法院的三讀程序，大法官認為瑕疵並不明顯，而訴諸議會自律，宣告其合憲。後來，在釋字第381號解釋中，將這套方法套用在修憲程序上，認為原則上修憲應該尊重議會自律。不過大法官在後來的釋字第499號解釋中，卻單獨使用重大明顯瑕疵原則，宣告第五次修憲違憲。

能否在臨時會進行修憲？

▶釋字第314號（82/2/25）

憲法為國家根本大法，其修改關係憲政秩序之安定及國民之福祉至鉅，應使國民預知其修改之目的並有表達意見之機會。國民大會臨時會係依個別不同之情形及程序而召集，其非以修憲為目的而召集之臨時會，自不得行使修改憲法之職權，本院釋字第29號解釋應予補充。

修憲投票一定要記名投票嗎？

▶釋字第499號（89/3/24）

憲法為國家根本大法，其修改關係憲政秩序之安定及全國國民之福祉至鉅，應由修憲機關循正當修憲程序為之。又修改憲法乃最直接體現國民主權之行為，**應公開透明為之，以滿足理性溝通之條件，方能賦予憲政國家之正當性基礎**。國民大會依憲法第25條、第27條第1項第3款及中華民國86年7月21日修正公布之憲法增修條文第1條第3項第4款規定，係代表全國國民行使修改憲法權限之唯一機關。其依修改憲法程序制定或修正憲法增修條文須符合公開透明原則，並應遵守憲法第174條及國民大會議事規則有關之規定，俾副全國國民之合理期待與信賴。是國民大會依83年8月1日修正公布憲法增修條文第1條第9項規定訂定之國民大會議事規則，其第38條第2項關於無記名投票之規定，於通過憲法修改案之讀會時，適用應受限制。而修改憲法亦係憲法上行為之一種，如有重大明顯瑕疵，即不生其應有之效力。所謂明顯，係指事實不待調查即可認定；所謂重大，就議事程序而言則指瑕疵之存在已喪失其程序之正當性，而違反修憲條文成立或效力之基本規範。國民大會於88年9月4日三讀通過修正憲法增修條文，其修正程序牴觸上開公開透明原則，且衡諸當時有效之國民大會議事規則第38條第2項規定，亦屬有違。依其議事錄及速記錄之記載，有不待調查即可發現之明顯瑕疵，國民因而不能知悉國民大會代表如何行使修憲職權，國民大會代表依憲法第133條規定或本院釋字第331號解釋對選區選民或所屬政黨所負政治責任之憲法意旨，亦無從貫徹。此項修憲行為有明顯重大瑕疵，已違反修憲條文發生效力之基本規範。

十一、領土變更之提案權

「中華民國領土，依其固有疆域，非經全體立法委員四分之一之提議，全體立法委員四分之三之出席，及出席委員四分之三之決議，提出領土變更案，並於公告半年後，經中華民國自由地區選舉人投票複決，有效同意票過選舉人總額之半數，不得變更之。」（增修條文第4條第5項）

十二、解決中央與地方權限爭議之權

「除第一百零七條、第一百零八條、第一百零九條及第一百十條列舉事項外，如有未列舉事項發生時，其事務有全國一致之性質者屬於中央，有全省一致之性質者屬於省，有一縣之性質者屬於縣。遇有爭議時，由立法院解決之。」（憲法第111條）

表12-7　立法院之職權

職權內容	憲法根據
立法權	§62
財政權	§63
同意權	§55、104；增§5、6、7
質詢權	§57
議決法案及國家重要事項權	§63、39；增§2Ⅳ、3Ⅱ②
覆議之議決權	增§3Ⅱ②
議決國庫補助省經費之權	§109Ⅲ（民國86年增修條文廢除）
解決中央與地方權限爭議之權	§111
提出憲法修正案之權	§174
調閱權	釋325
對行政院院長提出不信任案	增§3Ⅱ③
對總統、副總統彈劾提案權	增§4Ⅶ
對總統、副總統之罷免案	增§2Ⅸ
領土變更之提案權	增§4Ⅴ
聽取總統之國情報告	增§4Ⅲ
補選副總統	增§2Ⅶ
調查權	釋585

第十三章　司　法

壹、司法院之性質與地位

一、最高司法機關

「司法院為國家最高司法機關，掌理民事、刑事、行政訴訟之審判及公務員之懲戒。」（憲法第77條）

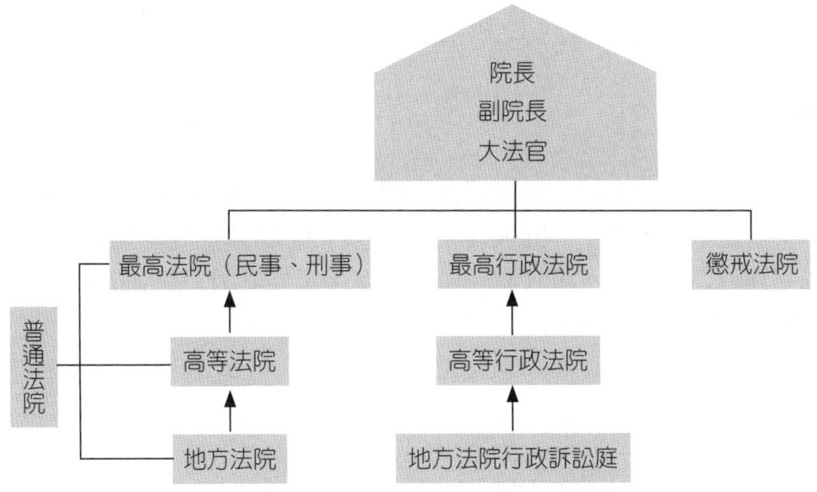

圖13-1　司法院組織目前體制

從憲法第77條字面上來看，司法院應該直接就要掌管審判工作，可是目前司法院大多只是掌管行政工作，而不負責審判工作，真正的審判工作是交給最高法院或最高行政法院等來負責。司法院裡面雖然有大法官，但大法官並沒有真正負責審判工作。大法官只負責解釋憲法和統一解釋法律命令的工作，這並非真正的處理個案的審判工作。如此的規定，似乎跟憲法有所牴觸。所以歷來都一直有爭議，到底司法院要不要掌管審判工作？1998年時全國司法改革會議達成共識，決定將司法院調整為真正的審判機關，且朝司法院一元化邁進，後來2001年時大法官解釋第530號又為司改會議的結論背書。

釋字第530號解釋（90/10/5）：「憲法第77條規定：『司法院為最高司法機關，掌理民事、刑事、行政訴訟之審判及公務員之懲戒。』惟依現行司法院組織法規定，司法院設置大法官十七人，審理解釋憲法及統一解釋法令案件，並組成憲法法庭，審理政黨違憲之解散事項；於司法院之下，設各級法院、行政法院及公務員懲戒委員會。是司法院除審理上開事項之大法官外，其本身僅具最高司法行政機關之地位，致使最高司法審判機關與最高司法行政機關分離。為期符合司法院為最高審判機關之制憲本旨，司法院組織法、法院組織法、行政法院組織法及公務員懲戒委員會組織法，應自本解釋公布之日起二年內檢討修正，以副憲政體制。」

二、違憲審查

司法院裡面的大法官，掌控宣告法律、命令違憲的權力，我們稱此種權力為「司法違憲審查」（judicial review），此制源自於美國Marbury V. Madison（1803）一案中，美國聯邦最高法院院長馬歇爾（J. Marshall）宣稱1789年的司法法規一部分違憲。

馬歇爾之判決建立在一系列的推理上：

（一）憲法是最高之法。

（二）制定的法律違反憲法者即非法律。

（三）於兩種相衝突的法律中加以抉擇為法院之義務。

（四）法律若抵觸憲法法院應拒絕適用。

（五）法院若不拒絕適用則成文憲法之基礎將無法維持。

二次大戰以前，全世界只有美國採取這種制度，但是二次大戰後各戰敗國認為國家之所以會被專制統治，就是因為沒有違憲審查，故紛紛引進。而第三波民主化浪潮中，新興民主國家也認為必須要有違憲審查才能維護民主。我國在制憲時即引進違憲審查制度。但違憲審查是否真的是憲法中所不可或缺的制度，仍然有爭議。很多高度民主國家，也沒有違憲審查機制[1]。

三、違憲審查的功能

（一）解決憲法爭議

大法官還解釋憲法或統一解釋法令，除了乃是維持憲政秩序，讓整個法律體系都符合憲法外，更重要的是，由於我國中央政府體制的對立，行政、立法、總統間的糾紛很多，故各方往往會將相關對立的爭議，訴諸大法官解釋，希望大法官能夠依據憲法仲裁爭議。

（二）保障人權

司法院大法官由於負責解釋憲法，維護憲法第二章的人權規定，若立法院制定法律侵犯人權，大法官即會出來宣告法律違憲，而保障人權。

貳、組　織

表13-1　司法院組織與執掌

司法院組織	執　掌	備　註
院長、副院長	綜理院務及所屬機關	其他詳見貳之一說明
大法官	解釋憲法、統一解釋法律及命令、審理政黨違憲解散、審理總統副總統彈劾案	
普通法院	掌理全國民刑訴訟審判或非訟事件等業務	包含地方法院、高等法院、最高法院
行政法院	掌理全國行政訴訟	
懲戒法院	掌理全國公務員懲戒	

1　詳細可參考楊智傑譯，《將憲法踹出法院》，正典，2005年8月。

一、院長及副院長

「司法院設大法官十五人，並以其中一人為院長、一人為副院長，由總統提名，經立法院同意任命之，自中華民國九十二年起實施，不適用憲法第七十九條之規定。」（增修條文第5條第1項前段）

「司法院大法官任期八年，不分屆次，個別計算，並不得連任。但並為院長、副院長之大法官，不受任期之保障。」（增修條文第5條第2項）

司法院院長的職務，主要為綜理院務及監督所屬機關（司法院組織法第7條第1項）。另外，大法官會議，以司法院院長為主席。

二、大法官

（一）產　生

「司法院設大法官十五人，並以其中一人為院長、一人為副院長，由總統提名，經立法院同意任命之。」（增修條文第5條第1項前段）

（二）任　期

「司法院大法官任期八年，不分屆次，個別計算，並不得連任。」（增修條文第5條第2項前段）

為避免一任總統掌控提名所有大法官的權力，故大法官採任期交錯（期中改選）制。「中華民國九十二年總統提名之大法官，其中八位大法官，含院長、副院長，任期四年，其餘大法官任期為八年，不適用前項任期之規定。」（增修條文第5條第3項）

倘若有大法官在任期結束前提早辭職，總統是否該先提名新的大法官，好讓各個大法官的任期漸漸錯開？還是要等時間到了才能提名新的人選，維持兩批大法官整齊的錯開？若是照條文用語「任期個別計算」，並沒有想要維持整齊的兩批人選的意思。

此外，大法官並無終身待遇之保障，「司法院大法官除法官轉任者外，不適用憲法第八十一條及有關法官終身職待遇之規定。」（增修條文第5條第1項後段）

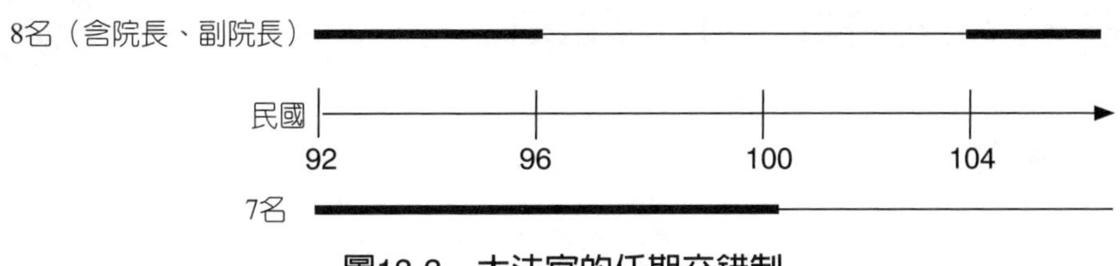

圖13-3　大法官的任期交錯制

（三）資　格

大法官應具有下列資格之一：

1. 曾任實任法官十五年以上而成績卓著者。
2. 曾任實任檢察官十五年以上而成績卓著者。
3. 曾實際執行律師業務二十五年以上而聲譽卓著者。
4. 曾任教育部審定合格之大學或獨立學院專任教授十二年以上，講授法官法第5條第4項所定主要法律科目八年以上，有專門著作者。
5. 曾任國際法庭法官或在學術機關從事公法學或比較法學之研究而有權威著作者。
6. 研究法學，富有政治經驗，聲譽卓著者。
7. 具有前述任何一款資格之大法官，其人數不得超過總名額三分之一。

三、司法院隸屬機關

司法院組織法第6條：司法院設各級法院、行政法院及懲戒法院；其組織均另以法律定之。

1. **各級法院**：指地方法院、高等法院、最高法院三級。
2. **行政法院**：設高等行政法院及最高行政法院，掌理公法事件之訴訟。
3. **懲戒法院**：設法官九人至十五人。

參、大法官解釋（2021年以前）

一、解釋憲法

「司法院解釋憲法，並有統一解釋法律及命令之權。」（憲法第78條）

「司法院設大法官若干人，掌理本憲法第七十八條規定事項。」（憲法第79條第2項）

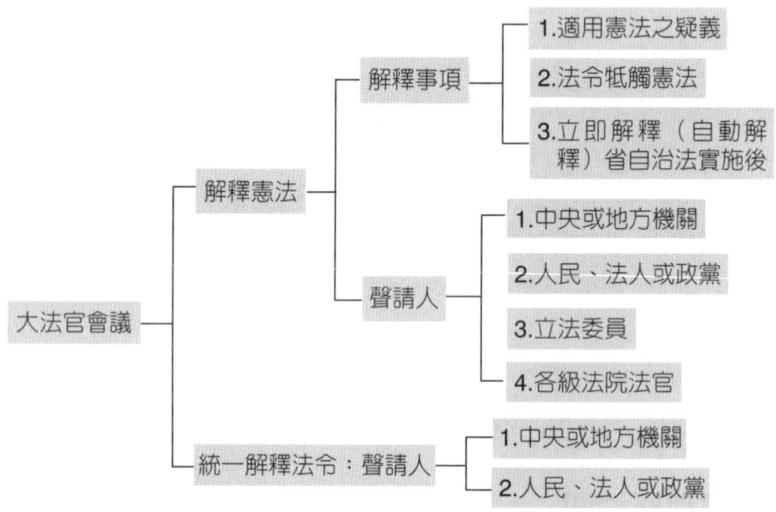

圖13-4　大法官會議之職權與聲請人

（一）抽象集中制

1. **抽象審查**：目前大法官所採取的違憲審查解釋方法，是一種抽象的解釋方法，亦即其只針對「法律是否牴觸憲法？」或「命令是否牴觸法律或憲法？」，純粹就法律條文進行解釋，而不涉及個案。在某些國家的違憲審查是所謂的「具體審查」，就是其會涉及個案事實的審查，而非只是抽象法條的審查。不過我們臺灣目前只採「法條抽象審查」。
2. **集中審查**：另外，在臺灣只有「大法官」能夠解釋憲法，宣告法律違憲，其他法官則不行，這是所謂的「集中解釋」。大陸法系國家通常採取「集中解釋」。但是在美國，卻是所謂的「分散解釋」，亦即每個法院都可以解釋憲法，每個法院的法官都可以宣告法律違憲而拒絕適用法律。臺灣只有大法官能直接宣告法律違憲，一般的法官不能宣告法律違憲，但是可以宣告命令違法或違憲而拒絕適用。另外，一般法官若相信法律真的違憲，也可以停止審判聲請大法官解釋，但不能自己直接宣告法律違憲（見表13-2）。

3. **集中審查之例外**：我國對於命令是否違憲或違法，各級法官可以自行審查，不過其法律效果為「拒絕適用」。釋字第216號解釋：「法官依據法律獨立審判，憲法第80條載有明文。各機關依其職掌就有關法規為釋示之行政命令，法官於審判案件時，固可予以引用，但仍得依據法律，表示適當之不同見解，並不受其拘束，本院釋字第137號解釋即係本此意旨；司法行政機關所發司法行政上之命令，如涉及審判上之法律見解，僅供法官參考，法官於審判案件時，亦不受其拘束。惟如經法官於裁判上引用者，當事人即得依司法院大法官會議法第4條第1項第2款之規定聲請解釋。」（另參見釋字第137號、第407號、第530號解釋）

表13-2　違憲審查之機制

	抽象或具體	集中或分散
臺灣大法官	抽　象	集　中
德國憲法法院	抽象兼具體	集　中
美國最高法院	具　體	分　散

（二）解釋對象

「大法官解釋憲法之事項如下：

一、關於適用憲法發生疑義之事項。

二、關於法律或命令，有無牴觸憲法之事項。

三、關於省自治法、縣自治法、省法規及縣規章有無牴觸憲法之事項。

前項解釋之事項，以憲法條文有規定者為限。」（司法院大法官審理案件法第4條）

另外，大法官在釋字第499號解釋，認為修憲也可以為憲法解釋的對象，而宣告第五次修憲條文違憲。

（三）聲請解釋管道（司法院大法官審理案件法第5條）

1. **人民聲請**：在臺灣並非人人都可以聲請大法官解釋。一般人民只有在用盡司法救濟程序（三級三審）後仍然敗訴，且敗訴是因為適用某個法律或命令的結果，此時就可以針對這個法律或命令，聲請大法官解釋，主張這個法律或命令違反憲法無效，且須提出其憲法上所保障之權利受侵害。
2. **機關聲請**：除了人民之外，政府機關也可以聲請大法官解釋，包括一般的行政機關因為行使職權時，適用法律發生憲法上的疑義，或者是與其他機關就職權上產生爭執，就可以聲請大法官解釋。
3. **立委聲請**：還有，為了保護少數立法委員不被多數決壓抑，也規定總額三分之一的立法委員連署，可以針對其行使職權上的法律問題，聲請大法官解釋。
4. **法院聲請**：各級法院法官在審理案件時，如對於該案適用的法律，本於確信認為有牴觸憲法，也可以暫時停止審判，聲請大法官解釋。

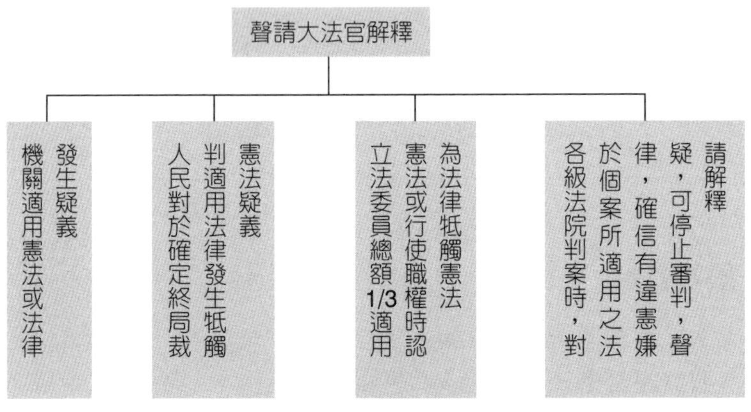

圖13-5　釋憲聲請人

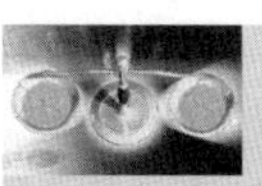

只有最高法院才能聲請釋憲？

▶釋字第371號（84/1/20）

法官於審理案件時，對於應適用之法律，依其合理之確信，認為有牴觸憲法之疑義者，自應許其先行聲請解釋憲法，以求解決。是遇有前述情形，**各級法院得以之為先決問題裁定停止訴訟程序，並提出客觀上形成確信法律為違憲之具體理由，聲請本院大法官解釋。**

▶釋字第572號（93/2/6）

按法官於審理案件時，對於應適用之法律，依其合理之確信，認為有牴觸憲法之疑義者，各級法院得以之為先決問題，裁定停止訴訟程序，並提出客觀上形成確信法律為違憲之具體理由，聲請大法官解釋，業經本院釋字第371號解釋在案。**其中所謂「先決問題」，係指審理原因案件之法院，確信系爭法律違憲，顯然於該案件之裁判結果有影響者而言；所謂「提出客觀上形成確信法律為違憲之具體理由」，係指聲請法院應於聲請書內詳敘其對系爭違憲法律之闡釋，以及對據以審查之憲法規範意涵之說明，並基於以上見解，提出其確信系爭法律違反該憲法規範之論證，且其論證客觀上無明顯錯誤者，始足當之。如僅對法律是否違憲發生疑義，或系爭法律有合憲解釋之可能者，尚難謂已提出客觀上形成確信法律為違憲之具體理由。本院釋字第371號解釋，應予補充。**

▶釋字第590號（94/2/25）

法官於審理案件時，對於應適用之法律，依其合理之確信，認為有牴觸憲法之疑義者，各級法院得以之為先決問題，裁定停止訴訟程序，並提出客觀上形成確信法律為違憲之具體理由，聲請本院大法官解釋。**此所謂「法官於審理案件時」，係指法官於審理刑事案件、行政訴訟事件、民事事件及非訟事件等而言，因之，所稱「裁定停止訴訟程序」自亦包括各該事件或案件之訴訟或非訟程序之裁定停止在內。**裁定停止訴訟或非訟程序，乃法官聲請釋憲必須遵循之程序。惟訴訟或非訟程序裁定停止後，如有急迫之情形，法官即應探究相關法律之立法目的、權衡當事人之權益及公共利益、斟酌個案相關情狀等情事，為必要之保全、保護或其他適當之處分。本院釋字第371號及第572號解釋，應予補充。

表13-3 聲請釋憲之要件

憲法解釋聲請人	憲法解釋聲請標的	備　註
中央、地方機關	1.適用憲法發生疑義 2.法律或命令有牴觸憲法疑義	
人民、法人、政黨		經依法提起訴訟，經終局判決
立法委員總額1/3以上	1.適用憲法發生疑義 2.適用法律有牴觸憲法疑義者	就其行使職權時
各級法院	適用法律或命令有牴觸憲法之疑義者	於審理案件時，先裁定停止訴訟

（四）暫時處分

大法官在作成解釋前是否可以為暫時處分，凍結某個法律的執行？大法官在釋字第599號解釋認為可以在解釋前為暫時處分。

釋字第599號解釋：「司法院大法官依據憲法獨立行使憲法解釋及憲法審判權，為確保其解釋或裁判結果實效性之保全制度，乃司法權核心機能之一，不因憲法解釋、審判或民事、刑事、行政訴訟之審判而異。如因系爭憲法疑義或爭議狀態之持續、爭議法令之適用或原因案件裁判之執行，可能對人民基本權利、憲法基本原則或其他重大公益造成不可回復或難以回復之重大損害，而對損害之防止事實上具急迫必要性，且別無其他手段可資防免時，即得權衡作成暫時處分之利益與不作成暫時處分之不利益，並於利益顯然大於不利益時，依聲請人之聲請，於本案解釋前作成暫時處分以定暫時狀態。據此，聲請人就戶籍法第8條第2項及第3項規定所為暫時處分之聲請，應予准許。戶籍法第8條第2項、第3項及以按捺指紋始得請領或換發新版國民身分證之相關規定，於本案解釋公布之前，暫時停止適用。本件暫時處分應於本案解釋公布時或至遲於本件暫時處分公布屆滿六個月時，失其效力。

另就中華民國94年7月1日起依法應請領或得申請國民身分證，或因正當理由申請補換發之人民，有關機關仍應製發未改版之國民身分證或儘速擬定其他權宜措施，俾該等人民於戶籍法第8條第2項及第3項停止效力期間仍得取得國民身分證明之文件，併此指明。

聲請人就戶籍法第8條所為暫時處分之聲請，於同條第1項之部分應予駁回。」

二、法令統一解釋

釋字第2號解釋：「憲法第78條規定司法院解釋憲法並有統一解釋法律及命令之權，其於憲法則曰解釋，其於法律及命令則曰統一解釋，兩者意義顯有不同，憲法第173條規定憲法之解釋由司法院為之，故中央或地方機關於其職權上適用憲法發生疑義時，即得聲請司法院解釋，法律及命令與憲法有無牴觸，發生疑義時亦同。至適用法律或命令發生其他疑義時，則有適用職權之中央或地方機關，皆應自行研究，以確定其意義而為適用，殊無許其聲請司法院解釋之理由，惟此項機關適用法律或命令時所持見解，與本機關或他機關適用同一法律或命令時所已表示之見解有異者，苟非該機關依法應受本機關或他機關見解之拘束，或得變更其見解，則對同一法律或命令之解釋必將發生歧異之結果，於是乃有統一解釋之必要，故限於有此種情形時始得聲請統一解釋。本件行政院轉請解釋，未據原請機關說明所持見解與本機關或他機關適用同一法律時所已表示之見解有異，應不予解釋。」

根據大法官審理案件法，有兩種情況可以聲請統一解釋法令：

（一）中央或地方機關適用法律或命令之見解有異時。

（二）人民、法人或政黨權利遭受侵害，經確定終局裁判而見解與其他審判機關見解有異者。

三、審查程序

「司法院大法官，以會議方式，合議審理司法院解釋憲法與統一解釋法律及命令之案件。」（參見司法院組織法第3條、司法院大法官審理案件法第2條以下）

目前大法官有十五位，解釋時，通常是由十五位大法官來投票表決，表決一個法律是否違憲。因為一個法律是否違憲常常會有爭議，有些大法官認為系爭法律違憲，有的大法官卻不認為違憲，這時候就需要投票表決。大法官每星期舉行全體審查會議三次，並適時召開大法官會議，均以院長為主席。大法官審議解釋案件，除參考制憲、修憲、立法資料，並得依請求或逕行通知聲請人、關係人及有關機關說明，或為調查。必要時，得行言詞辯論。解釋案件之言詞辯論，準用憲法法庭言詞辯論之規定。

關於解釋案件之可決人數，解釋憲法案件，應有大法官現有總額三分之二之出席，及出席人三分之二同意，方得通過。但宣告命令牴觸憲法時，以出席人過半數同意行之。統一解釋法律及命令案件，應有大法官現有總額過半數之出席，及出席人過半數之同意（司法院大法官審理案件法第14條）。

表13-4　大法官會議之表決

審查案件		大法官出席人數	大法官表決人數
解釋憲法	包含法律牴觸憲法	總額2/3	出席2/3
	命令牴觸憲法	總額2/3	出席1/2以上
統一解釋法律及命令		總額1/2以上	出席1/2以上

當大法官發布憲法解釋時，通常會寫說這是「釋字第幾號」，例如宣告真調會條例違憲的就是「釋字第585號」。而解釋通常會有「解釋文」，和「解釋理由書」，以說明為何會如此解釋。解釋文是多數大法官的共同意見。若少數大法官有不同意見，可以具名撰寫「不同意見」，表達不同的看法。另外，還有所謂的「協同意見」。所謂的協同意見，乃是在結論上與多數意見相同，但中間的推論理由卻不同。所以，一個憲法解釋要通過，必須多數意見和協同意見加起來的大法官超過前面所講三分之二出席、三分之二同意的門檻，才可以宣告一個法律違憲。

表13-5　大法官會議之多數意見與少數意見

	多數意見	不同意見	協同意見
理　由	✓	×	×
結　果	✓	×	✓
註：必須多數意見和協同意見加起來超過2/3出席、2/3同意，才可以進行憲法解釋，宣告法律違憲			

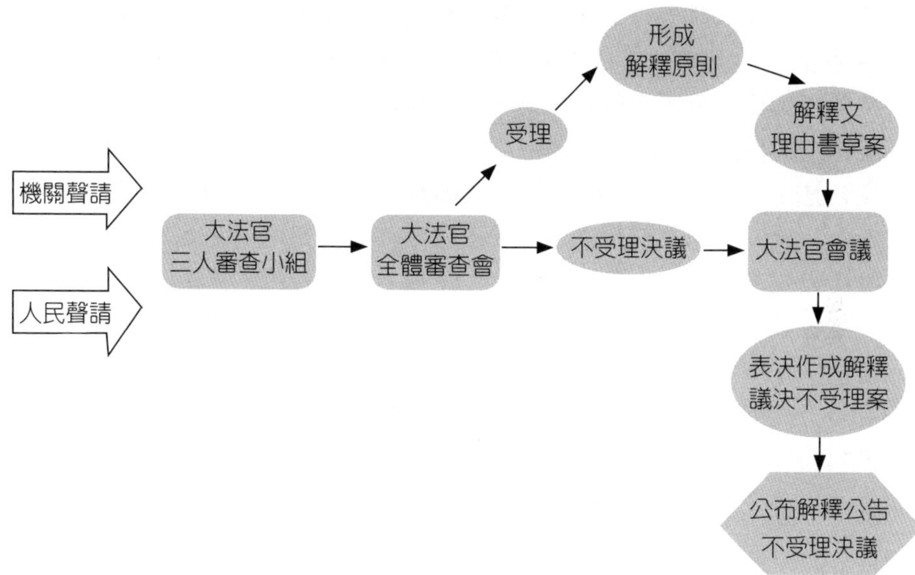

圖13-6　大法官釋憲過程

四、解釋效力

（一）憲法解釋效力

1. 釋字第177號解釋：「本院依人民聲請所為之解釋，對聲請人據以聲請之案件，亦有效力。」
2. 釋字第185號解釋：「司法院解釋憲法，並有統一解釋法律及命令之權，為憲法第78條所明定，其所為之解釋，自有拘束全國各機關及人民之效力，各機關處理有關事項，應依解釋意旨為之，違背解釋之判例，當然失其效力。確定終局裁判所適用之法律或命令，或其適用法律、命令所表示之見解，經本院依人民聲請解釋認為與憲法意旨不符，其受不利確定終局裁判者，得以該解釋為再審或非常上訴之理由，已非法律見解歧異問題。行政法院62年判字第610號判例，與此不合部分應不予援用。」
3. 其他也提出聲請解釋之聲請人。釋字第686號解釋：「本院就人民聲請解釋之案件作成解釋公布前，原聲請人以外之人以同一法令牴觸憲法疑義聲請解釋，雖未合併辦理，但其聲請經本院大法官決議認定符合法定要件者，其據以聲請之案件，亦可適用本院釋字第177號解釋所稱『本院依人民聲請所為之解釋，對聲請人據以聲請之案件，亦有效力』。本院釋字第193號解釋應予補充。」

4. 宣告法令於一定期限後才失效之原因案件救濟。釋字第725號解釋：「本院就人民聲請解釋憲法，宣告確定終局裁判所適用之法令於一定期限後失效者，聲請人就聲請釋憲之原因案件即得據以請求再審或其他救濟，檢察總長亦得據以提起非常上訴；法院不得以該法令於該期限內仍屬有效為理由駁回。如本院解釋諭知原因案件具體之救濟方法者，依其諭知；如未諭知，則俟新法令公布、發布生效後依新法令裁判。」釋字第741號解釋：「凡本院曾就人民聲請解釋憲法，宣告聲請人據以聲請之確定終局裁判所適用之法令，於一定期限後失效者，各該解釋之聲請人均得就其原因案件據以請求再審或其他救濟，檢察總長亦得據以提起非常上訴，以保障釋憲聲請人之權益。本院釋字第725號解釋前所為定期失效解釋之原因案件亦有其適用。本院釋字第725號解釋應予補充。」

（二）統一解釋效力

釋字第188號解釋：「中央或地方機關就其職權上適用同一法律或命令發生見解歧異，本院依其聲請所為之統一解釋，除解釋文內另有明定者外，應自公布當日起發生效力。各機關處理引起歧見之案件及其同類案件，適用是項法令時，亦有其適用。惟引起歧見之該案件，如經確定終局裁判，而其適用法令所表示之見解，經本院解釋為違背法令之本旨時，是項解釋自得據為再審或非常上訴之理由。」

（三）被宣告違憲法律的效力

大法官在宣告法律無效時，為了避免對法安定性造成衝擊，通常採取「即時無效」或者「定期失效」的方式。所謂「定期失效」，就是定一段期間後才失效，讓立法院在這段期間內有時間制定修正後的法律，避免法律空窗期。

肆、憲法法庭與憲法判決（2022年以後）

新通過的「憲法訴訟法」，將取代過去的大法官審理案件法，以後改以「憲法法庭」，作成「憲法判決」的方式，取代過去的「大法官解釋」。

憲法增修條文第5條第4項，本規定大法官組成憲法法庭審理總統、副總統之彈劾及政黨違憲之解散事項。但憲法訴訟法更進一步，將過去所有大法官解釋，都改成由憲法法庭以憲法判決方式為之。

一、審理案件類型

「司法院大法官組成憲法法庭，依本法之規定審理下列案件：一、法規範憲法審查及裁判憲法審查案件。二、機關爭議案件。三、總統、副總統彈劾案件。四、政黨違憲解散案件。五、地方自治保障案件。六、統一解釋法律及命令案件。」（憲法訴訟法第1條第1項）

1. **法規範憲法審查**：法規範憲法審查，就是過去的法律、命令，是否違憲的審查。可以提出聲請者，包括國家最高機關、四分之一以上立委連署、法院審理案件時停止審判聲請、人民用盡審級救濟等。
2. **裁判憲法審查**：現在連法院的判決本身（法官採取的見解），也可以進行憲法審查。人民就其依法定程序用盡審級救濟之案件，對於受不利確定終局裁判所適用之法規範或該裁判，認有牴觸憲法者，得聲請憲法法庭為宣告違憲之判決。
3. **機關爭議案件**：國家最高機關，因行使職權，與其他國家最高機關發生憲法上權限之爭議，經爭議之機關協商未果者，得聲請憲法法庭為機關爭議之判決。
4. **總統、副總統彈劾案**：立法院提出總統、副總統彈劾案，聲請司法院大法官審理，經憲法法庭判決成立時，被彈劾人應即解職（增修條文第2條第10項）。
5. **審理政黨違憲之解散**：「政黨之目的或其行為，危害中華民國之存在或自由民主之憲政秩序者為違憲。」（增修條文第5條第5項）所謂政黨違憲所指的「危害中華民國之存在或自由民主之憲政秩序者」，必須是構成具體而急迫之危險方屬之。此一制度係取法於德國。

6. **地方自治保障案件**：地方自治團體之立法或行政機關，因行使職權，認所應適用之中央法規範牴觸憲法，對其受憲法所保障之地方自治權有造成損害之虞者，得聲請憲法法庭為宣告違憲之判決。
7. **統一解釋法律及命令案件**：人民就其依法定程序用盡審級救濟之案件，對於受不利確定終局裁判適用法規範所表示之見解，認與不同審判權終審法院之確定終局裁判適用同一法規範已表示之見解有異，得聲請憲法法庭為統一見解之判決。

二、憲法法庭之組成與程序

憲法法庭由全體大法官組成，由院長擔任審判長。憲法法庭行言詞辯論，須有大法官現有總額三分之二以上出席，始得為之。未參與辯論之大法官不得參與評議判決。經言詞辯論之判決，應於言詞辯論終結後三個月內指定期日宣示之。

過去大法官解釋必須要有大法官三分之二出席、三分之二同意，才能宣告法律違憲。現在憲法法庭的判決，應經大法官現有總額三分之二以上（十人）參與評議，大法官現有總額過半數（八人）同意，門檻降低。

表13-6　憲法法庭之表決

事項	大法官出席人數	大法官表決人數
受理	2/3（10人）	出席1/2（5人）
判決	2/3（10人）	總額1/2（8人）
裁定	1/2（8人）	出席1/2（4人）

伍、審判與其他職權

一、審判權

（一）訴訟類型

司法院掌理的訴訟包括很多種。「司法院為國家最高司法機關，掌理民事、刑事、行政訴訟之審判及公務員之懲戒。」（憲法第77條）此外，其還掌理選舉訴訟。公職人員選罷法第六章第118條以下，準用民事訴訟，地方法院為第一審管轄法院，並以該選舉委員會為被告，二審終結，不得提起再審，各審應於六個月內審結。

這麼多種訴訟類型，如何區分呢？首先介紹「司法一元」和「司法多元」的概念。

1. **司法一元**：所謂司法一元，指類似美國的法院系統，美國的法院只有一種，掌管各類型的案件，包括民事案件、刑事案件、行政案件等，聯邦最高法院就是其所有案件的最終審。
2. **司法多元**：類似我國的制度，我們的法院大致上分為兩個系統，一個是普通法院系統，另一則是行政法院系統。而在普通法院系統下，又有民事庭、刑事庭的區分。行政法院主要掌管行政訴訟，凡行政案件都可以到行政法院進行訴訟。行政法院分為高等行政法院、最高行政法院、地方法院之行政訴訟庭，採三級二審制。此外，在最終審部分，除了最高法院和最高行政法院外，在司法院下還有懲戒法院和大法官。所以我們的系統是很多元的。大陸法系國家通常都是採多元系統，而英美法系國家則通常採一元系統。之所以會有多元系統，多是出於專業分工的考量。

交通罰單申訴是民事案件還是行政案件？

▶釋字第418號（85/12/20）

憲法第16條保障人民有訴訟之權，旨在確保人民有依法定程序提起訴訟及受公平審判之權利。至於訴訟救濟，究應循普通訴訟程序抑依行政訴訟程序為之，則由立法機關依職權衡酌訴訟案件之性質及既有訴訟制度之功能等而為設計。道路交通管理處罰條例第87條規定，受處分人因交通違規事件，不服主管機關所為之處罰，得向管轄地方法院聲明異議；不服地方法院對聲明異議所為之裁定，得為抗告，但不得再抗告。此項程序，既已給予當事人申辯及提出證據之機會，符合正當法律程序，與憲法第16條保障人民訴訟權之意旨尚無牴觸。

私法契約是民事還是行政案件？

▶釋字第448號（87/2/27）

司法院為國家最高司法機關，掌理民事、刑事、行政訴訟之審判及公務員之懲戒，憲法第77條定有明文，可知民事與行政訴訟之審判有別。又依憲法第16條人民固有訴訟之權，惟訴訟應由如何之法院受理及進行，應由法律定之，業經本院釋字第297號解釋在案。**我國關於行政訴訟與民事訴訟之審判，依現行法律之規定，係採二元訴訟制度，分由不同性質之法院審理。關於因公法關係所生之爭議，由行政法院審判，因私法關係所生之爭執，則由普通法院審判**。行政機關代表國庫出售或出租公有財產，並非行使公權力對外發生法律上效果之單方行政行為，即非行政處分，而屬私法上契約行為，當事人若對之爭執，自應循民事訴訟程序解決。行政法院58年判字第270號判例及61年裁字第159號判例，均旨在說明行政機關代表國庫出售或出租公有財產所發生之爭議，應由普通法院審判，符合現行法律劃分審判權之規定，無損於人民訴訟權之行使，與憲法並無牴觸。

（二）三級三審

一般常聽到的「三級三審」。三級，就是說法院有三層，最高的是最高法院，再來是高等法院，然後是地方法院。而統管所有法院行政工作的，就是司法院。另外有一個行政法院系統，不過行政法院只有兩層，一個是最高行政法院，一個是高等行政法院。直到民國100年行政訴訟法修正，增設了地方行政法院，行政法院如同普通法院也成為三級法院。

至於三審，就是不管法院有幾層，一個案子，就可以在法院中判決三次。通常，如果對地方法院第一次判決不服，可以上訴到高等法院，再判決一次，如果再不服，可以再上訴到最高法院。不過，並不是所有的案子都是按照地方法院、高等法院、最高法院這樣的順序。例如有些案子上訴的地方仍然是地方法院。要注意的是，並非所有的案件都能上訴到第三審，只要比較重要的案子，最高法院才會受理上訴。

地方法院審判案件，以法官一人獨任或三人合議行之。高等法院審判案件，以法官三人合議行之。最高法院審判案件，以法官五人合議行之（法院組織法第3條）。

二、審判獨立

法官審判獨立，並受終身保障。

「法官須超出黨派以外，依據法律獨立審判，不受任何干涉。」（憲法第80條）

「法官為終身職，非受刑事或懲戒處分，或禁治產之宣告，不得免職。非依法律，不得停職、轉任或減俸。」（憲法第81條）

法官可以不遵守命令？

▶釋字第216號（76/6/19）

法官依據法律獨立審判，憲法第80條載有明文。各機關依其職掌就有關法規為釋示之行政命令，法官於審判案件時，固可予以引用，但仍得依據法律，表示適當之不同見解，並不受其拘束，本院釋字第137號解釋即係本此意旨；司法行政機關所發司法行政上之命令，如涉及審判上之法律見解，僅供法官參考，法官於審判案件時，亦不受其拘束。惟如經法官於裁判上引用者，當事人即得依司法院大法官會議法第4條第1項第2款之規定聲請解釋。

司法院可否發布規則，要求下級法院遵守？

▶釋字第530號（90/10/5）

憲法第80條規定法官須超出黨派以外，依據法律獨立審判，不受任何干涉，明文揭示法官從事審判僅受法律之拘束，不受其他任何形式之干涉；法官之身分或職位不因審判之結果而受影響；法官唯本良知，依據法律獨立行使審判職權。審判獨立乃自由民主憲政秩序權力分立與制衡之重要原則，為實現審判獨立，司法機關應有其自主性；本於司法自主性，最高司法機關就審理事項並有發布規則之權；又基於保障人民有依法定程序提起訴訟，受充分而有效公平審判之權利，以維護人民之司法受益權，最高司法機關自有司法行政監督之權限。司法自主性與司法行政監督權之行使，均應以維護審判獨立為目標，因是最高司法機關於達成上述司法行政監督之目的範圍內，雖得發布命令，但不得違反首揭審判獨立之原則。**最高司法機關依司法自主性發布之上開規則，得就審理程序有關之細節性、技術性事項為規定；本於司法行政監督權而發布之命令，除司法行政事務外，提供相關法令、有權解釋之資料或司法實務上之見解，作為所屬司法機關人員執行職務之依據，亦屬法之所許。**惟各該命令之內容不得牴觸法律，非有法律具體明確之授權亦不得對人民自由權利增加法律所無之限制；**若有涉及審判上之法律見解者，法官於審判案件時，並不受其拘束**，業經本院釋字第216號解釋在案。司法院本於司法行政監督權之行使所發布之各注意事項及實施要點等，亦不得有違審判獨立之原則。

檢察官偵查刑事案件之檢察事務，依檢察一體之原則，檢察總長及檢察長有法院組織法第63條及第64條所定檢察事務指令權，是檢察官依刑事訴訟法執行職務，係受檢察總長或其所屬檢察長之指揮監督，與法官之審判獨立尚屬有間。關於各級法院檢察署之行政監督，依法院組織法第111條第1款規定，法務部部長監督各級法院及分院檢察署，從而法務部部長就檢察行政監督發布命令，以貫徹刑事政策及迅速有效執行檢察事務，亦非法所不許。

法官當到庭長後不能降職？

▶釋字第539號（91/2/8）

憲法第80條規定：「法官須超出黨派以外，依據法律獨立審判，不受任何干涉。」除揭示司法權獨立之原則外，並有要求國家建立完備之維護審判獨立制度保障之作用。又憲法第81條明定：「法官為終身職，非受刑事或懲戒處分或禁治產之宣告，不得免職。非依法律，不得停職、轉任或減俸。」旨在藉法官之身分保障，以維護審判獨立。凡足以影響因法官身分及其所應享有權利或法律上利益之人事行政行為，固須依據法律始得為之，惟不以憲法明定者為限。若未涉及法官身分及其應有權益之人事行政行為，於不違反審判獨立原則範圍內，尚非不得以司法行政監督權而為合理之措置。

依法院組織法及行政法院組織法有關之規定，各級法院所設之庭長，除由兼任院長之法官兼任者外，餘由各該審級法官兼任。法院組織法第15條、第16條等規定庭長監督各該庭（處）之事務，係指為審判之順利進行所必要之輔助性司法行政事務而言。庭長於合議審判時雖得充任審判長，但無庭長或庭長有事故時，以庭員中資深者充任之。充任審判長之法官與充當庭員之法官共同組成合議庭時，審判長除指揮訴訟外，於審判權之行使，及對案件之評決，其權限與庭員並無不同。審判長係合議審判時為統一指揮訴訟程序所設之機制，與庭長職務之屬於行政性質者有別，足見庭長與審判長乃不同功能之兩種職務。憲法第81條所保障之身分對象，應限於職司獨立審判之法官，而不及於監督司法行政事務之庭長。又兼任庭長之法官固比其他未兼行政職務之法官具有較多之職責，兼任庭長者之職等起敘雖亦較法官為高，然二者就法官本職所得晉敘之最高職等並無軒輊，其在法律上得享有之權利及利益皆無差異。

司法院以中華民國84年5月5日（84）院台人一字第08787號函訂定發布之「高等法院以下各級法院及其分院法官兼庭長職期調任實施要點」（89年7月28日（89）院台人二字第18319號函修正為「高等法院以下各級法院及其分院、高等行政法院法官兼庭長職期調任實施要點」），其中第二點或第三點規定於庭長之任期屆滿後，令免兼庭長之人事行政行為，僅免除庭長之行政兼職，於其擔任法官職司審判之本職無損，對其既有之官等、職等、俸給亦無不利之影響，故性質上僅屬機關行政業務之調整。司法行政機關就此本其組織法上之職權為必要裁量並發布命令，與憲法第81條法官身分保障之意旨尚無牴觸。

檢察官也受身分保障？

▶釋字第13號（42/1/31）

憲法第81條所稱之法官，係指同法第80條之法官而言，不包括檢察官在內，但實任檢察官之保障，依同法第82條及法院組織法第40條第2項之規定，除轉調外，與實任推事同。

大法官是法官？不能砍大法官薪水？

大法官於釋字第499號宣告第五次修憲違憲後，國民大會為了報復大法官，在第六次修憲時，增加下述條文：「司法院大法官除法官轉任者外，不適用憲法第八十一條有關法官終身職待遇之規定。」（第六次憲法增修條文第5條第1項）亦即刪除了學者轉任之大法官的終身職待遇。後來，立法院為了報復大法官於釋字第585號解釋宣告三一九真調會條例違憲，而刪除大法官加給，卻被大法官宣告違憲。

▶釋字第601號（94/7/22）

司法院大法官由總統提名，經立法院同意後任命，為憲法第80條規定之法官，本院釋字第392號、第396號、第530號、第585號等解釋足資參照。為貫徹憲法第80條規定「法官須超出黨派以外，依據法律獨立審判，不受任何干涉」之意旨，大法官無論其就任前職務為何，在任期中均應受憲法第81條關於法官「非受刑事或懲戒處分，或禁治產之宣告，不得免職。非依法律，不得停職、轉任或減俸」規定之保障。**法官與國家之職務關係，因受憲法直接規範與特別保障，故與政務人員或一般公務人員與國家之職務關係不同。**

憲法第81條關於法官非依法律不得減俸之規定，依法官審判獨立應予保障之憲法意旨，係指法官除有懲戒事由始得以憲法第170條規定之法律予以減俸外，各憲法機關不得以任何其他理由或方式，就法官之俸給，予以刪減。

司法院大法官之俸給，依中華民國38年1月17日公布之總統副總統及特任人員月俸公費支給暫行條例第2條規定及司法院組織法第5條第4項前段、司法人員人事條例第40條第3項、第38條第2項之規定以觀，係由本俸、公費及司法人員專業加給所構成，均屬依法支領之法定經費。立法院審議94年度中央政府總預算案時，**刪除司法院大法官支領司法人員專業加給之預算，使大法官既有之俸給因而減少，與憲法第81條規定之上開意旨，尚有未符。**

司法院院長、副院長，依憲法增修條文第5條第1項規定，係由大法官並任，其應領取司法人員專業加給，而不得由立法院於預算案審議中刪除該部分預算，與大法官相同；至司法院秘書長職司者為司法行政職務，其得否支領司法人員專業加給，自應依司法人員人事條例第39條等相關法令個案辦理，併予指明。

三、懲戒法院

（一）懲戒法院之組成

過去對公務員之懲戒，乃設立公務員懲戒委員會，現在改為懲戒法院。懲戒法院設院長一人，法官九人至十五人。

（二）職　務

懲戒法院掌理公務人員懲戒事項。

釋字第396號解釋：「憲法第16條規定人民有訴訟之權，惟保障訴訟權之審級制度，得由立法機關視各種訴訟案件之性質定之。公務員因公法上職務關係而有違法失職之行為，應受懲戒處分者，憲法明定為司法權之範圍；公務員懲戒委員會對懲戒案件之議決，公務員懲戒法雖規定為終局之決定，然尚不得因其未設通常上訴救濟制度，即謂與憲法第16條有所違背。懲戒處分影響憲法上人民服公職之權利，懲戒機關之成員既屬憲法上之法官，依憲法第82條及本院釋字第162號解釋意旨，則其機關應採法院之體制，且懲戒案件之審議，亦應本正當法律程序之原則，對被付懲戒人予以充分之程序保障，例如採取直接審理、言詞辯論、對審及辯護制度，並予以被付懲戒人最後陳述之機會等，以貫徹憲法第16條保障人民訴訟權之本旨。有關機關應就公務員懲戒機關之組織、名稱與懲戒程序，併予檢討修正。」

修正後的公務員懲戒法，將公務員懲戒從過去的一級一審，改為一級二審。

「彈劾案經提案委員外之監察委員九人以上之審查及決定成立後，監察院應即向懲戒機關提出之。彈劾案向懲戒機關提出後，於同一案件如發現新事實或新證據，經審查後，應送懲戒機關併案辦理。」（監察法第8條第1項）

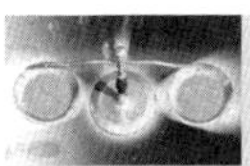

律師也會受懲戒嗎？

▶釋字第378號（84/4/14）

依律師法第41條及第43條所設之律師懲戒委員會及律師懲戒覆審委員會，性質上相當於設在高等法院及最高法院之初審與終審職業懲戒法庭，與會計師懲戒委員會等其他專門職業人員懲戒組織係隸屬於行政機關者不同。律師懲戒覆審委員會之決議即屬法院之終審裁判，並非行政處分或訴願決定，自不得再行提起行政爭訟，本院釋字第295號解釋應予補充。

四、監督省縣自治

「省自治法制定後，須即送司法院。司法院如認為有違憲之處，應將違憲條文宣布無效。」（憲法第114條）

「省自治法施行中，如因其中某條發生重大障礙，經司法院召集有關方面陳述意見後，由行政院院長、立法院院長、司法院院長、考試院院長與監察院院長組織委員會，以司法院院長為主席，提出方案解決之。」（憲法第115條）

五、法律案提出權

釋字第175號解釋：「司法院為國家最高司法機關，基於五權分治彼此相維之憲政體制，就所掌有關司法機關之組織及司法權行使之事項，得向立法院提出法律案。」

六、提出司法預算

「司法院所提出之年度司法概算，行政院不得刪減，但得加註意見，編入中央政府總預算案，送立法院審議。」（增修條文第5條第6項）

第十四章　考　試

壹、考試院之性質與地位

一、最高考試機關

「考試院為國家最高考試機關，掌理左列事項，不適用憲法第八十三條之規定：

一、考試。

二、公務人員之銓敘、保障、撫卹、退休。

三、公務人員任免、考績、級俸、陞遷、褒獎之法制事項。」（憲法第83條、增修條文第6條第1項）

二、考試權獨立於行政權

我國考試制度之濫觴——舜典：「敷奏以言，明試以功」、「三載考績」，至西漢有鄉舉里選之辦法，魏設九品中正，隋以後確立科舉考試，至清代每省設提督學政，專司科試，考試權方具獨立精神。

英國自1855年於本國創文官考試，是西方最早有考試制度的國家。美國1887年制定考試法〔或稱潘頓法案（Pendleton Act）〕。

而孫中山五權憲法，即強調考試權與行政權分離，為特有制度，故我國在行政院之外，還有考試院，除了掌管一般考試、銓敘、任用等工作之外，還掌管「公務人員任免、考績、級俸、陞遷、褒獎之法制事項」。

三、考試院與工作權的對立

考試院作為「院」的層級，也是國父五權憲法中很重要的一環，此乃傳承中華民族長久以來對考試的重視。大法官在相關解釋中，一再強調考試的重要。甚至在釋字第453號解釋中，原本不需要考試的記帳職業，居然被大法官宣告違憲，而認為應該有考試才可以[1]。另外，大法官對於涉及考試的相關規定，幾乎都沒有宣告其違憲過，包括釋字第404、352、547號解釋等，都宣告考試相關的限制合憲。可見就考試相關議題部分，大法官並沒有受到外國憲法學理對於工作權保障的影響，反而基於五權憲法中對考試權的重視，而特別強調考試，由此可見一斑[2]。

貳、組　織

「考試院之組織，以法律定之。」（憲法第89條）

一、院長及副院長

1. 產生方式：「考試院設院長、副院長各一人，考試委員若干人，由總統提名，經立法院同意任命之，不適用憲法第八十四條（經監察院同意）之規定。」（增修條文第6條第2項）

2. 任期：考試院院長、副院長及考試委員之任期為四年。

3. 院長職權：

（1）綜理院務並監督所屬機關：「考試院院長綜理院務，並監督所屬機關。考試院院長因事故不能視事時，由副院長代理其職務。」（考試院組織法第8條）

（2）考試院會議主席：「考試院設考試院會議，以院長、副院長、考試委員及前條各部會首長組織之，決定憲法所定職掌之政策及其有關重大事項。前項會議以院長為主席。」（考試院組織法第7條第1、2項）

（3）參與總統召集之院際爭執調解會議：「總統對於院與院間之爭執，除本憲法有規定者外，得召集有關各院院長會商解決之。」

1 批評請見李惠宗，〈從大法官釋字453號解釋論司法審查在建立專業證照法制上的功能〉，《東海法學研究》，第13期，1998年12月，頁1以下。

2 其實大法官向來都不特別保障工作權，例如在最近的釋字第584解釋計程車司機案中，也認為限制計程車司機的營業資格乃是合憲的。

（憲法第44條）

（4）至立法院陳述意見：「立法院開會時，關係院院長及各部會首長得列席陳述意見。」（憲法第71條）

二、考試委員

1. **產生方式**：「考試院設院長、副院長各一人，考試委員若干人，由總統提名，經立法院同意任命之，不適用憲法第八十四條之規定。」（增修條文第6條第2項）
2. **任期**：考試委員之任期為四年。
3. **名額**：「考試院考試委員之名額，定為七人至九人。」（考試院組織法第3條第1項）

表14-1　中央政府之重要成員

職　稱	人　數	任　期	法律規定
國大代表	325（舊）	4年（舊）	增§1Ⅵ
	300	與集會時間相同最長一個月	89年增§1Ⅰ
	0	0	94年增§1
總統、副總統	各1	4年	增§2Ⅵ
行政院長	1	未規定	
立法委員	161（舊）	3年（舊）	憲§65
	225（現任） 113（新）	3年（現任） 4年（新）	增§4Ⅲ 增§4Ⅰ
大法官	17（舊）	9年（舊）	司法院組織法§3
	15（新） （內含正副院長）	8年（新）	增§5Ⅰ、Ⅱ
考試委員	19（舊）	6年（舊）	考試院組織法§3、5
	7～9（新）	4年（新）	
監察委員	29 （內含正副院長）	6年	增§7Ⅱ

4. 職權

（1）出席考試院會議：「考試院設考試院會議，以院長、副院長、考試委員及前條各部會首長組織之，決定憲法所定職掌之政策及其有關重大事項。前項會議以院長為主席。考試院就其掌理或全國性人事行政事項，得召集有關機關會商解決之。」（考試院組織法第7條）

（2）「考試委員須超出黨派以外，依據法律獨立行使職權。」（憲法第88條）

表14-2 獨立行使職權之人員

項　目	獨立行使職權	憲法規定
1	法官	法官須超出黨派以外，依據法律獨立審判，不受任何干涉（憲§80）
2	考試委員	考試委員須超出黨派以外，依據法律獨立行使職權（憲§88）
3	監察委員	監察委員須超出黨派以外，依據法律獨立行使職權（增§7V）
4	審計長	審計長任期為六年之規定，旨在確保其職位之安定，俾能在一定任期中，超然獨立行使職權，與憲法並無牴觸（釋字第357號解釋）

三、考試院會議

1. **成員**：考試院院長、副院長、考試委員及考選銓敘兩部、公務人員保障暨培訓委員會、公務人員退休撫卹基金監理委員會之首長組織之（參見考試院組織法第7條）。
2. **職務**：決定憲法第83條所定執掌之政策及其有關之重大事項（增修條文第6條刪除第83條公務員「養老」事項）。

四、考選部

置部長一人，掌理全國考選行政事宜。

五、銓敘部

置部長一人，掌理全國文職公務員之銓敘及各機關人事機構之管理事項。

六、公務人員保障暨培訓委員會

置主任委員一人，並設保障處、培訓處等次級單位，統籌全國公務人員保障及培訓事宜。

七、公務人員退休撫卹基金監理委員會

八、秘書處

考試院組織系統表

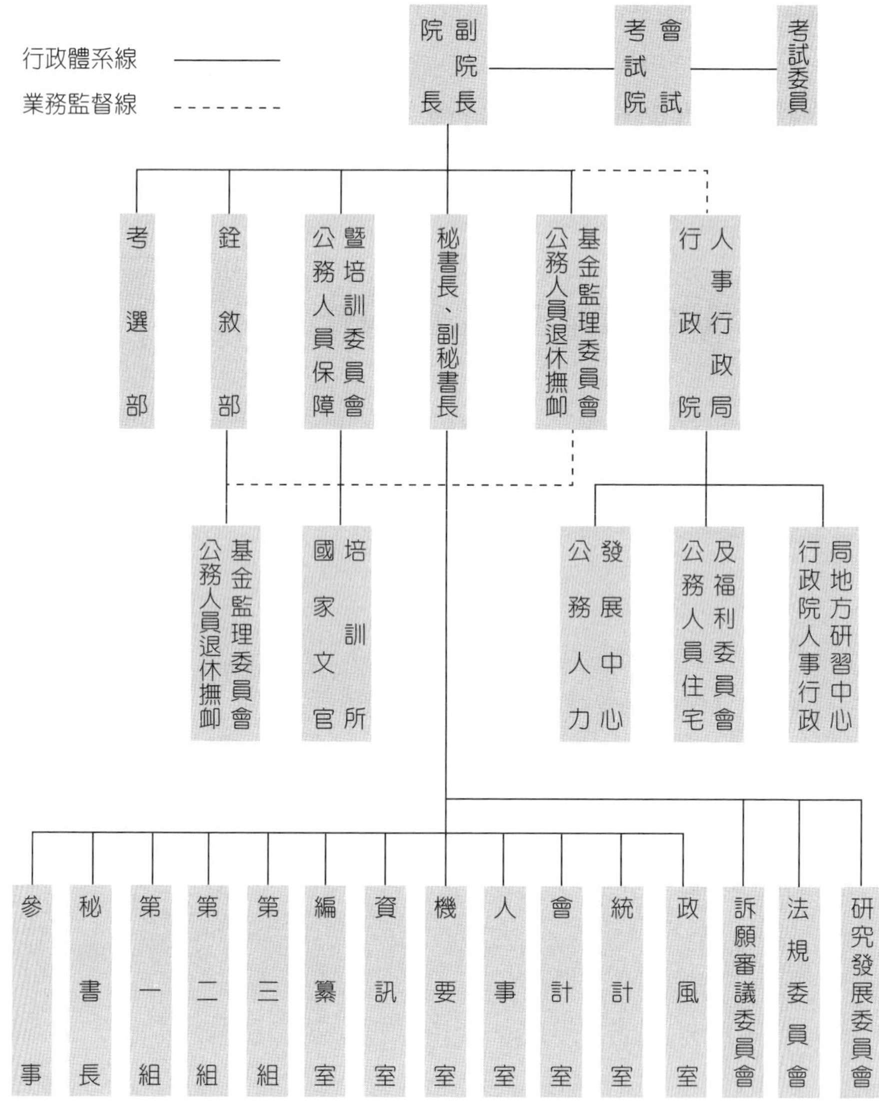

圖14-1　考試院之組織圖

參、考試院之職權

「考試院為國家最高考試機關，掌理下列事項，不適用憲法第八十三條之規定：一、考試。二、公務人員之銓敘、保障、撫卹、退休。三、公務人員任免、考績、級俸、陞遷、褒獎之法制事項。」（增修條文第6條第1項）

1. **公務人員之銓敘、保障、撫卹、退休**：憲法增修條文第6條刪除憲法第83條公務員「養老」事項，將公務員之養老併入一般人民福利部分，統由社會福利部門規劃，不另行由考試院負責。
2. **公務人員任免、考績、級俸、陞遷、褒獎之法制事項**：經憲法增修條文修正後，將公務人員有關之人事行政業務分割為二，法制及政策事項由考試院負責主導，而實際執行層面則由行政院人事行政局負責（參見憲法增修條文第6條第1項）。所謂「法制事項」，亦即這部分的法律和命令方面，法律草案乃由考試院提出，而行政命令修改則也是由考試院執掌。

一、考試權

考試院最重要的職權就是舉辦考試。應經考試院依法考選銓定之資格有：

1. 公務人員任用資格。
2. 專門職業及技術人員執業資格（憲法第86條）。

（一）公務人員

憲法第85條規定：「公務人員之選拔，應實行公開競爭之考試制度，並應按省區分別規定名額，分區舉行考試。非經考試及格者，不得任用。」

增修條文第6條第3項規定：「憲法第八十五條有關按省區分別規定名額，分區舉行考試之規定，停止適用。」

憲法第86條規定：「左列資格，應經考試院依法考選銓定之：一、公務人員任用資格。二、專門職業及技術人員執業資格。」

（二）專門職業技術人員

所謂專門職業技術人員，並不是公務員，而只是一般民間行業中掌有較高技術者。而根據憲法第86條規定，這類人員也必須經過國家考試，才能在民間執業。不過，到底哪種人屬於專業？隨著時代演變，現在各行各業都是專業，而考試院也不斷擴張專門職業技術人員的執照，幾乎使得各行各業都需要考試。但是其實很多人未經過考試，也一樣擁有相關專業，為何我們一定要用考試限制其工作權呢？而大法官並沒有受到外國憲法學理對於工作權保障的影響，反而基於五權憲法中對考試權的重視，而特別強調考試的必要性。

相關大法官解釋，請參考第六章工作權的部分。以下僅附一最新但特別有趣的大法官解釋。

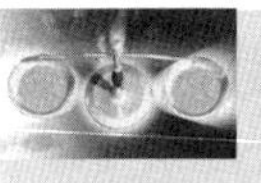

中醫特考有零分或專科平均或特定科目成績未達規定者不予及格，違憲？

▶釋字第682號（99/11/19）

理由書：

人民之工作權受憲法第15條所保障，其內涵包括選擇及執行職業之自由，以法律或法律明確授權之命令對職業自由所為之限制是否合憲，因其內容之差異而有寬嚴不同之審查標準。憲法第86條第2款規定，專門職業人員之執業資格，應經考試院依法考選之。因此人民選擇從事專門職業之自由，根據憲法之規定，即受限制。憲法第18條對人民應考試權之規定，除保障人民參加考試取得公務人員任用資格之權利外，亦包含人民參加考試取得專門職業及技術人員執業資格之權利，以符憲法保障人民工作權之意旨。又為實踐憲法保障人民應考試權之意旨，國家須設有客觀公平之考試制度，並確保整體考試結果之公正。對於參加考試資格或考試方法之規定，性質上如屬應考試權及工作權之限制，自應符合法律保留原則、比例原則及平等權保障等憲法原則。惟憲法設考試院賦予考試權，由總統提名、經立法院同意而任命之考試委員，以合議之方式獨立行使，旨在建立公平公正之考試制度；就專門職業人員考試而言，即在確保相關考試及格者具有執業所需之知識與能力，故考試主管機關有關考試資格及方法之規定，涉及考試之專業判斷者，應給予適度之尊重，始符憲法五權分治彼此相維之精神。

依醫師法第1條規定，中華民國人民經醫師考試及格並依該法領有醫師證書者，得充醫師。又依專門職業及技術人員考試法第2條規定，該法所稱專門職業人員，係指依法規應經考試及格領有證書始能執業之人員。是立法者將中醫師列為專門職業人員，其執業資格應依相關法令規定取得（本院釋字第547號解釋參照）。專門職業及技術人員考試法第15條規定：「專門職業及技術人員各種特種考試之考試規則，由考選部報請考試院定之（第1項）。前項考試規則應包括考試等級及其分類、分科之應考資格、應試科目（第2項）。」第19條規定：「專門職業及技術人員考試得視等級或類科之不同，其及格方式採科別及格、總成績滿六十分及格或以錄取各類科全程到考人數一定比例為及格（第1項）。前項及格方式，由考選部報請考試院定之（第2項）。專門職業及技術人員考試總成績計算規則，由考選部報請考試院定之（第3項）。」專門職業人員考試之應試科目暨及格標準之決定，關係人民能否取得專門職業之執業資格，對人民職業自由及應考試權雖有限制，惟上開事項涉及考試專業之判斷，除由立法者直接予以規定外，尚非不得由考試機關基於法律授權以命令規定之。上開規定除規定專門職業人員考試得採「科別及格」、「總成績滿六十分及格」及「錄取該類科全程到考人數一定比例為及格」三種及格方式外，就各類專門職業人員考試應採之及格方式、各種特種考試之考試規則（包括考試等級及其分類、分科之應考資格、應試科目）、總成績計算規則等，明文授權考試機關本其職權及專業判斷訂定發布補充規定。考其立法意旨，即在賦予考試機關依其專業針對各該專門職業人員考試之需要，決定適合之及格方式暨及格標準，以達鑑別應考人是否已具專門職業人員執業所需之知識及能力之目的。考試院依據上開法律規定之授權，於中華民國90年7月23日修正發布之專門職業及技術人員考試法施行細則第15條第2項規定：「前項總成績滿六十分及格……者，若其應試科目有一科成績為零分、專業科目平均不滿五十分、特定科目未達規定最低分數者，均不予及格。」（97年5月14日修正發布之現行施行細則第10條第2項規定亦同）、專門職業及技術人員考試總成績計算規則第3條第1項規定：「……採總成績滿六十分及格……者，其應試科目有一科成績為零分，或專業科目平均成績不滿五十分，或特定科目未達規定最低分數者，均不予及格；……」，及於90年7月25日修正發布之專門職業及技術人員特種考試中醫師考試規則第9條第3項規定：「本考試應試科目有一科成績為零分或專業科目平均成績未滿五十分或專業科目中醫內科學成績未滿五十五分或其餘專業科目有一科成績未滿四十五分者，均不予及格。」（以下併稱系爭規定）就中醫師特種考試所採「總成績滿六十分及格」之具體內容，明定尚包括應試科目不得有一科成績為零分、專業科目平均成績不得未滿五十分及特定科目應達最低分數之標準，尚未逾越上開法律授權範圍，與憲法第23條法律保留原則尚無牴觸。

國人依賴中醫診療之患者眾多，早年因中醫正規教育尚未普及，考試院為甄拔適格之中醫人才以供社會所需，依據當時考試法規定之授權，於51年2月23日發布特種考試中醫師考試規則、同年3月23日發布中醫師檢覈辦法，及於57年4月2日發布中醫師考試檢定考試規則，以應考人學經歷之不同定其應考資格，分別舉辦中醫師特種考試、檢覈考試及檢定考試，通過中醫師特種考試或檢覈考試者，始取得中醫師執業資格。嗣因社會變遷，大學或獨立學院之中醫學教育日漸普及，立法者雖選擇以大學或獨立學院之中醫學教育培養人才為中醫師之養成政策，仍於醫師法第3條第3項規定，經中醫師檢定考試及格者，得應中醫師特種考試，以保障非大學或獨立學院中醫學系畢業者、非醫學系、科畢業而修習中醫必要課程者或非醫學系選中醫學系雙主修畢業者，亦有參與考試以取得中醫師執業資格之機會，符合憲法第18條保障人民應考試權之意旨。考試院即依此規定，依應考人是否經正式中醫學教育養成，而分別舉辦中醫師高等考試與中醫師特種考試兩類考試，並依專門職業及技術人員考試法規定之授權，及基於專業之判斷依法定程序訂定系爭規定。其就**中醫師特種考試及格方式所為之規定，乃為鑑別應考人是否具有取得中醫師執業資格之合理手段，與憲法第23條規定之比例原則尚無牴觸，亦未違反第15條保障人民職業自由及第18條保障人民應考試權之意旨**。

憲法第7條保障人民平等權，旨在防止立法者恣意，並避免對人民為不合理之差別待遇。法規範是否符合平等權保障之要求，其判斷應取決於該法規範所以為差別待遇之目的是否合憲，其所採取之分類與規範目的之達成之間，是否存有一定程度之關聯性而定。相關機關以應考人學經歷作為分類考試之標準，並進而採取不同考試內容暨及格標準，雖與人民職業選擇自由之限制及應考試權密切關聯，惟因**考試方法之決定涉及考選專業判斷，如該分類標準及所採手段與鑑別應考人知識能力之考試目的間具合理關聯，即與平等原則無違**。按立法者於專門職業及技術人員考試法第3條規定，專門職業及技術人員考試分為高等考試、普通考試、初等考試三等，並得為適應特殊需要而舉行相當於上開三等之特種考試；同法第9條、第10條及第11條所規定各該等級考試之應考資格，係與應考人之學歷及經歷結合，第22條並明定得視類科需要於錄取後施以訓練或學習，期滿成績及格者，始發給考試及格證書。究其意旨即係認專門職業人員固應由考選機關依法考選，考選機關所舉辦之考試亦應符合整體結果公平公正之要求，惟無論採筆試、口試、測驗、實地考試、審查著作或發明、審查知能有關學歷經歷證明等考試方法，就應考人之專業素養鑑別度均有其侷限。且專門職業人員執業能力及倫理素養概須藉由相當程度系統化之教育始能培養，難謂僅憑考試方式即得予以鑑別。是為確保考試及格者之專業素養能達一定之執業程度，立法者即於上開規定依應考人教育養成之不同，舉行不同考試，並視需要於錄取後施以實務訓練或學習，相互接軌配套，期以形成合理之專業人員考選制度。考試院依醫師法第3條規定及專門職業及技術人員考試法相關規定，將中醫師執業資格考試區分為高等考試與特種考試兩類，並因中醫師特種考試與高等考試兩類考試應考人所接受中醫學教育及訓練養成背景、基本學養等均有不同，為配合此一養成背景之差異，其考試規則有關及格方式、應試科目等之規定因而有所不同；且系爭專門職業及技術人員特種考試中醫師考試規則第9條第3項規定，就中醫師特考應考人之專業科目中醫內科學成績必須滿五十五分，其餘專業科目均須滿四十五分之及格要求，亦為考試主管機關依法定程序所為之專業判斷，與鑑別中醫師特考應考人是否具有中醫師執業所需之知識、技術與能力，有合理關聯性，並非考試主管機關之恣意選擇。是上開考試院發布之系爭規定尚無違背憲法第7條保障人民平等權之意旨。

綜上所述，系爭規定與憲法第23條法律保留原則、比例原則及第7條平等權之保障尚無牴觸，亦無違背憲法第15條保障人民工作權及第18條保障人民應考試權之意旨。

二、銓敘、保障、撫卹、退休

所謂銓敘，係對於公務人員被任用前之官等、職等之基本身分事項加以銓定。

所謂保障，依公務人員保障法第2條規定，係指公務人員身分、官職等級、俸給、工作條件、管理措施等有關權益保障之問題。

所謂撫卹，依公務人員退休資遣撫卹法規定，對於經銓敘部審定資格登記有案者，凡因公死亡、病故或意外死亡者，應給與其遺族之撫卹。撫卹金請求權，不得扣押、讓與或供擔保。

所謂退休，凡為國家服公務之人員，因一定服務年資，不願或不得繼續擔任公務人員，而退休者，國家應給予退休金。

三、向立法院提出法律案之權

考試院掌有「公務人員任免、考績、級俸、陞遷、褒獎之法制事項」，其可向立法院提案，或是制定相關行政命令，但執行方面則交給行政院去執行。

考試院關於所掌事項，得向立法院提出法律案（憲法第87條，另監察院及司法院提案權依據釋字第3號、第175號解釋）。

四、考試權與地方自治

考試權係屬中央專屬權限，僅可於中央立法之下授權省縣執行（憲法第108條第1項第11款）。然而，依照省縣自治法及直轄市自治法之規定，直轄市長及省市長雖可擁有部分之人事任免權（省縣自治法第35條、直轄市自治法第30條），但就絕大多數有關人事任用之考試權方面，目前中央仍無授權予地方，因此考試權仍屬考試院之專屬權。

第十五章　監　察

壹、監察院之性質與地位

一、國家最高監察機關

「監察院為國家最高監察機關，行使彈劾、糾舉及審計權。」（憲法第90條、增修條文第7條第1項）

二、孫中山治權機關

中國監察制度起源甚早，迄今已有二千餘年之歷史。按中國監察制度始建於秦（西元前246～206年）、漢（西元前206～220年）時代，當時由御史府（臺）掌管監察工作，漢武帝時增置丞相司直及司隸校尉，同司糾察之任，並設十三部刺史分察地方。東漢光武帝（西元22～57年）因襲前制，惟以司隸校尉及十二部刺史分察地方。魏（220～265年）、晉（265～420年）以後，略有變革。隋（581～618年）、唐（618～904年）以來，分置「臺」、「諫」兩職，御史臺主監察文武官史，諫官主諫正國家帝王，並仿漢代刺史之制，分全國為十五道派使巡察地方。宋（960～1279年）初仍因唐制，惟中葉以來，臺臣與諫官之職掌逐漸不分，肇元代（1279～1368年）以後「臺」、「諫」合一之端。至明（1368～1664年）、清（1664～1911年）兩代，以都察院掌風憲，對地方監察益趨周密，從十三道監察御史增為十五道，清末復按省分道增為二十道，明奏密劾，揚善除奸，充分發揮整飭綱紀之功效。

國父孫中山的「五權憲法」，擷取歐美三權分立制度，與中國御史諫官制度及考試制度之優點，於行政、立法、司法三權之外，另增監察、考試兩權。

三、監察院與立法院調查權的衝突

孫中山的五權憲法，將監察院從立法院中獨立出來，使得立法院沒有調查權，這也是國父傳承中國文化的一部分。雖然目前我國歷經六次修憲後，已漸漸往總統制邁進，總統的權力增加，但立法院的權力卻仍然受限於五院體制，而無法增加。大法官在釋字第325號解釋中，曾經處理過立法院調查權的問題，其只賦予立法院就行使相關立法職權時可以動用文件調閱權。在最近的釋字第585號解釋中，大法官雖然稍微增加了立法院的調查權，讓立法院在審查相關職權時有權要求政府官員陳述意見，並有課與處罰的權力。這樣的調整有點偏離五院體制的精神，不過基本上給立法院的調查權還是不大，所以才會宣告真調會部分職權違憲。

釋字第325號：「本院釋字第76號解釋認監察院與其他中央民意機構共同相當於民主國家之國會，於憲法增修條文第15條規定施行後，監察院已非中央民意機構，其地位及職權亦有所變更，上開解釋自不再適用於監察院。惟憲法之五院體制並未改變，原屬於監察院職權中之彈劾、糾舉、糾正權及為行使此等職權，依憲法第95條、第96條具有之調查權，憲法增修條文亦未修改，此項調查權仍應專由監察院行使。立法院為行使憲法所賦予之職權，除依憲法第57條第1款及第67條第2項辦理外，得經院會或委員會之決議，要求有關機關就議案涉及事項提供參考資料，必要時並得經院會決議調閱文件原本，受要求之機關非依法律規定或其他正當理由不得拒絕。但國家機關獨立行使職權受憲法之保障者，如司法機關審理案件所表示之法律見解、考試機關對於應考人成績之評定、監察委員為糾彈或糾正與否之判斷，以及訴訟案件在裁判確定前就偵查、審判所為之處置及其卷證等，監察院對之行使調查權，本受有限制，基於同一理由，立法院之調閱文件，亦同受限制。」

監察院性質上本與國民大會及立法院共同相當於民主國家之國會（釋字第76號解釋）。但經過第二次憲改之後，改由總統提名，國民大會同意後，性質已不屬於國會（民意機關），學理上稱為「準司法機關」。

四、監察院空轉

2005年2月1日，原本第四屆監察委員應該選出上任，但由於立法院對於陳水扁總統所提出的監察委員名單不滿意，拒絕審查，導致在2005年2月1日前都未選出監察委員。後來由於新任立法委員也於2005年2月1日上任，新任立委根據立法院議案屆期不連續原則，仍然拒絕審查舊名單，要求陳水扁總統提名新名單，但陳水扁總統拒絕提出新名單。後來大法官作出釋字第632號解釋，指責陳總統和立法院，但解釋完後仍然選不出新監委。直至馬英九總統上任，才於2008年8月選出新任監察委員，監察院總共停擺三年半之久。

貳、組　織

一、院長及副院長

1. **選任方式**：依照現行憲法增修條文第7條第2項前段規定，監察院設監察委員二十九人，並以其中一人為院長、一人為副院長，任期六年，由總統提名，經立法院同意任命之。依監察院組織法規定，院長綜理院務，並監督所屬機關。副院長於院長因事故不能視事時，代理其職務（監察院組織法第6條第1項）。但由於監察委員係獨立行使職權，而監察院所屬機關審計部之人員亦屬獨立行使職權，監督僅具有形式意義。
2. **擔任監察院會議主席**：「監察院會議由院長、副院長及監察委員組織之，以院長為主席。」（監察院組織法第7條）
3. **參與總統召集因院際爭執時之調解會議**：「總統對於院與院間之爭執，除本憲法有規定者外，得召集有關各院院長會商解決之。」（憲法第44條）
4. **至立法院陳述意見**：「立法院開會時，關係院院長及各部會首長得列席陳述意見。」（憲法第71條）

二、監察委員

1. **產生方式**：「監察院設監察委員二十九人，並以其中一人為院長、一人為副院長，任期六年，由總統提名，經立法院同意任命之。」（增修條文第7條第2項前段）

總統可以不提名監察委員？立法院可以不行使同意權？

▶釋字第632號（96/8/15）

「監察院為國家最高監察機關，行使彈劾、糾舉及審計權」，「監察院設監察委員二十九人，並以其中一人為院長、一人為副院長，任期六年，由總統提名，經立法院同意任命之」，為憲法增修條文第7條第1項、第2項所明定。是監察院係憲法所設置並賦予特定職權之國家憲法機關，為維繫國家整體憲政體制正常運行不可或缺之一環，其院長、副院長與監察委員皆係憲法保留之法定職位，故確保監察院實質存續與正常運行，應屬所有憲法機關無可旁貸之職責。為使監察院之職權得以不間斷行使，總統於當屆監察院院長、副院長及監察委員任期屆滿前，應適時提名繼任人選咨請立法院同意，立法院亦應適時行使同意權，以維繫監察院之正常運行。總統如消極不為提名，或立法院消極不行使同意權，致監察院無從行使職權、發揮功能，國家憲政制度之完整因而遭受破壞，自為憲法所不許。引發本件解釋之疑義，應依上開解釋意旨為適當之處理。

2. **超出黨派**：「監察委員須超出黨派以外，依據法律獨立行使職權。」（增修條文第7條第5項）

表15-1　須超出黨派之人員

超出黨派	憲法內容	憲法規定
法官	法官須超出黨派以外	§80
考試委員	考試委員須超出黨派以外	§88
監察委員	監察委員須超出黨派以外	增§7V
全國陸海空軍	全國陸海空軍須超出個人、地域及黨派關係以外	§138

3. **調查官、調查專員、調查員**：1998年1月7日由總統公布修正監察院組織法，特於監察院監察調查處置調查官、調查專員及調查員，在秘書長指

揮監督下，協助監察委員行使監察權，並依其學識、經驗、能力及專長，予以分類編組，分為內政及少數民族、司法獄政警政消防及財產申報、財政及經濟、交通及採購、外交僑政國防情報教育及文化等五組，依其專長及本職工作，核派協助監察委員調查案件。

4. 兼職之禁止

（1）監察委員不得兼任其他公職

「監察委員不得兼任其他公職或執行業務。」（憲法第103條）

①「監察委員不得兼任國民大會代表。」（釋字第15號）

②「監察委員不得兼任各級民意代表、中央與地方機關之公務員及其他依法令從事公務者。」（釋字第42號）

③「監察委員不得兼任國立編譯館編纂。」（釋字第17號）

④「監察委員不得兼任公立醫院院長及醫生。」（釋字第20號）

⑤「監察委員不得兼任公營事業機關之董事、監察人及總經理與受有俸給之文武職公務員。」（釋字第24號）

⑥「監察委員不得兼任省銀行之董事及監察人。」（釋字第25號）

（2）監察委員不得執行業務

①「民營公司之董事、監察人及經理人所執行之業務。」（釋字第75號）

②「新聞紙雜誌發行人執行之業務。」（釋字第120號）

5. 相關特權之停止適用：言論免責權及不逮捕特權停止適用（參見增修條文第7條第6項）。

三、監察院會議

監察院會議由院長、副院長及監察委員組織之，按月由院長召集開會，如院長認為必要或有全體委員四分之一以上之提議，得召集臨時會議，由院長為主席。院長因事故不能出席時，由副院長為主席；如副院長亦因事故不能出席時，則由出席委員互推一人為主席。院會須有全體委員二分之一以上之出席，提案須以書面行之，臨時動議並應有二人以上之附議，均經出席委員過半數之決議行之。年度工作檢討會議於每年度結束後兩個月內舉行，檢討一年來工作及政府行政設施。

應提出監察院會議之事項如下：

1. 關於提出立法院之法律案。
2. 關於監察法規之研議事項。
3. 關於審議中央及地方政府總決算之審核報告事項。
4. 關於彈劾權、糾舉權及審計權行使之研究改進事項。
5. 關於提出糾正案之研究改進事項。
6. 委員會報告事項。
7. 院長交議事項。
8. 委員提案事項。
9. 其他重要事項。

四、委員會

「監察院得按行政院及其各部會之工作，分設若干委員會，調查一切設施，注意其是否違法或失職。」（憲法第96條）

五、監察委員行署

「監察院視事實之需要，得將全國分區設監察院監察委員行署，其組織另以法律定之。」（監察院組織法第8條）

六、審計部

1. **提名與任命**：「監察院設審計長，由總統提名，經立法院同意任命之。」（憲法第104條）
2. **任期**：「審計長之任期為六年。」（審計部組織法第3條）

釋字第357號解釋：「依中華民國憲法第104條設置於監察院之審計長，其職務之性質與應隨執政黨更迭或政策變更而進退之政務官不同。審計部組織法第3條關於審計長任期為六年之規定，旨在確保其職位之安定，俾能在一定任期中，超然獨立行使職權，與憲法並無牴觸。」

七、秘書處

「監察院置秘書長一人，特任，承院長之命，處理本院事務，並指揮監督所屬職員；副秘書長一人，職務列簡任第十四職等，承院長之命，襄助秘書長處理本院事務。」（監察院組織法第9條）秘書處職掌會議紀錄、案件資料、文書、印信出納等事項（參見監察院組織法第10條）。

參、監察院之職權

一、彈劾權（對人權）

監察院對於中央及地方公務人員，認為有違法失職情事，得提出彈劾案，依憲法增修條文及監察法規定，彈劾案應經監察委員二人以上提議，並須經提案委員以外之監察委員九人以上之審查及決定成立後（增修條文第7條第4項），應移送懲戒法院負責懲戒。彈劾案件之審查委員，由全體監察委員按序輪流擔任，每案通知十三人參加，其與該案有關係者應行迴避。審查結果如不成立，而提案委員有異議時，得提請再審查，另付其他監察委員九人以上再審查，為最後之決定。提出彈劾案時，如認為被彈劾人員違法失職之行為情節重大，有急速救濟之必要者，得通知該主管長官為急速救濟之處理；其違失行為涉及刑事或軍法者，並應逕送各該管司法或軍法機關依法處理。監察院院長對於彈劾案不得指使或干涉。監察院人員對於彈劾案在未經移付懲戒機關前，不得對外宣洩，惟經審查委員決定公布之案件，則於移付懲戒時，由監察院公布之。懲戒機關於收到被彈劾人員答辯時，應即通知監察院，轉知原提案委員，原提案委員如有意見，應於十日內提出，轉送懲戒機關，懲戒機關逾三個月尚未結辦者，監察院得質問之。

彈劾對象包括：

1. **一般公務人員**：憲法增修條文第7條第3項規定：監察院對於中央、地方公務人員及司法院、考試院人員之彈劾案，須經監察委員二人以上之提議，九人以上之審查及決定，始得提出，不受憲法第98條之限制。
2. **監察院人員**：憲法增修條文第7條第4項規定：監察院對於監察院人員失

職或違法之彈劾，適用憲法第95條、第97條第2項及前項之規定[1]。

3. **軍人**：釋字第262號解釋：「監察院對軍人提出彈劾案時，亦應移送至公務員懲戒委員會審議。」至軍人之過犯，除上述彈劾案外，則仍依陸海空軍懲罰法行之。

表15-2　憲法所規定之彈劾

彈劾對象	彈劾程序	懲戒機關	懲戒程序
總統、副總統	立法院1/2提議，2/3決議	憲法法庭	憲法法庭
中央地方公務員	監察委員二人以上提議，九人以上審查及決定（增修條文第7條第3項）	司法院懲戒法院	依照法庭審判程序（釋字第396號解釋）

二、糾舉權（對人權）

監察委員對於有違法或失職行為的公務人員，認為應該先停職或是作其他急速處分的，可以提案「糾舉」，在經過其他監察委員三人以上的審查及決定後，則由監察院送交各該主管機關長官或他的上級長官處理，而且違法行為如果涉及到刑事或軍法責任時，同時送請管轄的司法或軍法機關，依法辦理。

被糾舉人員的主管長官或上級長官，在接到糾舉書後，除了關於刑事或軍法部分，要另外等候管轄的機關依法辦理外，最遲應該在一個月內依照公務員懲戒法的規定來處理，並且可先將被糾舉人停職或作其他急速處分。如果認為不應該處分的話，也要立即向監察院說明理由。

被糾舉人的主管長官或他的上級長官，如不依照規定處理或已經處理，而監察委員有二人以上仍認為處理不妥當時，監察委員就可以將該糾舉案改提彈劾案。如果因改提彈劾案而使被糾舉人因而受到懲戒時，被糾舉人的主管長官或他的上級長官，就要連帶擔負失職的責任。

1　因為監察委員已非為民意代表，所以監察委員可以彈劾監察委員，行憲後第一位因此而被彈劾的監委是第二屆的蔡慶祝。

三、糾正權（對事權）

監察院對於調查行政院及其所屬各機關之工作與設施後，經各有關委員會之審查及決議，得由監察院提出糾正案，促其注意改善（參見監察法第22條）。行政院或有關部會接到糾正案後，應即為適當之改善與處置，並應以書面答覆監察院，如逾兩個月仍未將改善與處置之事實答覆監察院時，監察院得質問之（監察法第25條）。

表15-3 監察院的彈劾、糾舉與糾正

	彈劾	糾舉	糾正
行使原因	公務人員有違法或失職行為	公務人員有違法或失職行為，有先行停職或有其他急速處分之必要時	行政院及行政院所屬各機關的工作及設施有違法或失職情事
行使對象	中央或地方公務人員	中央及地方公務人員	行政院及行政院所屬各機關
審查及決定	對中央或地方公務人員的彈劾案，則要經監察委員二人以上之提議，九人以上之審查及決定	須經監察委員一人以上之提議及三人以上之審查及決定	須經監察院有關委員會之審查及決定
移送機關	對中央及地方公務人員的彈劾，向懲戒法院提出	向公務員的主管長官或上級長官提出	向行政院或有關部會提出
目的	懲戒或刑事處分	依照公務員懲戒法規規定處理，並可先行停職或為其他急速處分	督促行政機關注意改善
刑事部分	公務人員違法行為涉及刑事或軍法者，應同時送司法或軍法機關處理	公務人員違法行為涉及到刑事或軍法者，應同時送司法或軍法機關處理	無

四、調查權

憲法第95條規定：「監察院為行使監察權，得向行政院及其各部會調閱其所發布之命令及各種有關之文件。」憲法第96條規定：「監察院得按行政院及其各部會之工作，分設若干委員會，『調查一切設施』，注意其是否違法或失職。」監察院為了行使彈劾權及糾舉權，並提出糾正案，都必須經過調查的過程才能明白，並在查明事實真相後，再行提案。

所以，調查是行使監察權的必要手段，監察院依法可以行使調查權。

監察院行使調查權的方式有院派委員調查、委員登記自動調查、委託有關機關調查、巡迴監察等。

釋字第325號解釋：「惟憲法之五院體制並未改變，原屬於監察院職權中之彈劾、糾舉、糾正權及為行使此等職權，依憲法第95條、第96條具有之調查權，憲法增修條文亦未修改，此項調查權仍應專由監察院行使。」

五、審計權

對於政府及其所屬機關財政收支予以稽核之權，包括：

「（1）監督預算之執行。

（2）核定收支命令。

（3）審核財務收支，審定決算。

（4）稽查財物及財政上之不法或不忠於職務之行為。

（5）考核財物效能。

（6）核定財務責任。

（7）其他依法律應行辦理之審計事項。」（審計法第2條）

「審計長應於行政院提出決算後三個月內，依法完成其審核，並提出審核報告於立法院。」（憲法第105條）

審計部於省市設審計處，辦理地方財務之審計工作，與憲法並無牴觸。釋字第235號解釋：「中華民國憲法採五權分立制度，審計權乃屬監察權之範圍，應由中央立法並執行之，此觀憲法第90條及第107條第13款規定自明。隸屬於監察院之審計部於省（市）設審計處，並依審計法第5條辦理各該省（市）政府及其所屬機關財務之審計，與憲法並無牴觸。」

六、提案權

監察院就其所掌事項，得向立法院提出法律案（釋字第3號）。

七、巡迴監察權

「監察委員得分區巡迴監察。」（監察法第3條）

八、監試權

監察院還掌有監督國家考試的權力。

第十六章　地方自治

壹、地方自治之定位

一般講的權力分立，有分為「水平分權」及「垂直分權」。水平分權乃指中央政府之間的分權，而垂直分權則指中央與地方間的分權。前面各章都是介紹中央政府組織，而本章則要介紹垂直方面的分權，亦即地方自治的內容。

一、中央地方權限劃分

各國對於地方分權的方式有所不同。在較高的層級上，有些國家採取聯邦制度，各邦擁有高度的自主權，而有些國家則為單一制國家。不過，在較低的層級上，不管是聯邦制國家還是單一制國家內，都會有更小的地方政府，亦即也會有地方自治的空間。

（一）各國體制

1. **聯邦制國家**：聯邦制國家乃是各個邦或州有自己的主權，只是將部分主權讓渡出來成立聯邦，如美國、加拿大、德國等就屬於聯邦制國家。聯邦制國家由於各邦擁有部分主權，故憲法中若沒有讓給中央政府的權力，都歸各邦保有。
2. **單一制國家**：為中央集權制，將國家權力集中於中央政府，地方之權力，係基於中央之委託，單一制國家多採此制，如法國、英國。單一制國家往往以法律規定地方之權限。

   我國屬於單一制國家。

（二）我國採均權制

單一制國家內還是可以進行地方分權。其可分為下述三種：

1. **中央集權制**：將國家權力集中於中央政府，決策及執行由中央政府負責。可避免地方割據，利於政策推行。但是由於事事皆由中央政府決定，無法配合地方需要，發展地方特色。

2. **地方分權制**：國家事權分散在地方政府，中央只有少數的國家象徵權力，地方政府具有政務的決定權，使政策能因地制宜，配合地方發展，但也容易導致地方壁壘，阻礙整體國家發展。
3. **均權制**：依照事權性質來決定權力的歸屬，有全國一致性的劃歸中央政府，須因地制宜的劃歸地方政府。矯正中央集權與地方分權的缺點。

我國憲法的制度採用均權制。將事權屬於中央者，列舉劃歸成中央專屬權（憲法第107、108條）。將事權屬於地方者，則列舉劃歸成地方專屬權，但僅限於行政與立法權，司法權、考試權、監察權仍屬於中央。未列舉的事權，有全國一致性的，即屬於中央，有全省一致性的，即屬於省，有一縣性質的，屬於縣。遇有爭議時，由立法院解決之（參見憲法第111條）。

二、地方政府的組織

中央政府乃採五權政府，但地方政府僅為兩權政府，只有行政機關和立法機關。地方首長由人民直選，組成地方政府。地方議會也由人民直選。我國在中央政府部分採取「五權憲法」加「雙首長制」，但在地方部分則應該類似「總統制」，因為人民直選地方首長，由首長組織政府。且覆議門檻為三分之二，與一般總統制覆議門檻相同。但不同點在於，總統制行政權不必至立法院備詢，除非接受調查，但我國的地方政府官員也必須至議會接受質詢。

三、凍　省

自從省長選舉之後，政治上引發了「葉爾欽效應」的顧慮，終於在1997年第4次修憲之後，停止第二屆省長及第十一屆省議員選舉，立法院並於同年10月通過的「臺灣省政府功能業務與組織調整暫行條例」終將「省」定位成「行政院之派出機關」，非地方自治團體。立法院又因應「省去自治化」之後的地方制度，將省縣自治法、直轄市自治法在1999年1月合併為「地方制度法」，將臺灣省政府定位為行政院派出機關，非自治團體。至此，憲法地方制度自治政府的層級，凍結了「省自治」的部分，其餘「直轄市」、「縣」、「鄉（鎮、市）」三級政府仍維持不變。首屆省長選舉也成為最後一屆選舉。

貳、權限分配

一、中央專屬權

由中央立法並執行之事項（憲法第107條，共計十三項）：

1. 外交。
2. 國防與國防軍事。
3. 國籍法及刑事、民事、商事之法律。
4. 司法制度。
5. 航空、國道、國有鐵路、航政、郵政及電政。
6. 中央財政與國稅。
7. 國稅與省稅、縣稅之劃分。
8. 國營經濟事業。
9. 幣制及國家銀行。
10. 度量衡。
11. 國際貿易政策。
12. 涉外之財政經濟事項。
13. 其他依本憲法所定關於中央之事項。

二、中央享有立法及執行權而地方享有受託執行權

由中央立法並執行之，或交由省縣執行之事項，又稱為委辦事項（憲法第108條，共計二十項）：

1. 省縣自治通則。
2. 行政區劃。
3. 森林、工礦及商業。

4. 教育制度。
5. 銀行及交易所制度。
6. 航業及海洋漁業。
7. 公用事業。
8. 合作事業。
9. 二省以上之水路交通運輸。
10. 二省以上之水利、河道及農牧事業。
11. 中央及地方官吏之銓敘、任用、糾察及保障。
12. 土地法。
13. 勞動法及其他社會立法。
14. 公用徵收。
15. 全國戶口調查及統計。
16. 移民及墾殖。
17. 警察制度。
18. 公共衛生。
19. 賑濟、撫卹及失業救濟。
20. 有關文化之古籍、古物及古蹟之保存。

三、省專屬權（凍結）

憲法第109條規定省的立法事項，由省執行或交由縣執行之。但在九七修憲凍省後，本條被凍結。

四、縣專屬權

由縣立法並執行之（憲法第110條，共計十一項）：

1. 縣教育、衛生、實業及交通。
2. 縣財產之經營及處分。
3. 縣公營事業。
4. 縣合作事業。
5. 縣農林、水利、漁牧及工程。

6. 縣財政及縣稅。
7. 縣債。
8. 縣銀行。
9. 縣警衛之實施。
10. 縣慈善及公益事業。
11. 其他依國家法律及省自治法賦予之事項。

萊劑殘留標準之權限爭議案

▶111年憲判字第6號（111/5/13）

一、中央與地方間權限分配之憲法原則

按我國憲法就政府體制之垂直權力分立，係採單一國，而非聯邦國體制。憲法除於第107條及第108條明定專屬中央立法之事項外，並未同時明定有專屬地方之立法或執行事項，其他政府權力如司法權、考試權及監察權，亦均專屬中央。就目前仍有適用之憲法第110條規定而言，該條第1項所列之各種縣自治事項，均可在憲法第107條及第108條找到相對應或類似性質之事項規定，而無中央立法權完全或絕對不及之縣自治事項。換言之，憲法第107條至第110條就中央、省及縣立法權事項及範圍之規定，並非相互排斥，互不重疊，反而有如同心圓式之規範架構，各個縣自治事項（小圓），均為其相對應之省自治事項（中圓）及中央立法權（大圓）所包涵。至直轄市之自治事項，憲法第118條規定係授權中央立法決定，而無憲法直接保障之地方自治核心事項。【61】

至於地方自治立法究係僅以其轄區內之人、事、物為其規範對象，或已逾此界限而對其轄區外之人、事、物有所規範，就其判斷，除應依地方自治條例規定之文義認定外，亦應考量其規範效果及實際影響。地方自治條例規定之文字在表面上縱僅以各該地方居民或事物為其規範對象，然如其規範效果或適用結果對於轄區外居民或事物，會產生直接、密切之實質影響，則應認該地方自治條例之規範內容，已超出一縣（市）或一直轄市之轄區範圍，而應屬跨地方轄區甚至全國性質之事項，自不應完全交由各地方自治團體自行立法並執行。縱使依憲法第110條第2項規定，得由有關各縣共同辦理（執行），然其立法權仍應劃歸中央（憲法第108條第1項第9款及第10款規定意旨參照），只是在執行上容可考量各地差異，而交由地方執行。【66】

二、肉品殘留萊克多巴胺之安全容許量標準，屬中央立法事項，地方不得另訂牴觸中央法定標準之自治法規

（一）系爭安全容許量標準具全國一致之性質，屬中央立法事項

就以全國為其銷售範圍之國內外肉品及其產製品而言，如容許各地方得自訂不同之動物殘留用藥之安全容許量標準，則必然對各該地方轄區外之買賣雙方及販售、運送等行為，產生直接、密切之實質影響。例如同一火車上所販售含牛、豬肉之相同食品，會因經過不同縣市而有能否合法販售之不同待遇或疑義，致民無所適從。是有關食品安全衛生之管制標準，應具有全國一致之性質，而屬憲法第108條第1項第3款規定「商業」及第18款規定「公共衛生」所定之中央立法事項。【69】

依據上述憲法規定，食安法第15條第1項第5款規定：「食品或食品添加物有下列情形之一者，不得製造、加工、調配、包裝、運送、貯存、販賣、輸入、輸出、作為贈品或公開陳列：……五、殘留農藥或動物用藥含量超過安全容許量。……」就上開第5款規定所稱安全容許量之標準，同條第2項明定「由中央主管機關會商相關機關定之」，並未授權地方亦得自行另定不同之安全容許量標準。另如同法第15條之1規定就「可供食品使用之原料品項及其限制事項」、第18條第1項規定就「食品添加物之品名、規格及其使用範圍、限量標準」、第21條第2項規定就「食品所含之基因改造食品原料」等有關食品原料及成分之規範，亦皆規定屬中央立法事項，以貫徹上述憲法規定意旨。是衛福部先後公告就進口牛肉及豬肉分別訂定其殘留萊克多巴胺安全容許量標準，不僅有食安法之明文授權，亦符合憲法第108條規定其屬中央立法事項之意旨。【70】

（二）系爭各該自治條例牴觸中央法律及憲法規定

系爭自治條例一至五之相關規定文字，在表面上雖看似僅以各該地

方居民或事物為其規範對象，然其規範效果或適用結果顯會對其轄區外之居民或事物，產生直接、密切之實質影響，因而超出各該地方之轄區範圍，進而限制及於跨地方轄區甚至全國性質之事項。是系爭自治條例一至五顯已逾越地方自治立法權之範圍及界限，不僅牴觸上述食安法第15條第1項第5款、第2項及第4項等中央法律規定，亦已牴觸憲法第108條第1項第3款及第18款規定意旨。【72】

五、均權原則

除第107條、第108條、第109條及第110條列舉事項外，如有「未列舉」事項發生時，其事務有全國一致之性質者屬於中央，有全省一致之性質者屬於省，有一縣之性質者屬於縣。遇有爭議時，由立法院解決之（憲法第111條）。立法院自己解決爭議，會不會有偏向中央而不利地方的可能？實際上如果真的發生爭議，可能還是會尋求大法官作憲法解釋。

釋字第235號解釋理由書：「中華民國憲法採五權分立制度，監察院為國家最高監察機關，行使同意、彈劾、糾舉及審計權；而依憲法所定關於中央之事項，由中央立法並執行之，此觀憲法第90條及第107條第13款規定自明。監察院為行使審計權設審計部，掌理監察院組織法第4條第1項各款所定之審計事項，審計權既屬於中央權限，審計部組織法第14條規定：審計部於各省（市）設審計處，掌理各該政府及其所屬機關之審計事項。審計法第5條並規定：各省（市）政府及其所屬機關財務之審計，由各該省（市）審計處辦理之，均為建立隸屬於中央之統一審計體系，以監督各省（市）預算之執行所必要，與憲法並無牴觸。至憲法第111條係指憲法第107條至第110條未列舉之事項而言，審計權憲法已明定屬於中央之權限，自無適用該條之餘地。又中央在地方設置之審計機關，與地方民意機關行使審議決算之審核報告職權時之關係，依決算法第31條規定，本應另以法律定之，僅在法律未制定前，準用現行決算法之規定而已，主管機關應在適當時期訂定地方決算法律，乃屬當然，併此指明。」

健保費到底是中央事項還是地方事項？

▶釋字第550號（91/10/4）

國家為謀社會福利，應實施社會保險制度；國家為增進民族健康，應普遍推行衛生保健事業及公醫制度，憲法第155條、第157條分別定有明文。國家應推行全民健康保險，重視社會救助、福利服務、社會保險及醫療保健等社會福利工作，復為憲法增修條文第10條第5項、第8項所明定。**國家推行全民健康保險之義務，係兼指中央與地方而言。**又依憲法規定各地方自治團體有辦理衛生、慈善公益事項等照顧其行政區域內居民生活之義務，亦得經由全民健康保險之實施，而獲得部分實現。中華民國83年8月9日公布、84年3月1日施行之**全民健康保險法，係中央立法並執行之事項。**有關執行全民健康保險制度之行政經費，固應由中央負擔，本案爭執之同法第27條責由**地方自治團體補助之保險費，非指實施全民健康保險法之執行費用，而係指保險對象獲取保障之對價，除由雇主負擔及中央補助部分保險費外，地方政府予以補助，符合憲法首開規定意旨。**

地方自治團體受憲法制度保障，其施政所需之經費負擔乃涉及財政自主權之事項，固有法律保留原則之適用，但於不侵害其自主權核心領域之限度內，基於國家整體施政之需要，對地方負有協力義務之全民健康保險事項，中央依據法律使地方分擔保險費之補助，尚非憲法所不許。關於中央與地方辦理事項之財政責任分配，憲法並無明文。財政收支劃分法第37條第1項第1款雖規定，各級政府支出之劃分，由中央立法並執行者，歸中央負擔，固非專指執行事項之行政經費而言，惟法律於符合上開條件下，尚非不得為特別之規定，就此而言，全民健康保險法第27條即屬此種特別規定。至全民健康保險法該條所定之補助各類被保險人保險費之比例屬於立法裁量事項，除顯有不當者外，不生牴觸憲法之問題。

法律之實施須由地方負擔經費者，如本案所涉全民健康保險法第27條第1款第1、2目及第2、3、5款關於保險費補助比例之規定，於制定過程中應予地方政府充分之參與。行政主管機關草擬此類法律，應與地方政府協商，以避免有片面決策可能造成之不合理情形，並就法案實施所需財源事前妥為規劃；立法機關於修訂相關法律時，應予地方政府人員列席此類立法程序表示意見之機會。

參、省、直轄市、縣

省縣地方制度，所包含之事項，以法律定之（參見增修條文第9條）。省縣地方制度將直接以立法院通過之「地方制度法」定之，不須再經過憲法本文的「省縣自治通則」、「省民代表大會」、「省自治法」、「縣民代表大會」、「縣自治法」之程序限制（憲法第108條第1項第1款、第112、113、122條）。

一、省

（一）地 位

省原本為最高級之地方自治團體，但在第四次修憲決定廢省後，省只為中央之派駐機關。

1. **釋字第467號解釋**：「中華民國86年7月21日公布之憲法增修條文第9條施行後，省為地方制度層級之地位仍未喪失，惟不再有憲法規定之自治事項，亦不具備自主組織權，自非地方自治團體性質之公法人。符合上開憲法增修條文意旨制定之各項法律，若未劃歸國家或縣市等地方自治團體之事項，而屬省之權限且得為權利義務之主體者，於此限度內，省自得具有公法人資格。」
2. **釋字第481號解釋**：「中華民國81年5月28日修正公布之中華民國憲法增修條文第17條，授權以法律訂定省縣地方制度，同條第1款、第3款規定，省設省議會及省政府，省置省長一人，省議員與省長分別由省民選舉之，係指事實上能實施自治之省，應受上述法律規範，不受憲法相關條文之限制。省縣自治法遂經憲法授權而制定，該法第64條規定，轄區不完整之省，其議會與政府之組織，由行政院另定之。行政院據此所訂定之福建省政府組織規程，未規定由人民選舉省長及省議會議員，乃斟酌福建省之特殊情況所為之規定，為事實上所必需，符合母法授權之意旨，與憲法第7條人民在法律上平等之原則亦無違背。」

（二）組　織

根據增修條文第9條規定：「省設省政府，置委員九人，其中一人為主席，均由行政院院長提請總統任命之。」（第1項第1款）「省設省諮議會，置省諮議會議員若干人，由行政院院長提請總統任命之。」（第1項第2款）「台灣省政府之功能、業務與組織之調整，得以法律為特別之規定。」（第2項）

地方制度法第2條第1款規定：「地方自治團體：指依本法實施地方自治，具公法人地位之團體。省政府為行政院派出機關，省為非地方自治團體。」

（三）監督縣自治

增修條文第9條第1項第7款規定：「省承行政院之命，監督縣自治事項。」地方制度法第8條規定：「省政府受行政院指揮監督，辦理下列事項：一、監督縣（市）自治事項。二、執行省政府行政事務。三、其他法令授權或行政院交辦事項。」

二、直轄市

「直轄市」與「縣」為現在主要的地方政府。地方政府與中央政府不同，其沒有五權分立，只有兩權對立，亦即行政權和立法權的對立。例如縣只有縣政府和縣議會的對立。至於其他三權：司法、考試、監察，都屬於中央之事項，由中央政府直接設置在各地方，但不歸地方政府管轄。

（一）原憲法之規定

憲法將直轄市的地位放到和省一樣，故直轄市的條文乃置於省的條文之中。憲法第118條規定：「直轄市之自治，以法律定之。」

（二）地方制度法關於直轄市相關規定

1. 直轄市設置標準

（1）人口聚集達一百二十五萬以上。

（2）在政治、經濟、文化及都會區域發展上有特殊需要者。

2. 直轄市之層級

（1）直轄市為地方自治團體，故為法人。

（2）市以下設區，區以內編組為里，里以內編組為鄰。

3. 組織：市長及市議員任期均為四年，市長連選得連任一次。設副市長二人，一人為政務官，另一人為比照簡任十四職等事務官。

4. 自治監督：直轄市之自治監督機關為行政院。

5. 區：設區公所，區長一人，為市之分支機關，非自治單位，無民意機關。

6. 市議會：員額最多不得超過五十二人；議決市法規；其他規定同省縣自治法。定期會每六個月開會一次，每次不得超過七十日。

三、縣

（一）地　位

縣為憲法地方自治最基層的單位。縣政府為第二級之地方行政機關。「縣民關於縣自治事項，依法律行使創制、複決之權，對於縣長及其他縣自治人員，依法律行使選舉、罷免之權。」（憲法第123條）

（二）組　織

縣議會為縣之立法機關，縣議會議員由縣民選舉之（憲法第124條、增修條文第9條第1項第3款）。縣政府為縣之行政機關，置縣長一人，由縣民選舉之（憲法第126條、增修條文第9條第1項第5款）。

市準用縣之規定（憲法第128條）。

（三）職　權

縣執行中央與省委辦事項（憲法第108、109條）。處理縣自治事項（憲法第110條）。制定縣單行規章（憲法第110條第1項）。

肆、地方職權與監督

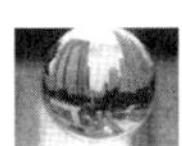

地方政府要行使自治，必定會有相當的自治權力。這些權力彰顯在地方的立法權和行政權上。不過，這些權力仍然會受到上級政府的監督。而當地方政府與上級政府對監督有所爭執時，則可以找大法官進行仲裁。在我國有所謂的地方制度法，上述制度內涵都具體地規定在地方制度法中。

一、地方立法權

（一）自治法規

增修條文第9條第4款規定：「屬於縣之立法權，由縣議會行之。」地方立法權到底有多大？此乃由地方制度法為更細緻的規定。

地方制度法將地方立法稱為「自治法規」，由議會通過的為「自治條例」，由地方行政機關通過的為「自治規則」（見表16-1）。

表16-1　地方自治法規

自治法規	自治條例	地方議會通過	在直轄市稱直轄市法規、在縣（市）稱縣（市）規章，在鄉（鎮、市）稱鄉（鎮、市）規約
	自治規則	地方行政機關通過	分別冠以各該地方自治團體之名稱，並得依其性質，定名為規程、規則、細則、辦法、綱要、標準或準則
委辦規則		地方行政機關通過	準用自治規則之規定

地方制度法第25條規定：「直轄市、縣（市）、鄉（鎮、市）得就其自治事項或依法律及上級法規之授權，制定自治法規。自治法規經地方立法機關通過，並由各該行政機關公布者，稱自治條例；自治法規由地方行政機關訂定，並發布或下達者，稱自治規則。」

地方制度法第26條第1項規定：「自治條例應分別冠以各該地方自治

團體之名稱，在直轄市稱直轄市法規，在縣（市）稱縣（市）規章，在鄉（鎮、市）稱鄉（鎮、市）規約。」

地方制度法第27條第1、2項規定：「直轄市政府、縣（市）政府、鄉（鎮、市）公所就其自治事項，得依其法定職權或基於法律、自治條例之授權，訂定自治規則。前項自治規則應分別冠以各該地方自治團體之名稱，並得依其性質，定名為規程、規則、細則、辦法、綱要、標準或準則。」

地方制度法第29條規定：「直轄市政府、縣（市）政府、鄉（鎮、市）公所為辦理上級機關委辦事項，得依其法定職權或基於法律、中央法規之授權，訂定委辦規則。委辦規則應函報委辦機關核定後發布之；其名稱準用自治規則之規定。」

（二）自治法規可有罰則

直轄市法規、縣（市）規章就違反地方自治事項之行政業務者，得規定處以罰鍰或其他種類之行政罰。但法律另有規定者，不在此限。其為罰鍰之處罰，逾期不繳納者，得依相關法律移送強制執行。

前項罰鍰之處罰，最高以新臺幣10萬元為限；並得規定連續處罰之。其他行政罰之種類限於勒令停工、停止營業、吊扣執照或其他一定期限內限制或禁止為一定行為之不利處分（地方制度法第26條第2、3項）。

（三）立法後報請備查

自治條例經各該地方立法機關議決後，如規定有罰則時，應分別報經行政院、中央各該主管機關核定後發布；其餘除法律或縣規章另有規定外，直轄市法規發布後，應報中央各該主管機關轉行政院備查；縣（市）規章發布後，應報中央各該主管機關備查；鄉（鎮、市）規約發布後，應報縣政府備查（地方制度法第26條第4項）。

直轄市政府、縣（市）政府及鄉（鎮、市）公所訂定之自治規則，除法律或自治條例另有規定外，應於發布後依下列規定分別函報有關機關備查：

1. 其屬法律授權訂定者，函報各該法律所定中央主管機關備查。
2. 其屬依法定職權或自治條例授權訂定者，分別函送上級政府及各該地方立法機關備查或查照（地方制度法第27條第3項）。

（四）地方自治法規之位階

「省法規與國家法律牴觸者無效。」（憲法第116條）

「縣單行規章，與國家法律或省法規牴觸者無效。」（憲法第125條）

地方制度法第30條規定：「自治條例與憲法、法律或基於法律授權之法規或上級自治團體自治條例牴觸者，無效。

自治規則與憲法、法律、基於法律授權之法規、上級自治團體自治條例或該自治團體自治條例牴觸者，無效。

委辦規則與憲法、法律、中央法令牴觸者，無效。

第一項及第二項發生牴觸無效者，分別由行政院、中央各該主管機關、縣政府予以函告。第三項發生牴觸無效者，由委辦機關予以函告無效。

自治法規與憲法、法律、基於法律授權之法規、上級自治團體自治條例或該自治團體自治條例有無牴觸發生疑義時，得聲請司法院解釋之。」

二、地方行政權

（一）自治事項與委辦事項

一般學說上認為縣專屬事項為「自治事項」，而中央立法地方執行事項為「委辦事項」。上級政府對地方政府的自治事項，只能為「合法性監督」，而對委辦事項，除了「合法性監督」外，還可為「適當性」監督。

地方制度法第2條第2款規定：「自治事項：指地方自治團體依憲法或本法規定，得自為立法並執行，或法律規定應由該團體辦理之事務，而負其政策規劃及行政執行責任之事項。」

第3款規定：「委辦事項：指地方自治團體依法律、上級法規或規章規定，在上級政府指揮監督下，執行上級政府交付辦理之非屬該團體事務，而負其行政執行責任之事項。」

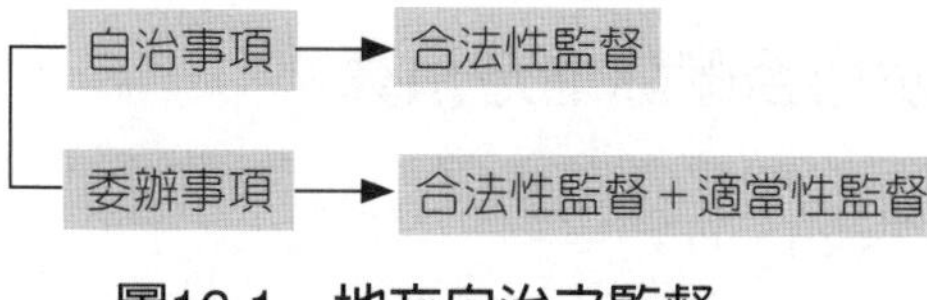

圖16-1　地方自治之監督

臺北市政府決定里長延選合法？

▶釋字第553號（91/12/20）

地方制度法第83條第1項規定：「直轄市議員、直轄市長、縣（市）議員、縣（市）長、鄉（鎮、市）民代表、鄉（鎮、市）長及村（里）長任期屆滿或出缺應改選或補選時，如因特殊事故，得延期辦理改選或補選。」其中所謂特殊事故，在概念上無從以固定之事故項目加以涵蓋，而係泛指不能預見之非尋常事故，致不克按法定日期改選或補選，或如期辦理有事實足認將造成不正確之結果或發生立即嚴重之後果或將產生與實現地方自治之合理及必要之行政目的不符等情形者而言。又特殊事故不以影響及於全國或某一縣市全部轄區為限，即僅於特定選區存在之特殊事故如符合比例原則之考量時，亦屬之。**上開法條使用不確定法律概念，即係賦予該管行政機關相當程度之判斷餘地**，蓋地方自治團體處理其自治事項與承中央主管機關之命辦理委辦事項不同，前者中央之監督僅能就適法性為之，其情形與行政訴訟中之法院行使審查權相似（參照訴願法第79條第3項）；後者除適法性之外，亦得就行政作業之合目的性等實施全面監督。本件既屬地方自治事項又涉及不確定法律概念，上級監督機關為適法性監督之際，固應尊重該地方自治團體所為合法性之判斷，**但如其判斷有恣意濫用及其他違法情事，上級監督機關尚非不得依法撤銷或變更**。

立法院可否刪除地方預算？

▶釋字第498號（88/12/31）

地方自治為憲法所保障之制度。基於住民自治之理念與垂直分權之功能，地方自治團體設有地方行政機關及立法機關，其首長與民意代表均由自治區域內之人民依法選舉產生，分別綜理地方自治團體之地方事務，或行使地方立法機關之職權，地方行政機關與地方立法機關間依法並有權責制衡之關係。中央政府或其他上級政府對地方自治團體辦理自治事項、委辦事項，依法僅得按事項之性質，為適法或適當與否之監督。地方自治團體在憲法及法律保障之範圍內，享有自主與獨立之地位，國家機關自應予以尊重。立法院所設各種委員會，依憲法第67條第2項規定，雖得邀請地方自治團體行政機關有關人員到會備詢，但基於地方自治團體具有自主、獨立之地位，以及中央與地方各設有立法機關之層級體制，地方自治團體行政機關公務員，**除法律明定應到會備詢者外，得衡酌到會說明之必要性，決定是否到會。於此情形，地方自治團體行政機關之公務員未到會備詢時，立法院不得因此據以為刪減或擱置中央機關對地方自治團體補助款預算之理由，以確保地方自治之有效運作，及符合憲法所定中央與地方權限劃分之均權原則。**

（二）行政事項與上級法規牴觸無效

1. **議會決議**：地方制度法第43條規定：「直轄市議會議決自治事項與憲法、法律或基於法律授權之法規牴觸者無效；議決委辦事項與憲法、法律、中央法令牴觸者無效。

   縣（市）議會議決自治事項與憲法、法律或基於法律授權之法規牴觸者無效；議決委辦事項與憲法、法律、中央法令牴觸者無效。

   鄉（鎮、市）民代表會議決自治事項與憲法、法律、中央法規、縣規章牴觸者無效；議決委辦事項與憲法、法律、中央法令、縣規章、縣自治規則牴觸者無效。

   前三項議決事項無效者，除總預算案應依第四十條第五項規定處理外，直轄市議會議決事項由行政院予以函告；縣（市）議會議決事項由中央各該主管機關予以函告；鄉（鎮、市）民代表會議決事項由縣政府予以函告。

第一項至第三項議決自治事項與憲法、法律、中央法規、縣規章有無牴觸發生疑義時，得聲請司法院解釋之。」

2. **地方政府辦理事項**：地方制度法第75條規定：「省政府辦理第八條事項違背憲法、法律、中央法令或逾越權限者，由中央各該主管機關報行政院予以撤銷、變更、廢止或停止其執行。

直轄市政府辦理自治事項違背憲法、法律或基於法律授權之法規者，由中央各該主管機關報行政院予以撤銷、變更、廢止或停止其執行。

直轄市政府辦理委辦事項違背憲法、法律、中央法令或逾越權限者，由中央各該主管機關報行政院予以撤銷、變更、廢止或停止其執行。

縣（市）政府辦理自治事項違背憲法、法律或基於法律授權之法規者，由中央各該主管機關報行政院予以撤銷、變更、廢止或停止其執行。

縣（市）政府辦理委辦事項違背憲法、法律、中央法令或逾越權限者，由委辦機關予以撤銷、變更、廢止或停止其執行。

鄉（鎮、市）公所辦理自治事項違背憲法、法律、中央法規或縣規章者，由縣政府予以撤銷、變更、廢止或停止其執行。

鄉（鎮、市）公所辦理委辦事項違背憲法、法律、中央法令、縣規章、縣自治規則或逾越權限者，由委辦機關予以撤銷、變更、廢止或停止其執行。

第二項、第四項及第六項之自治事項有無違背憲法、法律、中央法規、縣規章發生疑義時，得聲請司法院解釋之；在司法院解釋前，不得予以撤銷、變更、廢止或停止其執行。」

三、司法仲裁

「省法規與國家法律有無牴觸發生疑義時，由司法院解釋之。」（憲法第117條）省自治法、縣自治法，實施前先由司法院審查。此種「事前審查制」是我國司法違憲審查的唯一例外，其餘皆採取「事後審查制」。

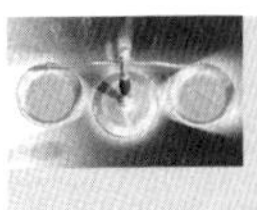

地方與中央發生爭議時，到底何時才能聲請大法官解釋？

▶釋字第527號（90/6/15）

一、地方自治團體在受憲法及法律規範之前提下，**享有自主組織權及對自治事項制定規章並執行之權限**。地方自治團體及其所屬機關之組織，應由地方立法機關依中央主管機關所擬訂之準則制定組織自治條例加以規定，復為地方制度法第28條第3款、第54條及第62條所明定。在該法公布施行後，凡自治團體之機關及職位，其設置自應依前述程序辦理。惟職位之設置法律已有明確規定，倘訂定相關規章須費相當時日者，先由各該地方行政機關依地方制度法相關規定設置並依法任命人員，乃為因應業務實際需要之措施，於過渡期間內，尚非法所不許。至法律規定得設置之職位，地方自治團體既有自主決定設置與否之權限，自應有組織自治條例之依據方可進用，乃屬當然。

二、地方制度法第43條第1項至第3項規定各級地方立法機關議決之自治事項，或依同法第30條第1項至第4項規定之自治法規，與憲法、法律、中央法規或上級自治團體自治法規牴觸者無效。同法第43條第5項及第30條第5項均有：上述各項情形有無牴觸發生疑義得聲請司法院解釋之規定，係指就相關業務有監督自治團體權限之各級主管機關對決議事項或自治法規是否牴觸憲法、法律或其他上位規範尚有疑義，而未依各該條第4項逕予函告無效，向本院大法官聲請解釋而言。**地方自治團體對函告無效之內容持不同意見時，應視受函告無效者為自治條例抑自治規則，分別由該地方自治團體之立法機關或行政機關，就事件之性質聲請本院解釋憲法或統一解釋法令**。有關聲請程序分別適用司法院大法官審理案件法第8條第1項、第2項之規定，於此情形，無同法第9條規定之適用。至地方行政機關對同級立法機關議決事項發生執行之爭議時，應依地方制度法第38條、第39條等相關規定處理，尚不得逕向本院聲請解釋。原通過決議事項或自治法規之各級地方立法機關，本身亦不得通過決議案又同時認該決議有牴觸憲法、法律、中央法規或上級自治團體自治法規疑義而聲請解釋。

三、有監督地方自治團體權限之各級主管機關，依地方制度法第75條對地方自治團體行政機關（即直轄市、縣、市政府或鄉、鎮、市公所）辦理該條第2項、第4項及第6項之自治事項，認有違背憲法、法律或其他上位規範尚有疑義，未依各該項規定予以撤銷、變更、廢止或停止其執行者，得依同條第8項規定聲請本院解釋。地方自治團體之行政機關對上開主管機關所為處分行為，認為已涉及辦理自治事項所依據之自治法規因違反上位規範而生之效力問題，且該自治法規未經上級主管機關函告無效，無從依同法第30條第5項聲請解釋，自治團體之行政機關亦得依同法第75條第8項逕向本院聲請解釋。其因處分行為而構成司法院大法官審理案件法第5條第1項第1款之疑義或爭議時，則另得直接聲請解釋憲法。**如上述處分行為有損害地方自治團體之權利或法律上利益情事，其行政機關得代表地方自治團體依法提起行政訴訟，於窮盡訴訟之審級救濟後，若仍發生法律或其他上位規範違憲疑義，而合於司法院大法官審理案件法第5條第1項第2款之要件，亦非不得聲請本院解釋。**至若無關地方自治團體決議事項或自治法規效力問題，亦不屬前開得提起行政訴訟之事項，而純為中央與地方自治團體間或上下級地方自治團體間之權限爭議，則應循地方制度法第77條規定解決之，尚不得逕向本院聲請解釋。

附錄一　中華民國憲法

（編按：由於憲法本文遭受七次憲法增修條文部分凍結或修正，故將被凍結或修正條文部分以網底處理，並標示相關的增修條文條號，以利學習閱讀。）

民國35年12月25日國民大會三讀通過

民國36年1月1日國民政府公布

民國36年12月25日施行

中華民國國民大會受全國國民之託付，依據孫中山先生創立中華民國之遺教，為鞏固國權，保障民權，奠定社會安寧，增進人民福利，制定本憲法，頒行全國，永矢咸尊。

第一章　總　綱

第 1 條　中華民國基於三民主義，為民有民治民享之民主共和國。

第 2 條　中華民國之主權屬於國民全體。

第 3 條　具中華民國國籍者為中華民國國民。

第 4 條　中華民國領土，依其固有之疆域，非經國民大會之決議，不得變更之。（增§1Ⅰ、§4Ⅴ）

第 5 條　中華民國各民族一律平等。

第 6 條　中華民國國旗定為紅地，左上角青天白日。

第二章　人民之權利義務

第 7 條　中華民國人民，無分男女、宗教、種族、階級、黨派，在法律上一律平等。

第 8 條　人民身體之自由應予保障。除現行犯之逮捕由法律另定外，非經司法或警察機關依法定程序，不得逮捕拘禁。非由法院依法定程序，不得審問處罰。非依法定程序之逮捕、拘禁、審問、處罰，得拒絕之。

人民因犯罪嫌疑被逮捕拘禁時，其逮捕拘禁機關應將逮捕拘禁原因，以書面告知本人及其本人指定之親友，並至遲於二十四小時內移送該管法院審問。本人或他人亦得聲請該管法院，於二十四小時內向逮捕之機關提審。

法院對於前項聲請，不得拒絕，並不得先令逮捕拘禁之機關查覆。逮捕拘禁之機關，對於法院之提審，不得拒絕或遲延。

人民遭受任何機關非法逮捕拘禁時，其本人或他人得向法院聲請追究，法院不得拒絕，並應於二十四小時內向逮捕拘禁之機關追究，依法處理。

第 9 條　人民除現役軍人外，不受軍事審判。

第 10 條　人民有居住及遷徙之自由。

第 11 條　人民有言論、講學、著作及出版之自由。

第 12 條　人民有秘密通訊之自由。

第 13 條　人民有信仰宗教之自由。

第 14 條　人民有集會及結社之自由。

第 15 條　人民之生存權、工作權及財產權，應予保障。

第 16 條　人民有請願、訴願及訴訟之權。

第 17 條　人民有選舉、罷免、創制及複決之權。

第 18 條　人民有應考試服公職之權。

第 19 條　人民有依法律納稅之義務。

第 20 條　人民有依法律服兵役之義務。

第 21 條　人民有受國民教育之權利與義務。

第 22 條　凡人民之其他自由及權利，不妨害社會秩序公共利益者，均受憲法之保障。

第 23 條　以上各條列舉之自由權利，除為防止妨礙他人自由、避免緊急危難、維持社會秩序，或增進公共利益所必要者外，不得以法律限制之。

第 24 條　凡公務員違法侵害人民之自由或權利者，除依法律受懲戒外，應負刑事及民事責任。被害人民就其所受損害，並得依法律向國家請求賠償。

第三章　國民大會（廢除，增§1Ⅱ）

第 25 條　國民大會依本憲法之規定，代表全國國民行使政權。（增§1Ⅱ）

第 26 條　國民大會以下列代表組織之：（增§1Ⅱ）

一　每縣市及其同等區域各選出代表一人，但其人口逾五十萬人者，每增加五十萬人，增選代表一人。縣市同等區域以法律定之。

二　蒙古選出代表，每盟四人，每特別旗一人。

三　西藏選出代表，其名額以法律定之。

四　各民族在邊疆地區選出代表，其名額以法律定之。

五　僑居國外之國民選出代表，其名額以法律定之。

六　職業團體選出代表，其名額以法律定之。

七　婦女團體選出代表，其名額以法律定之。

第 27 條　國民大會之職權如下：

一　選舉總統、副總統。（增§2 I）

二　罷免總統、副總統。（增§2IX）

三　修改憲法。（增§1 I、12）

四　複決立法院所提之憲法修正案。（增§1 I、12）

關於創制複決兩權，除前項第三、第四兩款規定外，俟全國有半數之縣市曾經行使創制複決兩項政權時，由國民大會制定辦法並行使之。

第 28 條　國民大會代表每六年改選一次。（增§1 II）

每屆國民大會代表之任期，至次屆國民大會開會之日為止。

現任官吏不得於其任所所在地之選舉區當選為國民大會代表。

第 29 條　國民大會於每屆總統任滿前九十日集會，由總統召集之。（增§1 II）

第 30 條　國民大會遇有下列情形之一時，召集臨時會：（增§1 II）

一　依本憲法第四十九條之規定，應補選總統、副總統時。

二　依監察院之決議，對於總統、副總統提出彈劾案時。

三　依立法院之決議，提出憲法修正案時。

四　國民大會代表五分之二以上請求召集時。

國民大會臨時會，如依前項第一款或第二款應召集時，由立法院院長通告集會。依第三款或第四款應召集時，由總統召集之。

第 31 條　國民大會之開會地點在中央政府所在地。（增§1 II）

第 32 條　國民大會代表在會議時所為之言論及表決，對會外不負責任。（增§1 II）

第 33 條　國民大會代表，除現行犯外，在會期中，非經國民大會許可，不得逮捕或拘禁。（增§1 II）

第 34 條　國民大會之組織，國民大會代表選舉、罷免，及國民大會行使職權之程序，以法律定之。（增§1 II）

第四章 總 統

第 35 條 總統為國家元首，對外代表中華民國。

第 36 條 總統統率全國陸海空軍。

第 37 條 總統依法公布法律，發布命令，須經行政院院長之副署，或行政院院長及有關部會首長之副署。（增§2Ⅱ）

第 38 條 總統依本憲法之規定，行使締結條約及宣戰、媾和之權。

第 39 條 總統依法宣布戒嚴，但須經立法院之通過或追認。立法院認為必要時，得決議移請總統解嚴。

第 40 條 總統依法行使大赦、特赦、減刑及復權之權。

第 41 條 總統依法任免文武官員。

第 42 條 總統依法授與榮典。

第 43 條 國家遇有天然災害、癘疫，或國家財政經濟上有重大變故，須為急速處分時，總統於立法院休會期間，得經行政院會議之決議，依緊急命令法，發布緊急命令，為必要之處置，但須於發布命令後一個月內提交立法院追認。如立法院不同意時，該緊急命令立即失效。（增§2Ⅲ、§4Ⅵ）

第 44 條 總統對於院與院間之爭執，除本憲法有規定者外，得召集有關各院院長會商解決之。

第 45 條 中華民國國民年滿四十歲者，得被選為總統、副總統。

第 46 條 總統、副總統之選舉，以法律定之。

第 47 條 總統、副總統之任期為六年，連選得連任一次。（增§2Ⅵ）

第 48 條 總統應於就職時宣誓，誓詞如下：

「余謹以至誠，向全國人民宣誓，余必遵守憲法，盡忠職務，增進人民福利，保衛國家，無負國民付託。如違誓言，願受國家嚴厲之制裁。謹誓」

第 49 條 總統缺位時，由副總統繼任，至總統任期屆滿為止。總統、副總統均缺位時，由行政院院長代行其職權，並依本憲法第三十條之規定，召集國民大會臨時會，補選總統、副總統，其任期以補足原任總統未滿之任期為止。總統因故不能視事時，由副總統代行其職權。總統、副總統均不能視事時，由行政院院長代行其職權。（增§2Ⅶ、Ⅷ）

第 50 條 總統於任滿之日解職，如屆期次任總統尚未選出，或選出後總統、副總統均未就職時，由行政院院長代行總統職權。

第 51 條　行政院院長代行總統職權時，其期限不得逾三個月。

第 52 條　總統除犯內亂或外患罪外，非經罷免或解職，不受刑事上之訴究。

第五章　行　政

第 53 條　行政院為國家最高行政機關。

第 54 條　行政院設院長、副院長各一人，各部會首長若干人，及不管部會之政務委員若干人。

第 55 條　行政院院長由總統提名，經立法院同意任命之。（增§3Ⅰ）

立法院休會期間，行政院院長辭職或出缺時，由行政院副院長代理其職務，但總統須於四十日內咨請立法院召集會議，提出行政院院長人選，徵求同意。行政院院長職務，在總統所提行政院院長人選未經立法院同意前，由行政院副院長暫行代理。（增§3Ⅰ）

第 56 條　行政院副院長、各部會首長及不管部會之政務委員，由行政院院長提請總統任命之。

第 57 條　行政院依下列規定，對立法院負責：（增§3Ⅱ）

一　行政院有向立法院提出施政方針及施政報告之責。立法委員在開會時，有向行政院院長及行政院各部會首長質詢之權。

二　立法院對於行政院之重要政策不贊同時，得以決議移請行政院變更之。行政院對於立法院之決議，得經總統之核可，移請立法院覆議。覆議時，如經出席立法委員三分之二維持原決議，行政院院長應即接受該決議或辭職。

三　行政院對於立法院決議之法律案、預算案、條約案，如認為有窒礙難行時，得經總統之核可，於該決議案送達行政院十日內，移請立法院覆議。覆議時，如經出席立法委員三分之二維持原案，行政院院長應即接受該決議或辭職。

第 58 條　行政院設行政院會議，由行政院院長、副院長、各部會首長及不管部會之政務委員組織之，以院長為主席。

行政院院長、各部會首長，須將應行提出於立法院之法律案、預算案、戒嚴案、大赦案、宣戰案、媾和案、條約案及其他重要事項，或涉及各部會共同關係之事項，提出於行政院會議議決之。

第 59 條　行政院於會計年度開始三個月前，應將下年度預算案提出於立法院。

第 60 條　行政院於會計年度結束後四個月內，應提出決算於監察院。

第 61 條　行政院之組織，以法律定之。

第六章　立　法

第 62 條　立法院為國家最高立法機關，由人民選舉之立法委員組織之，代表人民行使立法權。

第 63 條　立法院有議決法律案、預算案、戒嚴案、大赦案、宣戰案、媾和案、條約案及國家其他重要事項之權。

第 64 條　立法院立法委員，依下列規定選出之：（增§4Ⅰ、Ⅱ）

一　各省、各直轄市選出者，其人口在三百萬以下者五人，其人口超過三百萬者，每滿一百萬人增選一人。

二　蒙古各盟旗選出者。

三　西藏選出者。

四　各民族在邊疆地區選出者。

五　僑居國外之國民選出者。

六　職業團體選出者。

立法委員之選舉及前項第二款至第六款立法委員名額之分配，以法律定之。婦女在第一項各款之名額，以法律定之。

第 65 條　立法委員之任期為三年，連選得連任，其選舉於每屆任滿前三個月內完成之。（增§4Ⅰ）

第 66 條　立法院設院長、副院長各一人，由立法委員互選之。

第 67 條　立法院得設各種委員會。

各種委員會得邀請政府人員及社會上有關係人員到會備詢。

第 68 條　立法院會期，每年兩次，自行集會，第一次自二月至五月底，第二次自九月至十二月底，必要時得延長之。

第 69 條　立法院遇有下列情事之一時，得開臨時會：

一　總統之咨請。

二　立法委員四分之一以上之請求。

第 70 條　立法院對於行政院所提預算案，不得為增加支出之提議。

第 71 條　立法院開會時，關係院院長及各部會首長得列席陳述意見。

第 72 條　立法院法律案通過後，移送總統及行政院，總統應於收到後十日內公布之，但總統得依照本憲法第五十七條之規定辦理。

第 73 條　立法院委員在院內所為之言論及表決，對院外不負責任。

第 74 條　立法委員，除現行犯外，非經立法院許可，不得逮捕或拘禁。（增§4Ⅷ）

第 75 條　立法委員不得兼任官吏。

第 76 條　立法院之組織，以法律定之。

第七章　司　法

第 77 條　司法院為國家最高司法機關，掌理民事、刑事、行政訴訟之審判及公務員之懲戒。

第 78 條　司法院解釋憲法，並有統一解釋法律及命令之權。

第 79 條　司法院設院長、副院長各一人，由總統提名，經監察院同意任命之。（增§5Ⅰ）

司法院設大法官若干人，掌理本憲法第七十八條規定事項，由總統提名，經監察院同意任命之。（增§5Ⅰ）

第 80 條　法官須超出黨派以外，依據法律獨立審判，不受任何干涉。

第 81 條　法官為終身職，非受刑事或懲戒處分，或禁治產之宣告，不得免職。非依法律，不得停職、轉任或減俸。

第 82 條　司法院及各級法院之組織，以法律定之。

第八章　考　試

第 83 條　考試院為國家最高考試機關，掌理考試、任用、銓敘、考績、級俸、陞遷、保障、褒獎、撫卹、退休、養老等事項。（增§6Ⅰ）

第 84 條　考試院設院長、副院長各一人，考試委員若干人，由總統提名，經監察院同意任命之。（增§6Ⅱ）

第 85 條　公務人員之選拔，應實行公開競爭之考試制度，並應按省區分別規定名額，分區舉行考試。非經考試及格者，不得任用。（增§6Ⅲ）

第 86 條　下列資格，應經考試院依法考選銓定之：

一　公務人員任用資格。

二　專門職業及技術人員執業資格。

第 87 條　考試院關於所掌事項，得向立法院提出法律案。

第 88 條　考試委員須超出黨派以外，依據法律獨立行使職權。

第 89 條　考試院之組織，以法律定之。

第九章 監 察

第 90 條 監察院為國家最高監察機關，行使同意、彈劾、糾舉及審計權。（增§4V、§7Ⅰ）

第 91 條 監察院設監察委員，由各省市議會、蒙古西藏地方議會及華僑團體選舉之。其名額分配，依下列之規定：（增§7Ⅱ）

一 每省五人。

二 每直轄市二人。

三 蒙古各盟旗共八人。

四 西藏八人。

五 僑居國外之國民八人。

第 92 條 監察院設院長、副院長各一人，由監察委員互選之。

第 93 條 監察委員之任期為六年，連選得連任。

第 94 條 監察院依本憲法行使同意權時，由出席委員過半數之議決行之。（增§7Ⅰ）

第 95 條 監察院為行使監察權，得向行政院及其各部會調閱其所發布之命令及各種有關文件。

第 96 條 監察院得按行政院及其各部會之工作，分設若干委員會，調查一切設施，注意其是否違法或失職。

第 97 條 監察院經各該委員會之審查及決議，得提出糾正案，移送行政院及其有關部會，促其注意改善。

監察院對於中央及地方公務人員，認為有失職或違法情事，得提出糾舉案或彈劾案，如涉及刑事，應移送法院辦理。

第 98 條 監察院對於中央及地方公務人員之彈劾案，須經監察委員一人以上之提議，九人以上之審查及決定，始得提出。（增§7Ⅲ）

第 99 條 監察院對於司法院或考試院人員失職或違法之彈劾，適用本憲法第95條、第97條及第98條之規定。

第100條 監察院對於總統、副總統之彈劾案，須有全體監察委員四分之一以上之提議，全體監察委員過半數之審查及決議，向國民大會提出之。（增§4Ⅶ、5Ⅳ）

第101條 監察委員在院內所為之言論及表決，對院外不負責任。（增§7Ⅵ）

第102條 監察委員，除現行犯外，非經監察院許可，不得逮捕或拘禁。（增§7Ⅵ）

第103條　監察委員不得兼任其他公職或執行業務。

第104條　監察院設審計長，由總統提名，經立法院同意任命之。

第105條　審計長應於行政院提出決算後三個月內，依法完成其審核，並提出審核報告於立法院。

第106條　監察院之組織，以法律定之。

第十章　中央與地方之權限

第107條　下列事項，由中央立法並執行之：

一　外交。

二　國防與國防軍事。

三　國籍法及刑事、民事、商事之法律。

四　司法制度。

五　航空、國道、國有鐵路、航政、郵政及電政。

六　中央財政與國稅。

七　國稅與省稅、縣稅之劃分。

八　國營經濟事業。

九　幣制及國家銀行。

十　度量衡。

十一　國際貿易政策。

十二　涉外之財政經濟事項。

十三　其他依本憲法所定關於中央之事項。

第108條　下列事項，由中央立法並執行之，或交由省縣執行之：

一　省縣自治通則。（增§9Ⅰ）

二　行政區劃。

三　森林、工礦及商業。

四　教育制度。

五　銀行及交易所制度。

六　航業及海洋漁業。

七　公用事業。

八　合作事業。

九　二省以上之水陸交通運輸。

十　二省以上之水利、河道及農牧事業。

十一　中央及地方官吏之銓敘、任用、糾察及保障。
十二　土地法。
十三　勞動法及其他社會立法。
十四　公用徵收。
十五　全國戶口調查及統計。
十六　移民及墾殖。
十七　警察制度。
十八　公共衛生。
十九　振濟、撫卹及失業救濟。
二十　有關文化之古籍、古物及古蹟之保存。
前項各款，省於不牴觸國家法律內，得制定單行法規。

第109條　下列事項，由省立法並執行之，或交由縣執行之：（增§9 I）
一　省教育、衛生、實業及交通。
二　省財產之經營及處分。
三　省市政。
四　省公營事業。
五　省合作事業。
六　省農林、水利、漁牧及工程。
七　省財政及省稅。
八　省債。
九　省銀行。
十　省警政之實施。
十一　省慈善及公益事項。
十二　其他依國家法律賦予之事項。
前項各款，有涉及二省以上者，除法律別有規定外，得由有關各省共同辦理。
各省辦理第一項各款事務，其經費不足時，經立法院議決，由國庫補助之。

第110條　下列事項，由縣立法並執行之：
一　縣教育、衛生、實業及交通。
二　縣財產之經營及處分。
三　縣公營事業。
四　縣合作事業。

五　縣農林、水利、漁牧及工程。
六　縣財政及縣稅。
七　縣債。
八　縣銀行。
九　縣警衛之實施。
十　縣慈善及公益事業。
十一　其他依國家法律及省自治法賦予之事項。
前項各款，有涉及二縣以上者，除法律別有規定外，得由有關各縣共同辦理。

第111條　除第一百零七條、第一百零八條、第一百零九條及第一百十條列舉事項外，如有未列舉事項發生時，其事務有全國一致之性質者屬於中央，有全省一致之性質者屬於省，有一縣之性質者屬於縣。遇有爭議時，由立法院解決之。

第十一章　地方制度

第一節　省（凍省增§9I）

第112條　省得召集省民代表大會，依據省縣自治通則，制定省自治法，但不得與憲法牴觸。（增§9 I）
省民代表大會之組織及選舉，以法律定之。（增§9 I）

第113條　省自治法應包含下列各款：（增§9 I）
一　省設省議會，省議會議員由省民選舉之。
二　省設省政府，置省長一人。省長由省民選舉之。
三　省與縣之關係。
屬於省之立法權，由省議會行之。（增§9 I）

第114條　省自治法制定後，須即送司法院。司法院如認為有違憲之處，應將違憲條文宣布無效。（增§9 I）

第115條　省自治法施行中，如因其中某條發生重大障礙，經司法院召集有關方面陳述意見後，由行政院院長、立法院院長、司法院院長、考試院院長與監察院院長組織委員會，以司法院院長為主席，提出方案解決之。（增§9 I）

第116條　省法規與國家法律牴觸者無效。

第117條　省法規與國家法律有無牴觸發生疑義時，由司法院解釋之。

第118條　直轄市之自治，以法律定之。

第119條　蒙古各盟旗地方自治制度，以法律定之。

第120條　西藏自治制度，應予以保障。

第二節　縣

第121條　縣實行縣自治。

第122條　縣得召集縣民代表大會，依據省縣自治通則，制定縣自治法，但不得與憲法及省自治法牴觸。（增§9Ⅰ）

第123條　縣民關於縣自治事項，依法律行使創制、複決之權，對於縣長及其他縣自治人員，依法律行使選舉、罷免之權。

第124條　縣設縣議會，縣議會議員由縣民選舉之。
屬於縣之立法權，由縣議會行之。

第125條　縣單行規章，與國家法律或省法規牴觸者無效。

第126條　縣設縣政府，置縣長一人。縣長由縣民選舉之。

第127條　縣長辦理縣自治，並執行中央及省委辦事項。

第128條　市準用縣之規定。

第十二章　選舉、罷免、創制、複決

第129條　本憲法所規定之各種選舉，除本憲法別有規定外，以普通、平等、直接及無記名投票之方法行之。

第130條　中華民國國民年滿二十歲者，有依法選舉之權，除本憲法及法律別有規定者外，年滿二十三歲者，有依法被選舉之權。

第131條　本憲法所規定各種選舉之候選人，一律公開競選。

第132條　選舉應嚴禁威脅利誘。選舉訴訟，由法院審判之。

第133條　被選舉人得由原選舉區依法罷免之。

第134條　各種選舉，應規定婦女當選名額，其辦法以法律定之。

第135條　內地生活習慣特殊之國民代表名額及選舉，其辦法以法律定之。（增§1Ⅱ）

第136條　創制複決兩權之行使，以法律定之。

第十三章　基本國策

第一節　國　防

第137條　中華民國之國防，以保衛國家安全，維護世界和平為目的。
國防之組織，以法律定之。

第138條　全國陸海空軍，須超出個人、地域及黨派關係以外，效忠國家，愛護人民。

第139條　任何黨派及個人不得以武裝力量為政爭之工具。

第140條　現役軍人不得兼任文官。

第二節　外　交

第141條　中華民國之外交，應本獨立自主之精神，平等互惠之原則，敦睦邦交，尊重條約及聯合國憲章，以保護僑民權益，促進國際合作，提倡國際正義，確保世界和平。

第三節　國民經濟

第142條　國民經濟應以民生主義為基本原則，實施平均地權，節制資本，以謀國計民生之均足。

第143條　中華民國領土內之土地屬於國民全體。人民依法取得之土地所有權，應受法律之保障與限制。私有土地應照價納稅，政府並得照價收買。
附著於土地之礦，及經濟上可供公眾利用之天然力，屬於國家所有，不因人民取得土地所有權而受影響。
土地價值非因施以勞力資本而增加者，應由國家徵收土地增值稅，歸人民共享之。
國家對於土地之分配與整理，應以扶植自耕農及自行使用土地人為原則，並規定其適當經營之面積。

第144條　公用事業及其他有獨佔性之企業，以公營為原則，其經法律許可者，得由國民經營之。

第145條　國家對於私人財富及私營事業，認為有妨害國計民生之平衡發展者，應以法律限制之。
合作事業應受國家之獎勵與扶助。
國民生產事業及對外貿易，應受國家之獎勵、指導及保護。

第146條　國家應運用科學技術，以興修水利，增進地力，改善農業環境，規劃土地利用，開發農業資源，促成農業之工業化。

第147條　中央為謀省與省間之經濟平衡發展，對於貧瘠之省，應酌予補助。

省為謀縣與縣間之經濟平衡發展，對於貧瘠之縣，應酌予補助。

第148條　中華民國領域內，一切貨物應許自由流通。

第149條　金融機構，應依法受國家之管理。

第150條　國家應普設平民金融機構，以救濟失業。

第151條　國家對於僑居國外之國民，應扶助並保護其經濟事業之發展。

第四節　社會安全

第152條　人民具有工作能力者，國家應予以適當之工作機會。

第153條　國家為改良勞工及農民之生活，增進其生產技能，應制定保護勞工及農民之法律，實施保護勞工及農民之政策。

婦女兒童從事勞動者，應按其年齡及身體狀態，予以特別之保護。

第154條　勞資雙方應本協調合作原則，發展生產事業。勞資糾紛之調解與仲裁，以法律定之。

第155條　國家為謀社會福利，應實施社會保險制度。人民之老弱殘廢，無力生活，及受非常災害者，國家應予以適當之扶助與救濟。

第156條　國家為奠定民族生存發展之基礎，應保護母性，並實施婦女兒童福利政策。

第157條　國家為增進民族健康，應普遍推行衛生保健事業及公醫制度。

第五節　教育文化

第158條　教育文化，應發展國民之民族精神、自治精神、國民道德、健全體格、科學及生活智能。

第159條　國民受教育之機會，一律平等。

第160條　六歲至十二歲之學齡兒童，一律受基本教育，免納學費。其貧苦者，由政府供給書籍。

已逾學齡未受基本教育之國民，一律受補習教育，免納學費，其書籍亦由政府供給。

第161條　各級政府應廣設獎學金名額，以扶助學行俱優無力升學之學生。

第162條　全國公私立之教育文化機關，依法律受國家之監督。

第163條　國家應注重各地區教育之均衡發展，並推行社會教育，以提高一般國民之文化水準，邊遠及貧瘠地區之教育文化經費，由國庫補助之。其重要之教育文化事業，得由中央辦理或補助之。

第164條　教育、科學、文化之經費，在中央不得少於其預算總額百分之十五，在省不得少於其預算總額百分之二十五，在市縣不得少於其預算總額百分之三十五，其依法設置之教育文化基金及產業，應予以保障。（增§10X）

第165條　國家應保障教育、科學、藝術工作者之生活，並依國民經濟之進展，隨時提高其待遇。

第166條　國家應獎勵科學之發明與創造，並保護有關歷史、文化、藝術之古蹟、古物。

第167條　國家對於下列事業或個人，予以獎勵或補助：

一　國內私人經營之教育事業成績優良者。

二　僑居國外國民之教育事業成績優良者。

三　於學術或技術有發明者。

四　從事教育久於其職而成績優良者。

第六節　邊疆地區

第168條　國家對於邊疆地區各民族之地位，應予以合法之保障，並於其地方自治事業，特別予以扶植。

第169條　國家對於邊疆地區各民族之教育、文化、交通、水利、衛生及其他經濟、社會事業，應積極舉辦，並扶助其發展，對於土地使用，應依其氣候、土壤性質，及人民生活習慣之所宜，予以保障及發展。

第十四章　憲法之施行及修改

第170條　本憲法所稱之法律，謂經立法院通過，總統公布之法律。

第171條　法律與憲法牴觸者無效。

法律與憲法有無牴觸發生疑義時，由司法院解釋之。

第172條　命令與憲法或法律牴觸者無效。

第173條　憲法之解釋，由司法院為之。

第174條　憲法之修改，應依下列程序之一為之：（增§1 I 、12）

一　由國民大會代表總額五分之一之提議，三分之二之出席，及出席代表四分之三之決議，得修改之。

二　由立法院立法委員四分之一之提議，四分之三之出席，及出席委員四分之三之決議，擬定憲法修正案，提請國民大會複決。此項憲法修正案，應於國民大會開會前半年公告之。

第175條　本憲法規定事項，有另定實施程序之必要者，以法律定之。

本憲法施行之準備程序，由制定憲法之國民大會議定之。

附錄二　中華民國憲法增修條文

民國94年6月10日修正

為因應國家統一前之需要，依照憲法第二十七條第一項第三款及第一百七十四條第一款之規定，增修本憲法條文如下：

第 1 條　I　中華民國自由地區選舉人於立法院提出憲法修正案、領土變更案，經公告半年，應於三個月內投票複決，不適用憲法第四條、第一百七十四條之規定。

II　憲法第二十五條至第三十四條及第一百三十五條之規定，停止適用。

第 2 條　I　總統、副總統由中華民國自由地區全體人民直接選舉之，自中華民國八十五年第九任總統、副總統選舉實施。總統、副總統候選人應聯名登記，在選票上同列一組圈選，以得票最多之一組為當選。在國外之中華民國自由地區人民返國行使選舉權，以法律定之。

II　總統發布行政院院長與依憲法經立法院同意任命人員之任免命令及解散立法院之命令，無須行政院院長之副署，不適用憲法第三十七條之規定。

III　總統為避免國家或人民遭遇緊急危難或應付財政經濟上重大變故，得經行政院會議之決議發布緊急命令，為必要之處置，不受憲法第四十三條之限制。但須於發布命令後十日內提交立法院追認，如立法院不同意時，該緊急命令立即失效。

IV　總統為決定國家安全有關大政方針，得設國家安全會議及所屬國家安全局，其組織以法律定之。

V　總統於立法院通過對行政院院長之不信任案後十日內，經諮詢立法院院長後，得宣告解散立法院。但總統於戒嚴或緊急命令生效期間，不得解散立法院。立法院解散後，應於六十日內舉行立法委員選舉，並於選舉結果確認後十日內自行集會，其任期重新起算。

VI　總統、副總統之任期為四年，連選得連任一次，不適用憲法第四十七條之規定。

VII　副總統缺位時，總統應於三個月內提名候選人，由立法院補選，繼任至原任期屆滿為止。

VIII　總統、副總統均缺位時，由行政院院長代行其職權，並依本條第一項規定補選總統、副總統，繼任至原任期屆滿為止，不適用憲法第四十九條之有關規定。

IX 總統、副總統之罷免案，須經全體立法委員四分之一之提議，全體立法委員三分之二之同意後提出，並經中華民國自由地區選舉人總額過半數之投票，有效票過半數同意罷免時，即為通過。

X 立法院提出總統、副總統彈劾案，聲請司法院大法官審理，經憲法法庭判決成立時，被彈劾人應即解職。

第 3 條 I 行政院院長由總統任命之。行政院院長辭職或出缺時，在總統未任命行政院院長前，由行政院副院長暫行代理。憲法第五十五條之規定，停止適用。

II 行政院依下列規定，對立法院負責，憲法第五十七條之規定，停止適用：

一 行政院有向立法院提出施政方針及施政報告之責。立法委員在開會時，有向行政院院長及行政院各部會首長質詢之權。

二 行政院對於立法院決議之法律案、預算案、條約案，如認為有窒礙難行時，得經總統之核可，於該決議案送達行政院十日內，移請立法院覆議。立法院對於行政院移請覆議案，應於送達十五日內作成決議。如為休會期間，立法院應於七日內自行集會，並於開議十五日內作成決議。覆議案逾期未議決者，原決議失效。覆議時，如經全體立法委員二分之一以上決議維持原案，行政院院長應即接受該決議。

三 立法院得經全體立法委員三分之一以上連署，對行政院院長提出不信任案。不信任案提出七十二小時後，應於四十八小時內以記名投票表決之。如經全體立法委員二分之一以上贊成，行政院院長應於十日內提出辭職，並得同時呈請總統解散立法院；不信任案如未獲通過，一年內不得對同一行政院院長再提不信任案。

III 國家機關之職權、設立程序及總員額，得以法律為準則性之規定。

IV 各機關之組織、編制及員額，應依前項法律，基於政策或業務需要決定之。

第 4 條 I 立法院立法委員自第七屆起一百一十三人，任期四年，連選得連任，於每屆任滿前三個月內，依下列規定選出之，不受憲法第六十四條及第六十五條之限制：

一 自由地區直轄市、縣市七十三人。每縣市至少一人。

二 自由地區平地原住民及山地原住民各三人。

三　全國不分區及僑居國外國民共三十四人。

II　前項第一款依各直轄市、縣市人口比例分配，並按應選名額劃分同額選舉區選出之。第三款依政黨名單投票選舉之，由獲得百分之五以上政黨選舉票之政黨依得票比率選出之，各政黨當選名單中，婦女不得低於二分之一。

III　立法院於每年集會時，得聽取總統國情報告。

IV　立法院經總統解散後，在新選出之立法委員就職前，視同休會。

V　中華民國領土，依其固有疆域，非經全體立法委員四分之一之提議，全體立法委員四分之三之出席，及出席委員四分之三之決議，提出領土變更案，並於公告半年後，經中華民國自由地區選舉人投票複決，有效同意票過選舉人總額之半數，不得變更之。

VI　總統於立法院解散後發布緊急命令，立法院應於三日內自行集會，並於開議七日內追認之。但於新任立法委員選舉投票日後發布者，應由新任立法委員於就職後追認之。如立法院不同意時，該緊急命令立即失效。

VII　立法院對於總統、副總統之彈劾案，須經全體立法委員二分之一以上之提議，全體立法委員三分之二以上之決議，聲請司法院大法官審理，不適用憲法第九十條、第一百條及增修條文第七條第一項有關規定。

VIII　立法委員除現行犯外，在會期中，非經立法院許可，不得逮捕或拘禁。憲法第七十四條之規定，停止適用。

第 5 條　I　司法院設大法官十五人，並以其中一人為院長、一人為副院長，由總統提名，經立法院同意任命之，自中華民國九十二年起實施，不適用憲法第七十九條之規定。司法院大法官除法官轉任者外，不適用憲法第八十一條及有關法官終身職待遇之規定。

II　司法院大法官任期八年，不分屆次，個別計算，並不得連任。但並為院長、副院長之大法官，不受任期之保障。

III　中華民國九十二年總統提名之大法官，其中八位大法官，含院長、副院長，任期四年，其餘大法官任期為八年，不適用前項任期之規定。

IV　司法院大法官，除依憲法第七十八條之規定外，並組成憲法法庭審理總統、副總統之彈劾及政黨違憲之解散事項。

V　政黨之目的或其行為，危害中華民國之存在或自由民主之憲政秩序者為違憲。

VI 司法院所提出之年度司法概算，行政院不得刪減，但得加註意見，編入中央政府總預算案，送立法院審議。

第 6 條 I 考試院為國家最高考試機關，掌理下列事項，不適用憲法第83條之規定：

一 考試。

二 公務人員之銓敘、保障、撫卹、退休。

三 公務人員任免、考績、級俸、陞遷、褒獎之法制事項。

II 考試院設院長、副院長各一人，考試委員若干人，由總統提名，經立法院同意任命之，不適用憲法第八十四條之規定。

III 憲法第八十五條有關按省區分別規定名額，分區舉行考試之規定，停止適用。

第 7 條 I 監察院為國家最高監察機關，行使彈劾、糾舉及審計權，不適用憲法第九十條及第九十四條有關同意權之規定。

II 監察院設監察委員二十九人，並以其中一人為院長、一人為副院長，任期六年，由總統提名，經立法院同意任命之。憲法第九十一條至第九十三條之規定停止適用。

III 監察院對於中央、地方公務人員及司法院、考試院人員之彈劾案，須經監察委員二人以上之提議，九人以上之審查及決定，始得提出，不受憲法第九十八條之限制。

IV 監察院對於監察院人員失職或違法之彈劾，適用憲法第九十五條、第九十七條第二項及前項之規定。

V 監察委員須超出黨派以外，依據法律獨立行使職權。

VI 憲法第一百零一條及第一百零二條之規定，停止適用。

第 8 條 立法委員之報酬或待遇，應以法律定之。除年度通案調整者外，單獨增加報酬或待遇之規定，應自次屆起實施。

第 9 條 I 省、縣地方制度，應包括下列各款，以法律定之，不受憲法第一百零八條第一項第一款、第一百零九條、第一百十二條至第一百十五條及第一百二十二條之限制：

一 省設省政府，置委員九人，其中一人為主席，均由行政院院長提請總統任命之。

二 省設省諮議會，置省諮議會議員若干人，由行政院院長提請總統任命之。

三 縣設縣議會，縣議會議員由縣民選舉之。

四　屬於縣之立法權，由縣議會行之。

五　縣設縣政府，置縣長一人，由縣民選舉之。

六　中央與省、縣之關係。

七　省承行政院之命，監督縣自治事項。

II　台灣省政府之功能、業務與組織之調整，得以法律為特別之規定。

第 10 條　I　國家應獎勵科學技術發展及投資，促進產業升級，推動農漁業現代化，重視水資源之開發利用，加強國際經濟合作。

II　經濟及科學技術發展，應與環境及生態保護兼籌並顧。

III　國家對於人民興辦之中小型經濟事業，應扶助並保護其生存與發展。

IV　國家對於公營金融機構之管理，應本企業化經營之原則；其管理、人事、預算、決算及審計，得以法律為特別之規定。

V　國家應推行全民健康保險，並促進現代和傳統醫藥之研究發展。

VI　國家應維護婦女之人格尊嚴，保障婦女之人身安全，消除性別歧視，促進兩性地位之實質平等。

VII　國家對於身心障礙者之保險與就醫、無障礙環境之建構、教育訓練與就業輔導及生活維護與救助，應予保障，並扶助其自立與發展。

VIII　國家應重視社會救助、福利服務、國民就業、社會保險及醫療保健等社會福利工作，對於社會救助和國民就業等救濟性支出應優先編列。

IX　國家應尊重軍人對社會之貢獻，並對其退役後之就學、就業、就醫、就養予以保障。

X　教育、科學、文化之經費，尤其國民教育之經費應優先編列，不受憲法第一百六十四條規定之限制。

XI　國家肯定多元文化，並積極維護發展原住民族語言及文化。

XII　國家應依民族意願，保障原住民族之地位及政治參與，並對其教育文化、交通水利、衛生醫療、經濟土地及社會福利事業予以保障扶助並促其發展，其辦法另以法律定之。對於澎湖、金門及馬祖地區人民亦同。

XIII　國家對於僑居國外國民之政治參與，應予保障。

第 11 條　自由地區與大陸地區間人民權利義務關係及其他事務之處理，得以法律為特別之規定。

第 12 條　憲法之修改，須經立法院立法委員四分之一之提議，四分之三之出席，及出席委員四分之三之決議，提出憲法修正案，並於公告半年後，經中華民國自由地區選舉人投票複決，有效同意票過選舉人總額之半數，即通過之，不適用憲法第一百七十四條之規定。

家圖書館出版品預行編目資料

中華民國憲法精義／呂炳寬，項程華，楊智傑著．——八版．——臺北市：五南圖書出版股份有限公司，2023.07
面； 公分
ISBN 978-626-366-277-3（平裝）

1.CST：中華民國憲法

581.21　　112010318

1R77

中華民國憲法精義

作　　者— 呂炳寬（75.3）、項程華（516）
楊智傑（317.3）
發 行 人— 楊榮川
總 經 理— 楊士清
總 編 輯— 楊秀麗
副總編輯— 劉靜芬
責任編輯— 呂伊真
封面設計— 姚孝慈、斐類設計工作室
出 版 者— 五南圖書出版股份有限公司
地　　址：106台北市大安區和平東路二段339號4樓
電　　話：(02)2705-5066　　傳　　真：(02)2706-6100
網　　址：https://www.wunan.com.tw
電子郵件：wunan@wunan.com.tw
劃撥帳號：01068953
戶　　名：五南圖書出版股份有限公司

法律顧問　林勝安律師

出版日期　2006年3月初版一刷
2007年2月二版一刷
2009年7月三版一刷
2011年10月四版一刷
2016年12月五版一刷
2018年7月六版一刷
2022年1月七版一刷
2023年7月八版一刷

定　　價　新臺幣520元

經典永恆・名著常在

五十週年的獻禮——經典名著文庫

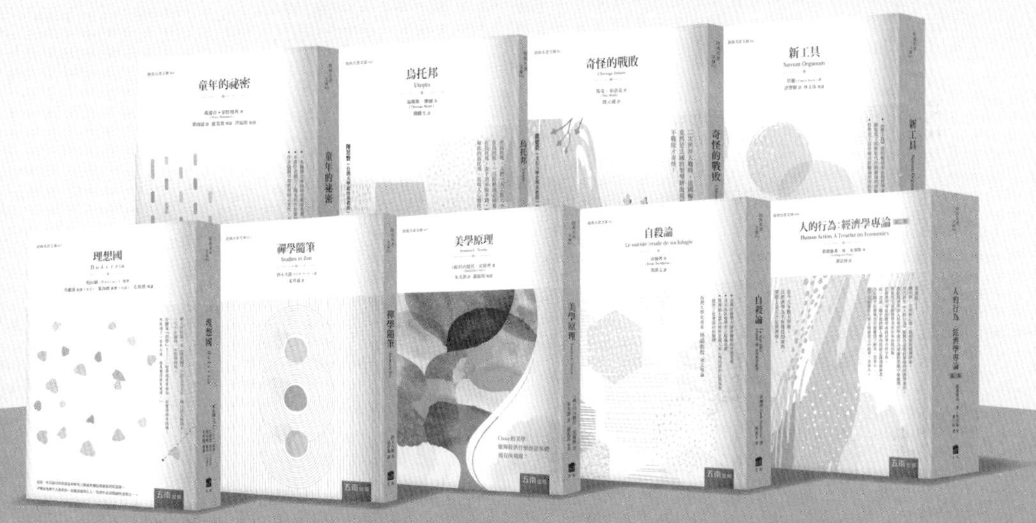

五南，五十年了，半個世紀，人生旅程的一大半，走過來了。
思索著，邁向百年的未來歷程，能為知識界、文化學術界作些什麼？
在速食文化的生態下，有什麼值得讓人雋永品味的？

歷代經典・當今名著，經過時間的洗禮，千錘百鍊，流傳至今，光芒耀人；
不僅使我們能領悟前人的智慧，同時也增深加廣我們思考的深度與視野。
我們決心投入巨資，有計畫的系統梳選，成立「經典名著文庫」，
希望收入古今中外思想性的、充滿睿智與獨見的經典、名著。
這是一項理想性的、永續性的巨大出版工程。
不在意讀者的眾寡，只考慮它的學術價值，力求完整展現先哲思想的軌跡；
為知識界開啟一片智慧之窗，營造一座百花綻放的世界文明公園，
任君遨遊、取菁吸蜜、嘉惠學子！